ICH SAGE VON HERZEN DANKE

An all die wundervollen Frauen und Männer, die mich bei der Entstehung dieses Buches unterstützt haben. An diejenigen, die sich von meinem Aufruf angesprochen fühlten und regelmäßig an den Gruppenabenden teilnahmen. Ich danke euch für das Lachen, das Staunen und den wertvollen Austausch. Mein Dank gilt allen, die ihr Innerstes nach außen kehrten und mutig ihre Geschichte öffentlich teilten. Ich weiß nur zu gut, wie viel Mut es erfordert, den eigenen Prozess in einem Buch veröffentlicht zu sehen. Ein ganz besonderer Dank geht an die Mütter, denn es ist wahrlich nicht leicht, sich den Wahrheiten der eigenen Kinder zu stellen. Ich danke auch all den Suchenden, Forschenden, Helfenden und Heilenden, die tagtäglich andere Menschen begleiten und dabei den Mut haben, immer wieder tief in ihre eigene Biografie und in die Abgründe ihres Selbst zu blicken. Diese Fähigkeiten und Gaben sind selten, doch ich bin überzeugt, dass sie in Zukunft die Grundlage für persönliches und kollektives Wachstum der Menschheit bilden werden.

Über mich

Natalie Christine Walther, geboren 1970 in Traunstein, Deutschland, mit Wurzeln aus Griechenland und Kroatien, Diplom Betriebswirtin und in der Nähe von München wohnhaft. Meine zwei Kinder waren vor 23 Jahren die Initialzündung für meine eigene tiefe Ich-Entwicklung. Nach Weiterbildungen in der Identitätsorientierten Psychotrauma Theorie nach und bei Prof. Dr. Franz Ruppert (IoPT) und der Traumarbeit nach und bei Ortrud Grön (TAOG) bin ich heute in der Lage, tiefste Ursachen und verschüttete Wahrheiten aus jedem Aspekt des Lebens, über Generationen hinaus, sichtbar zu machen. Auf das wir nicht mehr in Lüge und Verdrängung leben müssen, sondern in Liebe zu unserer innewohnenden Wahrheit, Liebe, Authentizität und Lebensfreude.

**»Der kleine Prinz«**

von Antoine de Saint-Exupéry

(1900 – 1944)


»Die großen Leute verstehen nie etwas von selbst,
und für die Kinder ist es zu anstrengend,
ihnen immer und immer wieder
erklären zu müssen.«

Natalie Christine Walther

# HÖRT UNS ENDLICH ZU!

## KINDER ZWISCHEN SCHMERZ UND LIEBE

## Ein Weckruf an alle Erwachsene

2024

Bibliographische Information der Deutschen Nationalbibliothek: Die Deutsche Nationalbibliothek verzeichnet diese Publikation in der Deutschen Nationalbibliografie; detaillierte bibliografische Daten sind im Internet über http://dnb.dnb.de abrufbar.

ISBN: 978-3-7597-8462-9

© Dezember 2024, Natalie Christine Walther

Titelbild: Canva

Umschlaggestaltung & Übersetzung: Natalie Christine Walther

Verlag: BoD · Books on Demand GmbH, In de Tarpen 42, 22848 Norderstedt, bod@bod.de

Druck: Libri Plureos GmbH, Friedensallee 273, 22763 Hamburg

Printed in Germany

❀ Webseite: www.dreamsandsoul.com

❀ YouTube Kanal: @dreamsandsoul

❀ Auch als E-Book erhältlich. ISBN: 978-3-7693-8400-0

## »EURE KINDER«

### von Khalil Gibran (1883 – 1931)

### aus dem Buch »Der Prophet«

»Eure Kinder sind nicht eure Kinder.
Sie sind die Söhne und die Töchter der Sehnsucht
des Lebens nach sich selber.
Sie kommen durch euch, aber nicht von euch,
Und obwohl sie mit euch sind, gehören sie euch doch nicht.

Ihr dürft ihnen eure Liebe geben,
aber nicht eure Gedanken,
denn sie haben ihre eigenen Gedanken.
Ihr dürft ihren Körpern ein Haus geben,
aber nicht ihren Seelen,
denn ihre Seelen wohnen im Haus von morgen,
das ihr nicht besuchen könnt,
nicht einmal in euren Träumen.

Ihr dürft euch bemühen, wie sie zu sein,
aber versucht nicht, sie euch ähnlich zu machen.
Denn das Leben läuft nicht rückwärts
noch verweilt es im Gestern.

Ihr seid die Bogen, von denen eure Kinder
als lebende Pfeile ausgeschickt werden.
Der Schütze sieht das Ziel auf dem Pfad der Unendlichkeit,
und er spannt euch mit seiner Macht,
damit seine Pfeile schnell und weit fliegen.
Lasst eure Bogen von der Hand des Schützen
auf Freude gerichtet sein;
Denn so wie er den Pfeil liebt, der fliegt,
so liebt er auch den Bogen, der fest ist.«

# INHALT

# 1. EINFÜHRUNG

## 1.1 VORWORT

Wir kennen uns nicht und deshalb möchte ich Sie vorab warnen: Dieses Buch ist nicht für Unbedarfte gedacht oder für Menschen, die sich leicht getriggert fühlen. Es ist auch nicht für Menschen gedacht, die sich nicht für Ursachen interessieren oder denken, dass Kinder heute viel zu verwöhnt, Jugendlich viel zu lethargisch sind, Eltern ihre Kinder abhärten sollen oder Medikamente viele Probleme lösen können. Wenn Sie sich vielleicht bereits beim ersten Kapitel ärgern, dass Sie dieses Buch gekauft haben, dann halten Sie inne. Atmen Sie tief durch und fragen Sie sich: Weshalb habe ich mir gerade dieses Buch gekauft? Hat das Thema vielleicht mit meiner eigenen Biografie zu tun? Wie fühlte ich mich eigentlich selbst als Kind im Alter von zwei Jahren oder fünf? Kann ich mich überhaupt an meine Kindheit erinnern?

Ich bin Mutter von zwei Kindern, aber schon vor ihrer Geburt war mir klar: Jedes Kind ist richtig, jedes Kind ist wundervoll. Jedes Kind ist voller Liebe, Freude, ausgestattet mit einem unglaublichen Potential an Liebesfähigkeit, Neugierde und Abenteuerlust. Heute weiß ich: Jedes Kind ist ein Wunder; von Anfang an. Es ist die Aufgabe vor allem der Eltern, dieses Wunder zu beschützen, zu lieben und einen sicheren Hafen zu geben. Für mich gibt es keine größere Aufgabe auf diesem Planeten, als Mutter zu sein und meine beiden Kinder zu lieben und zu unterstützen.

Mit Anbeginn ihrer Geburt fragte ich mich: Was wollen sie mir sagen? Die kleinen wie großen Krankheiten und Gefühle? Was sehe ich nicht? Wo laufe ich in die falsche Richtung? Was muss ich an mir ändern? So begann meine Reise zum Mittelpunkt meines Selbst, eine Reise von tiefer Ich-Entwicklung. Eine Reise, die von einer reinen Innenansicht mehr und mehr mit der Welt um mich herum verschmolz. Auch wenn ich viele meiner inneren Kind-Anteile integriert habe und weiterhin daran arbeite, so habe ich erst durch mein Buch begonnen, mich tiefer mit der Frage zu beschäftigen, was Kinder uns wirklich spiegeln.

Die Idee für dieses Buch hat viele Wurzeln, aber angefangen hatte alles im Jahr 2020, d.h. vor vier Jahren. Eine Zeit, in der durch die Corona-Pandemie viele Ängste aktiviert wurden, es zu vielen Umbrüchen kam und dies auch massiv auf meine gerade beginnende Selbstständigkeit Auswirkungen hatte. Ratlos bat ich zum ersten Mal in meinem Leben eine Energieheilerin um Hilfe. Während des Readings zog sie dreimal die Karte der Kinder. Sie sagte mir, dass es zu meiner Lebensaufgabe gehören würde, Kindern zu helfen, sie zu lehren und zu begleiten. Ich? Die ich zwei Jahrzehnte brauchte, um nur annähernd alle Verstrickungen und tiefsten Verletzungen meiner Kindheit aufzuarbeiten? Die ich mich durch Familiengeschichten aus drei Ländern – Griechenland, Kroatien und Deutschland – durchwühlen muss? Ich, die ich zwar versuche, meinen eigenen Kindern wirklich eine Mutter zu sein, aber immer wieder von Gefühlen der Schuld und Unzulänglichkeit geplagt wurde? Sie sagte, dass über Kindheitstraumata oft nicht gesprochen würde, dass es ein Tabuthema sei und die Leute deshalb sehr verschlossen wären. Es sei zwar ein nagendes Problem, aber es mache den Leuten Angst. Denn Trauma, Familienbelastungen und Karma würden sich treffen und die Kinder schwer belasten.

Fast zur gleichen Zeit begann ich, als Familienkoordinatorin und Schulbegleitung zu arbeiten. Ich war bei Familien, die Hilfe beim Jugendamt suchten, und hatte dadurch Einblick in massive Eheprobleme, sah die Auswirkungen von Scheidung, die Hilflosigkeit der Kinder, die Überforderung der Eltern und eine Schule, auf die so viele ungelöste Konflikte projiziert wurden. Ich hatte so viele anstrengende Gespräche mit Müttern und Vätern, mit Experten und Institutionen. Ich versuchte auch im Bekannten- und Freundeskreis, das Ausmaß des Leids verständlich zu machen, die katastrophalen Auswirkungen der Lockdowns auf die Kinder und Jugendlichen aufzuzeigen. Jetzt war ich eine erfahrene Gesprächspartnerin, aber immer wieder stieß ich auf eine Mauer der Empathielosigkeit, Ungläubigkeit oder des Weghörens. Obwohl ich selbst tief in meine eigene Psyche hinabgestiegen bin, unzählige Erfahrungen in Gruppen, national wie global hatte, und deshalb immer aus der Praxis und meinen Erfahrungen sprach, auf Ursachen und Gründe hinwies – die Ohren und Herzen der meisten Menschen blieben verschlossen. Ich war einfach nicht in der Lage, meine Erfahrungen so zu artikulieren, dass sie ohne Angst oder Missmut aufgenommen werden konnten. Die Menschen um mich schauten lieber weg, zeigten mit dem Finger auf mich oder rieben sich auf in Stellvertreterthemen und -kriegen. Wie oft war ich deswegen wütend und verletzt gewesen. Wütend auch, weil ich erkennen musste, wie wenig Mut und viel mehr Dummheit um mich herum existiert. Wütend war ich auch auf die Eltern, die nicht in die Verantwortung gehen wollten und unbewusst – und erschreckenderweise oft sehr bewusst – ihre Themen auf die Kinder projizierten und abwälzten. Corona setzte dem Ganzen sprichwörtlich die Krone auf.

Dieser ganze Frust in mir war die Initialzündung für dieses Buch. Ohne darüber nachzudenken war mir klar, dass ich daraus ein Forschungsprojekt machen würde. Ein Projekt, in dem ich die ganze deutsch- und englischsprachige IoPT Community[1] einbinden wollte. Mir war wichtig, wirklich alle Themenblöcke – von der Zeugung, Schwangerschaft, Geburt, den ersten drei Lebensjahren bis zur Volljährigkeit mit 18 Jahren – zu beleuchten. Also kündigte ich mein Vorhaben an und bot offene Abende an. Circa zweimal im Monat über 1 ½ Jahre trafen wir uns online in Kleingruppen. So kamen schließlich fast 40 Themen zusammen und 400 Seiten an Mitschrift.

So ist dieses Buch entstanden. Ein ungewöhnliches Buch. Ein Buch, dass Ihnen die Gelegenheit gibt, direkt in die Seele der Kinder zu blicken. Es ist ein Buch, dass Sie mittnehmen wird auf eine Zeitreise zu den frühesten Ursprüngen der Entstehung eines Menschen. Es ist ein Buch, dass Sie sogar noch weiter in die Vergangenheit mitnimmt, auf eine Reise zu Generationen an Familiengeheimnissen. Dass die Entstehung von Institutionen und technologischen Erfindungen hinterfragt. Vor allem ist es ein Buch geworden, das ungeschminkt die Wahrheit ausspricht, tiefste Verletzungen und Schmerzen sichtbar macht. Und gleichzeitig zeigt, was für ein Wunder das Leben ist, was Kinder an Weisheit und Intelligenz von Zeugung an mitbringen und wie eine andere Zukunft aussehen könnte.

Ich weiß, dass dies alles sehr merkwürdig klingt. Benötigt man für eine Zeitreise nicht eine Maschine? Wie können längst vergangene

---

[1] Ich habe meine Ausbildung in der Identitätsorientierten Psychotrauma Theorie (IoPT) nach und bei Professor Dr. Franz Ruppert gemacht und bin schon seit über 20 Jahren mit seinen Methoden und Theorien vertraut.

Ereignisse denn gespeichert oder abgerufen werden, sind sie doch längst verloren und vergessen? Oh nein. Das ist so nicht richtig. Zeitreisen sind tatsächlich schon möglich und dafür braucht es keine Maschinen, keine Technik, keine Wissenschaft oder technisches Wissen. Für diese Reise brauchen Sie nur sich selbst. Sie sind das Wunder, dass Ihnen all dies ermöglicht. Das einzige was Sie brauchen ist Ausdauer, Forscherdrang, sehr viel Mut und Liebe zu sich selbst und zu Kindern. Ich spreche hier aus eigener Erfahrung. Denn hätte ich das alles nicht selbst erlebt, ich würde einige der Aussagen und Gespräche nicht glauben können. Ja, sie sogar für unmöglich halten. Aber wie das so ist im Leben: Erfährt man es am eigenen Leib, so ändert sich alles.

Nie hätte ich mir denken oder träumen lassen, was sich in diesen Arbeiten zeigen würde. Es ist nicht so, dass ich nicht weiß, wie es sich anfühlt, nicht gewollt, nicht geliebt, nicht gesehen zu werden, keine Stimme zu haben und zu oft um das eigene Leben kämpfen zu müssen. Ich weiß nur zu gut von der Last der Generationen, die einem Kind aufgebürdet wird. Aber selbst all meine persönlichen und praktischen Erfahrungen, haben mich nur vorbereiten können auf das, was ich während meines Buchprojektes gesehen, gehört, gefühlt und gelernt habe. Die Dimension dessen, wie wenig wir nämlich wirklich über Kinder, die Kindheit und das Menschsein an sich wissen. In meiner Naivität und in meinem Idealismus – ja, ich träume immer noch von Einhörnern auf Regenbögen… wirklich! – dachte ich tatsächlich, die Arbeiten würden ein paar zusätzlich Aspekte sichtbar machen, aber im Großen und Ganzen meine bisherigen Erfahrungen abrunden bzw. zusammenfassen. Was sich aber stattdessen zeigte war ein ungeahntes Ausmaß an Beziehungslosigkeit, Bindungs- und Verlusttrauma, Kontaktlosigkeit, familiäre und institutionalisierter Gewalt, die nicht nur das Leben unzähliger Menschen bis auf den heutigen Tag beeinflusst, sondern auch noch sehr präsent und aktiv ist und unsere Zukunft beeinflusst.

Also ist dieses Buch das geworden, was es wohl sein will: Ein Buch, das die Bedürfnisse, Gefühle, Wunden und Traumata unserer Kinder und Jugendlichen in einer Tiefe und Klarheit aufzeigt und dabei kein Blatt vor den Mund nimmt. Es ist ein Buch geworden, dass viele Fragen aufwirft und gleichzeitig Antworten gibt. Es ist ein Buch geworden, dass nicht nur seine Finger in die Wunde legt, sondern gleichsam auch Heilung bietet. Desillusionierung und Möglichkeit, Chaos und Neuschöpfung, Trauma und Selbsterkenntnis – um endlich uralte Muster aufzudecken, damit sie in Heilung kommen können. Denn nur die Wahrheit heilt.

Mir ist bewusst, dass ich mich mit diesem Buch (und den anderen, die zu diesem Thema noch folgen werden) öffentlich angreifbar mache. Vor allem auch, weil ich selbst eigene Arbeiten von mir veröffentliche. »Wer glaubt sie das sie ist? Was kann und weiß sie schon? Das ist doch keine wissenschaftliche Methode oder therapeutische Vorgehensweise! Bei uns ist es ganz anders; unsere Kinder haben diese Probleme nicht. Und es ist gut, dass sie in Therapie sind und Medikamente nehmen.« Aber ich werde den Prozess, der vor einigen Jahren in mir begonnen hat nicht aufhalten. Auch wenn ich oft unsicher bin und mich immer wieder hinterfrage. Die Zeit ist gekommen, dass wir uns entscheiden und Verantwortung übernehmen. Für unser inneres Kind (und glauben Sie mir, da gibt es viele innere Kind-Anteile, die endlich Heimat in uns finden wollen!), für die nächsten Generationen (das zum Thema gesunder Generationenvertrag), für eine Partnerschaft auf Augenhöhe und in Wertschätzung und für ein Zusammenleben auf dieser wundervollen Erde. Ich habe meine Kinder nämlich nicht geboren, um sie im nächsten Krieg zu verheizen.

Ich hoffe, dass ich mit meinem Buch einen Teil zu einem lebensbejahenden, friedvollen Miteinander beitragen kann. Der Schlüssel dazu sind Selbsterkenntnis, Authentizität und Liebe. Nur wenn jeder sich seinen eigenen Themen stellt, in Würde und Achtung, in Mut und Willen, Frauen und Männer, Mütter und Väter, alleine und gemeinsam – und wenn wir es schaffen, endlich öffentlich darüber zu sprechen, wird etwas Neues entstehen können. Zuerst in uns, dann in den Familien, in Gruppen und hoffentlich in der ganzen Menschheitsfamilie (man darf ja noch groß träumen).

Ich lade Sie herzlich ein, mit auf diese Reise ins Innerste der Kinderseelen zu gehen. Ich verspreche Ihnen, dass keines der Themen dieses Buches Sie unberührt lassen wird. Und vielleicht, ja vielleicht, werden Sie Ihre Kinder oder die Kinder um sie herum ein klein wenig anders sehen. Vielleicht haben Sie auch den Mut, ihnen etwas von der Last abzunehmen. Egal ob Sie Mutter sind oder Vater, Schwester oder Bruder, Tante, Onkel, Großmutter oder Großvater. Öffnen Sie Ihre Herzen. Die Kinder werden es Ihnen danken.

Natalie Christine Walther

Fürstenfeldbruck, Oktober 2024

# 1.1 METHODEN UND VORGEHENSWEISEN

*»Wenn Sie die Geheimnisse des Universums finden wollen,*
*denken Sie in Begriffen von Energie, Frequenz und Schwingung.«*

*Nikola Tesla (1856 – 1943)*

*Elektroingenieur und visionärer Erfinder*

Meine Forschung für dieses Buch stützte sich auf die Identitätsorientierte Psychotrauma Theorie (IoPT) nach Professor Dr. Franz Ruppert aus München, Deutschland. Für jeden, der mehr wissen möchte, verweise ich auf seine zahlreichen Bücher. Die Methode zur Aufarbeitung tiefsitzender Traumata wird von ihm »Anliegenmethode« genannt. Sie stand mir Pate für alle Gruppenarbeiten.

**Jahrzehntelange praktische Erfahrung**

Ich selber habe jahrzehntelange Eigenerfahrung mit der Methode und Vorgehensweise und seit meiner Fortbildung auch Erfahrung in der Theorie. Ich möchte vorwegsagen, dass ich mich nicht exakt an die Methodik von Professor Dr. Franz Ruppert gehalten habe. Zum einen bin ich mein eigener Mensch, und zum anderen folgte ich während jeder Arbeit meiner Intuition. Manche könnten es deshalb als unorthodox oder kreativ betrachten, aber mir war und ist es wichtig, authentisch zu bleiben, meinem Bauchgefühl zu folgen und mir und meiner Arbeit keine Schranken aufzuerlegen. Außerdem war es mir ein Anliegen, bei den Allgemein-Begegnungen in die tieferen Schichten innerer und kollektiver Wahrheiten einzutauchen, um so viele unterschiedliche Perspektiven wie möglich in einer einzigen Arbeit aufzuzeigen zu können. Und nachdem die Allgemein-Begegnungen – im Gegensatz zu den Selbst-Begegnungen – noch ein junges Feld sind, gibt es noch viel zu entdecken und zu erforschen.

**Selbst-Begegnung und Allgemein-Begegnung**

Mit Selbst-Begegnung wird eine eigene, persönlich Arbeit bezeichnet. Dieser Begriff ist Teil des IoPT-Vokabulars und drückt, wie ich finde, die Essenz und das Ziel sehr gut aus. Auch wenn in der »klassischen Selbstbegegnung« das Trauma im Fokus steht, so hat sich, zumindest für mich, die Arbeit tatsächlich immer mehr zu einer »Selbst-Begegnung« gewandelt. Denn es ist eine Begegnung mit sich und seinen eigenen Anteilen. Jede Person, die eine Selbst-Begegnung machen möchte wählt ihr Anliegen und auch die Teilnehmer selbst aus, die mit jedem einzelnen Wort des Anliegens in Resonanz gehen. D.h. es gibt keine Intervention.

Jede einzelne Information ist in den Zellen unseres Körpers gespeichert. Wir schwingen auf einer bestimmten Frequenz und können uns, wie ein Radio, auf die Frequenzen anderer Personen einwählen oder einschwingen. Dadurch ist es uns möglich, alle Erfahrungen, Verletzungen und Traumata[2] abzurufen, die sich hinter einem Wort bzw. Anliegen befinden. Ein unglaubliches Erlebnis für jeden, der dies praktisch erfahren hat. Es ist augenöffnend, schmerzhaft, überraschend und in der ganzen Wahrheit von brutaler Ehrlichkeit und Schönheit.

Wenn man sich allerdings ein allgemeines Thema ansehen möchte, aus einer neutralen Perspektive heraus, d.h. nicht aus einer persönlichen, nun, dann habe ich die Arbeit einfachheitshalber »Allgemein-Begegnung« genannt. Das Wunder in uns erlaubt es uns nämlich nicht nur, mit uns oder für andere zu schwingen, sondern mit jedem beliebigen Thema. Ob einer Idee, einer Institution, einer Technologie und noch vielem mehr.

Ich möchte hier von einem wunderschönen Sinnbild erzählen, dass eine Frau während einer Arbeit hatte, die in Kontakt mit ihren Kinder-Anteilen kommen wollte. Es zeigte sich das Bild eines Baumes. Die Arbeit war zwar nicht Teil dieses Forschungsprojektes, aber der Inhalt zeugt von zeitloser Wahrheit und Schönheit, sodass ich ihm einen Ehrenplatz in meinem Buch widmen möchte:

---

[2] Trauma kommt aus dem Griechischen und heißt Wunde und Verletzungen. Schade, dass immer noch der Fachbegriff benutzt wird. Denn bei den Worten »Verletzung« oder »Wunde« wären wir eher mit uns selbst verbunden.

»Der Baum bin ich. Wie ein Mai-Baum wurde ich abgesägt, angemalt und aufgestellt.[3] Sprichwörtlich und im übertragenen Sinne. Denn das passiert, wenn wir tief verletzt werden als Kinder.

Es steht dann zwar noch ein Teil von uns im Leben, versinnbildlicht durch den Stamm, aber die Lebendigkeit des ursprünglichen Baumes – so wie man gedacht ist, wenn man sich im Mutterbauch einnistet – ist nicht mehr da. All die anderen Anteile (abgeschlagene und abgefallene Blätter) liegen versprengt am Boden; mal näher und mal weiter entfernt und sind nur noch ein Abbild des Ursprünglichen. Das sind die unzähligen Kinder-Anteile in ihren unterschiedlichen Altersstufen. Jedes mit seinen ganz eigenen Gefühlen, Wünschen und Bedürfnissen.

Aber gibt es da überhaupt noch Hoffnung für mich? Ja. Jede innere Veränderung, jede Erkenntnis, jedes Abholen-Wollen, jedes innere Willkommen heißen, jedes ehrliche Gefühl für sich und diesen inneren Kind-Anteilen macht mich wieder lebendig. Es gibt unzählige dieser versprengten Kinder-Anteile; so wie die Blätter eines Baumes im Herbst.«

**Anliegenmethode**

Das Ziel oder auch das Anliegen sind die Voraussetzung für jede Selbst-Begegnung oder Allgemein-Begegnung. Je konkreter das Anliegen, desto konkreter auch die Antworten. Je länger und vermischter das Anliegen, je weniger Herz oder Interesse an der Arbeit besteht, desto konfuser das Resultat.

Es gibt vielfältige Möglichkeiten, sein Anliegen zu formulieren: Es kann ein Satz sein, eine Frage oder zum Beispiel auch ein Traum. In der Kürze liegt dabei tatsächlich die Würze. Die Praxis hat gezeigt, dass die Zahl 3 sich gut eignet. Das heißt, man sucht sich maximal drei Worte für ein Anliegen aus.

Bei der Allgemein-Begegnung war ich flexibler was die Anzahl der Worte betrifft. Zum einen war das Anliegen abhängig von der Anzahl

---

[3] Das Aufstellen eines Baumstamms, bemalt und beschmückt, ist Tradition hier in Bayern (und auch in anderen Teilen Deutschlands und Europa). Am 1. Mai, ein Feiertag, wird er aufgestellt (in manchen Städten steht er auch das ganze Jahr über). In vielen Dörfern wird dann ganz überschwänglich gefeiert und getanzt.

der Teilnehmer; denn mir war wichtig, dass jeder der Teilnehmer die Gelegenheit haben sollte, in Resonanz zu gehen. Zum anderen wählte ich meistens das Anliegen aus. Mir war dabei wichtig, manchmal (aber nicht immer) die Fachbegriffe einer Diagnose oder Krankheit mit in das Anliegen aufzunehmen. Zum Beispiel ADHS oder Depression. Denn in jeder Symptomatik, Krankheit oder Diagnose ist bereits eine Vielzahl an wichtigen Informationen enthalten, die ich sichtbar werden lassen wollte. Und ich wollte nicht nur den Kindern, sondern auch diesen Worten Raum geben.

## Gruppenteilnehmer

Die Gruppen starteten Ende 2022 und fanden online via Zoom statt. Zuerst auf Englisch und ab Ende November 2023 auch auf Deutsch. Die Gruppen bestanden aus maximal sechs Teilnehmern, wobei Frauen in der Mehrheit waren. Ich selber stand sehr oft in Resonanz.

## Profil der Teilnehmer

o   Alter: zwischen 30 Jahren bis Ende 60
o   Geschlecht: weiblich wie männlich
o   Mehr als 10 Herkunftsnationen: Deutschland, Österreich, Großbritannien, Isle of Man, Irland, Polen, Kroatien, Rumänien, Bulgarien, Niederlande, Griechenland, Iran, Brasilien und China.
o   Manche haben ihre Wurzeln in diesen Ländern, sind aber woanders geboren, weil ihre Eltern ausgewandert waren. Manche waren noch ganz klein, als ihre Eltern mit ihnen ihr Heimatland verließen. Einige hatten zwei oder drei unterschiedliche kulturelle Hintergründe.
o   Alle Teilnehmer kamen aus dem engeren oder weiteren Feld der IoPT Community und waren daher mit der Methode durch eigene Arbeiten vertraut.
o   Bis auf wenige Ausnahmen kannte kein Teilnehmer die Vorgeschichte des Anliegen-Einbringers bei den Selbst-Begegnungen. Es wurde vorab auch keine Information bzw. nur sehr wenig mitgeteilt.

Alle Sessions wurden aufgezeichnet und von mir transkribiert. Ich habe nur sehr wenig verändert, gekürzt oder zusammengefasst, um den Flow nicht zu stören. Dadurch erscheint der geschrieben Text stellenweise ein wenig holprig. Mir ist es aber wichtiger, die Originalessenz der Arbeiten zu erhalten. Dies gilt auch für die Übersetzung von Englisch auf Deutsch bzw. Deutsch auf Englisch. Denn dieses Buch wird in beiden Sprachen veröffentlicht werden.

## Themen

Bevor ich mit der Gruppenarbeit startete, hatte ich mir eine Liste von Themen gemacht und sie in fünf Bereiche gegliedert:

o Zeugung,
o Schwangerschaft,
o Geburt,
o die ersten 3 Lebensjahre,
o von 4 bis 18 Jahren.

Ich wollte dabei eine Ausgewogenheit der Themen in allen fünf Blöcken erreichen. Im Laufe der Zeit änderten sich einige Themen oder es kamen neue hinzu.

## Ergebnisse

Ich möchte betonen, dass eine einzige Arbeit niemals das komplette Bild einer Thematik aufzeigen kann, sondern immer nur einen Ausschnitt, eine Annäherung an ein Thema. Es gibt nämlich nicht die eine, allgemeingültige Wahrheit. Es gibt auch nicht richtig oder falsch. Wie ein Puzzle mit Milliarden von Teilchen werden durch jede Arbeit weitere Aspekte sichtbar und Perspektiven klarer.

Übrigens ist jede Resonanz auch von der Persönlichkeit und Biographie, sowie der eigenen innere Weiterentwicklung abhängig und zwar des Anliegeneinbringers sowie der Resonanzgeber. Darum geben die Ergebnisse einen guten Überblick, aber können nie als Blueprint für eine andere Person oder ein Thema genommen werden. Aber es ist immer wieder erstaunlich zu sehen, wieviel Wahrheit jede Arbeit in sich trägt und wie sich die »richtigen« Personen für das jeweilige Thema zusammenfinden.

## 1.2 WIE DIE KINDHEIT UNSER GANZES LEBEN BEEINFLUSST

Beziehungsmuster, Verhaltensweisen, Glaubenssätze, Ängste, Blockaden und vieles mehr, die Zeit der Kindheit beeinflusst unser Leben von Anbeginn bis zu unserem Ende.

Die wenigsten Menschen machen sich zum Beispiel Gedanken darüber, wie sie gezeugt wurden. Dabei gibt es hier schon eine Fülle von Themen und Hinweise. Mit diesen wenigen Fragen will ich zeigen, wieviel bereits in der ersten neun bis zehn Monaten aufnehmen bzw. verarbeiten müssen. Wieviel Freude und Liebe, aber auch Leid, Gewalt und Traumata ein Mensch schon früh erfahren kann.

o   War es eine gewollte Schwangerschaft?
o   Wie war die Verbindung von Mutter und Vater zu deren eigenen Eltern?
o   Stand die Zeugung unter dem Einfluss von Gewalt, Alkohol oder Drogen?
o   Gab es Inzest und Vergewaltigung?
o   Gab es vorher Fehlgeburten oder verstorbene Kinder?
o   Wie lange kannten sich die Eltern zuvor? Waren sie verheiratet?
o   Liebten sie sich oder war die Verbindung eher rational, politisch gewollt oder gesellschaftlich opportun?
o   Wie alt waren die Eltern? Wie groß war der Altersunterschied?
o   Hatte eines der Elternteile schon vorher eine Familie und Kinder?
o   Fand die Zeugung in einem anderen Land statt als der Geburt?
o   Stammten die Eltern aus unterschiedlichen Ländern? Aus einer bestimmten Bevölkerungsgruppe?
o   Wie waren die finanziellen Verhältnisse? Die religiösen Ansichten?
o   Stammen Ei- und Samenzelle von Mutter und Vater oder von einer künstlichen Befruchtung oder Leihmutter bzw. Samenspender?
o   Und wie sicher war die Umgebung, der Ort, das Land?

In den neun Monaten der Schwangerschaft kommen weitere Fragen hinzu:

- Wie ging es der Mutter mit dem werdenden Leben in ihr?
- Wie war der Kontakt zum leiblichen Vater?
- Haben sich die Eltern viel gestritten?
- Stand die Mutter unter Stress, zum Beispiel, weil ein Haus gebaut wurde, die finanziellen Mittel knapp waren, sie keinen Rückhalt vor ihrer oder der Familie des Mannes hatte?
- Musste vielleicht körperlich hart gearbeitet werden; wie dies oft in der Landwirtschaft der Fall ist?
- War sie zufrieden, dass ihr Körper immer runder und weicher wurde?
- Welche Voruntersuchungen gab es?
- Gab es Probleme wie Diabetes, Thrombose oder gar eine Eileiterschwangerschaft?
- Mussten Medikamente genommen werden?
- Öffnete sich der Muttermund vor der Geburt bereits?

Und dann die Geburt selber:
- Wie war die Geburt der eigenen Eltern gewesen?
- Wie hat sich die Mutter auf die Geburt vorbereitet?
- War es ein Zusammenspiel zwischen Mutter und Kind?
- Wie ging es dem Vater?
- Kamen Ängste hoch, Gefühle von Alleinsein, Verlassenheit?
- Wo fand die Geburt statt? In einer liebevollen oder eher sterilen Umgebung? Heimlich auf einer Toilette oder gar auf der Flucht?
- Gab es Komplikationen?
- Wie war die Reaktion der Ärzte und Hebamme?
- War es eine natürliche Geburt oder wurde per Kaiserschnitt entbunden bzw. Saugglocke?
- War man enttäuscht, dass es »nur« ein Mädchen wurde oder »nur« ein Junge?

Die Forschung der letzten 100 Jahre – allen voran im pränatalen und perinatalen Bereich – haben unzählig neues Wissen und viele Zusammenhänge zu Tage gefördert. Vor allem die Verbindung zwischen Trauma und psychischen und körperlichen Symptomen rückte dabei in den letzten Jahrzehnten immer mehr in den Fokus. Ich möchte in diesem Kapitel einige Lebensstufen herausgreifen und dabei Menschen zitieren, die herausragendes in ihrem Feld geleistet haben. Ich weiß, dass meine Auswahl nur einen winzigen Bruchteil der Erkenntnisse wiederspiegelt, aber ich hoffe, dass er Ihnen dadurch helfen kann, den Hauptteil dieses Buches besser einordnen zu können.

**Der Anfang**

In einem lesenswerten Artikel von Dr. Jürgen Wettig, Leitender Abteilungsarzt für Neurologie, Psychiatrie und Psychotherapie, erschienen 2006 im Deutschen Ärzteblatt, steht gleich zu Anfang:[4]

»Der bekannte Psychologe Paul Watzlawick äußerte sich einmal: „Man kann in der Wahl seiner Eltern nicht vorsichtig genug sein." Dieser Satz beschreibt die enorme, prägende Verantwortung der engsten Bezugspersonen im frühen Kindesalter. Bereits der Moment der Befruchtung unterliegt ganz unterschiedlichen Bedingungen. Handelt es sich um ein Wunschkind, einen „Zufall" oder gar um die Folge sexueller Gewalt? Andererseits wird die Schwangerschaft als Ultima Ratio für die Rettung fragiler Beziehungen eingesetzt. So erfüllen „Lebenssinnkinder, Ehekittkinder oder Frauenrollendefinitionskinder" die Funktion eines Markenartikels, bei dessen Produktion nichts dem Zufall überlassen wird.

Der demographische Notstand lässt Kinder als humane Ressource und Leistungsträger der Sozialsysteme erscheinen. Im Gegensatz dazu zeugen Neugeborene in Müllcontainern, die Einrichtung von Säuglingsklappen in karitativen Einrichtungen oder Spuren körperlicher Misshandlung von Kindheitskatastrophen, die stattfinden, bevor Kindheit überhaupt wirklich begonnen hat. (…) Ist der Vater streng und pedantisch, körperlich krank, alkoholsüchtig oder gewalttätig? Ist die Mutter depressiv, religiös, ehrgeizig oder chronisch überfordert? Setzt die Scheidung der Eltern eine scharfe Zäsur im konflikthaften Familienmilieu und verlangt vom Kind unzumutbare Parteilichkeit?

---

[4] Deutsches Ärzteblatt, »Eltern-Kind-Bindung: Kindheit bestimmt das Leben.« Dtsch Arztebl 2006; 103(36): A-2298 / B-1992 / C-1922 https://www.aerzteblatt.de/archiv/52567/Eltern-Kind-Bindung-Kindheit-bestimmt-das-Leben

Wird die Rivalität unter Geschwistern leichtfertig durch ungleiche Zuwendung bis zum vernichtenden Hass geschürt? Wird in der Familie gemeinsam gesprochen, gegessen, gestritten, gespielt und gelacht oder herrscht abseits jeder Spontaneität ein Geist strenger Rituale, kühler Distanz und aseptischer Sauberkeit?

Die ungleichen und zufälligen Spielregeln der Kindheit ließen sich endlos fortsetzen. Heute sind Kinder vielerorts mit Verbauung und Straßenverkehr konfrontiert. Spielräume und Freiflächen stehen immer seltener zur Verfügung. Daraus resultiert Rückzug in Innenräume und Medienwelten. Retardierte Motorik und Übergewicht sind zu beklagen.

Von Geburt an hat der Mensch ein biologisches Bedürfnis nach Bindung. Bindung bedeutet ein lang anhaltendes emotionales Band zu ganz bestimmten Personen, die nicht beliebig austauschbar sind.«

Eine Studie aus Harvard, die im Juli 2010 publiziert wurde, zeigt, dass gravierende Auswirkungen auf den Körper, Gesundheit und Gehirnstruktur noch viel früher ihre Anfänge nimmt:

»Gesundheit in den ersten Lebensjahren – und zwar beginnend mit der Gesundheit der werdenden Mutter vor der Schwangerschaft – legt den Grundstein für ein lebenslanges Wohlbefinden. (...)

Das heißt, dass entwicklungsbedingte und biologische Störungen während der vorgeburtlichen Zeit und in den ersten Lebensjahren zu geschwächten physiologischen Reaktionen (z. B. im Immunsystem), Anfälligkeiten für spätere gesundheitliche Beeinträchtigungen (z. B. erhöhter Blutdruck) und einer veränderten Gehirnarchitektur (z. B. gestörte neuronale Schaltkreise) führen können.«

**Zentrum für die Entwicklung des Kindes an der Harvard-Universität (USA)**
»The Foundations of Lifelong Health Are Built in Early Childhood.«
[Der Grundstein für lebenslange Gesundheit wird in der frühen Kindheit gelegt.]
https://developingchild.harvard.edu/resources/the-foundations-of-lifelong-health-are-built-in-early-childhood/

## Zeugung und Schwangerschaft

Unser Leben beginnt nicht erst mit der Geburt. Eine Tatsache, die immer noch vehement geleugnet wird. Ich bin mir sicher, dass viele von Ihnen sich auch verwundert die Augen reiben werden, wenn Sie dies lesen. Wer forscht oder sich sehr tief mit sich selbst beschäftigt, weiß, dass ein Embryo ein fühlendes, atmendes, lebendes, wissendes Wesen ist. Manche von Ihnen werden Zugang zu Bruchstücken solcher Erinnerungen durch einen Traum, eine Meditation oder körperliche Behandlung, eine Rückführung oder zum Beispiel eine Selbst-Begegnung bekommen haben. Es ist erstaunlich, wie viele unbewusste Erinnerungen wir in unserem Körper abspeichern und zu jeder Zeit wieder abrufen können.

Jeder, der den Mut hat, auf eine Zeitreise zu Ursache und Wirkung zu gehen, dem kann ich dies nur empfehlen. Und wer glaubt, dass wir noch nicht genügend wissen würden, mehr erforschen müssten, noch weitere Studien bräuchten, nun, dem kann ich sagen: Nein. Es ist nicht eine Frage des Wissens, sondern der praktischen Umsetzung.

»Dass wir in der Regel bereits neun Monate alt sind, wenn wir „auf die Welt kommen", wissen wir. Dass auch unser psychisches Leben bereits vor der Geburt beginnt, ist noch nicht zum allgemeinen Wissen geworden. Sonst würden wir uns dem werdenden Leben gegenüber anders verhalten – in der Partnerschaft, innerhalb der Familie, in der Schwangerschaftsvorsorge, Geburtshilfe oder auch in der sogenannten assistierten Reproduktion.«

**Franz Ruppert (Deutschland)**

Professor für Psychologie und Klinischer Psychotherapeut

Buch »Frühes Trauma – Schwangerschaft, Geburt und erste Lebensjahre«, S. 11

»Es gibt vielfältige Belastungen, die die pränatale Bindung zwischen den werdenden Eltern und dem Baby nachhaltig beeinflussen können: Hierzu gehören psychosoziale Belastungen wie Armut und Verlust des Arbeitsplatzes; traumatische Erlebnisse aus der eigenen Kindheit, die mit Deprivation, Gewalt und Trennungserfahrungen verbunden

waren; Schwierigkeiten bei der Konzeption und psychische Erkrankungen der Mutter, z. B. Suchterkrankung und Depression. Eine besondere psychische Belastung entsteht heute für viele Frauen durch
die pränatale Diagnostik, die zu einer „Routineuntersuchung" in der
Schwangerschaftsvorsorge geworden ist. (...)
Insbesondere aber ist die Übertragung von Stresshormonen über die
Plazenta, z. B. bei relevanten traumatischen Erlebnissen der Mutter,
bedeutsam. Dieser adaptive Mechanismus sorgt dafür, dass ein Kind,
welches in eine unsichere Lebenswelt geboren wird, stärkere Überle-
bensmechanismen ausprägt als ein Kind, dessen Mutter eine ruhige
und entspannte Schwangerschaft hatte. Postnatal können als Trauma-
folge z.B. auch eine ADHS-Symptomatik, Rollenumkehr bei psychisch kranken Eltern oder depressiver Rückzug die Folge sein – sie
stellen adaptive, dabei aber stressbeladene Überlebensmuster dar.«

**Karl Heinz Brisch (Deutschland)**
Facharzt für Kinder- und Jugendpsychiatrie, Psychiatrie und
Psychosomatische Medizin und Psychotherapie sowie Neurologie.
Buch »Bindung und psychische Störungen –
Ursachen, Behandlung und Prävention«, S. 23

Ich möchte nochmals Franz Ruppert zitieren. Er hat ein bahnbrechen-
des Buch geschrieben, das die Entwicklungsrisiken durch frühes
Trauma anhand vielfältiger Beispiele aufzeigt. Zusammen mit Kollegen wurden in 16 detaillierten Einzelbeiträgen, Hintergründe und Beispiele von der Zeugung an – über unerfüllten Kinderwunsch bis zu Gewalt und Adoption – dargestellt. Ich möchte hier nur ein Beispiel zum
Thema **Frühgeburt** herausgreifen, einer Jugendlichen, die zuerst mit
16 Jahren und dann mit 17 Jahren ein weiteres Mal schwanger wurde.
Das zweite Kind, Sohn Peter, wurde in der 35. Schwangerschaftswo-
che geboren:

»Die Lebensgeschichte Frühgeborener weisen oft schon vor der Geburt Störungen oder gar Brüche in der Beziehung zu ihren Eltern auf.
Gravierende Ereignisse im Leben und Erleben der Mutter haben

Folgen für das Kind. Wie im Fall von Dagmar und ihrem Sohn Peter gab es schon vor der Geburt Situationen, die für Dagmar unaushaltbar waren und für Peter so belastend, dass er nur noch „raus und weg" wollte, sogar aus diesem Leben. Dagmar hatte in der Zwischenzeit schriftlichen Kontakt mit ihrem Sohn und bestätigte mir in einem weiteren Gespräch, dass ihr Sohn heute noch so denkt: Die anderen sollen sich um mein Wohlergehen kümmern.«

**Franz Ruppert (Deutschland)**

Professor für Psychologie und Klinischer Psychotherapeut

Buch »Frühes Trauma – Schwangerschaft, Geburt und erste Lebensjahre«,

S. 172

Wie steht es um ein Kind bei **Abtreibung**? Wenn Abtreibungsversuche missglücken und das Kind überlebt? Ein Punkt, der in der Diskussion um die Rechte der Frauen völlig untergeht. Wie fühlt sich ein Kind, das abgetrieben werden soll? Wie fühlen sich zum Bespiele Zwillinge, wenn der eine abgetrieben wurde, der andere aber überlebt? Wie geht es Kindern, die mehrere Abtreibungsversuche überlebt haben?[5] Oder wie geht es Kindern, deren Mütter sich umbringen wollten? Professor Dr. Franz Ruppert schrieb zum Thema Abtreibungsversuche und Selbstmordversuche der Mutter in dem oben genannten Buch ab Seite 118 ff:

»Vom Ideal einer Schwangerschaft als Zeit der unbeschwerten Entwicklung und freudigen Erwartung oder des Herzlich-willkommen-Seins kann nach einem Abtreibungsversuch nicht mehr die Rede sein. Die elementar bedeutsame Erfahrung des geschützten Gewolltseins, des geborgenen Da-sein-Dürfens und des liebevoll entgegenkommenden Eingehens auf seine Bedürfnisse fehlt dem Kind nach existenzieller vorgeburtlicher Bedrohung von Anfang an. Auch Mütter, die sich während der Schwangerschaft das Leben nehmen wollten,

---

[5] Das war bei mir der Fall. Meine Mutter hatte versucht, mich zuerst mit Kräutern und als das nicht funktionierte, mit schwarzer Magie (Nadeln in einer Puppe) abzutreiben.

führten das Kind in ihrem Bauch in eine traumatisierendes Nahtoder-
lebnis und den damit verbundenen Folgen. Heute ist unumstritten,
dass traumatische Erfahrungen während der pränatalen Zeit nachhal-
tige Spuren hinterlassen (Alberti 2012, Bauer 2002, Birnbaumer
1996, Deneke 1999, Huber 2013, Hochauf 2007, Hüther und Krenz
2013, Janov 2011, Janus 2013, Krüll 1997, Noble 1996, Singer 2002,
Sonne 1997). Das Kind fühlt sich von Anfang an fundamental verra-
ten mit Wirkungen insbesondere auf sein „Gedeihen", sein künftiges
Sicherheitsbedürfnis und seine Liebes-/Beziehungsfähigkeit und
seine Achtung vor sich selbst. Für die Öffentlichkeit unbekannt bleiben die Lebensgeschichten der meisten der Kinder, die mit allen ihren
Kräften dem Angriff auf ihre Leben getrotzt haben. (…) Dies kann so
stark verinnerlicht sein, dass es diesen Menschen nicht leicht fällt, im
Leben einen sicheren Platz zu finden oder sich dauerhaft zugehörig
zu fühlen; sie suchen sich in ihrem Leben – oft immer wieder – Um-
felder, in denen sie schmerzhaften Mobbing-Erfahrungen ausgesetzt
sind; oder sie treiben sich sozusagen immer wieder selbst ab, indem
sie (unbewusst) Situationen kreieren, in denen eigene – oft steile –
Karrieren plötzlich abbrechen oder sich abzeichnende sehr gute Er-
folge plötzlich verhindert oder zerstört werden.«

**Geburt**

Gehen wir weiter zum Thema Geburt. Ich bin bestürzt, wie stark die
**Kaiserschnittraten** innerhalb der letzten Jahre in Deutschland zugenommen hat. Und ich bin entsetzt, wie Hebammen immer weiter her-
ausgedrängt werden und die Geburt damit zu einem Männer-dominie-
renden Prozess geworden ist. Mittlerweile sind wir laut Statistischem
Bundesamt in Deutschland bei einer Kaiserschnittrate von fast 31% (in
manchen Fällen sogar bei 35! »Die Statistiker wiesen auch darauf hin,
dass hierzulande immer weniger Krankenhäuser überhaupt Geburtshilfe anböten.«[6]

---

[6] Deutsches Ärzteblatt, »Krankenkasse: Kaiserschnittrate steigt auf fast 35 Prozent«,
vom 6. Mai 2024, https://www.aerzteblatt.de/nachrichten/151183/Krankenkasse-Kai-
serschnittrate-steigt-auf-fast-35-Prozent

Interessant ist, dass als Argument oft das höhere Alter der Gebärenden erwähnt werden, obwohl die Frauen heutzutage körperlich oft
fitter und gesünder sind als noch vor 40 Jahren.

Steigt man tiefer in die Historie des Kaiserschnitts ein, so findet
man ganz bemerkenswerte Informationen. In dem lesenswerten Buch
von Dr. Med. Gerd Reuther über die 2500-jährige Geschichte der europäischen Medizin steht dazu Folgendes:

»Da Männer bis zum 16. Jahrhundert keinen direkten Einfluss auf die
Gynäkologie hatten und selbst Geistlichen der Zutritt zu Schwangeren
und zu Geburten verwehrt war, setzte die Kirche eine restriktive Aufsicht über das Hebammengewerbe durch. Alle Verrichtungen mussten
mit Gebeten statt mit vorchristlichen Gepflogenheiten kombiniert
werden. (…)

Hebammen führten auf Druck der Kirche auch Kaiserschnitte aus –
allerdings nicht, um das Leben von Mutter und Kind zu retten, sondern nur um das Kind taufen zu können (sogenannte Nottaufe). Den
Dokumenten kann man entnehmen, dass der Kaiserschnitt fast immer
das Todesurteil für die Mutter war. Nach den kirchlichen Vorgaben
stand die Nottaufe eines nicht lebensfähigen Fetus über dem Leben
der Mutter. Kaiserschnitte, die von Gebärenden überlebt wurden sind
1264 in Deutschland und in England nicht vor 1790 dokumentiert.«

**Gerd Reuther**

Facharzt mit Lehrbefugnis für Radiologie

Buch »Heilung Nebensache – Eine kritische Geschichte der

europäischen Medizin von Hippokrates bis Corona«, S. 314

Seit der Geburt meiner Kinder frage ich mich auch immer wieder, weshalb der Geburtsvorgang nicht im Kern von erfahrenen Müttern begleitet und übernommen wird? Und weshalb wir nicht auf uraltes Wissen
und heilsame Praktiken zurückgreifen? In letzter Zeit frage ich mich
auch, ob der Ort, an dem wir gebären bzw. geboren werden, nicht auch
Auswirkungen auf unsere Biographie hat. Ich habe dazu einen

interessanten Artikel aus Australien gefunden, der auf wissenschaftliche Untersuchungen mit Aborigines verweist:

»Im ersten von neun Beiträgen erzählen die Wiradjuri und Ngemba Wayilwan Autorin Fleur Magick Dennis und ihre Hebamme von vier fesselnden Schwangerschafts- und Geburtserlebnissen, die einen einzigartigen Einblick in den kulturgeschichtlichen Reichtum und die Heilung geben, die „Geburtshilfe im Land" bringen kann. Diese Geschichten veranschaulichen, wie wichtig der Übergang während der Schwangerschaft und der Geburt für die „Gesundheit" des Babys, der Mutter, des Vaters, der Familie und der Gemeinschaft ist. Die Autorin gewährt auch einen seltenen Einblick in die wichtige Rolle der Väter der Aborigines im kulturellen und spirituellen Prozess der Geburt. Es ist eine zutiefst persönliche Reise. Die Geschichten machen deutlich, wie wichtig es ist, die kulturellen Entscheidungen der Frauen bei der Geburt zu verstehen und zu respektieren. (...)

Frauen, die von Hebammen, Aborigine-Gesundheitshelfern, von Aborigine-Gemeinschaft-Kontrollierten-Gesundheitsorganisationen und Forschern unterstützt werden, fordern klar die reiche Weisheit der Vorfahren 'wieder zurück' und bringen Kultur und Spiritualität zurück in die Geburt, um unsere modernen Gesundheitssysteme zu bereichern und eine nährende Geburtsumgebung zu schaffen, die die Eltern in diesem wichtigen Lebensabschnitt unterstützt.«

**Australisches College für Hebammen (ACM)**
»Women and Birth Journal«, Band 32, Ausgabe 5 (9 Papiere)
Artikel: https://www.ckn.org.au/content/reclaiming-ancestral-wisdom-through-birthing-country-australia-special-edition-women-and
Elsevier: https://www.clinicalkey.com.au/nursing/#!/browse/toc/1-s2.0-S1871519219X00050/null/journalIssue

## Träume

In der pränatalen und perinatalen Psychologie und Medizin ist Dr. Ludwig Janus eine Koryphäe. Er war von 1995 bis 2005 Präsident der International Gesellschaft für Prä- und Perinatale Psychologie und Medizin, hat 26 Bücher in diesem Themenbereich geschrieben.[7] Träume waren bei ihm ein fester Bestandteil seiner Arbeit:

»Als ein weiteres Beispiel der Bericht von Klaus Bieback, einem deutschen Primärtherapeuten, über eine zweiundzwanzigjährige Frau, deren Erwachsenwerden durch archaische Ängste behindert ist:

„Tatsache in der Lebensgeschichte dieser Frau ist, daß ihre Mutter, als sie mit ihr im dritten Schwangerschaftsmonat auf einer Urlaubsreise war, beinahe ihr Kind verloren hätte – Blutungen hatten eingesetzt. Der Muttermund hatte sich 25 Millimeter geöffnet, die Ärzte im Krankenhaus glaubten erst an einen künstlich eingeleiteten Abbruch, was aber nicht zutraf. Die Mutter mußte fünf Tage total liegen und durfte sich nicht bewegen. Die Ärzte sagten, die Chancen dafür, es zu schaffen, sei fünf Prozent. Sie bekam Valium, alle ihre Lebensregungen wurden ganz, ganz langsam. Die Blutung kam zum Stillstand. Das Kind wurde dann nach weiteren sechs Monaten normaler Schwangerschaft gesund geboren.

Im folgenden Traumbericht der jungen Frau findet sich eine bizarre Übersetzung von Angst aus archaischer Zeit:

„(…) Ganz oben auf der Plattform steht unser Auto. (…) Vater sitzt am Steuer und neben ihm seine Schwester. Mutter und ich befinden uns draußen. Ich muss nun Vater dirigieren, wie er fahren soll, einmal nach vorn, einmal rückwärts. Es geht um Millimeter; ich kann es gar nicht ansehen. Es geht um Leben und Tod, und ich habe die volle Verantwortung und wollte und konnte es eigentlich nicht. (…) Alles ganz, ganz langsam. Eigentlich ist es nicht zu schaffen. Man könnte abstürzen. (…)"

Ich möchte dem Traum hier eine Überschrift geben, wie ich sie der jungen Frau gegeben habe. Sie lautete: „Das Leben hat Vorfahrt vor dem Absturz – ganz, ganz langsam." (…) Dieser Bericht macht

---

[7] Wikipedia-Eintrag zu Dr. Ludwig Janus, https://de.wikipedia.org/wiki/Ludwig_Janus

deutlich, wie im Traum und in der Kommunikation der therapeutischen Situation symbolische Abkömmling des pränatalen Traumas präsent werden können, deren Wiederbelebung notwendig ist, um durch eine nachträgliche Verarbeitung Unabhängigkeit in einem Erwachsenenleben zu gewinnen.«

**Ludwig Janus**

Psychotherapeut und Psychoanalytiker

Buch »Wie die Seele entsteht.« S. 84

## Bindung und Erziehung

Bindung zwischen den Eltern und dem Ungeborenen, aber vor allem zwischen Mutter und Kind sind lebensnotwendig. Dr. Karl Heinz Brisch schreibt in seinem Buch »Bindung und psychische Störungen«:

»Gerhard Roth, einer der bedeutendsten Neurobiologen in unserem Land, hat schon vor etlichen Jahren auf der Basis empirischer Erkenntnisse herausgestellt, dass die Hauptursachen für psychische Störungen die Traumatisierung der Mutter vor und in der Schwangerschaft sowie Traumaerfahrungen des Kindes in den ersten 2-3 Lebensjahren sind. Genetisch-epigenetische Aspekte erklären lediglich eine Varianz von 10-20% auf (Roth & Strüber 2014).«

**Karl Heinz Brisch**

Univ.-Prof., Dr. Med. habil

Facharzt für Kinder- und Jugendpsychiatrie, Psychiatrie,

Psychosomatische Medizin und Psychotherapie sowie Neurologie,

Psychoanalytiker

Buch »Bindung und psychische Störungen –

Ursachen, Behandlung und Prävention«, S. 28

Im Deutschen Ärzteblatt erschien 2006 ein Artikel von Dr. Jürgen Wettig, Arzt für Neurologie, Psychiatrie und Psychotherapie und damals leitender Abteilungsarzt des ZSP Rheinblick (Zentrum für Soziale Psychiatrie). Er schrieb:[8]

»Frühkindliche Erfahrungen hingegen, vor dem dritten Lebensjahr, werden vom impliziten (unbewussten) Gedächtnis gespeichert. Freud prägte dafür den Begriff „infantile Amnesie". Neurowissenschaftlich gibt es heute keinen Zweifel daran, dass frühkindliche Erfahrungen an der Konstruktion des Neuronennetzwerkes im Gehirn maßgeblich beteiligt sind und so die künftige Persönlichkeit formen. Wird beispielsweise ein zweijähriges Kind von seiner Bezugsperson oft niedergebrüllt, so verarbeitet es diesen Reiz direkt in der Großhirnrinde. Die unbewusste Wahrnehmung der lautstarken Ablehnung wird unauslöschbar im impliziten Gedächtnis eingeschrieben (Priming, „Narbe") und bewirkt möglicherweise im Erwachsenenalter eine Angststörung oder unsichere soziale Kompetenz, ohne dass dem Betreffenden die eigentliche Ursache dafür bewusst ist.«

**Jürgen Wettig**

Arzt für Neurologie, Psychiatrie und Psychotherapie

Oberarzt der Forensischen Klinik Vitos im Rheingau

»Die Erziehung sollte schon von Geburt des Kindes mit der Erziehung der Eltern beginnen. Das mächtigste Mittel der Erziehung ist Liebe, vorausgesetzt, dass sie unter alle Kinder gleichmäßig aufgeteilt und nicht im Übermaß gegeben wird. Einer der schlimmsten unter den häufig gemachten Erziehungsfehlern ist die Verwöhnung der Kinder, weil sie sie um Mut und Selbstvertrauen bringt, aber es ist auch gefährlich, schwere Strafen anzuwenden. Das Selbstvertrauen des Kindes, sein persönlicher Mut ist sein größtes Glück.«

**Adolf Adler (1870 – 1937)**

---

[8] Deutsches Ärzteblatt 2006; 103(36): A 2298-2301 - »Eltern-Kind-Bindung: Kindheit bestimmt das Leben« https://www.aerzteblatt.de/archiv/52567/Eltern-Kind-Bindung-Kindheit-bestimmt-das-Leben

Arzt und Psychotherapeut
Begründer der Individualpsychologie[9]

## Bildungswesen

Gerhard Hüther und Uli Hauser beginnen in ihrem gemeinsamen Buch »Jedes Kind ist hoch begabt« mit einem Zitat von John Lennon:

»Als ich 5 Jahre alt war, sagte mir meine Mutter immer, dass das Glücklichsein der Schlüssel zum Leben ist. Als ich zur Shcule ging fragten sie mich, was ich warden wollte, wenn ich groß bin. Ich schrieb >glücklich<. Sie sagten mir, dass ich die Aufgabe nicht verstanden hätte und ich sagte ihnen, sie würden das Leben nicht verstehen.«

»Kinder können mehr, als auf Zeugnisse zu schielen. Wir demütigen sie, wenn wir ihre Leistungen nur auf die in der Schule erzielten Noten reduzieren. Immer mehr Eltern verstehen sich als Manager oder Trainer ihrer Kinder. Dieser Vorstellung liegt die Haltung zugrunde, Kinder seien im Grunde irgendwie defekt. Weil ihnen etwas fehlt, müssten die Eltern eingreifen. Aber die Kinder haben es satt, ständig korrigiert und kritisiert zu werden, sie haben es auch nicht verdient. Sie sind kompetent und wollen Verantwortung übernehmen, für sich und im besten Fall auch für andere. Sie sind, von klein auf, eigene Persönlichkeiten mit eigenen Bedürfnissen. Sie haben eigene Erinnerungen und Erfahrungen gesammelt, sich eigene Fähigkeiten und Fertigkeiten angeeignet. Sie gehören niemandem, nur sich. Sie sind Adler. Keine Suppenhühner.«

**Gerald Hüther**
Ehemals Professor für Neurobiologie an der

---

[9] Alfred Adler Institut Mainz, Individualpsychologie Alfred Adlers (Eine Einführung), von Dr. H. Khoshrouy-Sefat, Frankfurt
https://www.google.com/url?sa=t&rct=j&q=&esrc=s&source=web&cd=&ved=2a-hUKEwiO2JGojbmDAxU3S_EDHcV5CZ84ChA-WegQIAxAB&url=https%3A%2F%2Fwww.adler-institut-mainz.de%2Fuplo-ads%2Fmedia%2FIndividualpsychologie.pdf&usg=AOvVaw1HVXl-kYurT_Yfor4NkimSp&opi=89978449

In seiner weltberühmten Rede von 2006 auf der TED Konferenz (abgekürzt für »Technology, Education, Design«) sagte Ken Robinson, der sich sein ganzes Leben dem Thema Bildung widmete:

»Wenn man es genau nimmt, dann ist das gesamte öffentliche Bildungssystem auf der ganzen Welt nur ein langwieriger Prozess zur Erreichung des Hochschulzugang. Und die Folge ist, dass viele hochbegabte, brillante, kreative Menschen denken, sie seien es nicht, weil das, was sie in der Schule gut konnten, nicht wertgeschätzt oder sogar stigmatisiert wurde. Und ich denke, so kann es nicht weitergehen.

Nach Angaben der UNESCO werden in den nächsten 30 Jahren weltweit mehr Menschen einen Bildungsabschluss machen als seit Anbeginn der Geschichte. Mehr Menschen, und das ist die Kombination all der Dinge, über die wir gesprochen haben – Technologie und ihre Auswirkungen auf die Arbeit sowie Demografie und die enorme Bevölkerungsexplosion. Plötzlich sind die Abschlüsse nichts mehr wert. Ist das nicht so? Als ich studiert habe, hatte man einen Job, wenn man einen Abschluss hatte. Wenn man keinen Job hatte, lag das daran, dass man keinen haben wollte. Und ich wollte, ehrlich gesagt, auch keinen. Aber jetzt gehen Kinder mit einem Abschluss oft nach Hause, um weiter Videospiele zu spielen, weil man einen MA braucht, wo der vorherige Job einen BA erforderte, und jetzt braucht man einen PhD[10] für den anderen. Das ist ein Prozess der akademischen Inflation. Und es zeigt, dass sich die gesamte Struktur der Bildung unter unseren Füßen verschiebt. Wir müssen unsere Auffassung von Intelligenz radikal überdenken.«

**Sir Ken Robinson, Großbritannien**

Professor und Leiter der Nationalen Kommission von Kreativität und

Bildung und der Wirtschaft für die britische Regierung

---

[10] Master of Arts (MA), Bachelor of Arts (BA), Doktor der Philosophie (Ph.D.; wissenschaftlicher Doktorgrad)

## Eliten – Haben es leichter?

Wer glaubt, dass eine antiquierte oder brutale Kindererziehung ein Bild der Vergangenheit ist, dessen Blick möchte ich auf den Erziehungsstil der alt eingesessenen, vermögenden Familien – den sogenannten Eliten – lenken. Hier wird bis auf den heutigen Tag die frühe Trennung von Mutter und Kind als Ideal propagiert.

Die Frau darf zwar den Nachwuchs zeugen (am besten einen Sohn), aber die Kindererziehung selbst ist nicht ihre Aufgabe. Ist es nicht besser, das Kind vor einer übertriebenen Fürsorge der Mutter fernzuhalten? Emotionen und Bindung sieht man grundsätzlich als störend an. Sie verderben den Charakter und sind hinderlich, wenn man auf der Karriereleiter nach oben steigen will. Und so übernehmen wechselnde Kindermädchen, Haushaltshilfen und Privatlehrer die Erziehung. Selbst der Zugang zur Natur wird systematisch beschnitten oder hat nur einem bestimmten Zweck zu dienen, wie zum Beispiel dem Reiten, Rudern oder Fischen. So gewinnen außenstehende Menschen Zugang und Kontrolle über die Psyche als auch Körper der Kleinen schon von Geburt an.

Wenn diese Kinder den Kinderschuhen entwachsen sind geht es ohne Pause weiter. Man schickt sie weg von zu Hause, auf Internate, wo Privatsphäre ein Fremdwort ist und oftmals strikt nach Geschlechtern getrennt wird. Gerade Jungen sehen sich plötzlich einem ungeheurem Konformitätsdruck, strikten Regeln, undurchsichtigen Hierarchien und teilweise brutalen Bestrafungsmethoden und Initiationsriten ausgesetzt. Eine Umgebung, die gerade für sensible Kinder eine Tortur ist. Haben sie diese Zeit überlebt so werden einige von ihnen danach auf Militärakademien geschickt; zur Abhärtung, zu Gehorsam, zu Patriotismus und in Vorbereitung auf zukünftige Kriege. Von ihren Vätern werden sie nur beachtet, wenn sie Leistung bringen. Wärmenden, liebevollen Körperkontakt mit ihrer Mutter und ihrem Vater kennen nur wenige.

In einem 2015 erschienen Artikel der Britischen Zeitung »The Guardian« wird die Erfahrung an englischen Elite-Internaten – der weltweit immer noch zum Goldstandard zählt – vom Autor Alex Renton wiefolgt beschrieben:[11]

»Ich kannte einmal einen amerikanischen Psychoanalytiker, der in einer Praxis in Bangkok arbeitete und sich auf Expats spezialisierte. (...) „Briten mittleren Alters aus der Mittelschicht, die auf Ihre verrückten Privatschulen gegangen sind, sind so ziemlich die am meisten geschädigte soziale Untergruppe, die mir je begegnet ist." (...) Im 20. Jahrhundert schrieben eine Reihe von Autoren, von George Orwell bis Roald Dahl, auf unterschiedliche Weise über die systembedingte Grausamkeit, psychologisch und physisch, und über ihre weiteren Auswirkungen. Einer davon war die Etablierung des Prinzips bei der Elite und den einfachen Leuten, dass die Verrohung in einem Internat der Schlüssel dazu war, der richtige Brite zu werden – einer, der ein Imperium, ein Unternehmen oder ein Kricketteam leiten konnte. Natürlich verbreitete sich das System in der englischsprachigen Welt, da es sich als der beste Weg erwies, eine herrschende Kaste zu erziehen. Die Psychologie scheint lange gebraucht zu haben, um sich mit dem Thema zu befassen, vielleicht weil Freud die meisten Behauptungen seiner kindlichen Patienten über Missbrauch durch Erwachsene als Fantasie abtat. (...)

Joy Schaverien hat den Begriff „Internatssyndrom" erst vor einem Jahrzehnt geprägt, obwohl sie in die Fußstapfen von Nick Duffell tritt, einem Psychotherapeuten, der 1990 mit der Arbeit auf diesem Gebiet begann und ein leidenschaftliches und einflussreiches Buch über die Wunden schrieb, die Internate verursachen können, *The Making of Them*. (…)

Die vielen hundert E-Mails, die ich erhalten habe, machen deutlich, dass die Schulen der Elite unter denselben Vertuschungen und denselben erstaunlichen Versäumnissen bei der Regulierung und der Polizeiarbeit zu leiden hatten wie die Krankenhäuser, Pflegeheime und Jugendstrafanstalten. Der Unterschied? (...) „Internatsschüler können sich nicht mit dem Gedanken trösten, dass ihre Eltern nicht wollten,

---

[11] Alex Renton, »Boarding School Syndrome review – education and the pain of separation« vom 8. Juni 2015, The Guardian, https://www.theguardian.com/books/2015/jun/08/boarding-school-syndrome-joy-schaverien-review

dass sie dorthin gehen", stellt Professor Schaverien fest. Ihre Eltern haben sich dafür entschieden, sie von zu Hause in die Hölle oder ins Gefängnis zu schicken – Worte, die ihre Patienten häufig benutzen – und damit die Bindung zu ihrem Kind zu brechen.«

John Bowlby, auch aus Großbritannien und Begründer der Bindungstheorie, wuchs selbst in einer gutsituierten Familie auf. Sein Vater war ein angesehener Chirurg, seine Mutter soll er täglich nur für circa eine Stunde am Tag gesehen haben.

»Eine fürsorgliche Rolle übernahm indes für Bowlby ein eigenes Kindermädchen, das die Familie jedoch verließ, als er drei Jahre alt war. Mit acht Jahren kam er in ein Internat und nach dem Ersten Weltkrieg trat er in das Royal Naval College in Dartmouth ein. Mit siebzehn Jahren beschloss er am Trinity College in Cambridge Medizin und Psychologie zu studieren. Im Jahr 1951 wurde die im Auftrag der WHO von John Bowlby erstellte Studie über den Zusammenhang zwischen mütterlicher Pflege und seelischer Gesundheit veröffentlicht. Sie bildete einen Beitrag für das Programm der UNO zum Wohle heimatloser Kinder.«[12]

Zeit seines Lebens beschäftigte sich John Bowlby mit Bindung, die er so schmerzlich vermisste. Er schrieb dazu in seinem Buch »A Secure Base« von 1988 gleich zu Anfang:[13]

»Erfolgreiche Eltern zu sein, bedeutet sehr harte Arbeit. Die Betreuung eines Babys oder Kleinkindes ist eine Arbeit, die rund um die Uhr an sieben Tagen in der Woche erledigt werden muss und die oft sehr

---

[12] Wikipedia, »John Bowlby«, https://de.wikipedia.org/wiki/John_Bowlby
[13] John Bowlby, »A SECURE BASE, Parent-Child Attachment and Healthy Human Development.« Lecture 1, page 8 and following, [»EINE SICHERE BASIS, Eltern-Kind Bindung und Gesunde Menschliche Entwicklung.« Lesung 1, Seite 8 ff] https://www.google.com/url?sa=t&source=web&rct=j&opi=89978449&url=https://www.increaseproject.eu/images/DOWNLOADS/IO2/HU/CURR_M4-A13_Bowlby_(EN-only)_20170920_HU_final.pdf&ved=2ahUKEwjtrb7y7puFAxUzXfEDHW5JCtEQFnoECBMQAQ&usg=AOvVaw1TfQSELD-DxfSZEZ25WM2y

beunruhigend ist. Und auch wenn die Last etwas leichter wird, wenn die Kinder älter werden, brauchen sie immer noch viel Zeit und Aufmerksamkeit, wenn sie sich gut entwickeln sollen. Für viele Menschen sind das heute unangenehme Wahrheiten. Kindern Zeit und Aufmerksamkeit zu schenken, bedeutet, andere Interessen und Aktivitäten zu opfern. (...) Eine Studie nach der anderen (...) belegt, dass gesunde, glückliche und selbständige Jugendliche und junge Erwachsene das Ergebnis eines stabilen Elternhauses sind, in dem beide Elternteile den Kindern viel Zeit und Aufmerksamkeit widmen. (...) Paradoxerweise hat es die reichsten Gesellschaften der Welt gebraucht, um diese Tatsachen zu ignorieren. Die Leistung von Männern und Frauen, die für die Produktion von materiellen Gütern eingesetzt werden, zählt in allen unseren Wirtschaftsindizes als Plus. Die Leistung von Männern und Frauen, die glückliche, gesunde, selbständige Kinder in ihren eigenen Häusern hervorbringen, zählt überhaupt nicht. Wir haben eine auf den Kopf gestellte Welt geschaffen. (…) Es ist jedoch offensichtlich, dass das Bindungsverhalten keineswegs auf Kinder beschränkt ist. Auch bei Jugendlichen und Erwachsenen beiderlei Geschlechts ist es zu beobachten, wenngleich es in der Regel weniger leicht zu erwecken ist, wenn sie ängstlich sind oder unter Stress stehen. Es sollte daher niemanden überraschen, wenn eine Frau, die ein Baby erwartet, oder eine Mutter, die sich um kleine Kinder kümmert, den starken Wunsch hat, selbst umsorgt und unterstützt zu werden.«

**John Bowlby (1907 – 1990), Großbritannien**

Kinderarzt, Kinderpsychiater und Psychoanalytiker

Begründer der Bindungstheorie

Interessant ist, dass sobald Leute die Karriereleiter nach oben klettern oder zu Geld kommen, dem Muster der sogenannten Eliten ohne zu zögern nacheifern. Ihr ganzes Streben unterliegt zeitlebens der Karriere und der Anhäufung von Geld. Ohne zu zögern machen sie bei ihren Kindern die gleichen Fehler und verwehren ihnen das, wonach sie sich selbst am meisten sehnten: Liebe, Zeit, Aufmerksamkeit, Beziehung und Anerkennung. Aber das Ziel, ganz nach oben zu kommen, ist wohl erstrebenswerter als sichere, stabile, familiäre Bindungen.

Um den eigenen Schmerz nicht fühlen zu müssen, wird so der Schmerz von einer Generation an die nächste weitergegeben. Noch verheerender: Diese traumatisierten Eliten bestimmen das gesellschaftliche Miteinander und Leben von Millionen von Menschen. Somit vervielfachen sie ihr persönliches Leid und den Schmerz in Institutionen, Stiftungen, Unternehmen und Politik, Film- und Unterhaltungsindustrie, sowie Forschung- und Entwicklung. Ihr negatives Selbstbild und ihre düsteren Zukunftsvisionen lassen sie eine Überlebensstrategie und zerstörende Technologie nach der anderen erfinden, um uns alle in ihre immerwährenden inneren und äußeren Kriege zu verwickeln.

**Vergewaltigung, Institutionalisierte Gewalt und Kriege**

Durch die Geschichte der Menschheit zieht sich Jahrhunderte und Jahrtausende die Spur von Gewalt, Kriegen, Überfällen und Folterungen. Von Inzest, Missbrauch und Abtreibungen, von Neid, Missgunst, Rivalität, Geldgier und Habsucht. Die Bürde lastet auf Generationen von Familien. Gebäude, Landstriche, Regionen und sogar Nationen sind davon gezeichnet. Diese Erlebnisse, gespeichert in jeder Zelle unseres Körpers und im Boden von Mutter Erde, werden so an die Kinder und Kindeskindern von Generation zu Generation weitergereicht. Oftmals unbewusst; manchmal aber auch sehr bewusst.

Am Universitätsklinikum in Ulm, Deutschland, begleitete ein Forscherteam erstmals über einen Zeitraum von vier Jahren (2013 bis 2017) »welchen Einfluss positive und negative mütterliche Kindheitserfahrungen auf die Beziehung zum eigenen Kind und dessen Entwicklung haben. (...) In der Studie »Meine Kindheit – Deine Kindheit«[14],[15]

---

[14] Universitätsklinikum Ulm, »Meine Kindheit – Deine Kindheit«, Studie zum Einfluss von Kindheitserfahrungen von Müttern auf ihre Kinder von Geburt bis zum Schulalter, (Studienzeitraum von 2013 bis 2017) https://www.uniklinik-ulm.de/kinder-und-jugendpsychiatriepsychotherapie/sektionen-und-arbeitsgruppen/sektion-paedagogik-jugendhilfe-bindungsforschung-und-entwicklungspsychopathologie/meine-kindheit-deine-kindheit.html Die Seite ist auch in Englisch verfügbar.

[15] Ulm News, Weblog »Meine Kindheit, Deine Kindheit: Studie untersucht Einfluss von Kindheitserfahrungen auf Mütter und deren Kinder« vom 27. April 2021, https://www.ulm-news.de/weblog/ulm-

sollten Risiko- und Schutzfaktoren aufgedeckt werden, die dazu beitragen, ob und wie Missbrauchs-, Misshandlungs- und Vernachlässigungserfahrungen an die nächste Generation weitergebenen werden.« Die Studie wurde in fünf Teilstudien gegliedert und begann kurz nach der Geburt des Kindes und dauerte bis zum Alter von sieben Jahren, d.h. Schulbeginn. Mediziner, Biologen und Psychologen begleiteten ca. 158 Familien. Es wurde nachgewiesen, dass psychische Belastungen sich negativ auf den Körper auswirkten und zu chronischen und entzündliche Krankheiten führten.[16]

Mittlerweile läuft die Studie bereits seit acht Jahren; auch während der Zeit der Corona-Pandemie. In einem Artikel im FOKUS sagte Claudia Buß, Professorin am Institut für Medizinische Psychologie der Charité in Berlin:

»Nicht nur Schläge sind Gewalt – auch psychische Gewalt in Form von Demütigungen, Drohungen oder Anschweigen kann Kinder schädigen. (…).

Circa jedes dritte Kind werde Opfer von Misshandlung und/oder Vernachlässigung. Nicht nur die Betroffenen tragen diese Erfahrungen oft ein Leben lang mit sich herum. Sie geben Risiken offenbar auch weiter. Forscher blickten auf die Gesundheit der Folgegeneration und fanden Zusammenhänge mit mütterlichen Missbrauchserfahrungen. Davon berichtete ein Team um Buß im Fachblatt „The Lancet – Public Health". Sie werteten Daten von über 4300 Mutter-Kind-Paaren aus.

Die Nachkommen von Frauen, die als Kind missbraucht und/oder vernachlässigt worden war, hatten laut der Studie ein höheres Risiko für verschiedene Erkrankungen: Vorstufen von Depression und Angststörungen, das Aufmerksamkeitsdefizitsyndrom ADHS, Autismus und Asthma. Bei Töchtern dieser Mütter wurde zudem häufiger Übergewicht festgestellt als bei deren Söhnen. (…)

---

news/view/dt/3/article/80625/Meine_Kindheit_Deine_Kindheit%3A_Studie_untersucht_Einfluss_von_Kindheitserfahrungen_auf_M-uuml-tter_und_deren_Kinder.html

[16] Regio TV, »Ulmer Forscher können Kindheitstraumata im Blut nachweisen« vom 18. April 2018, https://www.regio-tv.de/cmms-embed/amp/15007

„Die Frage psychischer Belastungen müsste stärker in die generelle medizinische Versorgung einbezogen werden, etwa in der Gynäkologie und Kindermedizin."«[17]

Institutionalisierte Gewalt zieht sich wie eine rote Linie durch die Geschichte. Für mich erschreckend ist dabei zu sehen, wie Ärzte und Psychologen willig zu Handlangern werden. Gerade der medizinische Berufsstand, der den Eid des Hippokrates geschworen und sich der Heilung von Menschen verschrieben hat, verstrickt sich immer wieder mit Politik, Kirchen, Lobbyisten und mächtigen Finanziers. Die massive Täterschaft an Kindern nimmt einem oft den Atem weg:

»Bereits im 2010 veröffentlichten Abschlussbericht des „Runden Tisch Heimerziehung" wurde der Einsatz von Medikamenten in Kinderheimen problematisiert. Betroffene berichteten von einer Medikamentengabe ohne medizinische Begründung. (…)

Medizinische Gewalt wurde befördert durch eine Wahrnehmung psychischer Krankheiten als vorrangig biologisch und damit erblich bedingt. Frühere Gewalterfahrungen, wie z.B. Missbrauch in der Familie, und daraus resultierende psychische Probleme oder Entwicklungsverzögerungen wurden bei der Diagnose selten berücksichtigt. Dementsprechend wurde die Einweisung in eine Anstalt oder Klinik für psychisch kranke oder behinderte Menschen nur selten hinterfragt und ein Scheitern von Therapien den jungen Patientinnen und Patienten selbst vorgeworfen, deren Konstitution der Grund für ihr Leiden sei.«

**Nora Wohlfarth**

Landesarchiv Baden-Württemberg

»Medizinische Gewalt«

https://www.leo-bw.de/themenmodul/heimkindheiten/alltag/gewalt-einfuhrung/medizinische-gewalt

---

[17] FOCUS online, »Wenn du jetzt nicht schläfst, dann knallt es! – Emotionale Misshandlungen von Kindern können gesundheitliche Folgen haben« vom 7. Mai 2023, https://www.focus.de/familie/mm_id_192876075.html

Krieg öffnet Tür und Tor für das Dunkelste und Schrecklichste. Ein Beispiel aus der NS-Zeit ist das Projekt »Lebensborn«[18], das 1935 begann:

»Geschätzte 700.000 jährlich durchgeführte Abtreibungen beeinträchtigten aber die gewünschte hohe Geburtenrate. Unverheiratete Frauen nahmen seinerzeit einen Schwangerschaftsabbruch vor, um einer Diffamierung und sozialen Ausgrenzung zu entgehen. Damit diese Kinder dem Deutschen Reich nicht „verloren gingen" verfiel Heinrich Himmler auf die Idee, Möglichkeiten zur verschwiegenen Geburt zu schaffen. Er glaubte, damit würde der Grund für eine Abtreibung entfallen. Dies war die Geburtsstunde des „Lebensborn e. V." Der Verein wurde am 6. Dezember 1935 gegründet und war organisatorisch in die SS eingebunden. Im Deutschen Reich (einschließlich Österreich) besaß er neun Entbindungs- und zwei Kinderheime. Um im Krieg die unehelichen Kinder deutscher Besatzungstruppen unter deutschen Einfluss zu bringen, eröffnete er in Belgien, Frankreich, Luxemburg und Norwegen insgesamt 13 Entbindungs- und Kinderheime, davon zehn allein in Norwegen. Zwischen 1936 und 1945 kamen in seinen deutschen Heimen 8.000 bis 9.000 Kinder zur Welt, von denen knapp die Hälfte unehelich war. Außerdem wurden in Norwegen insgesamt 9.000 Kinder überwiegend unehelich geborenen. (...)
Ab 1942 beteiligte sich der „Lebensborn" an der Eindeutschung mehrerer hundert Kinder und Jugendlichen im Alter von wenigen Monaten bis 17 Jahren. Sie waren aus dem damaligen Jugoslawien, aus Norwegen, Polen oder der früheren Tschechoslowakei gegen den Willen oder ohne Wissen ihrer Eltern oder Erziehungsberechtigten nach Deutschland verschleppt worden. Der „Lebensborn" gab ihnen deutsche Namen, erzog sie in seinen Heimen zu vermeintlich deutscher Lebensweise oder vermittelte sie in deutsche Pflegefamilien zum Zwecke einer späteren Adoption. Gleichzeitig stellte er ihnen neue Geburtsurkunden mit deutscher Nationalität aus.

---

[18] Wer mehr zu diesem Thema wissen möchte, ich kann die Bücher von Gisela Heidenreich empfehlen (nur auf Deutsch erhältlich).

Nach den rassenideologischen Vorstellungen der „Lebensborn"-Verantwortlichen sollte die Auslese der werdenden Mütter „minderwertigen" Nachwuchs verhindern. Dennoch wurden in den „Lebensborn"-Heimen Kinder mit schweren Behinderungen geboren. Sie wurden sofort in sogenannte Kinderfachabteilungen überwiesen. Dort wurden sie im Rahmen der „Kindereuthanasie" ermordet. Bislang sind 17 getötete „Lebensborn"-Kinder bekannt.«

**Lebendiges Museum Online**

»Der „Lebensborn e.V." der SS«

https://www.dhm.de/lemo/kapitel/ns-regime/innenpolitik/
der-lebensborn-ev-der-ss.html

Kindereuthanasie? Gerhard Schmidt schrieb in seinem Buch »Selektion in der Heilanstalt 1939 – 1945«[19] auf den Seiten 37 und 38:

»Eugenisch-wissenschaftliche Parolen

Daß die Artbereinigung Ziel der Pfleglingsvernichtung war, geht nicht zuletzt aus Publikationen von Rasseneugenikern hervor. 1940 sah sich ein nationalsozialistischer Erbbiologe veranlaßt, seine Kollegen mit einem Ideenentwurf aufzurütteln. Die eine Seite dieses janusköpfigen „Erneuerungsprogramms" waren Lenkung und Förderung der Fortpflanzung Gesunder.

„Für das eigentliche Zuchtwahlproblem – die Zucht hinauf haben diese Forscher bisher kaum noch Interessen bekundet… Wer sich zur biologischen Auslese seines Volkes rechnet…, für den ist nicht die Frage aktuell, ob er Nachkommenschaft heranzüchten soll oder nicht, sondern nur, mit wem. Wir suchen nachweislich gesunde Sippen… Rücksichtslos und mit klarem Marschbefehl… Sollte es doch von Anfang an die tragende Idee der Schutzstaffeln darstellen, selbst eine

---

[19] Das Buch ist eine Dokumentation dessen, »was er vorfand, als er im Juni 1945 zum Kommissarischen Direktor der Heil- und Pflegeanstalt Eglfing/Haar bei München bestellt wurde, und analysiert, was in dieser Landesanstalt, die von ihrem damaligen Leiter zu einer NS-Muster-Anstalt ausgebaut worden war, von 1939-1945 geschehen ist.«

biologische Auslese zu sein... Das allein war von jeher der Sinn der Heiratsgenehmigung, und hieraus allein erwuchs der Appell an die Soldaten..., unvermeidlichen Tod durch neues Leben vielfältig zu überwinden. Ein ähnlicher Gedanke liegt der einzigartigen Einrichtung des „Lebensbornes" zugrunde... (...) Hier liegt... die säkulare Aufgabe und Bedeutung der abendländischen biologischen Wissenschaften unserer Zeit... (»Der Biologe«, 1940)."

(...)

Dazu applaudierte eine Münchener Rassenbiologin in einem NS-Dozentenschaft und dem NS-Dozentenbund überlassenen, offenen Brief vom 5. November 1940 und übersteigerte sich unter Hinweis auf nicht genannte, doch als bekannt vorausgesetzte »staatliche Maßnahmen« zu einem Hymnus auf die „Neue Deutsche Psychiatrie":

„(...) Hier nicht weiter aufzuführende jüngste Ereignisse staatlicher Anordnung haben bis in den Letzten Winkel psychiatrisch-ärztlichen Lebens und psychiatrischer Forschung hinein jedem unserer Fachkollegen zum Bewußtsein gebracht, daß, in welchem Umfang und nach welcher Richtung hin sich diese in der Geschichte der Psychiatrie einmalige Umgestaltung unter Umwertung aller Werte, vollzieht. Es vollendet sich hier wie bisher in solchem Umfange wohl auf keinem anderen Wissenschaftsgebiet eine revolutionäre Wandlung aller Vorstellungen und ärztlichen Gepflogenheiten, die als unmittelbarster Ausdruck der Einwirkungskraft nationalsozialistischer Ideologie auf ein deutsches Wissenschaftsgebiet anzusprechen ist... Rückblick und Ausblick führen hierbei... zu folgender neuen Grundhaltung: Weg vom lebensunwerten Leben – hin zum behandelbaren und heilbaren Volksgenossen. Weg vom biologisch Minderwertigen – hin zur biologischen Hochwertigkeit..."«

Auch nach dem Krieg hörte das Leid der Kinder nicht auf. Unter dem Deckmantel von Gesundheit oder Entlastung der Eltern wurden den sogenannten »Verschickungskinder« unglaubliches Leid angetan:

»Die Verschickungen erfolgten von der Nachkriegszeit bis in die 1990er Jahre für zwei- bis sechswöchige Aufenthalte in Kinderheimen und – heilstätten. Kleinkinder wurden gemeinsam oder auch alleine verschickt, darunter auch Kinder ab dem zweiten Lebensjahr. (…)

In vielen Verschickungsheimen herrschte über lange Zeit ein strenger, vereinzelt noch von der NS-Ideologie geprägter Umgang mit den Kindern. Er war unter anderem von Johanna Haarer in ihrem Buch Die deutsche Mutter und ihr erstes Kind (1934 bis 1987 verkauft) propagiert worden. Dazu gehörten Erprügeln von Gehorsam, strenge Sauberkeitsanforderungen, körperlicher Zwang und das Diktat der Uhr. Erlitten wurde auch psychische und körperliche Gewalt.«[20]

In einem 2024 erschienenen Artikel im BRIGITTE-Magazin[21] wird von »Essenszwang, Besuchsverbot, Toilettenverbot, Prügel, Redeverbot, Briefzensur, entsetzlichem Heimweh, Todesangst« berichtet. Die Erinnerungen kamen nur Stück für Stück wieder ins Gedächtnis der mittlerweile erwachsenen Frau zurück. Sprechen konnte sie damals nicht mit ihren Eltern. »Ich war zu jung, um dafür Worte zu finden; es bleib wohl nur zu verdrängen.«

Soweit der Exkurs. Wer aber glaubt, dass es in der modernen Welt, im 21. Jahrhundert, dergleichen nicht mehr gibt oder geben kann, der irrt gewaltig. Davon zeugen die Selbst- und Allgemein-Begegnungen in diesem Buch.

---

[20] Wikipedia, »Verschickungskinder«, https://de.wikipedia.org/wiki/Verschickungskinder

[21] Verschickungsheime, »Ich war zu jung um dafür Worte zu finden«, Andrea Piep im Interview mit Meike Dinklage von der BRIGITTE, Nr. 8/24, https://verschickungsheime.de/ich-war-zu-jung-um-dafuer-worte-zu-finden-andrea-piep-im-interview-mit-meike-dinklage-von-der-brigitte/

# 2. SCHWANGERSCHAFT UND GEBURT

## 2.1 KINDERWUNSCH

*Allgemein-Begegnung (3 Worte)*
*Frau – Mann – Kinderwunsch*

Ab welchem Zeitpunkt sollte man über den Kinderwunsch sprechen? Wer wünscht sich das Kind? Und welche Voraussetzungen braucht es, damit es mit dem Kinderwunsch klappt? Eine wunderbare Arbeit, in der viel gelacht wurde. Ja, es könnte alles so einfach sein.

### Frau

»Ich bin ganz fixiert auf den Mann. Ich finde den toll, ich finde den echt super und ich versuche zu kokettieren. Ich würde gerne etwas alleine mit ihm machen. Das ist mein Mann, mein Partner. Mit dem würde ich jetzt herumkuscheln. Das ewige Gequatsche lenkt mich ab. Ich habe den Eindruck, jetzt komme erstmal ich als Frau dran hier. Das muss schon die richtige Reihenfolge haben: Ich bin mit dem Mann zusammen, dann wir, dann entste ht was und dann kommt der Kinderwunsch. Wir müssen uns erstmal näherkommen.

Ich hätte mir da mehr Intimität gewünscht. Wir haben ja gar keine Zeit, uns zu unterhalten. Ich mag das noch ein bisschen romantischer. Dann unterhalten wir uns und dann machen wir natürlich auch l'amour [Liebe]. Aber da muss ich ja auch mal mit ihm reden. Man kann ja nicht beides machen. Und das braucht ein bisschen Zeit. Und ich will das romantisch und schön. Es ist alles so schnell. Ohne mich kommt der "Kinderwunsch" nicht weiter.«

### Mann

»Ich schau jetzt zum "Kinderwunsch" und ich weiß ehrlich gesagt nicht, was ich mit dir anfangen soll. Aber ich finde dich super interessant! Warum musst du warten? Das eine geht ins andere über. Was wollen wir da lange herumdiskutieren? Ohne Sex brauchen wir über den Kinderwunsch gar nicht diskutieren. «

## Kinderwunsch

»Jemand hat den Wunsch ausgesprochen, sonst wäre ich nicht da. Ich komme mir wie Genie aus der Flasche vor, der Flaschengeist. Wie aus dem Buch von Michael Ende, der wunschalkoholischen Wunsch-punsch[22]. Und sitze jetzt da und muss warten, bis ihr zu Ende geflirtet habt. Ich bin ein bisschen beleidigt und denke mir die ganze Zeit: „Ja, wünscht ihr euch jetzt ein Kind oder nicht? Was wünscht ihr euch denn?" Ich darf ja noch gar nicht Kind sein. Ich bin ja nur der Wunsch-punsch.«

o **Kindewunsch:** Aber irgendjemand hat mich gerufen!
o **Mann:** Das war ganz klar ich. Mir fällt gerade auf, wenn da ein paar Knirpse herumlaufen, das fände ich schon ganz toll. Auch einige Kinder zu haben. So kleine Terroristen.
o **Frau:** Ich finde es jetzt gerade spannend, dass der "Mann" sagt, er hat den Wunsch. Finde ich toll.
o **Mann:** So kleine Knirpse, von denen man weiß, die sind zur Hälfte von mir und zur anderen Hälfte von der "Frau", die ich ganz doll liebe. Ist doch cool!
o **Frau:** Du hast das für dich klar. Ich finde das toll. Da sind wir schon einer Meinung. Du sprichst aber anders als ich. Ich möchte es gerne romantisch.
o **Mann:** Liebe, Romantik, Kinderwunsch, Sex. Dass sind alles vier Dinge, die gehören alle wunderbar zusammen. Aber das sind alles einzelne Themen für sich. Mal bin ich romantisch, mal eben nicht. Der "Kinderwunsch" ist davon unabhängig. Und ich finde den "Kinderwunsch" cool. Ich mag den. "Kinderwunsch", hörst du mich?
o **Kinderwunsch:** Ja, leider. Das ist echt peinlich! Ich muss mir das ganze Gesülze anhören. Ich komme mir vor wie ein Teenager, der die Eltern ertappt. Voll peinlich!
o **Mann:** Wie alt bist du eigentlich?

---

[22] Das Buch von Michael Ende heißt tatsächlich „Der satanarchäolügenialkohöllische Wunschpunsch". Das Original erschien 1989. Mehr dazu auf Michael Ende's Web-seite: https://michaelende.de/buch/der-satanarchaeoluegenialkohoellische-wunsch-punsch

- **Kinderwunsch:** Du, ich bin nur ein Wunsch. Und mir ist es jetzt schon peinlich, was ich da anhören muss. Und ich möchte noch nicht mal wissen wie das ist, wenn ihr mit dem Reden aufhört und dann was macht.
- **Mann:** Zu deinem 18. Geburtstag mache ich eine Dia-Vorführung und werde sagen: »In dem Zelt, da bist du entstanden!«
- **Kinderwunsch:** Neee! Ich glaube, ich muss mich übergeben! Ich will nicht wissen wie ich entstanden bin!
- **Mann:** Der "Kinderwunsch" hat da schon recht. Es ist ein bisschen konfus. Wir sagen beide nicht aus vollem Herzen, aus vollem Gefühl heraus »Ja, wir wollen Kinder. Jetzt, wir machen eins.« Wie, egal. Aber wie machen eins. Das sagen wir beide nicht. Wir lassen es beide passieren.
- **Frau:** Du sprichst jetzt von mir, "Mann". Ich habe aber vorhin deutlich gesagt: Mir ist das alles zu schnell. Ich würde gerne erst noch mit dir intim sein und kuscheln. Was mir jetzt gerade ein bisschen fehlt ist mehr Kommunikation. Damit ich weiß, wir wollen im Endeffekt dasselbe. Grob gesprochen. Aber jetzt gerade will ich noch keine Kinder. Jetzt will ich erstmal nur mit dir etwas zusammenbleiben wollen. Hast du überhaupt mal vor, eine Familie zu gründen?
- **Mann:** Definitiv. Ist ein wichtiges Thema. Ich finde Kinder, eigene Kinder zu haben, richtig schön. Aber ein konkreter "Kinderwunsch"? Jetzt? Nein. Irgendwie ist es noch zu früh.
- **Frau:** Wenn wir dann noch mehr zusammenbleiben, dann könnte ich mir das zur Familiengründung vorstellen. Ich würde auf alle Fälle gerne welche wollen. Zwei könnte ich mir vorstellen. Ist natürlich in Absprache mit dir; was du dir vorstellst.
- **Mann:** Zwei ist eine wunderschöne Zahl. Ist nicht zu viel, nicht zu wenig. Eins, ist eins zu wenig. Eins ist keins. Aber drei sind eins zu viel.
- **Frau:** Zwei ist eine ungerade Zahl. Ich finde es toll, dass wir uns da so einig sind. Das finde ich gut.
- **Mann:** Wir harmonisieren sehr gut. Wir sind da beide sehr offen. Es fühlt sich an, dass wenn der "Kinderwunsch" konkret ist, dass da etwas sehr, sehr schönes daraus entstehen kann. Ich habe das Gefühl, dass der gesellschaftliche Konsens – was die Gesellschaft

will oder es indirekt suggeriert – spielt eine nicht ganz unerhebliche Rolle. Geht dir das auch so "Frau"? Ich habe gerade so das Gefühl, mein Wunsch ist nicht ganz sauber. Der ist beeinflusst. Ich brauche ein Haus, zwei Kinder und einen Hund – und dann ist der Lebenszweck erfüllt. Es gibt ein familiäres Bild in der Gesellschaft von der idealen Familie.

o **Frau:** Ich fühle ihn für jetzt noch nicht. Ich würde jetzt gerne mit dir noch ein bisschen zusammenkommen. Kommen wir gut miteinander klar? Und wäre das eine gute Basis für dich, mich? Wenn wir eine gute Basis haben und es klappt gut für uns, dann ist ein "Kinderwunsch" auf jeden Fall gut.

o **Mann:** Es fühlt sich zum Großteil richtig an, aber irgendeine kleine Essenz ist da drin, die mich stört. Es fühlt sich nicht 100% sauber an. Wollen wir den "Kinderwunsch" fragen? "Kinderwunsch", was fühlst du?

o **Kinderwunsch:** Also, ich finde euch beide total cool. Ich finde euch lustig und cool. Ich hätte nichts dagegen, falls ihr so bleibt, wenn ihr meine Eltern werden würdet. Das kann ich zumindest schon mal sagen. Also, ihr seid mir nicht zu alt und ihr seid nicht zu jung. Ihr seid genauso richtig so wie ihr seid. Als du von den gesellschaftlichen Vorstellungen gesprochen hast, dachte ich mir ganz kurz, das spielt auch eine Rolle. Irgendwie, ich weiß nicht warum, komme ich zu früh in dieser Vorstellung vor. Ich möchte lieber, dass ihr euren Spaß habt, ohne dass ich dabei bin. Ansonsten komme ich mir vor wie ein Voyeur, wie ein Spanner. Aber unfreiwillig. Ich will ja nicht mithören. Es fühlt sich für mich nicht richtig an.

o **Frau:** Ich bin der gleichen Meinung wie "Kinderwunsch". Ich habe auch den Eindruck, du bist noch ein wenig zu früh da. Wenn ich dich nicht gerufen habe, der "Mann" dich nicht gerufen hat, wer hat dich dann gerufen?

o **Mann:** Die gesellschaftliche Vorstellung, wie etwas zu sein hat. Die will immer irgendwas diktieren.

o **Kinderwunsch:** Die mag ich nicht, die gesellschaftliche Vorstellung.

- **Frau:** Also, wenn dieser gesellschaftliche Druck da ist, das ist mir vollkommen egal was die anderen denken. Ob die sagen, du sollst drei oder zwei oder sechs Kinder haben.
- **Mann:** Ich fühle mich damit ein bisschen gehemmt, den "Kinderwunsch" einmal richtig zu haben. vom Herzen, so richtig zu fühlen.
- **Kinderwunsch:** Das klingt so anstrengend! Also, vorhin ward ihr mir lieber. Ihr wart zwar oberpeinlich, aber vorher ward ihr mir lieber. Das war lustiger und lockerer. Jetzt wird es so ernst.
- **Mann:** Kaum ist man 2, 3 Jahre zusammen, geht auf die 30 zu, oder ist verlobt – sofort kommt die Frage.
- **Kinderwunsch:** Bähhhh! Ich könnte mich übergeben.
- **Mann:** Vielleicht geht das einfach keinen etwas an?
- **Kinderwunsch:** Oh, danke!!!
- **Mann:** Vielleicht geht das einfach keinen etwas an? Ob wir zwei Kinder wollen, ob wir zehn wollen, ob wir keines wollen. Die Frage hat keinen zu interessieren.
- **Kinderwunsch:** Genau!!! Geht beide gar nicht erst in die Opferhaltung hinein. Wen interessiert es?
- **Frau:** Du, "Mann", hast da mehr Mühe als ich. Mir ist das vollkommen egal.
- **Kinderwunsch:** Das läuft anders ab. Bei dir, "Mann", wird das anders gefragt oder impliziert, suggeriert, als das bei der "Frau" ist.
- **Mann:** Unter Männer ist das Thema generell nicht so präsent. Da redet man einfach nicht darüber. Es läuft im Hintergrund.
- **Kinderwunsch:** Irgendwas läuft da schon ab. Ich spüre das. Aber ich merke, sobald etwas von außen kommt und ihr euch damit beschäftigt, dann werdet ihr ernst und erwachsen. Dann seid ihr nicht mehr so cool wie vorher.
- **Frau:** Ja, dann sind wir nicht mehr so harmonisch und nicht so liebevoll.

*Als "Mann" das hört wird er sofort wieder humorvoll und das Spielerische zwischen beiden kommt zurück.*

- **Frau:** Wir haben so eine harmonische Beziehung. Alles ist okay. Einen Schluck Wein trinken…

- **Kinderwunsch:** So cool wie ihr seid, da ist der Kinderwunsch nah dran. Da muss man nicht arbeiten dafür. Das geht hoppadihopp, ratzfatz, flutsch dahin.
- **Frau:** Und ich kann das genau planen. Wir machen das mal und dann ist zack, ist das Kind da. Blöd sind wir ja nicht, wir zwei. Wir checken das alles. Ich fühle mich wohl mit dem "Mann". Wir können Spaß haben, diskutieren. Ich habe mein Weibliches. Er hat sein Männliches.
- **Mann:** Ich fühle mich gerade sehr gut. Ich fühle mich gerade als Mann pudelwohl.
- **Frau:** Wir haben da keine Probleme.
- **Mann:** Darf ich eine Frage stellen an den "Kinderwunsch"? Was müsste passieren, dass du sagst, ja, das ist jetzt der Zeitpunkt! Das fühlt sich für mich richtig an. Jetzt bin ich willkommen!
- **Kinderwunsch:** Das bestimmt ihr. Aber ich bin nah. Ich brauche keine Reise durch Sibirien bis ich bei euch bin. Wenn ihr Mitte 20, Ende 20 seid – ab da. Und ihr müsst halt cool sein und lustig sein, und nett. Und ihr seid nicht doof. Und wie ihr miteinander umgeht finde ich total lässig. Weil ihr so cool seid, da komme ich doch gerne. Dann müsst ihr halt nur aufpassen, dass ich dann nicht vielleicht aus Versehen mal Flutsch mache. Weil ich dann sage: »So, jetzt habe ich keinen Bock zu warten. Jetzt möchte ich kommen.« Das kann passieren. Weil, wenn ich euch so cool finde, dann sitze ich die ganze Zeit auf heißen Kohlen.
- **Mann:** Dann suchst du dir einen Weg.
- **Kinderwunsch:** Und dann denke ich mir: Lieber heute als morgen.
- **Frau:** Je mehr du redest, "Kinderwunsch", desto mehr habe ich da Lust auf den "Mann".

Eine sehr erfrischende, humorvolle Arbeit, bei der sich alle sehr gut verstehen und es viel zu lachen gab. Es zeigt sich, dass dem Kinderwunsch per se nichts entgegensteht, wenn Mann und Frau gut harmonieren: Anziehung, Humor, spielerische Leichtigkeit, Kommunikation, gleiche Wellenlänge, Romantik, Liebe, Sex und Zeit. Wenn eine Frau bei sich und in ihrer Weiblichkeit ist und der Mann auch bei sich und in seiner Männlichkeit, dann steht dem Kinderwunsch nichts im Wege.

Ein Störfaktur ist aber definitiv die gesellschaftliche Vorstellung. Da wurde sogar dem "Kinderwunsch" übel.


## 2.2 ZEUGUNG

*Allgemein-Begegnung (4 Worte)*
*Original: egg-cell – sperm – father – Mother*
*Deutsch: eizelle – sperma – vater – Mutter*

Was in der vorherigen Arbeit zum Kinderwunsch so leicht und spielerisch war, ist hier das genaue Gegenteil. Beide, Mann und Frau, haben so viele eigene Themen im Gepäck, dass der Raum für das Natürlichste der Welt, spielerisch in Beziehung zu gehen und damit auch ein Kind zu zeugen, plötzlich sehr eng wird.

Es zeigt sich das Bild eines Mannes, der überhaupt nicht weiß, wie er emotionale Nähe zu seiner Frau herstellen kann. Und es zeigt sich das Bild einer Frau, die Männern gegenüber sehr skeptisch ist und selber viel Zuwendung benötigt. Beiden fehlt die eigene Mutterbindung und die schöne Erfahrung, wirklich Kind sein zu dürfen. Und weil sie beide als Kind nicht spielen durften, ist es ihnen als Erwachsene auch nicht möglich, spielerisch in Beziehung zueinander zu treten.

Sperma und Eizelle aber zeigen uns, wie Beziehung eigentlich gedacht ist, was die Natur für uns vorgesehen hat! Das ganz Wunder des Lebens, dass es zu ehren, zu lieben und vor allem zu leben gilt. Diese Arbeit ist ein Lehrstück darüber, wie weit wir uns von unserer inneren und äußeren Natur entfernt haben.

*Die "eizelle" singt und bewegt sich, sie ist voller Freude! Sie singt ein Lied, ihr Lied, um "sperma" auf spielerische, schöne Weise anzuziehen. Das "sperma" ist von der "eizelle" völlig fasziniert, von ihrem ganzen Wesen und ihrer Schönheit. Sie führen ein ganz wunderbares Gespräch und beten sich gegenseitig an. Man kann förmlich sehen, wie sich die Schönheit der Natur vor unseren Augen entfaltet. Bis...*

o **eizelle:** Die Psychologie funktioniert nicht. Auch die Biologie funktioniert nicht. Ich glaube, ihr müsst reden, "Mutter" und "vater". Was wollt ihr?

o **vater:** Ich meine, "Mutter" ist mit einem großen M geschrieben, mein "v" ist klein. Um ehrlich zu sein, würde ich mich gerne in den Zustand von euch beiden, "eizelle" and "sperma", versetzen und ihn noch einmal durchleben.

o **Mutter:** Das ist auch mein Gefühl. Es fehlt eine Mutter. Es gibt eine Menge Erfahrung, die ich nicht habe. Ich fühle mich nicht bereit. Ich fühle mich wie ein kleines Mädchen, das seine Mutter braucht.

**vater**

»Ich kann nicht einmal sagen, dass es meine Mutter ist, die ich brauche. Es ist diese positive Erfahrung, die ich brauche. Ich bin ein bisschen neidisch. Ich habe nicht erlebt, wie man spielt. Wie kleine Kinder miteinander spielen. Und ich bin auch ein kleines Kind, das ausgegrenzt wird. Und ihr, "eizelle" und "sperma", ihr spielt. Und ich würde auch gerne spielen. Das erleben, was ihr habt. Ich durfte nicht spielen. Stück für Stück wurde es beschnitten. Eure Seite ist spielerisch und unsere Seite ist ernster.«

**eizelle**

»Ich will Dinge ausprobieren und anfassen und reden und erleben und riechen. Es könnte viel Magie geben mit "sperma". Alleine macht es keinen Spaß. Ich will auch mit "sperma" spielen. "sperma" hat eine Menge cooler Ideen. Es ist aufregend. Es ist das Gegenteil von langweilig.« ["eizelle " fängt an zu summen]

o **eizelle:** Übrigens bin ich auch intelligent.

o **sperma:** Ich würde gerne mehr davon entdecken. Ich habe das Gefühl, dass ich etwas habe, was du nicht hast. Es ist erstaunlich. Es ist so einfach.

o **Mutter:** Ich schaue euch beiden gerne zu, weil ihr so süß seid. Ich habe das Gefühl, dass ich die Macht habe, etwas zu erschaffen oder nicht. Diese Entscheidung zu treffen. Aber ich bin immer noch in einem Zustand...

- eizelle: Es sieht so aus, als hättest du zu viel Arbeit in der Küche. Aber jetzt ist die Zeit für LIEBE.
- **Mutter:** Im Moment lehne ich es ab, Babys zu haben. Ich möchte kein Baby haben.
- **sperma:** Aber deine Mutter hat dich nicht abgelehnt. Deshalb bist du hier.
- **Mutter:** Meine Mutter? Entschuldige. Ich habe dich unterbrochen. Bitte fahre fort.
- **sperma:** Ich fühle mich geehrt, wenn "Mutter" so mit mir spricht! Oh, "eizelle", hast du das gehört? Oh, das ist der größte Segen für mich. Oh, "Mutter" sagte »bitte fahre fort«. Könntest du dir vorstellen, was passieren könnte!? [hebt aufgeregt die Arme und lacht] Ich sage: »Liebste "Mutter", verehrte "Mutter", Ich möchte mich vor dir verneigen.«
- **eizelle:** Ja! So macht man das, "sperma"! Zeig es ihnen. Vehrere mich! Ich muss verehrt werden. Das macht mich lebendig.
- **sperm:** Ich habe tiefste Ehrfurcht. Ich wollte nur demütig und respektvoll sagen, dass deine Mutter dich nicht abgewiesen hat. Sie hat Ja zu dir gesagt. So ist es mein sehr bescheidenes Gefühl, dass wir auch zu etwas Neuem Ja sagen können. »Liebste "Mutter". Schönste, respektvollste…« [lacht]
- **eizelle** [lächelt]: Du lachst, aber das ist völlig angemessen für mich, weißt du.
- **sperma** [lacht]: Ich lache aus Freude.

**vater**

»Ach du meine Güte. Wir haben keinen Spaß mehr, "Mutter" und ich! Wir haben vergessen, wie es ist, Spaß zu haben! Alles ist so ernst. Noch sind wir nicht Mutter und Vater. Aber es ist am Horizont zu sehen. Aber wir sind schon viel zu ernst. Und dann ist die Frau nicht mehr attraktiv. Meine Güte! Wir brauchen ein wenig Erziehung! Ich habe keine Ahnung, wie das geht! Mein Kopf ist leer. Ich habe keine Ahnung. Was meinst du mit „klein anfangen und reden"?«

**eizelle**

»Ihr denkt, wenn ihr Kinder habt, ist das eine Menge Arbeit und es macht keinen Spaß mehr. Aber ich habe ein anderes Gefühl. Wir können doch Spaß haben, oder? Ich meine, wir können zuerst spielen. Und dann ein Kind zeugen. Zuerst geht es darum, zu riechen und zu probieren und zu küssen und zu lachen.«

**Mutter**

»Ich nehme mich selbst nicht ernst. Ich konnte über "eizelle" und "sperma" lachen. Das hat Spaß gemacht. Aber ich fühle mich immer noch wie ein kleines Mädchen, das nicht bereit ist, Mutter zu werden.«

o  **sperma:** Vielleicht massierst du sie ein bisschen? Ihre Schultern? Eine kleine Massage wie diese?
o  **eizelle:** Höre auf das "sperma", "vater"! Höre auf "sperma". Du hast die Intelligenz in dir. Und ich habe die Intelligenz von "Mutter".
o  **vater:** Oh! Ich habe totale Angst davor, eine Frau zu berühren! Oh mein Gott! Ich habe Angst, sie zu berühren!
o  **Mutter:** Ich weiß nicht, ob ich von "vater" berührt werden möchte. Ich fühle mich nicht wohl. Von einem Mann berührt zu werden.
o  **vater:** Das ist jetzt aber schade.

*"eizelle" streichelt ihren Arm, was den "vater" völlig aus dem Konzept bringt.*

o  **Mutter:** Ich finde ihn nicht einmal attraktiv. Also...
o  **vater:** Mach die locker, Frau. Sei nicht so zugeknöpft. Sei nicht so sehr im Kopf.
o  **Mutter:** Ja, das ist wahr. Aber ich will keine Kinder haben. Vielleicht ist das der Grund, warum wir keinen Spaß mehr haben. Weil du mich nicht attraktiv findest.
o  **vater:** Nein. Ich habe den Eindruck, ich bin nur mit einem Kopf zusammen. Der immer denkt. Und das ist nicht attraktiv. Definitiv nicht.

**eizelle**

»Nun, "vater", ich denke, du bist jetzt ziemlich anspruchsvoll. Ich denke, es ist verständlich, dass "Mutter" Angst davor hat, Kinder zu bekommen, denn es ist eine Menge Arbeit. Und es wird alles verändern. Ich meine, ich bin ein Naturwunder! Und "vater" ist anspruchsvoll! Das wird nichts mit uns. Okay, tschüss, bye. Wenn er das Wunder, das wir sind, nicht sehen kann, haben wir keine Chance.«

- o **vater:** Nein, ich verstehe das nicht. Ich denke in dieser Perspektive wie ein Junge. Denn für mich hat es keine Auswirkungen.
- o **Mutter:** Ich fühle mich von "eizelle" unterstützt. Das gibt mir mehr Selbstvertrauen. Ich glaube nicht, dass es wahr ist, dass ich nur in meinem Kopf bin. Und ich fühle mich nicht mit meiner ganzen Person willkommen. Wenn er sich mehr zu seinem "sperma" hingezogen fühlt als zu mir, dann möchte ich dieses Wunder nicht erleben.
- o **eizelle:** Ich stimme dir zu. Ich habe das Gefühl, dass er keine Verantwortung übernimmt. Er ist nicht daran interessiert: Wie kann ich sie öffnen, wie kann ich mit ihr kooperieren? Er ist nicht an uns interessiert. Wir haben also keine Chance. Darum werde ich nicht mit ihm zusammen sein.
- o **vater:** Ja, ich verlange es von der Frau. Weil ich nicht weiß, wie es funktioniert.
- o **eizelle:** Und so funktioniert das nicht.
- o **Mutter:** Ich fühle jetzt, dass... Du hast uns gesagt, dass du dich wie ein Junge fühlst. Und dann schlüpfe ich in die Rolle der Mutter, weißt du. Und ich habe das Gefühl, dass du vielleicht auf der Suche nach der Mutter bist?
- o **vater:** Das stimmt. Aber auch nach diesem Glückszustand.
- o **Mutter:** Ich bin eine Mutter. Ich muss es nicht werden. Ich bin bereits eine Mutter für den "vater".
- o **eizelle:** Aber dann können wir keinen Sex haben.
- o **Mutter:** Nein. Wir können keinen Sex haben und keine Babys machen.
- o **eizelle:** Ich möchte eine Verbindung.

**sperma**

»Ich auch. Ich meine, du hast diese Intelligenz. Man muss sich nur erinnern. Du kannst mit deinem Vater reden oder mit männlichen Freunden. Sie werden dich daran erinnern. Sie werden dir Tipps geben. Du musst es nur in dir selbst entdecken. Du hast es in deinen Zellen. Es ist in dir. Es ist männliches Wissen...«

**vater**

»Für mich gibt es zwei Dinge: Erstens sind Frauen wie Außerirdische. Sie sind von einem anderen Planeten. Ich weiß nicht, was ich mit ihnen anfangen soll. Es ist nicht so, dass sie nicht interessant wären. Ich habe Angst, sie zu berühren. Und zweitens, wenn du sagst „mit männlichen Freunden oder dem Vater reden" – wir reden nicht wirklich.«

o **sperm:** Na, komm! Männer reden miteinander.
o **vater:** Aber nicht über die Dinge, die ich wirklich gerne fragen würde. Die Dinge, für die ich mich ein bisschen schäme, sie zu fragen.

*"eizelle" fährt sich mit den Händen durch ihr langes Haar und macht einen Pferdeschwanz.*

o **sperma:** Schau dir an, wie sie ihr Haar macht! Oh mein Gott! Oh, meine Schönheit! Ich bin einfach gefangen. Seh hin, "vater"! Sogar Teenager reden darüber. Wie man zu Mädchen geht, wie man kommuniziert... Ich meine, komm schon! Das ist cool. Erinnere dich an diese Jahre!
o **Mutter:** Meine Eizellen sind cool! Sie wissen alle, was man macht. Sie wissen, wie es funktioniert.
o **vater:** "eizelle" sieht aus wie eine Göttin. Wirklich…
o **eizelle:** Das ist ein gutter Start, "vater"! Das ist ein guter Start.
o **sperma:** Sag es ihr! »Tell her…« Da gab es ein Lied![23] Finde das Lied und singe es ihr vor. Lege etwas Musik auf. Trinke ein Glas Wein...
o **eizelle:** Sag mir einfach, wie schön ich bin.
o **sperma:** Ja, das ist es. Das ist es.

*"eizelle" singt das Lied »Miracle of Love«[24], während sie über ihr Gesicht streichelt.*

---

[23] »Tell her about it« ist ein Lied des amerikanischen Sängers und Pianisten Billy Joel. Es war einer meiner Lieblingssongs, als ich jung war. Lustigerweise wurde es im Juli 1983 veröffentlicht, dem Monat meines Geburtstags, als ich 13 Jahre alt wurde.

[24] Und es wird noch mehr gesungen :) Ich muss lachen, wenn ich das schreibe... »Miracle of love« ist von dem fantastischen britischen Pop-Duo Eurythmics. Der Song

- o **sperma:** Das ist es! Meine ganze Aufmerksamkeit gilt ihr. Meine ganze Aufmerksamkeit. Da ist Leben. Da ist ein Puls.
- o **eizelle** Uuhhh, die Temperatur steigt. Ich weiß nicht, ob du es bemerkt hast.
- o **sperma:** Es ist warm. Verbindung ist warm.
- o **Mutter:** Ich bin so fasziniert davon, euch zuzusehen. Aber ich fühle mich so unbeteiligt. Mir geht durch den Kopf, wenn "sperma" mit "vater" spricht: "vater" muss IoPT machen. [= Identitätsorientierte Psychotrauma-Theorie/Therapie] Und ich auch! Vielleicht können wir zusammenkommen. Ich vermisse meine eigene Mutter.
- o **eizelle:** "sperma" und ich, wir brauchen keine IoPT. Wir sind mit unserer Natur verbunden.

*"eizelle" singt:* »*Ich liebe dich, "sperma"! Ich möchte mit dir zusammen sein!*«

- o **sperma:** Ich liebe dich, meine schönste "eizelle". Ich kann nicht sagen, wie aufregend, wie schön... Du bist die Richtige! Du machst den ganzen Sinn meines Lebens aus. Du machst die Welt schön. Alles nur wegen dir.
- o **egg-cell:** Danke dir! Da bekomme ich Gänsehaut. Bei allem, was du sagst, bekomme ich eine Gänsehaut. Das verbindet uns.
- o **sperma:** Ich möchte dir ein JA zurufen. Ein großes JA. Ja. Ja.
- o **eizelle:** JAAA. Ich rufe es zurück. JAAA. Komm schon. LIEBE MICH! Seh, wie schön ich bin.
- o **vater:** Ich wünsche mir kein IoPT, aber ich wünsche mir ein "eizelle/sperma"-Fernsehen. Um euch einfach zuzusehen. Ich schließe meine Videofunktion und schaue und höre euch einfach zu.

*"vater" schließt seine Videofunktion und "Mutter" folgt ihm.*

- o **eizelle:** Diese Leute sind verrückt! Ohne sie gibt es uns nicht, weißt du. Die Energie ist sofort völlig ausgeschaltet. Ich weiß nicht, was sie sich dabei denken, aber das wird nicht funktionieren.

---

wurde im November 1986 veröffentlicht, als ich 16 Jahre alt war. Nebenbei bemerkt: »There Must Be an Angel« war mein Lieblingssong.

o **sperma:** Ich glaube, diese Menschen haben wirklich Probleme. Ich wünsche ihnen, dass sie die notwendige Hilfe finden können. Sie haben vergessen, was das Wichtigste ist: zu genießen, zu spielen, sich zu verbinden. Wir können nicht allein ohne sie existieren. Sie müssen etwas tun. Das ist kein Leben! Das ist kein Leben was sie da tun.

*"eizelle" beginnt wieder zu singen und zu necken.*

- **sperma:** Wir können nicht zusammenkommen. Sie bauen keine Brücken. Sie öffnen keine neuen Wege. Sie entdecken nicht.
- **eizelle:** Das ist wahr. Und wir brauchen sie, um die Brücken zwischen uns zu bauen. Wir sind gewissermaßen die Energie.

*"vater" und "Mutter" schalten sofort ihre Kameras ein.*

o **sperma:** Hast du deinen Vater kennengelernt? Noch nicht? Du musst ihn kennenlernen.
o **vater:** Ich weiß eigentlich nicht, wo er ist.
o **Mutter:** Weißt du, du hast völlig recht. Ihr seid voller Leben und das beunruhigt mich. Weil ich damit nicht umgehen kann.
o **eizelle:** Das macht dir Angst, oder? Es macht mir keine Angst. Ich fühle mich natürlich und lebendig...
o **vater:** Jetzt verstehe ich es. Ich hatte vergessen, was "sperma" ist – und du, "Mutter"... Lass uns dieses Wort nicht benutzen!
o **eizelle:** Frau.
o **vater:** Mann und Frau, genau. Das wäre besser. Frau, du hast vergessen, wie "eizelle" zu sein. Das ist es, was uns fehlt. Und das ist es, was wir suchen. Ich bin wie ein kleiner Junge, der ins Teenageralter kommt und nicht weiß, was er tun soll.
o **egg-cell:** Die Energie! "sperma" ist sehr mutig und sehr offen und voller Leben und voller Spaß und Wagemut. Da bekomme ich eine Gänsehaut. Ich bin sehr offen und lustig und sehr interessiert. Und ich bin wunderschön. Und ich brauche ihn wirklich, um zu sehen, wie schön wir sind.

*Alle beschließen und einigen sich darauf, die Namen zu ändern: Von "vater" zu "mann" und von "Mutter" zu "frau".*

- **eizelle:** Wir müssen nicht sofort Kinder bekommen. Wir bewegen uns einfach aufeinander zu. Das ist Anziehung. Spaß haben. Ein Gefühl dafür bekommen.
- **mann:** Ahhh!!! Okay. Nochmal, "sperma", du musst es mir beibringen. Wie mache ich das? Ich habe es wieder vergessen.
- **sperma:** Seh dir die "frau" an. Du fühlst dich gut in dir selbst. Du hast alles. Du hast alles.
- **mann:** Aber sie sieht so skeptisch aus. Ich habe Angst, mich ihr zu nähern!
- **eizelle:** "frau", lächle!
- **frau** Mir ist klar, dass du, "eizelle", mich anspornst. Es ist dein Geist, der mich antreibt, zu "mann" zu gehen. Zu küssen. Wir tun es nur, um ein Kind zu bekommen. Das turnt mich ab. Ich sitze fest. Ich will das nicht. Ich will eine Frau sein und Spaß mit dem "mann" haben.
- **eizelle:** Ja, ich auch. Ich möchte Spaß haben.
- **frau:** Nein, du möchtest zu "sperma" gehen und Babys haben.
- **eizelle:** Nein, ich will keine Kinder haben. Ich will Spaß haben. Weil es sich gut anfühlt. Es gibt mir Energie. Wenn ich "mann" sehe, ach, das ist interessant! Er ist ganz anders als ich. Es ist alles Schwingung in der Eizelle. Es ist keine Befruchtung. Es ist Schwingung!
- **frau:** Ich fühle die Vibration.

*"eizelle" fängt wieder an zu singen. Diesmal ist es das Lied »Good vibrations«![25]*

- **sperma:** Ja! Nimm sie mit zum Tanz. Zum Abendessen. Und tanze einfach.

---

[25] Jetzt bewegen wir uns in den 1990er Jahren:»Good vibrations« ist ein Song der amerikanischen Gruppe Marky Mark and the Funky Bunch. Er wurde 1991 veröffentlicht, wiederum im Juli (Hallo! Das kann kein Zufall sein!). Der eingängige Refrain »good vibrations« wurde von Loleatta Holloway gesungen. Jetzt bin ich 21 Jahre alt und ratet mal, wer wie verrückt zu diesem Lied getanzt hat?

- **eizelle:** Jetzt verrate ich dir ein Geheimnis, "mann": Sag ihr einfach, wie schön sie ist. Die ganze Zeit über.
- **frau:** Nein. Du hast mich in Schwierigkeiten gebracht!
- **sperma:** Noch ist nichts passiert. Was für Schwierigkeiten? Ich tue nichts.
- **eizelle:** Ich vibriere einfach. Als er sagte: »Lass uns gehen«, begann ich zu vibrieren.
- **frau:** Der "mann" macht Schwierigkeiten. Nicht das "sperma".
- **mann:** Ich glaube, ich habe es jetzt verstanden. Ich hatte auch im Kopf, dass es nur um Babys geht. Badabum badabam. Aber nein. Nein. Okay...
- **eizelle:** Verbindung. Es dreht sich alles um Verbindung und Vibration!
- **mann:** Ah, okay! Okay, "frau", lass uns tanzen gehen. Wohin möchtest du?
- **sperma:** Ja! Das ist es! Du machst das gut.
- **mann:** Möchtest du Salsa tanzen? Oder einen Walzer oder Cha Cha oder Tango oder Kizomba? Oder freies Tanzen? Oder Rock and Roll?
- **eizelle:** Draußen. Ich möchte draußen tanzen.
- **mann:** Das klingt gut. Vielleicht trinke ich ein Bier, um meinen Mut ein wenig zu steigern...
- **frau:** Ich habe keine Lust zu tanzen. Lass uns essen gehen.
- **sperma:** Das ist super.
- **mann:** Wirklich? Aber dann sitzen wir einfach nur da? Wir tun nichts.
- **sperma:** Nein, nein, nein! Sag einfach, wann und wo. Welche Art von Abendessen? Lass sie wählen. Folge ihr einfach.
- **mann:** Okay... Es ist nicht so, dass ich entscheiden sollte? Ich dachte, ich sollte entscheiden.
- **sperma:** Nein, nein, nein. Lass sie entscheiden!
- **eizelle:** Tanzen ist sehr mutig. Wir brauchen Zeit. Wir sind Frauen. Und wir müssen zuerst prüfen, wenn wir zum Abendessen gehen, ob ihr uns wirklich fühlt und seht, wie schön wir sind. Wir müssen zuerst diese Sicherheit haben. Erst diese Erfahrung machen.
- **mann:** Kann ich deinen Körper sehen? Kann ich den Körper der "frau" sehen?

- **sperma:** Oh, nicht so!
- **frau:** Deshalb gehe ich auch nicht tanzen. Weil ich sehen will, ob wir geistig verbunden sind.
- **eizelle** Wir sind Subjekte, "mann". Wir sind Subjekte! Wir sind keine Objekte! Sorry, vergiss es. Du wirst nie mit einer von uns tanzen gehen. Wenn du erst unsere Körper überprüfst. Wir brauchen Verbindung! Wir wollen gesehen werden.
- **sperma:** Ja. Spreche. Spreche! »Wie geht es dir?«
- **mann:** Aber das ist so langweilig!
- **eizelle:** Jetzt bist du langweilig! Wer ist hier langweilig? Das ist ganz und gar nicht langweilig! Komm schon, zeig mir, wie viel Spaß du hast und wie sehr du mich magst!
- **sperma:** Mach Witze. Bring sie zum Lachen.
- **mann:** Oh! Das erste, was mir in den Sinn kommt, ist, Witze über ihre Brüste zu machen.
- **sperma:** Oh nein, nein, nein!!!! Oh, mein Gott. Nein, nein, nein, nein.
- **frau:** Ich bin auf halbem Weg nach draußen, weißt du das?
- **eizella:** Ja. Ich ebenso.
- **sperma:** Das war eine Panne.
- **frau:** Ich bin auf der Suche nach einem anderen "mann", der auch innerlich ein Mann ist. Nicht nur "mann" geschrieben wird.
- **mann:** Oh, mein Gott. Okay. Wenn es um Frauen geht, ist mein Bild wirklich nur: Körper und Brüste und Arsch.
- **frau:** Wow! Das ist schrecklich.
- **mann:** Habe ich das jetzt laut gesagt?
- **eizelle:** Keine Chance. Wenn du mich nicht als Subjekt siehst, werde ich nicht vibrieren. Keine Chance.
- **mann:** "sperma", bitte lehre mich!
- **sperma:** Sag ihr, was du an ihr magst. Und auch über einige inspirierende Frauen in der Geschichte. Dass Frauen so wichtig sein können und dass sie auch etwas zu sagen haben. Sie haben auch einen Einfluss in der Geschichte, in der Politik, in der Wissenschaft... Es gab wichtige Frauen. Sprich mit ihr. Was denkt sie über die Zukunft? Welche Art von Zukunft wünscht sie sich? Sprich so mit ihr.

- **mann:** Das erste, was ich dachte: Gab es irgendeine wichtige Frau in der Geschichte?
- **eizelle:** Oh!!!!!
- **sperma:** Oh, mein Gott! Oh, mein Gott! Sieh mal. Nein, nein, nein, nein. Du musst dich selbst ein bisschen erziehen. Bilde dich ein wenig. Welche Frauen bewundert sie? Was sind ihre Vorbilder? Und bewunderst du auch die gleichen weiblichen Vorbilder? Das ist sehr wichtig.
- **eizelle:** Ja. Wen bewunderst du? Welche Frauen bewunderst du? Und warum.
- **sperma:** Sagen wir, [Angela] Merkel war irgendwie okay.

*"mann" macht die Geste des Erbrechens.*

- **sperma:** Ich meine. Irgendwo muss man anfangen. Das hat sie gut gemacht.
- **mann:** Nehmen wir Kleopatra. Sie war schön, nicht wahr?
- **sperma:** Im Moment geht es nicht um Schönheit. Intelligenz. Stärke. Macht.

*"mann" rollt mit den Augen. Er schaut die ganze Zeit skeptisch.*

- **eizelle:** Heilige Scheiße. Das wird nie passieren! Ich wüsste nicht, wie.
- **frau:** Ich weiß wie. Ich mag "sperma". Und auch den Geist von "sperma". Die Hingabe. Aber ich kann euch sagen, dass ich total schockiert bin. Wir leben im 21. Jahrhundert und der Geist von "mann", wie er eine Frau sieht, ist katastrophal.
- **mann:** Wenn du das sagst... Ich bin sehr einfach gestrickt. Ich habe sehr einfache Gedanken über Frauen. Wirklich.
- **frau:** Ich wollte es nicht sagen, aber das Wort ist Neandertaler... Wir befinden uns in der Steinzeit. Ich kann dir sagen, es ist kein Geheimnis: Ich möchte als Mensch gesehen werden. Das ist alles.
- **eizelle:** Nein, ich möchte als ein WUNDERBARER Mensch gesehen werden. Als eine wunderbare Frau. Ich bin voll von Wundern. Ich möchte als eine wunderbare Frau gesehen werden.

- **frau:** Das stimmt. Du hast recht. Ich möchte als Frau gesehen werden.
- **eizelle:** Dann werden wir sterben wie die Dinosaurier. Ich werde mit diesem Typen keine Kinder haben. Nein, nein, nein. Ich will wunderbar sein. Und ich sehe, dass "sperma" so wunderbar ist. Ganz anders als ich, aber auch so wunderbar.
- **mann:** Okay, okay. Lass es mich versuchen. Okay. "frau", von welcher Art von Frau fühlst du dich inspiriert?
- **eizelle:** Durch mich! Durch mich!
- **frau:** Ja. Ich denke, wenn da eine Frau ist… Aber eigentlich, von mir und meiner "eizelle".
- **sperma:** Oh, wunderbar! Oh, für mich hist das perfekt. Du sagst: »Du bist einzigartig. Du bist eine wirklich andere Art von "frau". Ich will dich näher kennenlernen. Ich will mehr und mehr von dir hören!
- **mann:** Es ist tatsächlich wahr! Ich habe noch nie eine solche Antwort gehört! Erzähl mir mehr.
- **eizelle:** Ich sage dir, ich bin wundervoll! Ich habe so viele Ideen. Und mein Körper reagiert auf das, was Leute sagen.
- **sperma:** Du bist mutig, "mann"! Mach weiter, mach weiter!
- **mann:** Kannst du mir erklären, worauf du stolz bist, wenn du an dich selbst denkst?
- **frau:** Ich muss mich nicht von anderen Frauen inspirieren lassen, weil alles in mir ist. Ich bin immer noch eine Frau, ein menschliches Wesen.
- **eizelle:** Ich bin intelligent. Darauf bin ich stolz. Mein Körper ist so intelligent, dass du es nicht glauben wirst.
- **frau:** Ja. Das mag ich. Ich mag es, dass ich das Wunder des Lebens erschaffen kann. Das fühlt sich gut an.
- **cizelle:** Und ich vibriere. Ich vibriere, wenn jemand sieht, wie schön ich bin.
- **sperma:** So wunderbar. Perfekt. [lächelt]
- **frau:** Ich mag es, eine Frau zu sein, weil es sich gut anfühlt.
- **mann:** Wow... Wo oder wann fühlst du dich am meisten als Frau?
- **frau:** Immer. Ich weiß nicht, ob ich die Frage verstehe.

- **mann:** Vielleicht etwas Konkretes… Was machst du gerne? Wenn du dich wirklich freust? Ist das gut, "sperma"? Sind diese Fragen okay?
- **sperma:** Ja, das ist okay. Du kannst das fragen.
- **frau:** Ich mag euer Engagement, "sperma" und "mann". Aber du musst mir nicht all diese Fragen stellen. Ich will nur, dass du ein Mann bist.
- **mann:** Ich dachte, vielleicht würdest du sagen, dass du gerne tanzt oder kochst. Oder singst. Vielleicht möchte ich mitkommen?
- **frau:** Ja, Ich mag das alles. Aber es kommt natürlich. Ich fühle es und du fühlst es.
- **mann:** Wenn du das sagst, fühle ich mich ein wenig unsicher; wenn ich das so sagen darf.
- **sperma:** Sag es nicht. Du kannst fragen: »Gibt es etwas, was ich für dich tun kann, als Mann? Es wäre eine Freude, etwas für dich tun zu dürfen.«
- **mann:** Gibt es etwas, das ich als Mann für dich tun kann? Es wäre mir ein Vergnügen.
- **sperma:** Und sag ja zu allem, was sie sagt. Wenn sie um eine Reparatur bittet, sag ja. Wenn sie um ein Abendessen fragt, sag ja. Okay?
- **mann:** Ich brauche etwas Alkohol...
- **eizelle:** Ich mag es, dass er mutig ist, aber ich will nur spielen und lachen. Ich will, dass er mutiger ist. "mann", weißt du, wenn du mich fragst »wann fühlst du dich wie eine Frau?«, kann ich dich fragen: »Wann fühlst du dich wie ein Mann?« Weil ich meine Schwingung spüre, wenn du sagst: »Wow, du bist wunderschön!« Und du sagst es nicht nur, sondern ich kann es fühlen. Dass du mich bewunderst. Ja, das ist ein tolles Gefühl. Dann werde ich lebendig. Und dann frage ich dich, wann fühlst du dich lebendig? Wann vibriert dein Körper? Oder vielleicht ist es nicht Vibration bei einem Mann? Ich weiß nicht. Wann wird dein Körper aktiviert?
- **mann:** Ich möchte dich ausführen und... Ich bin mir noch nicht sicher, ich muss darüber nachdenken. Kann ich dich mit etwas überraschen? Ich möchte mir die Zeit nehmen, um gemeinsam etwas wirklich Schönes zu machen.
- **frau:** Oh, das mag ich! Sicher können wir es tun.

o **mann:** Du bekommst dann einige Anhaltspunkte und Hinweise, damit du die richtige Kleidung trägst. Damit du dich nicht unwohl fühlst. Ich möchte dich überraschen. Möchtest du etwas am Nachmittag zusammen unternehmen?

o **frau:** Warum nicht am Abend und zum Abendessen?

o **mann:** Ich möchte dich bei Tageslicht sehen.

o **frau** [lacht]: Okay. Ja.

o **sperma:** Stimme ihr zu. Sie sagte ja. Okay, okay.

o **eizelle:** Ich fürchte, er nimmt mich mit zum Boxen oder so. Zu einem Boxkampf oder Hahnenkampf.

o **mann:** Nein. Dafür interessiere ich mich nicht.

o **eizelle:** Weil ich etwas brauche, wo ich mich gut fühle. Ein kleiner Margarita-Cocktail vielleicht, etwas Musik. Schöne Lichter. Eine gute Atmosphäre, bei der wir reden können.

o **mann:** Ich möchte mich ein wenig bewegen. Nichts Stationäres. Sodass wir es beide genießen können.

o **frau:** Ich mag es, wenn der "mann" etwas Innitiative ergreift und mich überrascht. Aber ich denke, ich hoffe, er vermasselt es nicht.

o **mann:** Ich denke, ich würde es nicht vermasseln. Nichts Ausgefallenes oder Spektakuläres. Aber etwas mehr... das ein nettes, angenehmes, warmes Gefühl erzeugt.

o **eizelle:** Das ist schön. Und wenn er es vermasselt, können wir weglaufen. Wir haben unsere eigenen zwei Füße. Und wir können einfach rennen. Aber ich habe das gute Gefühl, dass er weiß, wer wir sind und was wir wollen.

o **mann:** Welche Art von Essen magst du?

o **frau:** Ich bin offen. Wir können italienisch essen. Keine Ahnung. Überrasch mich.

o **eizelle:** Aber nicht Sushi! Ich mag es lieber warm als kalt.

o **mann:** Das erste, was mir in den Sinn kam, war auch Italienisch.

o **frau:** Ah, das ist schön.

o **mann:** Und ich kenne ein sehr, sehr schönes kleines, sehr kleines Restaurant mit leckerem, hausgemachtem, italienischem Essen.

o **eizelle** Das hört sich nett an. Mit einem kleinen Spaziergang am Fluss vielleicht?

o **mann:** Ich dachte an so etwas. Ich würde dich um 15 Uhr abholen. Wäre das für dich in Ordnung?

o **frau:** Morgens? Ich sagte dir, wir sollten abends essen gehen, Schatz. Ich habe es dir einmal gesagt.
o **mann:** Okay, okay. Ich stimme zu. Okay, ich hatte ein paar andere Dinge im Sinn.
o **frau:** Das habe ich gemerkt. Und das turnt mich total ab.
o **mann:** Um 19 Uhr? Ich werde dich abholen. Nächsten Samstag.
o **frau:** Gut.

*Nun kommen wir zum Ende der Konversation.*

o **eizelle:** Es dauert lange, bis man Kinder hat, oder?
o **frau:** Ja. Es fühlt sich wie viel Arbeit an.
o **eizelle:** Es braucht kleine Schritte. Ich meine, ich vibriere immer noch nicht. Also, ich hoffe auf Vibration bei dem Date.
o **frau:** Wir müssen den Männern wirklich beibringen, ein Mann zu sein. Das ist das Thema.
o **eizelle:** Ich denke nicht, dass wir ihm etwas beibringen müssen, aber ihm einfach sagen, was uns gefällt und was nicht, weißt du. Und wenn er es nur sagt, wird es nicht funktionieren. Denn ich kann es fühlen, wenn er meine Schönheit sieht. Das ist es, was ich will.
o **mann:** Ich hatte gerade im Kopf: Ich möchte eine "frau", die MICH sofort... wunderbar findet. Wie es meine Mutter tat. Die mich immer liebt. Und es sollte sein... Oh Gott, "sperma"!
o **sperma:** Nein, nein, du hast es bis hier sehr gut gemacht. Ich bin stolz auf dich. Und ich mag es so sehr, wenn sie lächelt. Sie ist so schön. Sehr gut, sehr gut.
o **eizelle:** Aber wie siehst du mich, "mann"? Siehst du meine Schönheit oder nicht? Dauert es eine Weile?
o **mann:** Ich muss mich selbst umtrainieren. Ich sehe nur den Körper und was der Körper hat. Ich sehe den Rest kaum, um ehrlich zu sein. Wenn du mich so direkt fragst: Ich fühle mich ein bisschen wie ein verwöhntes Kind. Es ist seltsam...
o **frau:** Okay. Ich dachte... Teenager sind so. Teenager Männer.
o **mann:** Aber jüngere Teenager. Nicht älter. Jüngere Teenager.

So endete diese Allgemein-Begegnung. Wie man lesen und sehen kann, haben es "mann" und "frau" nicht einmal bis zum ersten Date geschafft. Und wenn Sie denken, das ist reine Übertreibung und dass wir nicht in einem solchen trostlosen Zustand sind, nun, dann möchten Sie vielleicht wieder anfangen, sich zu verabreden. Diese Allgemeine-Begegnung ist sehr emblematisch für die westliche Gesellschaft, wie sie heute ist.

## 2.3 KÜNSTLICHE BEFRUCHTUNG (IVF)

*Allgemein-Begegnung (6 Worte)*
*Englisch: Egg-cell – sperm – Mother – Father – Doctor – Long-term effect*
*Deutsch: Eizelle – sperma – Mutter – Vater – Doktor – Lang-zeit auswirkung*

Wer IVF für die Antwort, den Segen, die technologische Innovation der Zukunft hält, für den wird diese nächste Arbeit ein Weckruf sein. Oder sollte ich sagen, Schock? Wir sind auf einem Weg der Zerstörung der Natur und des Wunders, das in uns allen ist. Technologie, der Flug zum Mars oder das Bauen von Robotern sind nicht die Antwort für Sicherheit oder Garantie in unserem Leben. Verbindung ist sie, Liebe ist sie, unsere Unterschiede zu umarmen. Aber es gibt willentliche Kräfte, die aktiv versuchen, diese Verbindung auf jede mögliche Weise zu zerstören. Wie sagte "*Lang-zeit auswirkung*" so schön?

»Ich kann mit jeder Art von Technik experimentieren. Kreuzungen, Paarungen – was auch immer mir an Verrücktem in den Sinn kommt. Und ich bin wirklich, wirklich verrückt. Halb Maschine, halb Mensch steht ganz unten auf meiner Liste. Nur ganz unten auf meiner Liste! Ich bin noch verrückter als das. Und ich BRAUCHE die "Mutter" als Eingangstür. Den "Vater" habe ich sowieso schon kastriert. Er ist aus dem Spiel. Er wird seine Familie niemals beschützen. Niemals.«

o   **Eizelle:** Ich fühle mich sehr natürlich. "sperma", was ist los? Ich warte.

- **sperma:** Ich weiß nicht, wohin ich gehen soll. Ich kenne nicht die Richtung. Wenn jemand redet bekomme ich Bauchschmerzen. Ich weiß nicht weshalb.
- **Lang-zeit auswirkung:** Es ist so merkwürdig. Auf meinem Bildschirm bin ich zwischen euch beiden: "Eizelle", du bist an meiner Linken – und du, "sperma", du bist an meiner Rechten. Ich könnte meine Hand auf der linken und der rechten Seite hochhalten, nur, um euch zu blockieren. Ich sitze hier und denke: »Nein!«
- **sperma:** Wenn du »rechts« sagst... Ich weiß nicht, was recht ist.
- **Eizelle:** Ich fühle mich wie eine Sirene, die auf einem Stein sitzt. Wie im Märchen, die sagt »Hallo. Ich gebe dir Anweisungen.« Ich fühle, ich würde am liebsten singen, so dass "sperma" die Richtung kennt, in die er gehen soll. Ich bin hier »Hallo! Shoobedobedoo.«
- **sperma:** Ich kann nirgends hin. Ich mag es, aber ich bin total unsicher.
- **Eizelle:** Das macht mich auch nervös. Ich wünschte, du wärest selbstsicherer.
- **sperma:** Normalerweise kenne ich die Richtung, aber das ist nicht … etwas hält mich zurück.
- **Doktor:** Ich frage mich, ob es um mich geht, weil ich dich beobachte. Ich schaue auf mich selbst und habe nur dieses einfache Gesicht des Beobachtens. Ich sehe mich als grausam, durch ein Glas oder so. Ich habe nicht viele Gefühle. Ich fühle mich nicht gut. Ich habe ein bisschen Bauchschmerzen, aber ich beobachte dich. Das ist alles was ich tue. Ich frage mich, ob das eine Auswirkung auf dich hat, "sperma"?
- **Eizelle:** Ja, das betrifft mich, weil ich das nicht will. Es ist ein sehr intimer Moment. Warum schaut er zu?? Es fühlt sich nicht gut an. Er ist eine Art Stalker.
- **Doktor:** Ich schaue mich an und sehe, dass ich in gewisser Weise unbeteiligt bin. Durch dieses Glas hindurchschaue und sehe, was du tust. Es ist nur ein Schauen und meinen Job machen. Und ich denke, ich bin männlich. Und das, über was "sperma" geredet hat, diese körperliche Erfahrung, ist ein bisschen wie bei mir.
- **Lang-zeit auswirkung:** Ich möchte euch alle zum Schweigen bringen. Dass es keine Verbindung zwischen "Eizelle" und "sperma"

gibt und dass niemand spricht. Ich möchte meine Hand über euren Mund legen. Seid still, redet nicht, kommt nicht zusammen.

- **Vater:** Es gibt keine Verbindung zwischen "Mutter" und mir. Wir sind am weitesten voneinander entfernt auf dem Bildschirm. Ich bin in einer Ecke und "Mutter" ist in der gegenüberliegenden Ecke.
- **Mutter:** Ich erkenne hier niemanden."Vater" und ich haben Drinks. Er ist auf einer Cocktailparty und ich bin auf einer anderen Cocktailparty. Ich habe viel zu tun. Ich habe für diese Klinik bezahlt. Also findet eine Lösung. Ich habe Dinge zu planen und daran teilzunehmen. Findet nur eine Lösung!
- **Eizelle:** Ich fühle mich wie das Wunder der Natur, aber alle arbeiten nur und beobachten und niemand respektiert mich. Und dann dachte ich: »Bin ich in dir, "Mutter"?« Nein, ich bin nicht in dir. Ich beobachte dich von außen. Was zum Teufel geht hier vor?
- **Doktor:** Es geht mir genauso, wenn ich dich sehe, "Eizelle". Und wenn du das tust, fühle ich mich wirklich hingezogen. Ich mag die Energie wirklich, aber dann gehe ich zurück zum Job. Sobald Ich auf "sperma" sehe, fühle ich, dass ich es tun muss. Was geschieht hier?
- **Eizelle:** Für mich ist das wirklich schrecklich. Ich fühle keine Verbindung, kein Anbeten des Wunders, das ich bin. Ich fühle mich schon richtig vergewaltigt. Es ist noch nicht geschehen, aber ich weiß, dass es passieren wird.
- **sperma:** Ich habe nicht... Ich verliere meine Kraft.
- **Eizelle:** Sie nehmen auch deine Kraft. Ich will deine natürliche Energie und Kraft und Sicherheit.
- **sperma:** Ich will auch meinen Job machen, auf natürliche Weise. Aber wenn ich "Lang-zeit auswirkung" und "Doktor" … Ich habe auch Bauchschmerzen wie der "Doktor". Was bedeutet das? Meine oder scinc? Ich vcrlicrc mcinc Encrgic und mcinen Glauben. Ich verliere meinen Mut.
- **Doktor:** Ich dachte, vielleicht ist es sogar mein Sperma? Und ich sehe "sperma" als sehr schwach, klein. Die "Eizelle" ist hier der stärkste Teil. Aber das "sperma" ist schwach. Benutzt und missbraucht. Und was du gerade gesagt hast, ich habe Bauchschmerzen

und du hast Bauchschmerzen – frage ich mich, ob ich hier ein Experiment mit meinem eigenen Sperma mache?[26]

**Lang-zeit auswirkung**

»Wenn der "Doktor" sein eigenes Sperma benutzen würde? Großartig! Das würde mir gefallen! Je verrückter es wird, desto glücklicher bin ich. Ich bin glücklich mit jeder Teilung, die hier stattfindet. Wenn ihr, "Eizelle" und "sperma" zusammenkommen würdet, würde es mich zerstören. Aber jetzt bin ich glücklich. Und wenn eine weitere Schicht von Verrücktheit hinzukommt, bin ich noch glücklicher. Ich liebe es jetzt! Totale Katastrophe. Mission erfüllt. Ich beherrsche, was nicht Natur ist. Alles, was künstlich oder manipulierbar ist. Das liebe ich! Ich bin nicht für die Natur. Nennen wir es mal so: Ich mag es nicht, wenn die Dinge harmonieren. Und du "sperma" warst am Anfang zu sehr in Harmonie. Und das gefällt mir nicht. Ich werde von Minute zu Minute glücklicher. Es ist erstaunlich! Und wenn "Mutter" einen Zeitplan hat... perfekt! [lächelt] Dann stellt sie keine Fragen! Ich kann tun, was ich will! Es ist erstaunlich. Ich liebe es. Ich habe hier mein eigenes Labor. ICH KANN TUN, WAS ICH WILL. Es ist nicht kontrollierbar. Es ist wie ein Spiel für mich. Ich kann tun, was ich will und NIEMAND STELLT MIR FRAGEN. Alle sind abgelenkt und fühlen sich elend. Es macht mich so glücklich. Es ist erstaunlich, wirklich. Ich fühle mich hier ein bisschen verrückt, um ehrlich zu sein. Disaster macht mich glücklich!« [lacht laut]

o **sperma:** Ja. Ich fühle mich nicht in mir. Ich fühle mich wie ein Picasso-Bild. Es ist schrecklich, dieses Gefühl. Ich kann damit kein Leben beginnen.

o **Doktor:** Ich spüre in meinem Körper, dass das, was ich tue, falsch ist. Aber ich komme immer wieder zu dem zurück, was ich hier tun

---

[26] Interessanterweise hatte ich kurz nach dieser Arbeit in der ZDF Mediathek die Serie »Frühling« angesehen, bei der es in Staffel 08, Folge 03 genau um das Thema Samenspende ging. Als sich nach vielen Jahren herausstellte, dass der Arzt der Samenspender war. https://www.zdf.de/serien/fruehling/fruehling---das-verlorene-maedchen-100.html

muss. Ich denke, darum geht es bei meinen Bauchschmerzen. Es ist nicht richtig. Aber ich tue es trotzdem. Ich muss es tun.

o **Lang-zeit auswirkung:** Ich bin eher wie ein Mastermind, bei dem der "Doktor" angestellt ist, der die Arbeit machen muss! Aber ich, ich bin der Verrückte, der entscheidet, was zu tun ist. Was zu optimieren ist und wen es zu manipulieren gilt.

o **Doktor:** Ja, das stimmt. Er ist mein Arbeitgeber.

o **Mutter:** Nun, dieser "Doktor" scheint mir so sympathisch. Ich meine, ich schaue mehr auf den"Doktor" als auf den "Vater". [lacht]

o **Vater:** Ja, ich bin völlig ausgelöscht. Komplett kastriert.

o **Lang-zeit auswirkung:** Du spielst keine Rolle in diesem Spiel, "Vater".


**Eizelle**

»Ich möchte keinen kastrierten "Vater". Ich möchte einen gesunden "Vater" und ein gesundes "sperma". Dass mir zuhört, wenn ich singe. Und auf natürlichem Weg zu mir kommt. Aber das ist nicht die Realität. Ich bin wirklich frustriert und traurig. Weil mich das nicht glücklich machen wird. Das wird keine Grundlage für Glück sein. Das ist wirklich traurig. All das Geheimnis und das natürliche Wunder war so ein wunderbares Gefühl. Und es ist alles verkorkst.«

o **Doktor:** Und es sieht aus, als wenn "Mutter" and "Vater" nicht in einer Beziehung sind. Sie möchten kein Kind zusammen haben. Darum funktioniert es nicht. Also benutze ich mein Sperma. Sodass ich damit etwas Geld verdienen kann.

o **Lang-zeit auswirkung:** Daumen hoch. Oh, fantastisch!!

o **sperma:** Ich, als "sperma", habe keine Verbindung dazu. Am Anfang war ich gesund und wollte meinen Job machen. Aber ich fühle mich unsicher. Wie "Eizelle" fühle ich mich jetzt durch die Dynamik vergewaltigt. Und ich bin sehr unter Druck. Ich muss einen Ausweg finden. Aber da ist kein Ausweg. Ich bin ein kleines Sperma und da lastet so viel Druck auf mir. Jetzt fühle ich mich verzweifelt.

o **Lang-zeit auswirkung:** Ich habe meine Mission fast erfüllt. Oh, ich liebe meinen Job! Ich habe das Gefühl, ich habe mehr

Verbindung zur "Mutter". Sie ist ein bisschen so verrückt wie ich. Ich kann ihr alles erzählen! SIE GLAUBT MIR ALLES!

o **Eizelle:** Arbeiten und Funktionieren ist immer wichtiger als ein Kind! Es ist wirklich verrückt!
o **Lang-zeit auswirkung:** Natürlich. Natürlich! Wovon träumst du?
o **Eizelle:** Das ist kein Traum. Normalerweise ist die Natur eine Realität. Aber jetzt ist sie zerstört.
o **Lang-zeit auswirkung:** Wen interessiert die Natur?? Wunder, Natur. Ekelhaft!
o **Eizelle:** Ich fühle, dass du fähig bist. Ich kann das fühlen und es ist wirklich traurig. Weil ich das Wunder will und ich die Melodie möchte. Da ist ein Lied in mir. In mir ist Musik.
o **Lang-zeit auswirkung:** Ich muss fast erbrechen.

**Mutter**

»Das Wunder ist die Technologie und all diese Erfindungen. Und Zeit sparen. Und zum Mars fliegen. Und Kolonien auf dem Mars bauen. Das ist das Wunder. Von welchem Wunder redest du da? Unsere Kinder werden in den Kolonien auf dem Mars leben. Wovon redest du? Wunder, Wunder, Wunder?«

o **Lang-zeit auswirkung:** DANKE DIR! Vielleicht kann ich ein wenig Technologie in das Kind einbauen? Denkst du nicht, dass das großartig wäre? Ich bin mir ziemlich sicher, dass der "Doktor" es tun würde. Oder es wird einen anderen Arzt geben.
o **Eizelle:** Ich will das wirklich nicht. Es ist, als ob der Sinn des Lebens gewesen wäre...
o **Lang-zeit auswirkung:** ... ja, zerstört.
o **Eizelle:** Krieg gegen den Sinn des Lebens. Nichts macht mehr Sinn.
o **Lang-zeit auswirkung:** Oh, für mich macht das Sinn.
o **Eizelle:** Alle Freude wird getötet.
o **Lang-zeit auswirkung:** Ja. Ja. Das ist mein Ziel.

**Doktor**

»Und ich weiß, dass es falsch ist, was ich tue. Aber ich kann nicht aus dem Spiel aussteigen. Ich weiß nicht, ob es um meine persönliche

Sicherheit geht oder so. Aber ich habe das Gefühl, dass ich nicht herauskommen kann. Es würde mein eigenes Leben zerstören. Oder ich würde ausgeschlossen werden oder scheitern. Irgendwie geht es da um Konsequenzen. Und es würde niemanden interessieren, wenn ich ginge. Das wäre mein Problem. Ich wäre allein, wenn ich gehen würde.«

### Mutter
»Ich kann viele andere Ärzte einstellen. Ihr seid alle Werkzeuge. Sehr leicht auswechselbar. Keine Macht. Keine Durchsetzungsfähigkeit. Damit es Sinn ergibt, musst du anders sein als die vorherigen Generationen. Wie die primitiven Menschen, die sich in Höhlen auf primitive Weise vermehren. Jede Generation wird immer intelligenter. Immer weiter. Das macht Sinn. Das macht uns anders.«

### Eizelle
»Dann will ich lieber, dass alle Menschen sterben. Und ich will, dass diese Rasse nicht zum Mars kommt oder mit dieser "Mutter" zusammen ist. So will ich nicht leben. Das macht keinen Sinn. Du bist so dumm! Ich bin nicht primitiv! Ich bin das Wunder der Natur. Ich bin so komplex und du nennst mich primitiv! Das ist es, was mich gerade kotzen lässt. Für mich ist es das Schlimmste, dass die "Mutter" so von der Natur und von der Weisheit getrennt ist. Es ist so verrückt zu sagen, dass ich primitiv bin.«

### Lang-zeit auswirkung
»Ich habe mit der "Mutter" einen fantastischen Job gemacht! Ich bin so glücklich! So glücklich! Ich könnte sie sogar heiraten. Unglaublich! Ich liebe es. Denn wenn ich diesen Freifahrtschein habe, KANN ich ALLES tun! ALLES, WAS ICH WILL. Wie ein Wahnsinniger. Ich kann mit jeder Art von Technik experimentieren. Kreuzungen, Paarungen – was auch immer mir an Verrücktem in den Sinn kommt. Und ich bin wirklich, wirklich verrückt. Halb Maschine, halb Mensch steht ganz unten auf meiner Liste. Nur ganz unten auf meiner Liste! Ich bin noch verrückter als das. Und ich BRAUCHE die "Mutter" als Eingangstür. Den "Vater" habe ich sowieso schon kastriert. Er ist aus dem Spiel. Er wird seine Familie niemals beschützen. Niemals. Ich habe

einen guten Job gemacht! Was soll ich sagen? Ich könnte mich wirklich beglückwünschen. Siehst du, ich trenne dich, "Eizelle", die ganze Zeit vom "sperma". Ich trenne euch beide.

- o **Eizelle:** Verrückt. Leben macht keinen Sinn mehr.
- o **sperma:** Das macht keinen Sinn, weil wir so keine Kinder zeugen können.
- o **Eizelle:** Nun, wir können Kinder schon so zeugen – aber ohne Glück. Ohne das Wunder. Ohne Sinn. Nur funktional.
- o **sperma:** Ich möchte dir sagen, dass ich aufgegeben habe. Diese "Lang-zeit auswirkung" stellt sich als etwas mit Absicht heraus.

**Lang-zeit auswirkung**

»ICH WERDE ALLES TUN, UM SIE VONEINANDER ZU TRENNEN! Alle sind so leicht abzulenken und glauben alles, was sie hören oder lesen. So einfach! Es ist fast zu einfach. Weißt du, früher musste man das an versteckten Orten, Einrichtungen, Labors machen. Heutzutage, pfftt, kann man das fast in aller Öffentlichkeit tun! Unter dem Dach der „Technik und Zukunft". Ist das nicht großartig? Das ist nur der erste Schritt. Wenn ich euch loswerden könnte, euch alle, das wäre natürlich das Beste! Ihr braucht keinen "Vater", keine "Mutter", keine "Eizelle" oder ein "sperma". Oder einen "Doktor". Das könnten auch Roboter machen. UNBEGRENZTE MÖGLICHKEITEN! Willkommen in der neuen Welt. Und dann, eines Tages, brauche ich nicht mehr zu beschützen, sondern ich kann meine Hände erheben und dann bin ich wie Gott.«

**Mutter**

»Nun, Eizellen in Labors, und Spermien würden bald auch künstlich in Labors hergestellt werden. Wir leben im 21. Jahrhundert. Komm schon! Seid ein bisschen aufgeschlossen. Öffnet euren Geist. Das ist das Spannende! Stell es dir vor, stell es dir vor! Da gibt es ein Lied…«[27]

---

[27] Bezugnahme auf John Lennons Lied »Imagine« aus dem Jahr 1971, das in seinem gleichnamigen Album veröffentlicht wurde. https://www.johnlennon.com/music/albums/imagine/

o **Doktor:** Die Trennung mit dem Bindestrich zwischen "Lang" und "zeit"... Die einzige Lösung ist, dass "Mutter" und "Vater" sich miteinander vertragen. So dass sie Babys machen können.

**Mutter**

»Alle neuen Ideen in Wissenschaft und Technik sind in der gesamten Menschheitsgeschichte auf Widerstand gestoßen. Ach was! Seht euch nur die Geschichte an. Wir verbessern uns. Das ist Wissenschaft. Man kann sich nicht für lange Zeit dagegen wehren. Du musst nur zustimmen. Du kannst das nicht aufhalten. Der Mars ist auch Natur! Er ist kosmische Natur. Zum ersten Mal in der Geschichte der Menschheit öffnen wir uns für die Natur im Kosmos. Ihr seid der Sternenstaub! Ist das nicht aufregend?! Warum IVF [künstliche Befruchtung]? Ein weiterer Schritt, um zu experimentieren und mutig zu sein. Warum soll es nicht kommen? Wir haben all diese Möglichkeiten. Warum es nicht tun? Man muss nur die Möglichkeiten nutzen. Macht es nicht so kompliziert.«

o **Lang-zeit auswirkung:** Ich weiß nicht, warum ihr alle so traurig seid. Es ist jetzt ein Moment des Glücks.
o **Doktor:** Ich finde es interessant, dass mein ganzer Körper nein dazu sagt. Aber ich kann trotzdem nicht handeln, um auszusteigen.
o **Lang-zeit auswirkung:** Das wirst du nie. Das weiß ich. Wenn du einmal in diese Maschine einsteigst und ein Rad bist, kannst du sie nie wieder verlassen.
o **Doktor:** Es ist so seltsam. Wenn ich mich ansehe, fühle ich mich selbst nicht mehr ganz menschlich. Ich habe schon das Gefühl, eine Mischung aus etwas Künstlichem zu sein. Ich kann mich nicht mehr als Naturprodukt sehen.
o **Lang-zeit auswirkung:** Ich habe das Gefühl, wenn ich dich anschaue, dass du unter Drogen stehst oder so. Wie unter Medikamenten oder so. Du siehst und denkst und fühlst nicht mehr klar. Das ist perfekt für mich.
o **Doktor:** Ich kann es fühlen. Ich spüre sehr viel Schmerz und Herzschmerz.

o **Eizelle:** Was ist mit dir passiert, "Mutter"? Du bist nur im Kopf. Was ist mit deinen Gefühlen und deinem Körper passiert? Du bist nur ein Kopf ohne Körper. Du bist nur am Denken.

**Mutter**

»Es ist wie Träumen. Das ist es, was mich erfüllt. Das ist es, was Sinn macht. Anders sein. Warum soll ich das gleiche tun wie meine Mutter, meine Großmutter? Alles ändert sich so schnell in unserer Zeit. Natürlich werde ich träumen. Ich habe diese Fähigkeiten, geistige Fähigkeiten. Natürlich werde ich sie nutzen. Tiere können nicht träumen. Ich stelle mir vor, ich träume, ich entwerfe. Ich designe!! Ich designe meine Zukunft mit allen Details, die ich will. Ich kann sie einrichten, wie ich will. Ich lege auch Zeitpläne fest, verstehst du? In meinem Zeitplan ist alles unter Kontrolle.«

o **Eizelle:** Ich sehe, dass "Doktor" und "sperma" beginnen, etwas zu fühlen, aber es gibt kein Gefühl in deinem Körper.
o **Mutter:** Ich bin gespannt auf das was kommt.
o **Eizelle:** Wenn ich dich anschaue, sehe ich eine vergewaltigte Frau. Ich sehe vergewaltigte Frauen.

**Lang-zeit auswirkung**

»Nein! Ich habe ihr gesagt, dass sie ein Baby haben kann. Aber warum braucht sie einen Mann? Sie kann alles tun, was sie will, wann immer sie will. Das habe ich ihr auch gesagt. Ist das nicht großartig? Das ist der erste Schritt. Unabhängig. Professionell.«

o **Doktor:** Was denkst du oder fühlst du, "Mutter", wenn du "Vater" siehst?
o **Lang-zeit auswirkung:** Loser!
o **Mutter:** Was ist mit dem Geld, das ich dir bezahlt habe? Oder mit dem Verlust deiner Position? Es ist nicht deineAufgabe, mir solche Fragen zu stellen. Jeder soll seinen Platz kennen. Ich stelle immer die richtigen Leute für meine Projekte ein.
o **Doktor:** Ich glaube, ich komme mit meiner Kindheit in Berührung. Ich frage meine Mutter, ob sie meinen Vater liebt. Und sie sagt, das ginge mich nichts an. Das tut wirklich weh. Ich bin im Moment so

abgekoppelt von meiner Mutter und meinem Vater. Es geht mich nichts an. Sei einfach ein Kind und sag nichts... Keine Fragen. Nimm es einfach, wie es ist...

*Schweigen für eine lange Zeit.*

o **Eizelle:** Die Liebe fehlt hier.

**Mutter**

»Seid doch nicht so dumm! Es ist viel besser, sich nicht zu sehr an Männer zu binden. Wisst ihr, warum? Sie lassen dich schwanger zurück! Sie gehen. Sie können alles machen. Sie übernehmen keine Verantwortung. Du musst die Konsequenzen tragen. Also, bleib stark! Was ist denn mit dir los? Du hast die ganze Technik, also nutze sie! Ich habe Plan A, ich habe Plan B, ich habe Plan C. Liebe ist verwirrend. Also, folge ihr nicht. In einem Moment ist sie da und im nächsten ist sie weg. Einen Moment liebst du und einen Moment hasst du. Ich meine, auf solche Gefühle kann man sich nicht verlassen. Die Technik gibt immer. In dem Sinne wie Liebe es nicht kann. Technologie ist immer 100% effizient. Sicher. Garantie. GARANTIE, GEWÄHRLEISTUNG, GARANTIE! Ich will Garantie im Leben!«

o **Eizelle:** Ein Leben ohne Liebe macht überhaupt keinen Sinn. Auch wenn es voller Pläne ist. Ich will dieses Leben nicht, wirklich. Ich will es nicht. Ich bin raus.

o **sperma:** Ich bin völlig verwirrt. Aber ich bin gespalten. Ich habe mich irgendwie mit dem "Doktor" verbunden und ich habe so viel Mitgefühl für ihn. Aber wenn "Mutter" spricht... Es gibt zwei Seiten, die ich nicht zusammenbringen kann. Die Gefühle verwirren mich nicht, aber die Technik verwirrt mich. Weil ich nicht in der Natur bin, kann ich es fühlen. Die Natur ist mein Ursprung.

o **Mutter:** Du klingst so unschuldig und erwartest, dass ich dir das glaube? Hör zu, ich weiß genau, was passiert, wenn du in meinem Bauch bist. Ich weiß das sehr gut. Ich habe recherchiert, ich habe es studiert. Und deshalb habe ich meinen Plan A, B, C. Wenn dieser Bastard dort mich eines Tages verlassen würde, habe ich alle meine

Backups gemacht. Du bist sehr unschuldig, bis du in mir bist, richtig?«

**Doktor**

»Wenn meine Mutter und mein Vater sich nicht lieben, können sie mich nicht lieben. Ich fühle es. Das ist sehr schmerzhaft. Meine Mutter liebt meinen Vater überhaupt nicht. Mein Vater ist nicht hier. Ich fühle keinen Vater. Ich denke, ich habe begriffen, warum ich diesen Job mache. Das ist alles, was ich weiß. Das ist meine Erfahrung als Kind. Meine Eltern können sich nicht lieben. Dann können sie mich nicht lieben. Das ist auch das, was ich hier mache. Ich tue das, was mit mir passiert ist. Ich tue das, aber mein Körper hat eindeutig Schmerzen dabei. Weil es meine Geschichte ist. Es hat etwas mit meinem frühen Leben zu tun.«

o **Eizelle:** Es ist nur kalt. Da ist nur Hass. Es ist Stahl. Peng. Peng.
o **Mutter:** Es ist kalt, weil es ein Labor ist. Wenn du nach Hause gehst, Herr "Doktor", legst du ein Lied über die Liebe auf und hörst es dir an. Mit einem Glas Wein. Aber bei der Arbeit geht es um Ergebnisse, es geht um Methodik.
o **Lang-zeit auswirkung:** Du erzählst die Geschichte und "Vater" ging weg. Technologie wird dich retten. Vertraue auf die Technik. Sie ist immer da. An der Fingerspitze deiner Hand. Vertraue auf die Technik...
o **Mutter:** Wenn kein "Vater" da ist, kann uns die Technik beschützen. Wir werden überall Kameras anbringen.
o **sperma:** Ich brauche keinen Vater. Ich bin vollständig. Ich habe nicht die Sehnsucht nach "Vater" oder "Mutter". Es gibt keine Gefühle dazu. Ich bin hier und ich will leben. Alles ist hier. Ich möchte meine Arbeit tun.
o **Doktor:** Wenn wir in einem Raum wären, würde ich dich in mein Labor mitnehmen. Aus irgendeinem Grund habe ich das Gefühl, dass du zu mir gehörst. Du bist fast wie ein junger Teil von mir und ich möchte dich zurückholen. Ich weiß nicht, ob es Sinn macht, aber so fühle ich mich.
o **sperma:** Ja, das macht Sinn. Das ist auch mein Gefühl. Ich fühle mich wie ein Ursprung, ein Gefühl, ein ursprüngliches Gefühl.

- **Doctor:** Ja, das stimmt. Und gerade jetzt fühle ich den Schmerz, aber ich fühle mich mit dir verbunden. Ich mache etwas richtig, wenn ich dich in mein Labor zurückbringe und dich zu mir zurückbringe.
- **Eizelle:** Ich fühle mich sehr getrennt von euch, "sperma" und "Doktor". Was hat es mit der Harmonie auf sich? Ich fühle mich wie tot. Meine Natur ist verschwunden. Ich fühle mich total zerstört und unterdrückt. Und du bist bla bla bla. Das ist wirklich seltsam.
- **Lang-zeit auswirkung:** Ich glaube, ich muss eine Kampagne starten. Hier ist zu viel Harmonie im Spiel.
- **Doktor:** "Eizelle ", ich höre, was du sagst, aber ich denke, ich komme aus einer sehr tiefen Trennung heraus. Ich verbinde mich jetzt mit "sperma". Ich bin mit einem sehr jungen Teil von mir in Kontakt gekommen, einem sehr frühen Schmerz. Und ich weiß, dass ich den Mut haben könnte, das Richtige zu tun. Ich weiß, dass "sperma" in gewisser Weise zu mir gehört. Ich tue etwas aus Liebe. Vorher hatte ich das Gefühl, dass ich hier etwas falsch mache. Aber jetzt habe ich das Gefühl, dass ich etwas tue, ohne dass ich von außen bewundert werde. Ich sehe dich, "Eizelle". Ich fühle, dass dies mein Anfang ist.
- **Eizelle:** Ich möchte, dass ihr wisst, dass ich angebetet werden muss. Nicht als Unterwerfung, sondern aus Anbetung. Und ich brauche Ehrfurcht. Und ich brauche Sehnsucht. Und ich brauche Geborgenheit. Und ich brauche jemanden, der mein Lied hören will.
- **Doktor:** Und das hatte ich am Anfang. Ich konnte es hören. Ich fühlte mich wirklich davon angezogen, aber ich habe es unterdrückt. Ich habe einfach meine Arbeit gemacht, weil ich so unbeteiligt war. Aber mit der Verbindung zum "sperma", das ist der Weg. So kann ich mit meinen eigenen Gefühlen verbunden bleiben. Dass es in Ordnung ist. Dass ich nicht falsch liege. Dass ich nicht unter einer Brücke liege, wenn ich das Richtige tue. "sperma" ist sehr jung und klein. Ich glaube, es braucht Zeit.
- **sperma:** Ich kann es auch fühlen. Ich habe mich vorher immer sehr klein gefühlt. Ich bin immer noch unsicher, weil ich auch etwas im Rücken habe. Eine Langzeitwirkung vielleicht von der "Mutter", vom "Vater". Das ist nicht klar. Aber ich hörte auch die Musik,

"Eizelle" singen, und ich wollte anfangen, die Musik zu singen. Ich möchte zur "Eizelle" gehen, aber ich bin immer noch nicht frei. Ich bin verwirrt. Ich habe das Gefühl, in einem sterilen Vakuum zu sein. Es fühlt sich sehr unangenehm an. Alle schauen mich an. Ich muss etwas tun. Ich bin nicht mehr in meiner gewohnten Umgebung. Im Mutterleib? Es fühlt sich tot an. Es gibt kein Leben. Ich habe das Gefühl, dass das Leben sehr komprimiert ist und unter Druck steht. Ich fühle mich sehr unbeholfen. In einem Vakuum kann es kein Leben geben.

o **Doktor:** Ihr würdet nicht zusammenkommen, wenn ihr nicht dazu gezwungen würdet, es in dieser Umgebung zu tun...

o **sperma:** Es würde funktionieren. Aber es ist ohne Seele und ohne Leben.

o **Lang-zeit auswirkung:** Was machst du gerade? Eine Therapiesitzung oder was? Dann muss ich mich wieder einmischen. Was ist das denn jetzt für ein Schwachsinn? "Mutter", was denkst du?

## Mutter

»Ich dachte, dass es vielleicht nach 20, 30 Jahren die Möglichkeit geben würde, die "Eizelle" und das "sperma" zu verändern. Dass sie nicht so dumme Ideen produzieren. Man modifiziert sie einfach mit einer Eigenschaft, die man reproduzieren möchte. Stellt euch das einmal vor. Man wählt aus, was man prägt.«

o **Lang-zeit auswirkung:** Das ist eine gute Idee! Mal sehen, ob wir die Emotionen aus dem Spiel nehmen können.

o **Mutter:** Vergeudete Zeit.

o **Doktor:** "Vater", was denkst du?

o **Lang-zeit auswirkung:** Ist der "Doktor" jetzt ein Therapeut? Das gefällt mir nicht. Ich denke, wir müssen etwas gegen die sogenannten Therapeuten unternehmen. Dass sie keine Therapie machen. Um die dummen Therapeuten loszuwerden. Ich denke, das sollte mein nächstes Ziel sein. Was meinst du dazu?

o **Mutter:** Ich brauche nie eine Therapie. Das ist Blödsinn. Wendet einfach die Wissenschaft an. Und ich bin begeistert, dass man nach der Demokratie von der Technokratie spricht. Sie ist auf dem Weg, sie ist auf dem Weg.

**Eizelle**

»Ich habe das Gefühl, dass es zwei verschiedene Arten von Menschen geben wird: Du, "Lang-zeit auswirkung" und "Mutter" – die kalten Menschen. Und die natürlichen Menschen. Und ich werde mit den Psychologen zu den natürlichen Menschen gehen. Es ist wie eine Entscheidung, zu dieser Art von Menschen zu gehen und diese Art von Menschen zu sein. Mit den Therapeuten und den natürlichen Menschen wird es wunderbar sein. Ich kann meine Weisheit spüren und ich kann spüren, dass sie sehr unglücklich sein werden. Sehr größenwahnsinnig. Und es wird eine kalte Welt sein und sie werden viel reden. Und ich werde mit Verleumdungen und allem zu tun haben. Ich werde nicht zuhören. Ich werde in meiner Gruppe von Leuten sein. Das ist es, was ich fühle. Auf dieser Seite gibt es Gefühle. Wir sind daran interessiert, zu lieben und zu fühlen. Und sie sind an Technologie und nicht an Gefühlen interessiert. Mit diesen Leuten will ich nichts zu tun haben, wirklich nicht. Und es wird auf Dauer nicht funktionieren, dieses künstliche Zeug. Ich kann das spüren. Denn ich bin die Basis des Lebens.«

o **Doktor:** Ich werde meinen Job kündigen.
o **Lang-zeit auswirkung:** Ja, aber ich werde meinen Teil dazu beitragen, euch zu diskreditieren! Weißt du, zu viel Glücklichsein auf dieser Seite.
o **sperma:** Ich kann das auch fühlen. Du kannst uns, mich, nicht von der "Eizelle" abtrennen. Und man kann mich nicht in so etwas wie Watte oder einen gefrorenen Zustand versetzen. Das ursprüngliche Gefühl wird nicht verschwinden. Ich weiß, woher ich komme und was ich bin.
o **Eizelle:** Ich werde die Orte mit Liebe und Gefühlen finden. Ich werde sozusagen meine eigene Gesellschaft aufbauen. Ich werde mich mit Menschen verbinden, die fühlen können.
o **Doktor:** Das hilft mir, auszusteigen, etwas zu unternehmen, aufzuhören. Es ist wirklich wichtig, dass ich mich nicht allein fühle.
o **Vater:** Ich existiere nicht.
o **Eizelle:** Für diese "Mutter" bist du nicht existent. Ich kann es sehen.
o **Mutter:** Es ist erwiesen, dass man ein Chromosom nur aus der Eizelle gewinnen kann. Und Männer werden für die Fortpflanzung

nicht benötigt. Das ist möglich. Das Weibliche hat alles. Das ist machbar. Wissenschaftlich gesehen. Ich habe nicht alle Details, aber ihr könnt sie im Internet finden.

o **Eizelle:** Ich will nichts damit zu tun haben, was "Mutter" sagt. Ich will "sperma", ich will Männer, weil ich Männer für die Liebe brauche. Ich kümmere mich nicht um Chromosomen und Technologie und all das. Ich will die Natur. Ich will Leben. Und ich will Liebe und Gefühle. Und all das chaotische, unkontrollierbare Zeug. Das ist für mich interessant. Und die Musik. In der Musik kann alles schief gehen, aber es macht wirklich Spaß, es zu versuchen. Manchmal ist es chaotisch, manchmal ist es verrückt, aber das ist interessant. Das ist das Leben. Dieses Zeug fühlt sich nicht wie das Leben an.

o **Lang-zeit auswirkung:** Das ist das Ziel: kein Leben.

o **sperma:** Ich würde gerne Ihre Musik hören, "Eizelle". Ich möchte die Musik gerne hören.

o **Eizelle:** Aber ich glaube, wir müssen woanders hingehen. Ich kann meine Musik nicht mit "Mutter" und "Lang-zeit auswirkung" singen. Mit diesen Leuten kann ich das nicht. Mit dir, "sperma", und "Doktor" könnte ich singen. Also müssen wir woanders hingehen, denke ich.

o **Mutter:** Sieh mal, du forschst ein bisschen in der deutschen Philosophie und menschlichen Historie. Das Aufregendste, was die Menschheit erreichen kann, ist, das Leben zu erobern. Wenn man das Leben besiegt, besiegt man auch den Tod. Wir befinden uns am letzten Punkt der Evolution! Nichts kann aufregender sein. Das ist das wahre Leben! Leben mit einem großen »L«. Leben für immer.

*"Lang-zeit auswirkung" klatscht mit den Händen und hebt den Daumen nach oben.*

o **Lang-zeit auswirkung:** Ich habe großartige Arbeit geleistet. Ich bin so stolz auf mich.

o **Mutter:** Unbesiegbares Leben.

o **Eizelle:** Sie ist verrückt.

o **sperma:** Ja. Aber wir brauchen "Mutter". Wir brauchen eine Frau, die Mutter wird.

- **Mutter:** "Doktor", es ist höchste Zeit, die Arbeit zu beenden! Es fängt wirklich an zu nerven. Ich meine, wenn du jetzt aufhörst oder etwas von meinem "sperma" oder meiner "Eizelle" nimmst, werde ich dich verklagen! Du wirst mir eine sehr hohe Entschädigung zahlen. Und ich werde deine Karriere und dein Leben ruinieren. Also, schließ es das! Und zwar sofort!
- **Doktor:** Das ist genau der Grund, warum ich diesen Job gemacht habe. Warum ich nicht gekündigt habe, war genau diese Angst. Aber ich habe das Gefühl, dass es für mich keine Rolle mehr spielt. Ich werde tun, was sich richtig anfühlt. Es macht mir keine Angst mehr. Ich sehe deutlich, dass du meine Mutter bist. Ich sehe in dir meine eigene Mutter, und deshalb bin ich hierher gekommen.
- **Mutter** [lacht]: Du bist die Art von Mensch, die Therapeuten brauchen! Ich werde die Klinik um Ersatz bitten. Menschen können manchmal wirklich seltsam sein.

## 2.4 RAUCHEN

*Selbst-Begegnung (Frau, Polen, 3 Worte)*
*Polnisch: palenie -Ja – oddychać*
*Deutsch: rauchen – Ich – atmen*

Einige Hintergrundinformationen der Frau, die sie während ihrer Selbstbegegnung mit der Gruppe teilte:

»Meine Mutter war kontrollierend, mein Vater war kontrollierend. Darin waren sie sehr gut. Als ich ein Kind war, hatte ich ständig Probleme mit dem Atmen. Selbst jetzt, als wir den Prozess begonnen haben, kann ich nicht richtig atmen. Und auch meine Tochter hat dieses Symptom. Meine Mutter hustete viel, weil sie rauchte. Frühmorgens hatte sie einen starken Husten. Wir haben auch viel gehustet, weil wir krank waren.
Meine Mutter war 30, als sie mich bekam. Ich bin das zweite Kind. Meine Schwester ist 1 Jahr und 2 Monate älter als ich. Frühere Begegnungen haben gezeigt, dass ich nicht erwünscht war.

Meine Mutter begann mit 15 Jahren zu rauchen und rauchte ihr ganzes Leben lang. Mein Vater rauchte gelegentlich, manchmal auch regelmäßig. Es gab eine Zeit, in der es sich ganz natürlich anfühlte, wenn sie zu Hause rauchten. Und ich erinnere mich, dass ich es gehasst habe, wenn es Partys gab. Denn der Geburtstag meiner Mutter war am 15. Oktober und der meines Vaters am 16. Oktober, also feierten sie zusammen. Es gab eine Menge Rauch und gelbe Vorhänge. Meine Mutter hatte die Parkinson-Krankheit. Einer der Forscher sagte, dass Rauchen bei dieser Krankheit hilft. Es war ganz natürlich, dass sie die ganze Zeit geraucht hat. Meine Mutter ist vor 2,5 Jahren gestorben und mein Vater lebt noch.«

Wie sich in dieser Arbeit herausstellt, ist das Rauchen – genauso wie die Religion – eine Schutzfunktion bzw. eine Ablenkung, um transgenerationales Trauma nicht zu sehen. Der Rauch mach einen blind, benebelt alles um einen herum, um nicht die dahinterliegende Wahrheit zu erkennen.

### Ja (Ich)

»Ich möchte niemanden ansehen. Ich spüre, wie Giftstoffe in die Nase eindringen und ich kann sie nicht vollständig aufnehmen. Ich habe das Gefühl, dass eine Art von sauberer Energie oder Atem in meinem Bauch kleiner wird. Ich halte sie dort fest. Aber ich kann nicht vollständig atmen. Es ist eng. Ich bin die ganze Zeit damit beschäftigt. Ich kann meine Augen nicht öffnen. Es ist giftig. Ich sauge es ein, weil ich Nasenlöcher habe, aber dann spüre ich, wie giftig es ist, und dann höre ich auf. Und ich bekomme es wieder raus, um mich nicht zu vergiften. Ich habe keine Ahnung von meiner Umgebung. Ich bin so beschäftigt mit diesem Prozess. Es brennt, von meinem Auge bis zu meiner Wange, und ich muss mich dagegen wehren. Die Giftigkeit ist auch in meiner Kehle. Ich spüre es auch ein wenig in meiner Speiseröhre. Sehr bitter, eine scharfe Bitterkeit. Schweres giftiges Gas. Ich fühle mich sehr klein. Ich habe keine Orientierung, wo ich bin. Ich bin sehr stark von meiner Umgebung abhängig. Ich könnte im Mutterleib sein, aber ich kann mich mit nichts verbinden. Ich befinde mich in einem ständigen Kampf. Ich sehe dich und ich bin bei dir und ich verstehe deine Gefühle und Kämpfe vollkommen. Ich erlebe das Gleiche. Ich fühle mich nicht sicher. Es gibt keine Sicherheit. Ich erwarte die nächste Vergiftung. Ich befinde mich in einem Zustand des „Was kommt als Nächstes, wogegen ich Widerstand leisten muss?"«

**oddychać (atmen)**
»Am Anfang spürte ich eine starke Energie von Hass und Aggression. Ich fühle mich gut, wenn ich Macht habe. Und ich habe das Gefühl, dass ich "palenie" (rauchen) wirklich kontrollieren will. Wie kann es sein, dass sie weggeht, aus meinem Blickfeld verschwindet? Als "Ja" (Ich) gesprochen hat, habe ich dissoziiert. Als sie über das Gefühl in ihrer Nase sprach, bekam ich eine Menge Flüssigkeit in den Hals. Es ist schwer zu schlucken. Es gibt etwas in mir, das wirklich neugierig ist, was wir geschluckt haben. Es fühlt sich für mich nicht wie Rauch an. Es fühlt sich an wie ein glibberiges Gift. Du wurdest gefragt, wie sie sich als Kind gefühlt hat... Ich konnte wirklich spüren, wie schwer es dir fiel, diese Frage zu beantworten. Es ist eine gute Frage, die mir gestellt werden kann. Ich hatte das Gefühl, dass meine Eltern jedes Mal, wenn sie sich eine Zigarette in den Mund steckten, mich vergaßen. Irgendein Schalter wurde umgelegt und ich fühlte mich wie verlassen. Als ob ich nicht existierte. Das Rauchen schaltete etwas in ihrem Gehirn um, und dann gab es keine Möglichkeit mehr, eine Verbindung herzustellen. Diese Hoffnung und Erwartung – immer auf etwas zu warten – aber auch die Hoffnung, gesehen zu werden. Aber sobald diese Zigarette angezündet wurde, gab es keine Chance mehr. Es gibt ein Gefühl der Hoffnungslosigkeit. Ich finde es sehr gut, dass du mich hörst. Ich sehe, dass sich in deiner Energie etwas verändert.«

**palenie (rauchen)**
»Ich kam mit einem Gefühl der Panik herein. Ich spürte, dass meine Kehle sehr eng war. Ich kann nicht aus dem Bauch atmen. Ich habe Spannungen im Kopf. Ich fühle mich überwältigt und dysreguliert. Ich bin hin und her gegangen. Ich kann nicht hierbleiben. Ich fühle mich nicht sicher, unsere Eltern sind nicht sicher, aber sie sind mein Umfeld.«

**Ja (Ich)**

»Als "oddychać" (atmen) sprach, spürte ich, dass sie diese kleine Lebenskraft ist, die ich in meinem Bauch noch zu schützen weiß. Die mich am Leben hält. Aber sie ist sehr eng. Sie kann sich nicht ausdehnen. Es wird mir nichts gegeben. Ich fühle mich in einer Art Umgebung, in der ich völlig abhängig bin. Du kannst nicht fragen, warum wir nicht sicher sind. Es liegt daran, dass ich nichts hineinbekomme! Und ich bin mir nicht sicher, ob ich es schaffen werde. Ich schaffe es nicht, ohne etwas zu mir zu nehmen! Ich befinde mich in einem Zustand der Entbehrung. Viel schlimmer als Deprivation. Ich weiß nicht, wie ich es schaffen soll, den kleinen Bereich des inneren Lebens in meinem Bauch zu erhalten.

Die Intensität des Vergiftet-Seins ist nun geringer und ich öffne meinen Mund. Denn das ist die einzige Möglichkeit. Trotzdem fühle ich mich nicht genährt. Aber diese Töne – kommen sie von dir? Sie fühlen sich gut für mich an. Ich weiß nicht, was du tust. Ich bin mir über nichts sicher. Ich befinde mich in einem Schwebezustand und warte darauf, dass etwas kommt. Wie zurückgewiesen zu werden oder erwünscht zu sein. In diesem Zwischenstadium.«

*Die Frau antwortet: »In mir stellt sich die Frage, ob ich leben will oder nicht. Manchmal will ich leben und manchmal will ich nicht leben.«*

**palenie (smoking)**

»Ich möchte, dass du lebst. Ich liebe dich sehr. Bewege dich, damit du spürst, dass du lebst. Ich bin klar: Ich will, dass wir leben. Ich will es und wir können es schaffen. Ich weiß, dass es schwer ist. Du hast uns. Es wird leichter werden.«

*Wir bringen die Mutter herein, "Mama".*

o **oddychać (atmen):** Als "Ja" (Ich) sagte, dass ich ein Teil von ihr bin, hatte ich das Gefühl, dass ich etwas Klarheit bekomme. Und ich weiß, ich fühle mich mit "Ja" (Ich) verbunden und ich weiß, dass sie mich will. Wenn man auf die Symptome, den Stress und die Angst eingeht, zieht man mich mit hinein. Und ich will nicht hineingezogen werden. Ich atme, weil ich natürlich atme. Die Wut, die ich fühle, ist, weil ich es verdiene zu existieren. Und daran gibt es in dieser Beziehung keinen Zweifel. Wenn ich dich jetzt anschaue, sehe ich, dass du fünf Jahre alt bist. Ich bin hier und du musst dich entscheiden. Ich bin Atem und Leben.

o **Ja (Ich):** Ich befinde mich in einem Schwebezustand. Du hast sehr deutlich gesagt: »Manchmal will ich leben und manchmal nicht.« Ich fühle mich anders: Jemand außerhalb von mir will nicht, dass ich lebe. Manchmal bin ich vergiftet und manchmal kann ich ein bisschen Input bekommen, der mich hier noch aufrechterhält. Und das ist so verwirrend. Ich habe auch "oddychać" (atmen) gehört. Es liegt in meiner Natur, zu bleiben, zu nehmen und zu sein. Als ich dies sagte, atmete ich zum ersten Mal für einen Moment tief durch. Es ist immer noch sehr schwierig, aber es hat sich etwas verändert. Sollte ich hoffnungslos sein? Ich bin am Rande des Aufgebens.

o **mama:** Seit ich hier bin, spüre ich einen Druck auf meiner Brust. Ständig damit beschäftigt sein, nichts zu fühlen. Wenn das "Ja" (Ich) spricht, ist es lästig. Ich bin auf "palenie" (rauchen) konzentriert. Ich bin nicht an dir interessiert. Meine einzige Verbindung ist "Ja" (Ich) und "palenie" (rauchen).

o **oddychać (atmen):** Ich bin das Leben. Du bist zuerst zu deiner Mutter gegangen. Ich war sehr traurig, als du dich entschieden hast, zuerst zu ihr zu gehen. Ich muss mit ihr im Wettbewerb stehen. Ich fange auch an, mich über dich aufzuregen. Ich bin hier! Es ist deine Entscheidung! Ich könnte mich gegen dich wenden, wenn du dich nicht für mich entscheidest.

o **mama:** Ich werde ärgerlich, wenn "oddychać" (atmen) so spricht.

o **palenie (rauchen):** Ich stimme mit der Mutter überein. Sie war zu viel. Ich fühle mich nicht wohl mit ihr. Ich kann mich mit ihr nicht identifizieren. Ich wünschte, du könntest die Lebendigkeit spüren, die ich habe. Ich möchte dich und "Ja" (Ich) unterstützen.

*»"oddychać (atmen)" klang, als würde sie uns konditionieren. Ich wollte, dass wir alle gemeinsam an einem Strang ziehen und nicht gegeneinander. Ich will leben. Ich möchte, dass ihr leben wollt. Und ich möchte "Ja (I)" unterstützen. Und solange sie noch atmet, kann ich sie vielleicht mit der Schwere und dem Zustand, in dem sie sich befindet, unterstützen.«*

o  **Ja (Ich):** Du hast "oddychać" (atmen) gedankt? Hast du mir gedankt, dass ich hier für dich gekämpft habe? Was hat "Mama" für dich getan? Entweder checkst du mich aus mit deiner Hoffnungslosigkeit oder du triffst eine Entscheidung!!! Ich will dein Leid nicht! Du magst deinen Schmerz! Ich mag ihn nicht.

»*Ich möchte meiner Mutter dafür danken, dass sie mir das Leben geschenkt hat. Ich lebte in einer religiösen Familie. Besonders von der Seite meiner Mutter. Als Kind und als Teenager habe ich viel Zeit in der Kirche verbracht. Ich habe viele Gruppen besucht.*«

*Wir nehmen ein "?" hinzu, um tiefer zu gehen.*

?

»Ich kann atmen, aber ich wippe die ganze Zeit hin und her. Was ist das? Ich dachte an... die Türkei... An etwas Religiösem, wo man die ganze Zeit hin und her schauckelt, hin und her. Was geschieht in deiner Familie? Inwieweit waren sie religiös? Gehen sie in eine Art Trance, wenn sie sich in diesem religiösen Zustand befinden? Es ist sehr anstrengend hier. Ich habe das Gefühl, dass "palenie" (rauchen) hier ist, um etwas zu verbergen, damit man nicht hinter den Rauch sieht. Es ist etwas Verrücktes hier. Da ist etwas hinter diesem verdammten Rauch! Das bin ich. Ich bin da. Ich weiß nicht, warum "oddychać" (atmen) verschwommen ist, warum "Ja" (Ich) den Kopf nach unten zieht. Du verdeckst es auch. Du magst es auch nicht sehen. Du hältst dich selbst in diesem Schwebezustand „will ich leben oder nicht", weil es auf der anderen Seite ein größeres Chaos gibt! Ich bin mir nicht sicher, ob du es wirklich sehen willst. Hier spricht niemand über irgendetwas von tiefer Bedeutung. Das macht mich wahnsinnig! Ihr müsst tief, tief durchatmen, denn ihr müsst – durch den Rauch – auf die andere Seite gehen. Es hat etwas mit Unterdrückung zu tun.«

»*Eine Sache, die sich mir aufdrängt: Bei der ersten oder zweiten Selbstbegegnung in Warschau hat sich gezeigt, dass die Religion Teil meines Lebens ist. Da war ein Priester. Irgendetwas ist mit meiner Mutter und dem Priester passiert. Vielleicht sexueller Missbrauch oder so etwas?*«

**?**

»Es ist größer als das! Ich weiß nicht, aber irgendwas mit deiner Mutter passiert ist. Es ist wie eine Generationen-Scheiße. Wenn du ein Opfer bleibst, wirst du nie etwas von deiner Familie aufdecken. Alles bleibt hinter dem Rauch versteckt. Es ist wie eine Unschärfe. Keiner sieht etwas, keiner sagt etwas. Aber wenn du dich entschließt, aus dieser Opferrolle herauszutreten und tief durchzuatmen, dann wird sich der Rauch verziehen. Dann wirst du einen Schritt nach dem anderen machen. Und es ist wichtig, einen Schritt nach dem anderen zu machen, weil es auf der anderen Seite so viel Scheiße gibt.«

*»Erst heute dachte ich an die Erstkommunion meiner Tochter.«*

**?**

»Es ist mir total egal. Die Erstkommunion könnte mir nicht egaler sein! Es gibt eine Mischung zwischen Religion und etwas anderem. Alles ist miteinander verbunden. Es ist ein totaler Albtraum. Vergiss alles, was du weißt und gelernt hast. Ich habe den Eindruck, dass die Religion auch deine Gedanken vernebelt. Sie ist auch wie Rauch. Sie lässt dich nie klar sehen. Und für mich ist das die Entscheidung, die getroffen werden muss. Und dann wird sich dein Leben ändern. Ich weiß das. Weil du nicht mit so einer großen Last auf deinem Rücken leben kannst. Es belastet dich! Es unterdrückt dich! Jeder in deiner Familie hat so gelebt. Eine Generation nach der anderen. Jeder! Niemand hat je gelebt. Ihr wisst nicht, was Leben ist. Und es wird ewig weitergehen, wenn niemand es aufhält. Es ist eine bewusste Entscheidung, die du treffen musst.«

o  **palenie (rauchen):** Ich mag, was du sagst, "?". Rauchen ist ein Bewältigungsmechanismus. Der Stress ist überwältigend. Ich fühle mich auch als starke Ressource. Ich weiß nicht, warum die Dinge hier stecken bleiben.

o  **?:** Jeder muss aufwachen. Ich weiß, dass du eine Menge Energie hast, "palenie" (rauchen). Ich kann deine Energie fühlen. Und es ist eine sehr schöne Energie, eine schöne Kraft.

o **palenie (rauchen):** Aber niemand nimmt sie auf. Es gibt niemanden, an den ich ihn richten kann. Ich habe all diese Energie und warte auf einen Ort, wo ich hingehen kann.

**?**

»Ich brauche euch alle. Ich brauche "Ja" (Ich), ich brauche "oddychać" (atmen), ich brauche "palenie" (rauchen). Sie hat so eine große Energie. Sie braucht eine Richtung. Für mich wiederholen wir die gleichen alten Muster wie früher. Und das ist eine Verschwendung von Leben und eine Verschwendung von Energie. Das ist der Grund, warum dein Leben so schwer ist. Weil es immer so war. Ich fühle mich so belastet auf meinem Rücken. Es tut weh wie verrückt. Und ich, ich weiß es ganz klar, ich will das nicht bei mir tragen. Ich will nicht dasselbe Leben führen. Nur beugen, für jemand anderen arbeiten. Fast wie ein Sklave. Ich hasse es. Ich hasse es, verdammt noch mal! Als ob ich in einem Film wäre und ich kann mich auf jede Generation von Frauen einstimmen. Dieselbe Scheiße!! Ich bin müde. Ich bin dieses Leid leid! Von welcher Religion es auch war! Es ist Rauch – was Frauen tun und nicht tun sollen. Rauch! Ich hasse es! Und ich warte auf dein Signal – und die anderen –, um aufzuwachen, damit wir endlich in diesen Zug einsteigen können. Und es Schritt für Schritt machen.«

**Ja (Ich)**

»Mir gefiel alles, was das "?" gesagt hat. Das hat mich wieder aufstehen lassen. Ich fühle nicht, dass du mich willst. Ich fühle nicht, dass du mich wählst. Du interessierst dich so für den Mist, die Kommunion. Ich fühle nicht, dass du in deinem "oddychać" (atme) interessiert bist. Du gibst uns keine Kraft. Und ohne deine Entscheidung ist es nicht möglich. Entscheide, wo du investierst! Wo du deinen Willen investierst! Entscheidest du dich für die Kommunion und für diese Gruppen in der Kirche und leidest wie ein guter Christ? Das ist eine Entscheidung! Dann geh damit. Weine. Vielleicht hört Gott dich. Dann wähle diesen Lebensstil. Aber dann will ich ausgecheckt werden. Das ist mein Recht! Ist es zu viel? Ein Raum des Willkommen-Seins? Bitte. Ich will genährt werden. Freust du dich, mich zu sehen, mit mir in Verbindung sein?«

*»Ich habe die Freude des Lebens vergessen. Ich habe dich vergessen. Es tut mir so leid. Ich will bei dir sein. Ich möchte dich umarmen. Ich will dich willkommen heißen.«*

o **Ja (Ich):** Ich verstehe, dass es ein Prozess ist. Aber erinnere dich an diese Worte. Das ist der Deal.

**?**

»Ich habe einen Weihnachtswunsch: Lasst uns das Leiden beenden. Es muss nicht so groß und dramatisch sein. Ich will nicht das Leben der vorherigen Generationen leben! Nein! Ich möchte ohne die Last dieser Scheiße leben. Ohne Leiden und Unterdrückung und Verleugnung – und was sonst noch im Paket ist. Nein! Es ist, als stündest du vor deiner Kommunion, aber du stehst in der Schlange des Leidens! „Oh, bitte gib mir etwas Leiden. Bitte, lieber Gott, gib mir noch mehr Leiden." Gib mir eine Pause! Sorry! Bist du verrückt? Auf keinen Fall! Übrigens: Leben bedeutet nicht zu leiden. Selbst wenn es dir jemand gesagt hätte. Das ist nicht wahr! Einfach nicht wahr! Marketing Bullshit. Hält dich klein und in Angst. Oh, ich hasse es. Ich hasse es!«

**oddychać (atmen)**

»Willst du etwas von mir hören? Lustig, dass ich fragen muss. Ich bin die Körperlichkeit dessen, was dich ausmacht. Für mich ist es klar: Atme und du existierst. Dann werde ich anfangen, dir zu vertrauen. Dann kann ich wachsen und in das "Ich" wachsen. Ich liebe sie. Ich wartete in diesem hoffnungslosen Zustand. Es gibt keine Rettung. Es gilt nur zu atmen. Nichts wird uns retten. Im Mutterleib haben wir die Wahl getroffen. Und ich sehe dein Gesicht jetzt anders und das gefällt mir. Es ist nicht so besorgt. Es ist weiter, offener und ausdrucksstärker.«

Nachwort

Wer hätte gedacht, dass das Rauchen im wahrsten Sinne des Wortes Dinge und Taten verschleiern kann? In diesem Fall über Generationen erlittenes Trauma. Den Weg hinaus aus dieser Misere zeigte das "?" auf. Mehr als ein Fragezeichen war das "?" ein Ausrufezeichen. Und wie sagte das Ich, das "Ja", am Ende?

»Ich schaue dich an. Es wird einige Zeit dauern. Aber ich fühle und kann bleiben. So gut, dich lächeln zu sehen. Wenn du mich und die anderen hast, kannst du alles tun und überall hingehen. Aber zuerst musst du uns haben. Dich selbst haben. Ich bin gegen nichts. Aber erst haben wir uns und dann kannst du wählen. Wenn du lächelst, bin ich entspannt. Es wäre schade, mit einem so schönen Gesicht unglücklich zu sein. Alles haben, aber nicht sich selbst. Wir sind füreinander da. Wenn die Außenseite negativ ist, müssen wir nicht dabei sein. Wir haben unseren Platz.«

## 2.5 BECKENENDLAGE (Steißlage)

*Allgemein-Begegnung (3 Worte)*
*Englisch: child – mother – doctor*
*Deutsch: kind – mutter - doktor*

Warum ein Baby in Steißlage liegt – medizinisch spricht man heute von Beckenendlage –, dafür gibt es die unterschiedlichsten Gründe. Im Gesundheitsmagazin der AOK Krankenkasse steht hierzu geschrieben:[28]

»In 50 Prozent der Fälle können Experten und Expertinnen nicht eindeutig klären, warum das Kind in dieser Position bleibt. Manchmal liegt es an einer seltenen herzförmigen Form der Gebärmutter oder an der Lage der Plazenta. Gelegentlich stecken gutartige Tumore (Myome) dahinter. Entbindungspfleger und Hebammen berichten auch, dass sich das Kind manchmal aus gutem Grund nicht drehen will oder kann, etwa weil die Nabelschnur sehr kurz ist.«

Es werden vier mögliche Optionen für eine Geburt aufgezählt:
1. »die spontane Wendung in Eigenregie
2. die „äußere Wendung" durch einen Facharzt oder eine Fachärztin

---

[28] AOK Gesundheitsmagazin Online, »Vier Optionen bei Beckenendlage des Babys« vom 23. Oktober 2023, https://www.aok.de/pk/magazin/familie/geburt/beckenendlage-vor-der-geburt/

3. die Spontangeburt in Steißlage durch besonders qualifizierte Geburtshelfer und -helferinnen
4. der geplante Kaiserschnitt«

**mutter**

»Reden wir über die Geburt? Ich habe keine Verbindung. Mir kommt eine Idee in den Sinn: Wenn das "Kind" mit den Füßen zuerst herauskommt, wird es leichter sein, das "Kind" herauszuziehen und dann wäre es viel schneller vorbei. Wäre es nicht so? Ich habe das Gefühl, dass ich schnell fertig werden möchte, damit ich mich um meine Angelegenheiten kümmern kann. Mir ist es egal. Ich habe nicht einmal an die Arme gedacht. Ich habe keine Verbindung zur Schwangerschaft. Eigentlich zu gar nichts.

Ich habe gerade an meinen Mann gedacht: Ich möchte mein Leben weiter mit ihm genießen. Und ich will, dass du, "doktor" – oder die Ärzte und alle im Krankenhaus – es schnell machst. Ich könnte die Art von Frau sein, die das "kind" zu Hause lässt und mit meinem Ehemann zum Tanzen geht. Und wir tanzen die ganze Nacht. Und ich denke nicht einmal eine Minute über das "kind" nach. Ich möchte mein Leben genießen, während ich noch jung bin.

Und ich bin ein bisschen genervt von dem Mangel an Unterstützung von "doktor", um ehrlich zu sein. Ich habe eine sehr anspruchsvolle Einstellung, wenn ich ins Krankenhaus gehe. Und komischerweise will ich keine Operation haben.

Ich bin nicht für dich verfügbar, "kind". Ich schaue nur auf den "doktor". Für mich ist es, als würde ich mein Auto in die Garage fahren und es reparieren und ich warte und dann funktioniert es wieder und dann kann ich es benutzen. Oder wie in den Supermarkt gehen. Ich gehe rein, kaufe Sachen und gehe dann wieder raus. Und ich erwarte die gleiche Prozedur im Krankenhaus. Und jetzt werde ich wütend, weil ich dachte, dass die Dinge anders funktionieren würden. Ich fordere ES auf, dass es herauskommt! Ich sage nicht „er" oder „sie" zum "kind"; ich sage „es". Und ES sollte aus meinem Körper kommen. Wenn ich könnte, würde ich es drücken. Ich würde anfangen, den oberen Teil meines Bauches zu drücken und zu drücken. Drücke ihn und drücke ihn nach unten. Ich mag nicht schwanger sein und ich mag nicht gebären. Ich bin sehr hart und verärgert. Und der "doktor" wartet auf einen Notfall. Nun, er kann einen Notfall haben.«

**kind**

»Ich fühle mich wirklich verzweifelt. Wenn ich sprechen könnte, würde ich sagen, fick dich. Aber ich kann nicht reden. Ich kann das nicht. Ich bin zu klein. Es ist unerträglich. Hör auf, das zu sagen! Oh, Gott! Es lässt meinen ganzen Körper gefrieren! Was ist mit mir? Was ist mit mir?? Bin ich sichtbar? Ich brauche Hilfe. Sonst sterbe ich. Ich brauche, dass meine "mutter" mit mir interagiert. Ich brauche meine Mama. Ich brauche meine Mami, um zu erkennen, dass ich in Not bin. Und ich brauche jemanden, der sanft zu mir ist. Sie will mir nicht helfen! Aber es ist ein Notfall für mich! Das ist ernst für mich. Ich brauche meine "mutter". Ich brauche Mama. Ich brauche jemanden, der mir hilft! Ich werde sterben!«

**doktor**

»Meine Möglichkeit als Arzt ist, dass es sehr gefährlich ist, dass "kind" an den Füßen zu ziehen, weil ein Kind auch Arme hat. Es kann auch stecken bleiben. Nun, die Geburt ist ein natürlicher Prozess und hat seine eigene Zeit. Man kann sie nicht beschleunigen. Man kann das "kind" nicht herausziehen. Es ist kein Objekt, das herausgezogen werden kann. Macht das für dich Sinn? Der Arzt hier kann nur für Notfälle zur Verfügung stehen. Wenn du eine natürliche Geburt willst, kann ich die natürliche Geburt unterstützen. Ich bin nur in einem Zustand des Wartens, dass der Prozess von selbst beginnt. Ich werde den Prozess nicht stören. Wenn ein Notfall eintritt, werde ich eingreifen. Ich hoffe, du wirst es selbst klären, "mutter". Mir wurde nur gelehrt, die "mutter" zu unterstützen. Wenn sie in Gefahr ist, wenn ihr Leben in Gefahr ist, dann wurde mir beigebracht, was zu tun ist. Es tut mir leid, aber jetzt weiß ich, dass ich nicht für den "kind"-Anteil ausgebildet wurde! Ich weiß nicht, was ich hier tun soll. Das ist zwischen "mutter" und "kind". Ich werde dich auf deinem Zimmer lassen. Und ich gehe in mein Zimmer. Und die Krankenschwester wird dich, mich informieren, wenn es einen Notfall gibt. Normalerweise gehe ich nicht in diese Art von Kommunikation mit dem Patienten, mit der "mutter". Du bist kein Notfall. Es ist klar, dass du eine Steißgeburt haben wirst. Wir haben dich informiert und wir warten jetzt. Ich werde nicht mehr diskutieren. Das ist nicht meine Pflicht.«

*"kind" schaltet die Kamerafunktion aus.*

- o **mutter:** Lass mich im Internet nachsehen... Lass mich ein paar Informationen finden. Also, was sagen die? Was kann ich tun?
- o **doktor:** Manchmal sterben Babys. Sie werden nach der Geburt reanimiert. Es gibt auch solche Fälle. Wenn du eine Reanimation willst, werde ich es tun. Ich bin kein Heiler, ich bin kein Schamane. Es tut mir leid,
- o **kind** [ohne Bild]: Ich kann nicht richtig atmen. Ich habe Angst.
- o **doktor:** Ja, tut mir leid. Das ist die Geburt. Das ist die Geburt. Es ist nicht möglich, während der Geburt richtig zu atmen.
- o **mutter:** Hier steht Kaiserschnitt. Ich will das nicht, um ehrlich zu sein. Bedeutet, dass ich nicht einfach aus dem Krankenhaus gehen kann. Was bedeutet, dass ich länger bleiben muss; was ich nicht will.

**doktor**

»Du tust alles, um dich dem Schmerz nicht zu stellen. Du lädst Komplikationen und Notfälle ein. Und du verlangst einen Kaiserschnitt. Selbst das "kind" hat Angst, sich in eine passende Stellung zu drehen und mit dem Kopf nach unten zu schauen. Du willst keine natürliche Geburt. Aber das gehört zum Paket. Du wurdest schwanger. Du sagtest, es sei okay, Mutter zu werden. Und jetzt willst du dich nicht damit befassen? Ich verlasse dich, weil das deine Verantwortung ist. Das ist die Folge des Geschlechtsverkehrs mit einem Mann und der Schwangerschaft. Jetzt hat man mit den Schmerzen der Geburt zu tun. Das ist das Ergebnis. Wenn du dich nicht mit dem Schmerz konfrontierten möchtest, dann wird es das "kind" in irgendeiner Weise tun müssen und das fühlt sich wie sterben an. Weil es für ein Kind unerträglich ist. Der Schmerz, den du ertragen und verarbeiten kannst, ist unerträglich für ein kleines Geschöpf, für ein kleines Baby. Ja, es ist dir völlig egal! Ich sprach mit dir als Arzt. Jetzt rede ich mit dir als Frau. Das ist weibliche Weisheit. Ich gebe sie dir und mehr kann ich nicht tun. Je mehr du dich widersetzt, desto schwieriger wird es.«

o **kind:** Ich sterbe. Ich kann nicht richtig atmen. Ich habe Angst. Du bringst mich um. Wenn niemand bald etwas tut, werde ich mit dem Schmerz und der Verbindungslosigkeit sterben.

o **mutter:** Lasst uns einen Kaiserschnitt machen. Ich bin nicht glücklich darüber, aber lasst es uns tun.

o **doktor:** In diesem Stadium kann man keinen Kaiserschnitt verlangen. Und auch die Vorschriften erlauben keinen Kaiserschnitt für eine Steißlage. Atme einfach weiter.

o **mutter:** Ich fühle mich überhaupt nicht schwanger. Ich habe nie mit der Situation des Gebärens zu tun gehabt. Während der ganzen Schwangerschaft ist mir das nie in den Sinn gekommen!

o **doktor:** Wo warst du die letzten 9 Monate? Wo warst du? Es gibt so viele Kurse. Du hättest dich vorbereiten können. Es gibt Trainings für die Schwangerschaftszeit und man macht Übungen. Ich meine, ich bin die letzte Stufe, ich bin die letzte Person, die du in diesem Prozess treffen wirst.

o **mutter:** Während dieser neun Monate lebte ich einfach mein Leben; wie immer. Ich habe mir keinen einzigen Gedanken darüber, in, an... – welche Präposition du auch immer verwenden willst – über DIESES "kind" gemacht. Ich meine, wenn das "kind" sagt, es geht ihr nicht gut...

o **kind:** Mir ist kalt. Ich kann nichts tun. Ich bin eingefroren und steif. Ich weiß nicht, was ich tun soll. Mein Gebärmutterhals ist blockiert. Meine Glieder sind kalt. Mein ganzer Körper ist steif. Ich werde sterben, weil niemand mich will. Ich brauche meine Mama. Ich brauche meine Mama. Sie muss mit mir arbeiten. Das ist nicht natürlich. Das ist die Hölle. Ich brauche meine Mama. Ich brauche meine Mama. Ich brauche meine Mama.

o **mutter:** Ich kann nur das Minimum tun.

**doktor**

»Was die Ärzte in dieser Phase tun, ist eine weitere Tasse Kaffee zu sich zu nehmen. Es ist Nacht. Die Mutter schreit oder was auch immer. Ich habe ihr eine angemessene Menge an Beruhigungsmitteln gegeben. Das ist es. Ich kann dir nicht mehr geben, weil dein Blutdruck auf einen kritischen Wert fallen würde. Also lasse ich dich mit deinem Kind zurück. Das ist dein Prozess. Ich trinke noch eine Tasse Kaffee. Das ist meine Nachtschicht. Du bist nicht mein einziger Fall. Also, es ist deine Sache, mit den Konsequenzen umzugehen. Ja? Die Krankenschwester wird es übernehmen.«

**kind**

»Ich brauche meine Mama. Ich brauche meine Mama. Ich brauche meine Mama. Ich brauche meine Mama. Ich brauche meine Mama. Ich brauche meine Mama. Ich brauche meine Mama. Ich brauche meine Mama. Ich brauche meine Mama. Ich brauche meine Mama. Ich brauche meine Mama, meine Mama. Ich brauche meine Mama. Ich brauche meine Mama. Ich brauche meine Mama. Ich brauche meine Mama. Ich brauche meine Mama. Ich brauche meine Mama. Ich brauche meine Mama. Ich brauche meine Mama. Ich brauche meine Mama.«

**mutter**

»Ich bin nicht in einem Zustand der Geburt. Überhaupt nicht. Ich brauche einen Kaiserschnitt. Ich bin wirklich sehr gestresst. Und ich will auch nicht, dass das "kind" stirbt. Ich meine, was werden die Leute über mich sagen? Es tut mir leid "kind". Ich werde auf den "doktor" warten. Ich habe kein Gefühl, dass ich schwanger bin. Ich habe kein Gefühl für die Geburt. Ich bin total abgeschnitten. Aber ich will auch nicht, dass das "kind" stirbt. Ich bin mir nicht sicher, ob das eine gute Idee ist, wenn ich meinen Bauch aufschneiden lasse. Ich bin ein bisschen entsetzt über diese Option. "kind"? Bist du da? Hast du die Kraft, in den Geburtsprozess zu gehen? Okay lass es uns versuchen. Lass mich anfangen... Oh, Gott.«

**kind**

»Ich habe so wenig Energie. Ich weiß nicht. Ich denke, es gibt eine Chance für mich, wenn du versuchst, dich zu engagieren. Mal sehen was passiert. Ich weiß nicht, was ich tun soll. Ich bin unglaublich schwach. Ich bin wirklich müde. Mein Körper hat aufgegeben.«

*"mutter" und "kind" gehen in den Geburtsprozess, schreiend und drückend und sich bewegend.*

**doktor**

»Oh, es ist ein Mädchen! Es ist ein Baby. Und sie ist gesund! Schau sie an! [lacht] Willkommen, Kleine. Okay, ich lasse dich. Du bist jetzt eine Mutter, du bist eine neue Mutter. Wir haben alles überprüft, alles ist in Ordnung. Wir werden die Nabelschnur nicht sofort durchtrennen. Lass sie sich einfach ausruhen. Geht es dir gut? Wie geht es dir? Lass mich mal schauen. Die Temperatur, der Puls – die Krankenschwester hat nachgesehen. Du bist in Ordnung. Entspann dich ein bisschen.«

- **kind:** Ich habe Hunger. Mein Bauch schmerzt.
- **mutter:** Du hast Hunger? Okay. Lass mich dir zuerst die Brust geben. Ich fühle mich jetzt ein wenig schuldig, um ehrlich zu sein.
- **kind:** Ich brauche noch meine Mama. Ich will meine Mama.
- **mutter:** Eigentlich habe ich keine Ahnung, was das bedeutet. Ich fühle mich ein bisschen schuldig. Aber ich werde dich stillen. Lass mich dich hochnehmen.
- **kind:** Es riecht vertraut. Du riechst wie meine Mama.
- **mutter:** Ich fange gerade an, mich zu fragen, was ich während deiner Schwangerschaft oder als ich schwanger war getan habe. War es wirklich das Richtige?
- **kind:** Du hast mich mit deiner Mutter verwechselt. Du musst mich beschützen. Pass auf mich auf.
- **mutter:** Ich verstehe dich nicht.
- **kind:** Du musst auf mich aufpassen. Und mich beschützen. Ich muss jetzt schlafen. Ich mag deine Stimme.
- **mutter:** Meine Stimme? Mir gefällt auch deine Stimme. Komischerweise ist die Stimme das einzige, was ich im Moment wirklich geben kann. Es ist ein bisschen schwierig mit meinem Körper. Aber die Stimme ist in Ordnung. Als ersten Schritt zwischen uns.
- **kind** [weint]: Ich bin schwach. Mein Bauch schmerzt. Mein Bauch tut weh!
- **mutter:** Ich erkenne plötzlich, dass der Bauchschmerz mit der fehlenden Verbindung zwischen uns zusammenhängt. Ich trage dich. Ich trage dich. Ich trage dich mit mir herum.

## 2.6 KAISERSCHNITT

*Allgemein-Begegnung (6 Worte)*
*Englisch: doctor – mum – child – – midwife – birth – long-term-affect*
*Deutsch: doctor – mama – kind – hebamme – geburt – lang-zeit aus-wirkung*

Vor der Arbeit fragte ich die Teilnehmerinnen, wie ihre Geburt verlaufen war. Das Bild, das sich zeigt war: Zwei natürliche Geburten, eine Frau steckte fest, wurde dann aber doch natürlich geboren (allerdings kam die Plazenta nicht von alleine heraus), einen Kaiserschnitt (das war ich), eine Steißlage und eine Frau hatte keine Information über ihre Geburt.

Das Thema Kaiserschnitt hat so viele Perspektiven, dass es unmöglich ist, alle in einer einzigen Arbeit aufzuzeigen. Meine Auffassung war in frühen Jahren immer gewesen, dass ein Kaiserschnitt eingesetzt wird, wenn es um Leben oder Tod bei Mutter und/oder Kind geht. Ich selber war vor vielen Jahren einmal Teil einer Selbst-Begegnung gewesen, in der eine Frau sich Vorwürfe machte, weil sie »nur« per Kaiserschnitt entbunden hatte. In der Tat zeigte sich in dieser Arbeit aber, dass der Kaiserschnitt notwendig gewesen war, um das Leben ihres Kindes zu retten.

Im Anliegen dieser Arbeit hat sich ein Schreibfehler [in der Englischen Schreibweise] eingeschlichen. Es stellte sich aber während der Arbeit heraus, dass gerade dieser Schreibfehler viel Weisheit enthielt. Und diese war auch bitternötig, denn was sich in dieser Arbeit zeigte war eine Mutter, die hilflos war und völlig von ihrem Körper abgeschnitten. Ein Arzt, der durch die langjährige, medizinische Ausbildung nur im Kopf war und eine Hebamme, die nicht nach ihrer Intuition arbeiten durfte. Und so musste das Kind seiner Mutter durch die Geburt helfen; anstatt umgekehrt. In den Worten der Mutter zeigt sich das Dilemma westlicher Gesellschaften und unserer sogenannten zivilisierten Welt:

»Ich gehe zur Schule, mache meinen Job... vielleicht hatte ich eine höhere Ausbildung, vielleicht war ich sogar an der Universität – und jetzt stecke ich hier fest. Ich weiß nicht, was ich tun soll! Ich muss ständig nachdenken. Ich lebe in einer Welt, in der ich arbeiten muss, wo es Regeln gibt und alles organisiert ist. Ich bin total von den Ursprüngen des Weiblichen getrennt. Weil das nicht meine natürliche Lebensweise ist. Und in dieser Art von Welt versuche ich, zu gebären. Ich habe diese Angst, weil es meine erste Geburt ist. Und jetzt, mit der Geburt, komme ich in Kontakt mit meiner Weiblichkeit.«

**kind**

»Ich will nur schreien "Bring mich hier raus!". Bring mich sofort raus. Kann nicht schlimmer sein.«

**mama**

»Ich werde hier ein bisschen nervös. Ich schaue nur auf mein Handy. Ich denke, wann wird es anfangen? Ich bin ein bisschen wütend, wenn du sagst, als "doktor", du weißt nicht was du tun sollst. Du bist der Grund, weshalb ich im Krankenhaus bin! Sorry, aber jetzt werde ich richtig sauer. Weil du mir ständig sagst, wie die Dinge funktionieren und jetzt bin ich in diesem... Ah! Ich fühle mich so gestresst! So gestresst. Ich weiß nicht, ob ich ein Kind will. Ob ich "geburt" haben möchte. Ich weiß nichts. Und jetzt bin ich hier in dieser Situation und alle sind abgestumpft. Ich habe das Gefühl: Schon wieder. Wieder auf mich alleine gestellt. Ich will, dass es einfach nur zu Ende ist. Dass es vorbei ist. Dass ich wieder die Dinge tun kann, die ich tun muss. Vielleicht zurück in meinen Job. Und ich möchte schreien. Und ich bin mir nicht sicher, ob es wegen der "geburt" ist oder weil ich so wütend bin. Ich bin wirklich abgeschnitten.«

**hebamme**

»Ich fühle mich wirklich krank, mir ist so übel. So absorbiert, dass ich mich auf nichts anderes konzentrieren kann. Und ich muss wegschauen. Ich kann nicht hier sein, wirklich. Da ist etwas, was bei mir passiert. Ich fühle mich machtlos. Und mir ist sehr übel.«

**geburt**

»Ich bekomme Kopfschmerzen, Druck auf meinen Kopf. Bin unter Stress, als das "kind" sagte „bring mich hier raus". Das hat mich unter Druck gesetzt. Und ich weiß nicht, was der "doktor" hier tun soll. Und das setzt mich auch unter Stress. Ich fühle mich ausgelaugt. Überflutet von Wut. Weil ihr nicht verbunden seid. Das ist keine "geburt". Das ist Folter. So viel Lärm, so viel Lärm. Die Ärzte sind auch traumatisiert.«

**doktor**

»Ein Notfall ist im Gange und das stresst mich. Selbst die "hebamme" ist nicht 100% dabei. Es ist gemein, aber es ist die Wahrheit. Ich weiß, dass ich meinen Job machen sollte. Es ist meine Verantwortung, die Situation zu beruhigen, aber ich bin von innen blockiert.«

o **geburt:** Willst du gebären?
o **mama:** Nicht wirklich. Ich habe Angst davor. Ich will nur, dass es vorbei ist.
o **kind:** Mir ist kalt und ich liege in einer gequälten Haltung. Ich bin in einer Embryo-Haltung, die in einer unnatürlichen Position verlängert ist. Es ist so seltsam.
o **doktor:** Ich bin jetzt in der Haltung, dass ich nur funktionie. Und ich werde getriggert, wenn "kind" spricht. In meinem Kopf lese ich das Handbuch. Ich gehe in den Betriebsmodus über.
o **kind:** Ich habe keine Ahnung, wer der "doktor" ist. Wer ist das? Ich brauche meine Mutter.
o **hebamme:** Als "kind" die Position einnahm, dachte ich, ich wüsste, wie man hilft. Aber eigentlich weiß ich nicht viel.
o **geburt:** Für mich ist es so: Die Person, die es wissen sollte weiß es nicht. Und das ist schrecklich.
o **mama:** Ich würde "geburt" gerne widersprechen, aber du hast recht. Und ich bin hier erschrocken: Ich weiß, dass ich einen "doktor" habe, der es nicht weiß.
o **doktor:** Okay, Ich werde das Baby, das "kind" untersuchen. Das ist mein Fokus. Das "kind", "kind", "kind".
o **geburt:** Ich möchte sagen: Lass sie in Ruhe. Lass sie alle in Ruhe!

- **mama**: Oh!!! Ich bin überhaupt nicht wichtig! Es ist okay, dass du dich auf das "kind" konzentrierst. Absolut okay. Aber wer konzentriert sich dann auf mich?
- **hebamme**: Ich bemerke auch diese Distanz zu "mama". Es gibt keine Verbindung. Ich schaue immer auf "doktor" und "kind". Das ist mein einziger Fokus. Es gibt eine so große Lücke. Ich habe keine Ahnung, wie man mit "mama" umgeht. Ich weiß nicht, was los ist. Dazu bin ich nicht fähig.
- **mama**: Oh Gott, hilf mir!
- **doktor**: Ich kann mich nicht mit dem Schmerz und den Gefühlen der Mutter identifizieren. Und das überwältigt mich. Das macht mich so hilflos. Und ich schaue auf "kind" und die Maschinen. Ich gehe durch mein Handbuch und dem, was ich gelernt habe. Aber das Wissen, die Fähigkeiten kommen nicht aus meinem Körper heraus. Es ist kein Gefühl beteiligt. Und ich kann nicht mit dir in Verbindung treten, ich kann deinen Schmerz nicht fühlen. Ich kann es nicht.
- **mama**: Natürlich! Wie kannst du Schmerz durch ein Buch transportieren?? Oh, ich stecke fest! Da ist etwas in mir, das nicht gebären will. Und da ist etwas in mir, das es will. Da ist etwas in mir, das keine Verbindung zu mir selbst hat. Und "geburt" hat so recht! Oh Gott!

*"geburt" geht.*

- **doktor**: "geburt" ist gegangen. Wir brauchen einen Kaiserschnitt! Das ist ein Notfall!
- **hebamme**: Ich weiß nicht, was ich tun soll. Ich warte nur darauf, dass es zu Ende ist. Ich weiß nicht einmal, warum ich hier bin, warum ich das tue.
- **kind**: Mein Körper schwingt mit dem Wort »Notfall«. Es ist sehr dringend. Es könnte nicht schlimmer sein.
- **mama**: Oh mein Gott! Ich fühle mich irgendwie wie in einem Schlachthaus. Werde vergewaltigt. Ich bin so festgefahren. Es ist schrecklich. Ich will das nicht, ich will nicht... oh Gott!

- **hebamme:** Da ist komplette Hilflosigkeit. Es ist ein Notfall, aber ich fühle mich absolut unfähig, etwas zu tun. Ich kann nicht handeln. Ich schaue nur zu. Und ich weiß, wie schrecklich das ist. Ich bin auch nicht emotional verbunden. Ich bin auch von mir selbst getrennt.
- **mama:** Oh, ich habe solche Angst. Ich wusste nicht, wie viel Angst ich habe!! Ich weiß, "geburt" will, dass ich mich einbringe, aber ich habe solche Angst! Ich stecke so fest! Ich weiß nicht, was zu tun ist. Oh Gott. Ich kann nicht. Oh Gott! Niemand hat mir das gesagt!

**lang-zeit auswirkung**

»Der Ausgang war blockiert und jetzt schaue ich auf "mama", um zu entscheiden, ob sie einen Kaiserschnitt will. Ich bin total abgeschnitten. Ich kann nicht mal reden. Aber ich sehe, was hier geschieht. Ich bin irgendwie mit "kind" verbunden. In der Geburtsposition feststeckend. Ich bin jetzt sehr gestresst, dass der "doktor" die Langzeitwirkung des Kaiserschnitts nicht kennt. Es betrifft mich. Es gibt keine Hoffnung mehr. "mama" kann keine natürliche Geburt haben, weil ihre Vagina blockiert ist. Die Vagina ist traumatisiert. "mama" ist völlig traumatisiert.«

**doktor**

»In dieser Situation gibt es keinen Gedanken an eine "lang-zeit auswirkung". Es ist eine Notsituation und wir brauchen hier eine Notfalllösung. Und jetzt fühle ich mich, als würde ich mehr in meine Aufgabe kommen. Die "mama" auf natürliche Weise zu unterstützen ist nicht möglich. Aber jetzt, wo wir über Kaiserschnitt sprechen, werde ich selbstsicher. Als wenn die Maschine laufen würde. Jetzt kann ich Kommandos geben. Jetzt machen wir das und das und das und das. Ich habe nur den Zeitplan in meinem Kopf. So haben wir es gelernt. So machen wir es. Keine Diskussion. Denn jetzt geht es nur noch nach Handbuch. Schritt 1, 2, 3, 4, 5. Ich reagiere nicht auf "mama", nicht auf das "kind". Nur dem Buch folgend, den Richtlinien folgen. Ich habe das Gefühl, dass wir die Schritte für den Kaiserschnitt vorbereiten. Ganz, ganz hinten in meinem Kopf ist die Frage: Warum fragt die "mama" uns, wie es dem "kind" geht? Sie sollte es wissen. Woher sollen wir es wissen?

Das "kind" ist nicht in uns. Aber das ist nur ein Gedanke und ich mache wieder weiter und betreibe die Maschinen.«

**mama**

»Ich konnte auch nicht hören, was "lang-zeit auswirkung" sagte. Ich übergebe jetzt alles an dich, "doktor". Tu, was du tun musst. Ich fange an, mich wie betäubt zu fühlen. Da gibt es keine Hilfe für mich, keine Unterstützung, um dich, "kind", auf natürliche Weise ins Leben zu bringen. Ich bin mit dem Kaiserschnitt einverstanden. Aber ich stimme mit "lang-zeit auswirkung" überein, dass es eine Auswirkung hat, die der "doktor" nicht sieht. Aber ich übergebe alles. Ich fühle mich verkrüppelt. Meine Organe sind nicht organisch. Es geht um die völlige Trennung vom Frausein und was das mit sich bringt und umfasst. Und dann diese Art von Maschinerie, die da läuft... Und es ist wirklich verheerend für mich, dass ich das erst jetzt realisieren kann. Und jetzt ist es zu spät für mich, etwas zu ändern. Ich fühle mich wie auf einem Krankenbett in das Schlachthaus gerollt. Zumindest retten sie das "kind". Hat jemand überprüft, ob "kind" noch lebt? Bitte schaut nach. Bitte. Bitte tut etwas. "doktor", bitte tue etwas. Oh Gott, ich habe Angst vor der Geburt. Ich habe Angst vor dem Kaiserschnitt. Ich habe Angst vor allem. Und das merke ich jetzt. Ich wusste es vorher nicht. Und ich habe keine Verbindung zu meinem "kind". Es geschieht alles in meinem Kopf. Es gibt wenig bis gar nichts in meinem Körper.«

**kind**

»Ich fahre alles runter. Ich kann auch nicht gut verstehen und hören was "lang-zeit auswirkung" sagte. Es ist wie eine metallische Stimme. Jemand spricht aus dem Fernsehen. Die "doktor" Stimme klingt anders. Ich kollabiere, ich fahre runter. Das kann ich nicht mehr ertragen. Ich hörte auf zu atmen und es ist mehr wie innere Atmung. Als ob meine Bewegungen aufhören würden.«

**hebamme**

»Als der "doktor" über Funktionieren sprach und davon, keine Kompetenz zu haben, wurde mir klar, dass ich mehr in meinem Körper war.

Aber es wurde von all diesen Lehren und Bildung und diesem System, in dem ich arbeite, überschrieben. Ich habe nicht die Freiheit und den Spielraum, mit meiner eigenen Intuition zu gehen. Ich musste mich an das Konstrukt anpassen, in dem ich arbeite. Ich fühle mich so machtlos. Ich weiß nicht einmal mehr, was ich weiß. Es ist fast so, als ob mir mit diesem Buch, mit dieser Richtlinie von dem der "doktor" sprach, alles genommen wird. Ich darf sowieso nichts tun, was mir ganz natürlich in den Sinn kommt. Als hätte ich nur einen kleinen Kirschstein an Intuition in mir.

Ich fühle mich wieder hoffnungsvoll. Okay, ich habe etwas richtig gemacht. Die "mama" fühlte sich gehört. Also, wenn "mama" jetzt mit "geburt" verbunden ist, ist das vielleicht hilfreich. Vielleicht könnte sich etwas für das "kind" ändern. Ich möchte "geburt" einbringen und helfen, "geburt" und "kind" zu verbinden. Ich spüre, dass du, "mama", denkst, dass du nicht in der Lage bist zu gebären. Aber du kannst. Das ist die natürlichste Sache auf der Welt.«


**mama**

»Mach wenigstens den Kaisserschnitt. Ich könnte es nicht ertragen, wenn das "kind" stirbt. Das dauert so lange. Ich weiß nur, dass ihr, "doktor" und "hebamme", mir nicht geben könnt was ich brauche. Und ich weiß nicht, was ich brauche. Mein Kopf ist voller Angst! Ich versteife meinen Körper. Mein Kopf explodiert vor Angst. Ich brauche emotionalen Kontakt. Ich habe keinen emotionalen Kontakt zu irgendjemandem. Und es stresst mich!

Ich weiß nicht, warum ich so viel Angst habe. Jetzt kommen mir die Dinge in den Sinn [weint]: Ich gehe zur Schule, ich mache meinen Job... Vielleicht hatte ich eine höhere Ausbildung, vielleicht war ich sogar an der Universität – und jetzt sitze ich hier fest. Ich weiß nicht was zu tun ist! Ich muss ständig nachdenken. Ich lebe in einer Welt, in der ich arbeiten muss, wo es Regeln gibt und alles organisiert ist. Ich bin völlig von den Ursprüngen des Seins als Frau getrennt. Weil das nicht meine natürliche Lebensweise ist. Und in dieser Art von Welt versuche ich, zu gebären. Ich habe diese Angst, weil es meine erste Geburt ist. Und jetzt komme ich in Kontakt mit meinem Frausein.«

**kind**

"geburt" ist wie meine Stimme. Ich habe keine Stimme mehr. Ich habe nur noch das Bild des Schwebens in diesem flüssigen Raum. Und es ist schwierig zu verstehen, ob dieses Fleisch noch lebt oder tot ist oder in dieser Flüssigkeit schwebt. Ich fühle nicht mehr. Ich fühle mich überhaupt nicht mehr verbunden. Deshalb möchte ich mich woanders hinbewegen. Vielleicht werden mich Arme halten. Ich fühle mich nicht mit einem menschlichen Wesen verbunden. Vielleicht bin ich in einem Pool? Vielleicht bin ich im Weltraum? Keine Verbindung, keine Verbindung.«

*Wir bringen den "Kaiserschnitt" herein.*

o **kind:** Als ich "Kaiserschnitt" sah, war ich erschrocken! Ich fühle mich sehr kalt. Es ist ziemlich schwierig, mich zu orientieren. Ich habe das Gefühl, in einem Glas zu sein. In einem Aquarium. Zum ersten Mal beobachtet mich jemand, sieht mich.

o **Kaiserschnitt:** Ich fühle dich, "kind". Die einzige Möglichkeit zu atmen ist, sich aufzuspalten. Ich sehe "kind" und habe das Gefühl, dass ich mich mit ihr verbinden möchte, aber es ist wirklich unmöglich, sich zu verbinden. Denn ich bin nur ein großes Ganzes, das sie atmen lässt.

o **mama:** Ich bin froh, "Kaiserschnitt", dass du hier bist. Ich hatte ein anderes Bild von dir.

o **Kaiserschnitt:** Du wirst in zwei Teile geschnitten. Ich bin ein großer Schlitz in deinem Bauch. Und das ist der Grund, warum das "kind" atmen kann. Wir können nicht an das Glück denken. Bitte sieh dir "kind" an und sehe es. Bitte!

o **mama:** Ich sehe es, aber ich fühle es nicht. Ich bin im Moment wie gelähmt.

o **Kaiserschnitt:** Ich fühle mich einfach aufgespalten. Es fühlt sich so an, als wäre das Wort »paralysiert« real. Ich denke, das geht weit über Dissoziation hinaus.

o **mama:** Jetzt habe ich das Gefühl, dass irgendetwas anschlägt. Medikamente oder so? Drogen? Ich kann kaum mein Bewusstsein behalten.

- **Kaiserschnitt:** Es wurde für das "kind" getan, aber es hilft dem "kind" nicht.
- **kind:** Ich stimme zu. Wir haben noch keine Begriffe für diese Art von Erfahrung. Wir haben noch keine Worte in unserer Terminologie. Wie du sagtest, es ist eine Art von Dissoziation.
- **mama:** Jetzt, wo du es sagst, fühle ich mich mit dir verbunden. Es ist absolut wahr. Ich fühle mich wie... ich oder wir, ich weiß nicht, du und ich, es ist wie ein Verrat, den wir erleben mussten. Ich bin in meinem Kopf immer noch ohnmächtig. Ich spüre kaum etwas, abgesehen davon, dass hier etwas nicht stimmt. Irgendetwas ist nicht in Ordnung.
- **kind:** Ich bin wie ein Stück Fleisch. Wenn man ein Tier aufschneidet, es aber noch nicht ganz tot ist. Es gibt noch einige Nerven. Und mein Körper macht diese kleinen Zuckungen.
- **mama:** Ich bin nicht sicher, ob es stimmt, aber ich habe das Gefühl, dass wir beide Opfer sind.
- **Kaiserschnitt:** Das ist nicht natürlich. Es fühlt sich gefährlich an. Ich habe das Gefühl, dass ich immer noch zwischen "geburt" und "Kaiserschnitt" hin- und hergerissen bin. Sie sind beide da.
- **mama:** "kind", ich bin ... ach du meine Güte. Was habe ich nur getan? Was habe ich getan, was habe ich getan?
- **lang-zeit auswirkung:** Mir ist kalt und ich kann nicht raus. Ich glaube, ich stecke in meinem Bauch fest, wo ich bin.
- **kind:** Ich fühle mich wie ein Stück Fleisch, das aus etwas herausgeschnitten wurde. Vielleicht bin ich Abfall nach einer Operation? Ich bin mir nicht sicher, ob ich in den Korb oder woanders landen werde. Vielleicht bin ich ein Tumor. Bin ich ein Tumor? Ich fühle mich wie ein Tumor. Ich muss fühlen, dass ich bleiben kann. Und das kann ich nur durch Verbindung spüren. Aber ich fühle keine Verbindung. Ich sehe nur "Kaiserschnitt".
- **mama:** Ach du meine Güte. Was habe ich nur getan! Bitte, bitte bleib, "kind"! Ich will es versuchen. Ich beginne zu begreifen, was ich getan habe. Ich will versuchen, mich mit dir zu verbinden. Ich möchte versuchen, mich mit mir zu verbinden. Um es gemeinsam zu tun. Du hast völlig Recht: Es gibt keine Worte für das, was geschehen ist.

- **kind:** Mir ist nicht bewusst, dass ich einen Körper habe. Ich habe das Gefühl, dass ich von etwas anderem abgeschnitten bin. Ich sehe meine Zukunft im "lang-zeit auswirkung". Hinter dem dicken Glas. Nicht gehört zu werden. Nicht verstanden zu werden. Und das Leben zieht an mir vorbei. Das ist meine Zukunft.
- **mama:** Du bist in der Lage auszudrücken, was ich nicht sehen und fühlen kann. Das gilt auch für mich. Und mit dir, mit deiner Geburt, beginne ich es zu begreifen. Und ich habe, nicht dass ich etwas versprechen kann, aber ich möchte eine Verbindung zu dir bekommen.
- **kind:** Ich hatte gehofft, gehalten zu werden. Aber das ist nicht passiert. Wenn ich gehalten werde, spüre ich, wo ich bin. Ich würde meine körperliche Begrenzung spüren. Das war nicht gegeben.
- **mama:** Ich muss lernen, wie ich dich halten kann. Mir ist klar, dass ich keine Beziehung zu dir aufgebaut habe, als ich mit dir schwanger war.
- **Kaiserschnitt:** Es ist interessant, wenn du sagst, "mama", ich habe das Gefühl, dass ich gehen muss. Ich habe hier keine Aufgabe. Aber ich fühle mich sehr festgefahren und in Kontakt mit dir.
- **mama:** Auch für mich ist es sehr schwierig. Ich habe keine Ahnung, was ich tun soll. Das Einzige, was ich sagen kann, "kind", ist, dass ich gerne mit dir in Kontakt treten möchte. Aber ich fühle mich wirklich gefühllos und nutzlos.

## kind

»Ich höre das und fühle mich wie in eine Umarmung gepresst. Ich hatte diesen Übergang nicht. Ich hatte nicht diesen Prozess, durch einen Geburtskanal gequetscht zu werden. Normalerweise wird man gepresst und wieder losgelassen. Pressen, quetschen und loslassen. Drücken, quetschen und loslassen. Ich habe nicht das Gefühl, dass ich im Körper bin. Ich schwebe herum. Ich kenne meine Grenzen nicht. Es stellt sich nicht die Frage, ob ich meine Grenzen für meine Zukunft verteidigen soll. Es mag seltsam klingen, aber dieser Geburtsprozess, durch den Geburtskanal, ist wie eine Umarmung des Kindes und ein Loslassen.

Ich umarme dich. Es ist so schön, dich zu haben. Und ich lasse dich heraus. Dies ist dein Körper. Jedes Mal, wenn ich dich umarme, lasse ich es dich spüren. Ich umarme dich und dann lasse ich dich ein bisschen mehr los. Ich umarme dich und ich gebe dir auch deinen Körper und lasse dich deinen Körper nehmen und weitergehen. Auch im Leben weitergehen. Durch den Geburtskanal gehen. Umarmt, gedrückt. Und dann losgelassen.

Es ist ein bisschen so, und ich spüre gerade, was ich verpasst habe. Wie bei den Tieren: Die Katze würde ihre Kätzchen drücken, sich gegenseitig massieren. Deshalb tun sie das. Das ist mir völlig entgangen. "lang-zeit auswirkung" schließt die Augen. Dem kann man sich nicht stellen. Es gibt keine Mittel, um sich dem zu stellen. Ich kann mir keinen Ersatz dafür vorstellen. Mach einfach die Augen zu und schalte ab. Das ist keine Geburt. Ich bin nicht geboren. Ich fühle nichts. Dieser Raum ist eine Leere des Mutterleibs.

Ein Bild kam, als ob ich viel umarmt werden würde. Umarmt zu werden, eine ganze Weile in der Umarmung gehalten zu werden. Vielleicht bin ich irgendwie von den Decken umarmt. Wäre das mein Unterbewusstsein, das nach Dingen oder Menschen sucht, die mich umarmen? Aber auch das Gegenteil kann sein: von etwas oder jemandem umarmt zu werden. Vielleicht auf der Suche danach. Manchmal haben Bäume diese Räume, in denen man sich in den Baum hineinbewegen kann. Ich möchte diese Art von Raum haben. Ich möchte für lange Zeit in einem Baum bleiben. Diese Art von seltsamen Dingen würde mich im Leben anziehen. Wenn Menschen sich durch winzige Tunnel bewegen, von winzigen Tunneln in Höhlen hinein, große Höhlen. Man bewegt sich durch einen winzigen Tunnel und kommt dann in einer großen Höhle an. Diese Art von Erfahrungen. Es gibt eine Art von Begeisterung.

Ich bin eine Erweiterung, in der du, "Mama", dein Trauma auf mich lädst. Ich habe nicht meine eigene Person. Es wurde mir nicht gegeben. Ich bin aufgeladen, umprogrammiert mit deinem Trauma, dem du dich nicht stellen willst. Ich habe keinen Körper, ich habe mein Leben nicht. Verloren in Höhlen. Verloren im Körper der Bäume. Das ist das Problem. Großes Glas, Aquarium. Fensterschau wie das Leben vorbeizieht. Vielleicht sterbe ich in einem Tunnel? Schornsteine sind auch wie Tunnel. Ich könnte einen festen Job haben wie der Weihnachtsmann, der Geschenke durch Schornsteine bringt...«

**mama**

»Und ich realisiere jetzt, dass ich nicht weiß, was Umarmungen sind. Ich werde versuchen, dich zu umarmen. Je mehr du sprichst, "kind", desto mehr fange ich an, dich zu fühlen. Ich versuche, einen Weg zu finden, des Wiedererlebens und Wiederverbindens. Ich stehe hier und höre voller Ehrfurcht zu. Aber ich bin davon abgekoppelt. Ich sehe es nur durch deine Augen. Vielleicht wird mir eines Tages klar, dass ich etwas tun muss. "kind", du bist für mich das einzige Fenster zu dem, was das Leben wirklich ist und was es bedeutet. Ich bin wütend, weil ich das Zeug geglaubt habe, das man mir erzählt hat. Ich habe mich so sehr auf die unnatürliche Vorstellung eingelassen, was es bedeutet, ein Kind zu haben und zu gebären. Es ist einfach so unnatürlich. Und es hat nichts mit dem wirklichen Leben zu tun. Wie der "doktor" sagte, auch ich habe gelernt oder ein Handbuch gelesen. Ich bin nur in meinem Kopf, vom Hals aufwärts. Der Rest hat keinen Bezug zum Körper und zu dem, was es bedeutet, eine Frau zu sein.«

**kind**

»Ich möchte Spiele spielen, in denen es Tunnel gibt. Spiele spielen, bei denen man am Ende eines Tunnels steht. Die Züge fahren durch den Tunnel. Und außerdem möchte ich das mit dir spielen. Und Geschichten über Tunnel hören. Kann man in einem Tunnel leben? Und auch, wie andere Wesen, Tiere und Menschen in den Geschichten, es durch die Tunnel schaffen. Wie heißt das Tier, das Tunnel macht? Maulwurf? Vielleicht spielst du mit mir, "mama", und drückst mich mit Kissen? Aber du musst wissen, wie viel du drücken musst. Du wirst sie auf mein Gesicht legen und wissen, wie stark du drücken musst. Ich werde anfangen, all diese Geräusche zu machen, Stimmen, die in meinem Fleisch gespeichert sind. Es wird keine Stimme der Liebe oder der Verbindung sein, sondern ein Ausdruck dessen, was gespeichert ist. Du wirst einen Weg finden müssen. Ich schaue auf den "lang-zeit auswirkung", während ich spreche. Du wirst mich bis zu dem Punkt quetschen, an dem ich AHHH sagen werde! Das wird ein bisschen seltsam sein. Ich werde nicht wie ein normales Kind sein, das normale Laute von sich gibt. Diese Zärtlichkeit ist ein Versuch, eine Verbindung herzustellen. Wie eine körperliche Behandlung in Form von Spielen. Und die Füße, du drückst die Füße so. Du hältst sie fest und lässt mich nicht mehr los. Ich werde versuchen, mich aus deiner Umarmung zu befreien. Aber nein, du wirst mich nicht loslassen. Und es wird eine Art Kampf geben. Du wirst meine Zehen drücken. Und ich werde versuchen zu entkommen. [lacht] Und seltsame Geräusche werden aus mir herauskommen. Ich werde nicht das allerliebste Kind sein. Ich muss all das hässliche Zeug loswerden, das ich gespeichert habe. Ja, das könnte ein Ansatzpunkt sein. Ich werde kein besonders liebes Kind sein, weil nichts an meinem Hiersein liebenswert war. Ich werde kein nettes Kind sein. Ich werde zurückschlagen. Ein paar Dinge in der Küche zerbrechen. Von Zeit zu Zeit ein paar Vasen zerbrechen. Und ich will mein Recht, kein nettes Kind zu sein.«

**lang-zeit auswirkung**

»Ich bin noch im Bauch und warte darauf, geboren zu werden. Wenn ich dich reden höre, weiß ich nicht, ob ich traumatisiert bin, aber ein Teil von mir träumt von einer offenen Vagina. Von einer Mutter, die offene Beine hat und wirklich gebären will. Ich glaube, ich bin der traumatisierte Teil. Und wenn du Spiele spielst, indem du meine Macht benutzt, werde ich machtlos. Ich warte auf jemanden, der mir hilft, der mich befreit! Aber ich kann es nicht tun. Ich werde kneifen, sehr stark kneifen. Ich bin mir nicht sicher, was dabei herauskommt und ob man das wirklich behandeln kann.«

Nachwort

Wie wir hier sehen können, reicht es nicht aus, nur körperlich spielend die Geburt nachzuerleben. Warum? Weil wir, wenn wir ein Trauma erleben, uns in verschiedene Teile aufspalten. Die traumatisierten Teile bleiben in dem Alter stecken, in dem das Trauma geschah. Das ist in diesem Fall der Mutterleib und die Geburt. Wir brauchen Theorien und Methoden, wie die »Anliegenmethode« als Teil der Identitätsorientierten Psychotrauma-Theorie (IoPT), die in der Lage sind, sich mit solchen frühen Abspaltungen zu verbinden. Andernfalls sind wir dazu verdammt, die fehlende Verbindung unser ganzes Leben lang zu wiederholen, und das Gefühl, nicht gesehen und nicht gehört zu werden, wird sich immer weiter fortsetzen.

## 2.7 NATÜRLICHE GEBURT

*Allgemein-Begegnung (6 Worte)*
*Liebe – Natürlich –Baby – Frau – Mann – Geburt*

Ich hatte gehofft, durch diese Arbeit mehr über die natürliche Geburt zu erfahren. Doch was sich stattdessen offenbarte, war der Mangel an Liebe – die fehlende Liebe zwischen Mann und Frau, die selbst in ihrer Kindheit keine wirkliche Zuwendung erfahren haben. Dieser Mangel an Liebe hindert nicht nur den natürlichen Geburtsprozess, sondern führt bereits früh zu Identitätsproblemen, Orientierungslosigkeit, Rollenkonflikten, unerfüllten Erwartungen und einer Distanz zum ungeborenen Kind. Wie kann unter diesen Umständen eine natürliche, liebevolle Geburt überhaupt möglich sein?

### Baby

»Ich bin orientierungslos. Wenn mich die Mama anschaut, dann wird mir ganz heiß. Ich glaube, ich bin noch im Mutterbauch. Ich merke, ich bin in einer Warteposition und warte darauf, dass es gleich losgeht. Ich bin noch überhaupt nicht soweit, geboren zu werden. Bei der Disharmonie zwischen "Mann" und "Frau", da habe ich gar keine Lust rauszukommen.

Das hat mich wach gemacht, als die Mama von Wut gesprochen hat. Ich habe auch die Wut gespürt. Mir macht das total Angst, was Mama sagt. Ich spüre den Druck und auch die Erwartungshaltung. Und ich frage mich gerade, warum ich überhaupt gezeugt worden bin, wenn nicht aus Liebe? Ich mag den "Mann", aber ich bin mit Mama verbunden. Ich möchte wissen, wer mein Papa ist.

Ich kriege ein ganz mulmiges, flaues Gefühl im Bauch. Ich habe eine ganz klare Erwartungshaltung. Ich bin auf dem Weg, habe Bedürfnisse, aber da ist kein Platz für mich. Ich bin komplett dissoziiert. Die einzige Möglichkeit zu überleben ist, mich mit Mama zu identifizieren. Rollentausch.

Die Mama ist ja selber total bedürftig. Ich habe das Gefühl, ich muss mich um Mama kümmern. Ich brauche eine Mama, die für mich da ist. Ich brauche eine Mama, die mich sieht und sich um mich kümmert. Ich habe gar keine Verbindung zur Mama. Die Mama ist so durcheinander. Ich habe auch Angst vor der Mama. Ich spüre, dass die Mama verletzt ist. Das lässt sich gerade gar nicht lösen.

Die Liebe, die trägt mich. Und deswegen mache ich das jetzt alles. Da ist Druck, geboren zu werden. Aber ich habe dich lieb, Mama, und deswegen mache ich das jetzt für dich. Jetzt geht es nicht anders. Die Geburt ist da. Es muss halt weitergehen. Durch das Tor durchgehen.«

## Mann

»Dauernd wird etwas von mir erwartet und irgendwie habe ich das Gefühl, hier alleine zu sein. Wenn die "Liebe" spricht, dann geht mein Herz auf. Kann gar nicht das Schöne im "Baby" sehen. Fühlt sich alles verwirrend an. Habe das Gefühl, es kommen immer mehr und mehr Erwartungen und Leute und Meinungen. Und das "Baby" verschwindet dann auch noch! Ich habe das Gefühl, egal was ich sage, was ich mache, es ist alles falsch. Und dass das "Baby" verschwindet, das zerreißt mir gerade das Herz.«

[Zum "Baby"] »Ich kann nur sagen, dass ich dich richtig liebe. Mein Herz geht gleich schneller, wenn ich das sage. Ich kann gerade nicht mehr als versuchen, dem "Baby" so viel Liebe zu geben wie ich kann.

Mir geht's jetzt gar nicht gut. Und mich betrübt das, dass ich da jetzt irgendeine Art als Gegner dargestellt werde. Ich spüre Ablehnung. Frage an dich, "Frau", welche Hilfe du von mir erwartest?«

## Frau

»Ich bin angespannt. Bei der "Liebe" finde ich Halt. Und beim "Mann"? Ich habe keine Verbindung zu "Mann". Irgendwie fühlt sich alles falsch an. Ich versuche dauernd, Kontakt zum "Mann" zu bekommen. Teilweise hat der "Mann" sehr abwesend gewirkt und das hat mich verunsichert. Aber ich spüre eine Verbindung zu einem Menschen, den ich so liebe. Aber nicht zum "Mann".

[An den "Mann" gerichtet] Ich tue mir so schwer, eine Verbindung zu dir, "Mann", zu bekommen. Da ist eine Wand. Ich erwarte, dass du mich unterstützt und hinter mir stehst; und nicht neben mir stehst. Mich verletzt, dass immer nur bei mir der Haken gesucht wird. Darf ich dich was fragen? Willst du Papa sein?

[Wie ist das Verhältnis zum eigenen Vater?] Friede, Freude, Eierkuchen nach außen. Aber wenn es wirklich darauf ankam war er nicht da. Ich habe Angst, einen "Mann" zu haben, der kein guter Papa ist.

Ich habe irgendwie das Gefühl, jetzt kommt eine Angst auf vor dem Schmerz. Ich weiß nicht, was da kommt. Irgendwo weiß ich, wie Mamasein geht, aber irgendwie habe ich keine Ahnung davon. Ich habe Angst davor, alleine durch die Geburt zu kommen.«

**Natürlich**

»Ich fühle mich sehr verwirrt. Der erste Blick war auf die Mama. Ich brauche ja Mama für die natürliche "Geburt" und keine "Frau". "Baby" habe ich auch angeschaut. Und den Papa so am Rande. Bist du eine Mama? Ich traue mich es fast nicht auszusprechen, aber der Papa fehlt! Es kommt mir vor, dass das eine alte Sachen zwischen dir, Mama, und deinem "Mann" ist. Ist die "Liebe" abhandengekommen? Was ist da passiert? Bei eurem Gespräch bin ich voll in die Not gekommen. «

**Geburt**

»Ich habe Herzklopfen. Ich habe das Gefühl, ich muss alle im Blick haben. Es ist aufregend. Wir müssen alle irgendwie zusammenarbeiten. Ich will unbedingt eine natürliche Geburt. Da brauchen wir auch keinen Arzt. Ich will, dass wir es zusammen schaffen. Dass wir liebevoll rauskommen. Vielleicht "liebevolle Geburt"? Ja, das wäre schön. Und das mit dem Schmerz kann ich total verstehen. Wenn ich im Raum wäre, wünschte ich, dass wir zusammenkommen. Dass der Schmerz nicht bei dir alleine ist. Dass wir da zusammen durchgehen. Das ist wie ein Tor für mich. Da geht's durch.«

**Liebe**

»Ich bin dem "Mann" und der "Frau" und dem "Baby" sehr, sehr zuge-
tan. Es geht um die Liebe zwischen "Mann" und "Frau". Und es ist der
Gedanke aufgetaucht: Aber wenn die Liebe nicht so groß ist oder gar
nicht da ist? Und wir warten müssen? Dann stirbt das "Baby". Aber ich
kann nicht richtig Liebe aufbauen. Ich erreiche den "Mann" mit meiner
Liebe nicht! Dass ihr zueinander finden könnt. Alles geht zu schnell.
Das macht mich ganz traurig, was das "Baby" gesagt hat. Wichtig ist,
ehrlich zu sein mit dem "Baby". Was ich aber wahrnehme: Die Mama
gibt ihr Bestes. Die gibt ihr Allerbestes. Ich bin ganz fokussiert auf
dich, "Baby".«

*Der "Mann" spricht zwar von Liebe, aber zeigen kann er sie nicht. Das*
*spüren "Frau" und "Liebe" ganz deutlich. Nachdem die "Liebe" den*
*"Mann" nicht erreichen kann fokussiert sie sich schließlich ganz auf*
*die "Frau" und das "Baby". Auch die "Frau" richtet jetzt ihren Fokus*
*auf das "Baby". Das "Baby" steht kurz vor der Geburt.*

o **Geburt:** Es ist gut. Wir sind alle verletzt. Wir haben alle unsere
Verletzungen. Das Chaos ist da. Alles gehört dazu. Das ist unsere
Geburt.
o **Baby:** Du meinst, das ist alles natürlich? Ich habe Bauchschmerzen
und ich denke: "Liebe", geht es auch ohne Mama? Und ich merke,
ich brauche die Mama. Ich stehe vor der Geburt. Ich merke, es
macht mir Angst. Und ich bin aufgeregt. Hier ist ganz viel Druck.
Die "Liebe" ist ganz bei mir. Okay, ich muss das irgendwie richten.
So fühlt sich das an.
o **Geburt:** Mama und "Baby" – ich bitte euch, in euren Körper hin-
einzuspüren. Wo bist du mit deinem Kopf? Im Schoß der Mama?
Vor dem Tor? Also, ich merke, ich mache mich gerade bereit für
die Geburt und ich habe Angst. Der Ausgang ist blockiert.
o **Liebe:** Ich fange dich auf, "Baby", mit meinen Händen.
o **Baby:** Ich habe das Gefühl, da drückt jemand auf den Bauch. Kann
das sein? Ich bin noch nicht draußen. Kann es sein, dass der Muttermund sich noch nicht geöffnet hat? Also, ich bin bereit. Ich spüre
das. Als ob ich in einer Warteposition bin.
o **Frau:** Ich kann nur so viel geben, wie mir mein Körper gibt.

## 2. 8 STILLEN (Selbst-Begegnung)

*Selbst-Begegnung (2 Worte)*
*Ich – stillen*

Es gibt bereits eine Vielzahl an Studien zum Thema Stillen und es werden immer weitere Studien produziert, obwohl es seit Jahrzehnten unstrittig ist, dass sich das Stillen positiv auf Kind und Mutter auswirkt. Kurzfristig wie langfristig, körperlich wie psychisch. Die internationale Forschung »Becoming Breastfeeding Friendly«, welches Teil der sogenannten Sustainable Development Goals bis 2030 ist, ist eines der neuesten Forschungsprojekte. Dabei werden auf Grundlage eines von der Yale School of Public Health entwickelten Modells alle Informationen systematisch erfasst.[29]

Das Bundeministeriums für Ernährung und Landwirtschaft ist Teil dieser weltweiten Forschung und hat aus ihrer Langzeitstudie zur Gesundheit von Kindern und Jugendlichen (KiGGS, zweite Erhebung (2009 – 2012)[30]) in ihrem Faktenblatt von 2018 die Ergebnisse für Deutschland wiefolgt zusammengefasst[31]:

»Aktuelle Stillquoten der Geburtsjahrgänge 2012 – 2016 in Deutschland zeigen: Zwei Drittel der Mütter (68%) stillen ihr Kind nach der Geburt ausschließlich. Nach 2 Monaten sind es noch 57%, nach 4 Monaten 40% und nach 6 Monaten 13%.«

Ich möchte hier zwei Aspekte des Themas Stillen zeigen, die nicht quantitativ messbar sind. Zum einen meine eigene Selbst-Begegnung,

---

[29] Bundesgesundheitsblatt, »Das internationale Forschungsvorhaben Becoming Breastfeeding Friendly. Untersuchung von Rahmenbedingungen zur Stillförderung.«, https://link.springer.com/article/10.1007/s00103-018-2784-1

[30] Bundeszentrale für gesundheitliche Aufklärung, kindergesundheit-info.de, https://www.kindergesundheit-info.de/fachkraefte/grundlagen/daten-und-fakten/kiggs-studie/

[31] Bundesanstalt für Landwirtschaft und Ernährung, »So wird Deutschland stillfreundlich!«, Faktenblatt von 2019, https://www.gesund-ins-leben.de/fileadmin/resources/import/pdf/bbf_faktenblatt_ergebnisse.pdf

denn ich wurde nicht gestillt. Ich kam per Kaiserschnitt auf die Welt und meine Mutter hatte, laut ihrer Aussage, es zwar versucht, mich zu stillen, aber es hatte nicht geklappt.

In der zweiten Arbeit, einer Allgemein-Begegnung, schauen wir auf einen ganz anderen Aspekt des Stillens. Warum wird das natürlichste der Welt, das Stillen, überhaupt unterbrochen? Warum stillen nicht alle Mütter für mindestens ein halbes Jahr? Welche Kräfte sind hier am Wirken?

Aber schauen wir uns erstmal meine Arbeit an.

## Ich

»Ich bin froh, dass "stillen" ein Resonanzgeber ist. Das gibt mir ein Gefühl von etwas wie Vertrauen. "stillen" ist mir unbekannt. Ich habe ein bisschen Angst, das Unbekannte zu berühren. Der Resonanzgeber ist mir bekannt. Ich möchte einen guten Job machen, aber ich habe nicht das Vertrauen. Es gibt den Drang, gut zu sein. Ich habe keine Angst, bin nicht nervös, mir geht es noch gut, aber ich zögere. Ich schaue gerne "stillen" an. Und ich kann auch dich sehr gut aussehen, Natalie. Ich finde es eigentlich ziemlich gemütlich.«

*»Es ist interessant, dass du über das Unbekannte sprichst. Ich bin jetzt positiv gestimmt. Aber ich habe das Unbekannte gefühlt, als ich meine Kinder stillte. Das hat mir viele Fragezeichen gegeben. Ich bin super dankbar, dass ihr beide hier seid.«*

## stillen

»Es war sehr schön, das "Ich" zu hören. Ich war berührt, als ich es hörte. Ich bin berührt, hier zu sein und gleichzeitig gibt es ein anderes Gefühl. Ich bin in meinen Gedanken. Ich weiß noch nicht was es ist. Es ist mehr ein Körpergefühl.«

*»Wenn ich dich ansehe, möchte ich dich streicheln. Du bist noch kleiner als ich. Wie ein kleines Mädchen. Es ist fast so, als wäre ich deine Mutter. Mütterlich mit mir verbunden sein. Weil es niemanden gab, der*

*mich als kleines Kind unterstützte. Ich habe das innere Bild, als wäre ich im Krankenhaus. Ich nehme mich in einen anderen Raum. Ich habe das Gefühl, dass ich nicht sicher bin bei meiner Mutter. Fast wie eine spirituelle Erfahrung. Ich würde dorthin gehen, dich abholen und mich retten.«*

o **Ich:** Ich auch. Ich fühle, dass hier eine tiefe Traurigkeit hochkommt.
o **stillen:** Was mir einfiel war: Ich war zu klein, um das zu tun. So klein.
o **Ich:** Warum? Aber ich weiß, dass du recht hast.

*»Es war gefährlich, bei meiner Mutter zu sein. Ein Teil von mir findet es schade, dass ich nicht gestillt wurde. Aber ein anderer Teil denkt, dass es in Ordnung ist. Sicherer.«*

o **stillen:** Es ist eigentlich nicht okay. Nein. Es ist nicht okay. Mein Kopf könnte ja sagen, aber mein Körper sagte sofort, dass es nicht okay ist. Mein Körper sagt nein! Es ist nicht okay!
o **Ich:** Ich bekomme eine Distanz zu beiden von euch. Schwindel in meinem Kopf. Ich habe "stillen", aber ich verstehe nichts.

*»Lass es mich erklären: Meine Mutter hat versucht, mich zu ersticken, als ich geboren wurde. Mit einem Kissen auf meinem Gesicht. Es ist viel zu gefährlich.«*

o **stillen:** Genau. Ich wollte sagen, dass du nicht gewollt warst. Ich weiß nicht in welcher Weise.

*»Danke für die Bestätigung. Ich fühle es jetzt. Wie ein inneres Überlebensprogramm, das sich einschaltet. Zu nah an ihr zu sein ist nicht gut für mich. Ich verstehe die Reaktion des Körpers, die eine natürliche Reaktion ist, aber mein Verstand geht in eine Hyper-Reaktion: Sei vorsichtig!«*

- **stillen:** Es gibt den Wunsch, gestillt zu werden. Ich sehe Brüste vor mir.
- **Ich:** Ich bin jetzt verwirrt. Wer bist du? Es ist bizarr. Welche Position nimmst du ein?
- **stillen:** Ich bin nicht die Mutter. Das kann ich sagen. Ich bin ein Teil von Natalie.
- **Ich:** Ich habe überhaupt keine Gefühle. Keinerlei Emotionen. Was ist das?
- **stillen:** Ich bin kein etwas. Ich bin kein Objekt. Das macht mich wirklich unruhig. Ich weiß ganz genau, was wir sind. Ich will eine Mutter, die mich stillt. Ich will nicht wie ein Objekt behandelt werden. Ich habe Bedürfnisse und das ist mein Bedürfnis. Jetzt werde ich wütend. Ich möchte dieses Bedürfnis erfüllt haben und es geht um das Stillen. Ich habe dieses Bedürfnis! Es macht mich wütend!
- **Ich:** » Ich bin kein Objekt« läuft wie eine Endlosschleife in meinem Kopf. In meinem Kopf dreht es sich wie in einem Kreis.
- **stillen:** Große oder kleine Brüste, es gibt ein verdammtes Bedürfnis! Es ist normal, dieses Bedürfnis erfüllt zu haben! Es ist so normal! Was auch immer Brust vor mir ist! Es geht nicht um die Größe der Brüste. Ich brauche Mama! Ich brauche die Liebe. Ich werde wütend.

*»Objekt wäre sogar zu viel, da man Objekte auf eine bestimmte Weise behandeln kann. Es wäre besser für sie, wenn ich überhaupt nicht existieren würde. Das ist die Wahrheit. Und das macht mich wütend. Und ich stimme voll mit "stillen" überein. Für mich fühlt es sich gut an, diese Wut auszudrücken. Es fühlt sich gut an, dass du die Wut ausdrückst.«*

- **Ich:** Ich bin froh, das zu hören. Ich bin stolz darauf, diesen Teil zu sehen. Er ist so stark.
- **stillen:** Ich bin so verdammt wütend! Es ist so normal, natürlich, darüber wütend zu werden. Kannst du es bitte ausdrücken?

*»ICH BIN SO WÜTEND, DASS MEINE MUTTER MICH NICHT GE-STILLT HAT. MEINE MUTTER LEHNT MICH AB. NICHTS. NULL. KEINE LIEBE. KEIN ESSEN. NULL.« [sage ich auf Englisch]*

o **stillen:** Du brauchst diesen Körper zu Körper. Die Wärme des Körpers meiner Mutter spüren.
o **Ich:** Würdest du den Satz bitte in deutscher Sprache sagen?

*»ICH BIN SO WÜTEND, DASS ES KEIN STILLEN GAB UND GIBT: ICH HÄTTE ES MIR SO SEHR GEWÜNSCHT, WILLKOMMEN ZU SEIN, IN DEN ARM GENOMMEN ZU WERDEN. Und dann einfach diese Ruhe, diese Nähe zu spüren. Einfach mal zur Ruhe zu kommen und nicht immer kämpfen zu müssen. Selbst ums Essen noch kämpfen zu müssen. Sondern einfach nur da sein und beschützt werden und in den Arm genommen zu werden.«*

o **Ich:** Es gibt keine Distanz mehr zu dir. Jetzt fühle ich mich wieder nahe bei dir.
o **stillen:** Die Zartheit und Wärme der Haut spüren. Das ist es, was ich fühle. Körper zu Körper.
o **Ich:** Ich kann mich jetzt selbst halten. Die Stille ist so wunderbar. Die Hitze, die Körpertemperatur. So schützend.
o **stillen:** Es geht nicht um die Worte. Es geht um den Hautkontakt. Ich bin geborgen. Ich fühle die Wärme.

## 2. 9 STILLEN (Allgemein-Begegnung)

*Allgemein-Begegnung (3 Worte)*
*Englisch: Breast – Feeding – Child (vom Wort „breastfeeding")*
*Deutsch: Brust – Stillen –Kind*

»Die problematischste Sache, die größte Bedrohung wäre für mich, wenn die Mutter eine Verbindung mit dem "Kind" hat und das "Kind" eine Verbindung mit der Mutter hat. Das wäre die größte Bedrohung auf Erden! Keine Waffe stellt eine größere Bedrohung dar als diese Verbindung! Und ich tue ALLES, um sie zu stören! Alles!!! Und die Frauen merken es nicht. Sie sind so verzaubert von der Illusion einer glücklichen Familie, einer schönen Familie. Es gibt verschiedene Typen von Menschen, die diese Seite der Illusion erschaffen. Ich bin eher auf der operativen Seite, im Krankenhaus, der Arzt. Es gibt andere, die sich um die Bilder der Illusion kümmern, wie Kino und Filme. Auch Zeitschriften spielen eine große Rolle.«

### Kind

»Ich höre dich. Gleichzeitig bin ich so sehr darauf konzentriert, was in meinem Körper vor sich geht, dass ich mich auf nichts anderes konzentrieren kann. Ich bin so hungrig!! Ich musste buchstäblich etwas in den Mund nehmen, in die Finger. Einfach, um an irgendwas zu lutschen. Es ist so organisch. So tief in mir drin. Ich kann es nicht kontrollieren. Ich muss gefüttert werden. Ich brauche Nahrung. Ich suche nicht nach jemandem, der mir Nahrung gibt. Niemand wird kommen. Ich versuche, mich selbst zu essen. Ich habe keine andere Wahl. Lutschen, die Salzigkeit meiner Finger spüren. Ich brauche Essen. Ich brauche Essen. Ich brauche Nahrung. Kein Essen – kein Leben. Ich beginne zu sterben. Ich brauche verzweifelt Nahrung. Ich bin zwei Wesenheiten: Ein Teil ist dem Tod geweiht und der andere Teil konzentriert sich immer noch auf dich – "Stillen" und "Brust" – und muss sich um dich kümmern. Ich werde zur Mutter für meine Mutter.«

### Brust

»Ich sehe nur den Mund des "Kindes". Das ist der einzige Fokus. Und ich will meine Brust nicht anbieten. Meine Brust ist sehr voll und sie wächst. Aber etwas in mir sagt mir, dass du meine Seele durch meine Brust aussaugst. Und dann werde ich ohne Seele sein, ohne Leben, ohne alles. Und ich stehe vor dieser Leere. Es ist so traurig, das zu sagen. Denn in meinem Kopf gibt es das schöne Bild der Mutter, der nährenden Brust der Mutter, der Kinder. Ich liebe dieses Bild! Aber es ist so weit weg von mir. Es ist nicht real.«

## Stillen

»Ich sehe dich gerade an, "Kind". Ich fühle mich, als wäre ich irgendwie in der Mitte gefangen. Wenn ich höre, dass „die Seele ausgesaugt wird", ist das wie ein Albtraum. In meiner Kehle ist es zu eng, um richtig zu atmen oder etwas hinein oder heraus zu bekommen. Ich kann mir nicht einmal feste Nahrung vorstellen. Sie muss weich und flüssig sein. Ich weiß nicht, was ich bin, wer ich bin und zu wem ich gehöre. Ich bin völlig verloren. Ich habe Hände, ich spiele mit meinen Händen, aber ich kann nichts erreichen. Wenn du sagst: "Kind", willst du etwas essen, vielleicht könnte ich einen Apfel oder eine Banane erreichen? Aber ich kann es nicht. Das ist sehr niederschmetternd. Es ist ein bisschen traurig hier. Es gibt kein Essen. Es ist, als ob man in einen Raum gesteckt und dort zurückgelassen wird. Vielleicht für Stunden. Ich weiß nicht, was das ist. Was sind Brüste? Was ist ihre Funktion? Was tun sie?«

o **Brust:** Ich will nicht stillen, weil ich dieses Stillen von meiner Mutter haben möchte.
o **Stillen:** Ah, du willst von deiner Mutter gefüttert werden?
o **Brust:** Ja! Ich habe nicht das Gefühl, von meiner Mutter befriedigt worden zu sein.
o **Kind:** Ich habe etwas Brot mit Hummus. Ich möchte es dir anbieten. Auch wenn ich so am Boden zerstört bin, habe ich das Gefühl, dass ich dich füttern muss. Ich kann es nicht in den Mund nehmen, aber ich bin bereit, es dir zu geben.

## Stillen

»Ich persönlich bin so froh, dass du etwas zu essen hast. Ich denke, es wäre perfekt, wenn du einen Joghurt essen würdest. Er hat die richtige Konsistenz. Auch wenn es ein Erdbeerjoghurt wäre. Aber hier, ich als "Stillen", ich kann nicht ans Essen denken. Ich kann nicht einmal essen. Ich bin so blockiert. Ich bin so glücklich, "Kind", wenn du isst.

Und ich mag es, wenn du es mit deinen Fingern machst. Ich mag es sogar, wenn du deine Finger ableckst. Oh! Das ist so befriedigend für mich! Kein Löffel, kein gar nichts!

Als ob das Stillen nicht dazu da wäre, das "Kind" zu befriedigen, sondern die Mutter! Um sie zu trösten. Um ihr Ruhe zu verschaffen. Um in Kontakt zu kommen. Um eine weiche Haut an ihr zu haben. Es ist genau andersherum. Arg!«

## Brust

»Ich bin jetzt entspannter als "Kind" sagt, dass sie mich stillen würde. Ich fühle mich entspannter und entspannter.«

- o **Kind:** Wenn ich diese Verbindung nicht herstelle, werde ich sterben. Also muss ich das irgendwie in ihr erschaffen.
- o **Stillen:** Während sie dich also füttert, fütterst du im Grunde genommen nicht dich selbst. Du stillst sie. Aber was nimmst du dann von ihr auf?
- o **Kind:** Nur die Salzigkeit ihrer Finger.
- o **Stillen:** Und den Geruch. Von ihrer Haut.
- o **Brust:** Es ist völlig richtig. Ich fühle mich wie eine Hülle. Weil dieses Baby mir Trost spendet. Oh, mein Gott!

## Stillen

»Es ist wirklich so, als würde man eine Geschichte rückwärts lesen. Man sieht sich einen Film vom Ende her an. Und dann geht man zur nächsten Generation über. Es ist eine Wiederholung. Aber es ist rückwärts! Oh je. Das ist eine traurige Verbindung! Es ist keine glückliche Verbindung. Sie ist voll belastet. Ich kann nicht einmal weinen. Alles steckt in mir fest und ich kann keine dieser Emotionen herauslassen. Sie sitzen im Körper fest. Aber das ist nicht so, wie es sein sollte. Es sollte für das "Kind" sein und nicht umgekehrt. Oh Gott, was für ein Durcheinander! Die "Brust" ist ein Körperteil, "Stillen" ist eine Handlung. Worum geht es hier eigentlich? Es ist, als ob ich den Sinn des Lebens in Frage stellen würde. Den Sinn des Lebens. Wenn der Anfang so schwer ist, so desillusioniert... Hoffentlich trinke ich kein Gift – das war die erste Erinnerung, als sie sagte: „Das "Kind" saugt die Seele aus mir heraus." Das ist niederschmetternd. Mein Gott! Ich hatte das Bild im Kopf, als wärest du zu jemandem gegen worden, der dich stillt. In meinem Kopf ist es, als würde ich Alternativen durchgehen. Als würde ich auf der ganzen Welt suchen, ob es eine Alternative gibt. Ist es überall so? Wer könnte es tun? Ein anderer Mensch? Eine andere Frau? Die Flasche? Ich suche wie ein Notarzt oder eine Krankenschwester. Okay, was können wir jetzt tun? Aber komischerweise sehe ich niemanden. Es ist niemand bei mir. Ich weiß nicht, wo ich bin. Ich bin so allein. Ich weiß nicht, zu wem ich gehöre. Wer bin ich? Liebst du dein "Kind"? Warum hast du das "Kind"?«

o **Brust:** Ich muss darüber nachdenken. Es ist keine natürliche Frage für mich. Ich habe dieses Bedürfnis. Und ich habe diese Illusion, dieses Bild, dass diese Familie so schön, so strahlend ist. Aber in Wirklichkeit... ist es nicht so.

o **Kind:** Diese Illusionen sind Gift für mich. Ich kämpfe um Atem und Leben und versuche, meine Mutter am Leben zu erhalten. Das wird mir zu viel. Die einzige Möglichkeit, damit umzugehen, ist zu schlafen. Für Stunden und Stunden. Damit ich die Realität meiner Mutter nicht sehe. Ich habe das Gefühl, etwas Giftiges im Mund zu haben.

o **Brust:** Ich habe das Gefühl, die Welt auf meinen Schultern zu tragen. Sie ist so, so schwer.

o **Stillen:** Aber welche Welt trägst du?

o **Kind:** Eine Welt voller Illusionen. Nichts ist wahr. Und nichts ist unser. Wenn ich das sage, fange ich an, mich in die Mutter für meine Mutter zu verwandeln. Das ist das Gefühl.

*Um das Thema zu vertiefen, haben wir das Wort "Illusion" hinzugefügt, das mehrmals erwähnt wurde.*

## Illusion

»Okay. Ich fühle mich hier ein bisschen männlicher. Also, Mutter, du machst dies und du machst das. Und übrigens – beeil dich! Beeil dich, denn die Nächste kommt gleich. Lass dir nicht zu viel Zeit. Kannst du bitte schneller machen? Nicht weinen. Frag nicht. Schneller! Ich fühle mich wie das Krankenhaus, ein Arzt, männlich. Irgendwie institutionalisiert. Er übernimmt das, was eigentlich eine intime Beziehung zwischen dem "Kind" und der Mutter sein sollte. Wie eine Fließbandkette zu zerlegen. Wie in einer Fabrik. Und ich habe ein Auge auf dich geworfen, "Brust". Ich bin überall um dich herum. Ich bin wie ein Adler über dir. Du musst bestimmte Dinge tun! Frag nicht. Sprich nicht. Vor allem nicht fragen! Ich will dich nicht einmal reden hören. Dieses ganze Bla bla bla.

Ich könnte das "Kind" jetzt auch nehmen, es schnell hochheben, woanders hinstellen, absetzen. Es ist mir egal. Denn es geht darum, dem Prozess genüge zu tun. "Brust", du tust alles, was ich dir sage. Du hast keinen eigenen Willen. Es ist, als würdest du deinen Geist und deinen Körper vollständig in meinen Raum stellen. Sogar dein Leben! Du hast es mir komplett übergeben. Du musst nicht einmal mein Krankenhaus betreten. Sobald du eine kleine Dosis von mir bekommen hast, gehörst du mir. Ich kann mit dir machen, was ich will!

Und ich werde die Verbindung zwischen dir und deinem "Kind" vollständig kappen. Zuallererst kappe ich die Verbindung zwischen dir und deinem Körper. Du solltest auf keinen Fall eine Verbindung zu deinem "Kind" haben. Auf keinen Fall. Das ist nicht erlaubt. Das wäre gefährlich für mich. Und für meine Macht. Das ist meine Sorge: Die Macht zu behalten, sie nicht zu verlieren.

Es ist ein schwerer Job. Und dann würde ich dir gerne Drogen geben. Damit du nichts mehr spürst. Ein paar Injektionen. Und ich sage dir: „Du hast Depressionen, du bist eine schlechte Mutter, du kannst dich nicht um das Kind kümmern." Ich mache dir so viel Stress, Mutter. Klar, dass sie dich nicht füttern kann, "Kind". Die Milch kommt nicht richtig raus.

Es ist eine völlig verrückte Welt. Ich bin der Mann. Ich tue alles, um jegliche Verbindung zu verhindern. Ich weiß nicht, ob es jemals eine gab? Ich weiß es nicht. Aber ich tue mein Bestes, um eine Menge Reiberei zu erzeugen. Ich habe diese innere Unruhe in mir, ständig Spannung zu erzeugen: Mit Theorien, mit Erkenntnissen, mit Tests, mit der Medizin, mit neuen Injektionen, mit neuen Krankenhäusern...

Ich verdränge die Frauen. Es sollte überhaupt keine Frauen geben! Nur Männer, idealerweise. Denn dann können wir mehr und mehr Spannungen erzeugen. Dann können wir mehr und mehr Operationen, mehr und mehr Injektionen, mehr und mehr Medikamente, mehr und mehr psychologische Bereiche schaffen, Schubladen, in die man jemanden hineindrängen kann; wie Depressionen.

Ich sehe nicht einmal Kinder. Meine einzige Absicht ist es, Spannung zu erzeugen. Wie ein Rad, das sich immer schneller und schneller und schneller dreht. Im Idealfall, dass jede Verbindung unterbrochen wird. Bei jeder Frau rund um den Globus. Das Problematischste, die größte Bedrohung wäre für mich, wenn die Mutter eine Verbindung zum "Kind" hätte und das "Kind" eine Verbindung mit der Mutter. Das wäre die größte Bedrohung auf der Erde. Keine Waffe stellt eine größere Bedrohung dar als diese Verbindung!!! Und ich tue ALLES, um sie zu stören! Alles! Und die Frauen merken es nicht. Sie sind so betört von der Illusion einer glücklichen Familie, einer schönen Familie.

Es gibt verschiedene Menschen, die diese Seite der Illusion gestalten. Ich bin mehr auf der operativen Seite, im Krankenhaus, beim Arzt. Es gibt andere, die sich um die Bilder der Illusion kümmern, wie Kino und Film. Auch Zeitschriften spielen eine große Rolle.«

## Kind

»Das klingt so unheimlich! Verrückte Welt. Ich hatte das Gefühl, ich bin eins mit der Mutter. Ich bin nicht ich. Ich kann nicht zwischen uns unterscheiden. Ich schaue auf meinen Bauch. Es ist mein Bauch und gleichzeitig der Bauch meiner Mutter. Ich bin so verwoben. Was denkt sie, was fühlt sie? Aber als "Illusionen" zu sprechen begann, hatte ich das Gefühl, dass "Illusionen" die Wahrheit sprach. Und ich erlaubte mir, ohne Scham zu essen. In diesem Moment wurde etwas freigesetzt. Ich fühlte mich genährt. Ich schaue mir jetzt einfach mein Essen an. Ich habe keine Verbindung zu "Brust" und "Illusion". Das Gefühl des Essens, es fühlte sich so gut an. Ich bin mir nicht sicher, wer ich bin. Wer bin ich? Das einzige, was zählt, ist das Essen. Aber ich bin mir nicht sicher, was für ein Essen das ist.

Wenn ich dich, "Brust", reden höre, möchte ich weglaufen. Ich sehe dich nicht als Ressource an, um zu essen, um am Leben zu sein. Ich versuche, andere Wege zu finden. Lasst mich vor euch beiden fliehen. Das ist zu viel. Ich will nicht mit euch beiden verwandt sein. Wenn ich eine Chance haben will, muss ich alles beiseiteschieben.«

## Brust

»Ah! Das ist dein Ziel. Macht. Ich fühle mich jetzt befreiter. Ich will mit dir kämpfen; für das "Kind". "Kind", ich möchte dich in meine Arme nehmen. Ich fühle mich jetzt erwachsener. Ich verstehe, was "Kind" sagte. Vielleicht sehe ich dich nicht als mein "Kind" an? Vielleicht wie eine Ressource, die mich auf irgendeiner Ebene befriedigt? Das hilft mir, dich zu sehen. Ich nehme dieses "Kind" wie eine Erlösung, um mich von meiner Mutter geliebt zu fühlen.«

## Stillen

»Boah... Zum ersten Mal kann ich euch beide sehen. Zum ersten Mal kann ich deine Brüste sehen. Und ich habe den Eindruck, dass du, "Kind", jetzt größer bist. Ich fühle mich ein wenig ruhiger. Könnte ich eine Brücke sein? Ich habe ein bisschen was von der Mutter und dem "Kind". Es liegt ein schweres Gewicht auf meiner Brust. Aber zum ersten Mal habe ich jetzt HOFFNUNG. Dass es wieder eine Verbindung geben könnte, wenn du, "Kind", ein bisschen älter wirst. Auch zu erkennen, wer die ganze Zeit dazwischengefunkt hat. Ich fühle mich jetzt mehr wie eine Verbindung. Was auch immer du tun möchtest, was auch immer du entdecken möchtest, ich wäre da.

Ständig essen, kämpfen, schlafen – vielleicht ist das der Grund, warum wir alle ständig essen? Es ist nie genug. Vom Anfang bis zum Ende ist der Kreislauf ununterbrochen.

Ich habe das Gefühl, dass wir viel Ruhe brauchen würden. Ich habe gerade an die ersten Tage gedacht, wenn man nach Hause kommt. Für die Mutter gibt es den Haushalt, den Ehemann und vielleicht ein weiteres Kind. Da ist so viel los. Es gibt nie Ruhe: Man sieht sich an, berührt sich ohne Absicht. Ohne Plan. Einfach da sein, so lange man will. Es spielt keine Rolle, ob es ein Bett gibt oder nicht. Es spielt überhaupt keine Rolle. Es geht nur um die Mutter und das "Kind". Denn in einem Haus mit viel Komfort muss man immer irgendetwas tun und das lenkt den Bindungsprozess ab. Einfach ist besser. Einfache Kleidung, einfache Berührungen... Einfach nur aufwachen, stillen und einfach nur schlafen gehen. Ganz einfach. Wir haben diese Sehnsucht in dieser Welt, diese ungestillten Bedürfnisse.«

- **Kind:** Mir hat die Trennung von meiner Mutter, die Illusion, geholfen zu essen, aber als du wieder aufgetaucht bist, habe ich erkannt, dass ich mich nicht selbst ernähren kann. Meine Mutter will mich nur zu ihrem Vorteil. Das ist der Grund, warum ich einen Mann brauche, der mich aus diesem Wahnsinn herausholt oder die Trennung von meiner Mutter schafft. Die Trennung hat ihre Vorteile. Um herauszufinden, wer ich bin, denn meine Mutter will mich nicht. Und jetzt tut mir die Brust weh. Aua! Ich fühle mich ziemlich verloren. Ich bemerke Zyklen von Müdigkeit, Kampf ums Essen, Essen, und wieder Müdigkeit und der Versuch, nicht zu sterben. Das geht so weiter. Ein Jahr, zwei Jahre, drei Jahre, usw. Wenn du von "Stillen" sprichst, spüre ich die Wärme. Es ist wie ein Tröpfeln.
- **Brust:** Ich bin jetzt traurig. Ich weiß jetzt, dass ich nicht in der Lage bin, meinen Kindern eine echte Mutter zu sein. Ich bin kalt. Ich habe diesem "Kind" nichts Gutes zu geben. Ich schaue dich an und dein Gesicht berührt mich. Zum ersten Mal erkenne ich, dass es mein Baby ist, aus meinem Bauch. Ich weiß nicht, wie ich dich beschützen soll. Aber ich fühle, dass ich dich liebe. Das ist eine Art Rätsel.
- **Kind:** Mmm…. Hört sich genau nach dem an, was ich brauche.

**Stillen**

»Ja, ich auch. Wenn ich mich in die Lage der Mutter versetze, ist es, als ob ich dich überhaupt nicht sehe. Ich kann nichts und niemanden mehr sehen. Als ob die Augen jetzt wieder anfangen würden, richtig zu funktionieren. Und der Tastsinn und der Geruch. Und wenn du schläfst, "Kind", kann ich die Bewegungen deiner Augen, deines Körpers, deines Atems sehen. Es ist wie der beste Film auf diesem Planeten. Es ist wundervoll. Als würdest du mich in dein Universum einladen. Genug wäre genug. Genug wäre dann wirklich genug. Und es spielt keine Rolle, wie groß die Brüste der Mutter sind. Es ist immer die richtige Mischung. Die richtige Nahrung. Und sie ist nahrhaft und gesund. Und dann braucht man sich keine Sorgen zu machen.«

- o **Kind:** Ich höre dich. Das Gefühl, das sich einstellt, wenn ich deiner Stimme zuhöre... Ich könnte in einem erholsamen Zustand schlafen. Ich werde durch deine Stimme genährt, wenn ich dich höre.
- o **Brust:** Wie konnten wir die Kraft der einfachen Dinge verlieren? Es gibt so viele Regeln, etwas auf diese Weise und zu dieser Zeit zu tun. Dieser natürliche Weg lebt in uns, aber wir haben ihn völlig verloren. Wir haben die Fähigkeit verloren, darauf zu hören.

## 2.10 FLUCH

*Allgemein-Begegnung (4 Worte)*

*Englisch: mother – father – child – curse*

*Deutsch: mutter – vater – kind – fluch*

Ein altmodisches Wort, aber ich wollte wissen, was für ein Kind ein Fluch ist. Was in dieser Arbeit nach oben gespült wurde waren Aspekte, mit denen ich niemals gerechnet hatte: Eltern, die ihre Kinder schlagen, keine Sicherheit für Kinder in der Familie, Männer, die in Frauen den Fluch sehen. So entsteht der Nährboden für massenhaftes Sterben von Kindern, Pädophilie, Vergewaltigung, Leid und Elend. Kurz gesagt: Trauma über Generationen hinweg, Nährboden für das Unaussprechliche. Um dies überhaupt überleben zu können, müssen sich Menschen mehrfach spalten und permanent dissoziieren. Die Folgen und Abspaltungen gehen in das tiefste Innere unserer Persönlichkeit und Identität. Psychologische Fachbegriffe vernebeln Wahrheiten weiter und deckeln das Unaussprechliche. Und so nähern wir uns mit dieser Arbeit an die essentiellen Fragen der Menschheit: Was ist gut und was ist böse?

»Er lügt auch für dich, "mutter". Wenn er von Pädophilie spricht, dann sind Pädophile Menschen, die in ihren sozialen Kreisen eigentlich recht beliebt sind. Sie verstehen es, das nicht zu zeigen. Sie sind sehr liebenswert, sympathisch und haben sogar ein gewisses Sozialprestige. Keiner würde sie erkennen. Sie machen solche Witze, sie bringen die Leute zum Lachen.«

Wer sich die Frage stellt, was die Ursache von Persönlichkeitsstörungen sein könnte oder zum Teil auch von dissoziativer Amnesie, der sollte sich diese Arbeit genau durchlesen.

**vater**

»Du bist der Fluch, "mutter". Ihr alle. Ihr alle, ihr Frauen. Ihr seid ein Fluch. Unterspezies. Alle Vaginas. Ich habe verdammtes Spielzeug um mich herum, und das nervt mich zu Tode! Ich will diese Spielzeuge nicht sehen. Ich will die Farbe nicht sehen.«

**mutter**

»Du trinkst deinen Tee und sagst dann einfach freundlich „ihr seid alle ein Fluch" oder was?! Und wer sagt, dass ich eine Frau bin? Ich fühle es nicht. Ich bin keine Frau. Ich bin keine Mutter. Ach was! Muss ich mich jetzt mit einer Vagina identifizieren oder was? Ich wollte hier ein bisschen Drama machen und jetzt lachen alle. Das ärgert mich wirklich.«

**fluch**

»Für mich ist es wahr. Ich bin ein Fluch. Aber du bist keine Frau. Du bist eine Mutter. Es gibt einen Unterschied zwischen Frau und Mutter. Aber es ist eine andere Geschichte, wenn du eine bist. Ich möchte herausfinden, warum ich hier bin. Ich bin auf "vater" fokussiert. Ich sehe, dass nichts so ist, wie es scheint.«

**kind** [lächelt, lacht unkontrollierbar]

» Eigentlich mag ich diese Art von "vater"! Er scheint aus der Kneipe zu kommen. Mit guter Laune. Und grüßt alle zu Hause. Meine Aufmerksamkeit ist auch ganz auf den "vater" gerichtet, aber ich fühle keine Verbindung zu ihm. Für mich ist er sehr charismatisch.«

o **mutter:** Und ich würde dich gerne verprügeln, "fluch". Aber jetzt, wo alle lachen, kann ich dich nicht einmal verprügeln. Das ist ärgerlich. Für mich bist du das Kind, "fluch", und ich würde dich wirklich gerne verprügeln. Und um ehrlich zu sein, habe ich nicht viel anderes in meinem Leben zu tun.

o **vater:** Bist du meine Mutter? Denn sie hat mich immer verprügelt.

o **mutter:** Könnte sein. Er hat auf jeden Fall mehr Humor als ich. Alle mögen ihn, weil er so lustig ist. Ich bin so gelangweilt. Ich brauche etwas Drama in meinem Leben. Und ich denke, ein Kind zu verprügeln, ja, das ist okay. Also, warum nicht?

o **fluch:** Ich kann nicht einmal die Angst vor der "mutter" spüren. Ich bin sehr verwirrt, dass ich ein Kind bin, denn "kind" ist auch da. Ich habe das Gefühl, dass ich irgendwie mit "vater" identifiziert werde.

o **mutter:** In dem Moment, in dem du redest, würde ich dich gerne verprügeln, "fluch". Ich würde dich wirklich gerne verprügeln!

o **vater:** Mit "fluch" kann ich mich voll und ganz identifizieren. Ich bin der Fluch! Es ist alles in mir.

o **fluch:** Das macht Sinn. Aber das ist seltsam, weil ich mich wie eine Frau fühle. Und das verwirrt mich. Wenn du mit mir identifiziert bist...

o **vater:** Weil du mein Fluch bist! Ich bin ein Fluch für Frauen und du bist mein Fluch.

o **mutter:** Ich möchte keine Frau sein! Ich möchte ein Mann sein! Männer können schlagen. Und dann kann ich auch schlagen.

**vater**

»Ich fühle mich nicht gewalttätig. Ich fühle mich übermäßig sexualisiert. Aber die Tatsache, dass "mutter" ziemlich gewalttätig ist, macht mich an. Und das schüchtert mich irgendwie ein bisschen ein. Ich mag es nicht besonders. Aber ich würde es auf keinen Fall zugeben. Denn ich bin ein Mann. Und ich nehme mir, was mir gehört. Und ich sehe dich, bis zu einem gewissen Grad, als meine Mutter. Ich sehe dich nicht als die Mutter unseres Kindes.

Ich fühle mich jetzt zu "kind" hingezogen. In dem Moment, in dem du sagst, dass du dich mit meiner Mutter identifizierst, schaue ich mir "kind" an. Weil es mich lieben könnte. Sie könnte sich um mich kümmern. Sie könnte sich um meine Bedürfnisse kümmern. Ich weiß, dass sich das sehr unangenehm anfühlt. Ich muss es zugeben. Ich spüre fast ein starkes Gefühl von Zigarette, Tabak und Whiskey.

Ich bin mir sicher, dass du, "mutter", "kind" nicht beschützen wirst. Denn ich wurde nie beschützt. Und das ist es, was der Fluch von Mann zu Frau ist: Es gibt keinen Schutz. Der Mann kann tun, was er will. Aber als Junge kannst du mit mir machen, was du willst.«

**kind**

»Ich sehe immer nur den "vater". Und wenn er sich auf mich konzentriert, ist das sehr unangenehm. Und ich mag es nicht, mich reifer als mein Alter zu fühlen. Aber ich habe nicht das Gefühl, dass die "mutter" anwesend ist.«

**fluch**

»Ich kann spüren, dass es eine Menge Wut gibt. Es gibt so viel Wut! Aber oberflächlich gesehen bin ich ruhig. Ich starre auf den "vater" und ich bin wütend. Ich bin wütend auf die Männer. «

o  **vater:** Ich habe es entpersonalisiert. Ich habe jetzt jedem zugestanden, ein Erwachsener zu sein. Ich bin es nicht, der gefährlich ist. Es sind alle Erwachsenen, die gefährlich sind.
o  **fluch:** Alle Männer
o  **vater:** Und ihre Mütter.
o  **fluch:** Ich bin der weibliche Fluch. Es geht nicht um die Mutter.
o  **vater:** Ich habe das Gefühl, dass ich von institutioneller Frauenfeindlichkeit und Pädophilie durchdrungen bin. Es gibt keine nette Art, das auszudrücken.

- **fluch:** Und ich bin hier, weil ich Rache will. Ich will sie für alle Frauen, für alle...
- **vater:** Scheiße! Ich fühle, dass du ein totaler Narzisst bist, "fluch". "fluch" denkt sich das aus; sie ist hysterisch, sie ist eine Lügnerin. Es ist bizarr. Es stört mich nicht einmal im Geringsten. Ich will, dass du die Klappe hältst.
- **fluch:** Es ist sehr verwirrend. Ich beschütze das "kind", aber das macht es noch schlimmer. Denn der Kreislauf der Gewalt geht weiter. Es geht immer weiter, wenn ich hier bin.
- **vater:** Ich habe das Gefühl, dass es eine Institution ist. Ich habe das Gefühl, ich könnte mich an einen anderen Mann wenden – und ein anderer Mann würde das, was ich tue, unterstützen und alles noch einmal machen. Und es wäre alles in Ordnung.
- **mutter:** Was hat die Kirche damit zu tun? Denn plötzlich höre ich Chöre singen... Aus irgendeinem bizarren Grund denke ich jetzt eher als eine Frau. Ich könnte auch verflucht worden sein. Aus irgendeinem Grund sehe ich dich nicht mehr als das "kind", das ich gerne verprügeln würde. Was ist denn hier los?
- **vater:** Ich bin ein pathologischer Lügner.
- **mutter:** Aber wenn ich mit einem pathologischen Lügner verheiratet bin, wer bin ich dann?
- **vater:** Du bist ein Ermöglicher. Du lässt mich tun, was ich will. Prost.
- **mutter:** Ja, das stimmt. Oh, verdammt, das ist wahr. Das ist wahr!
- **kind:** Er lügt auch für dich, "mutter". Wenn er von Pädophilie spricht, sind Pädophile Menschen, die in ihren sozialen Kreisen eigentlich recht beliebt sind. Sie wissen, wie sie es nicht zeigen müssen. Sie sind sehr liebenswert, sympathisch und haben sogar ein gewisses Sozialprestige. Keiner würde sie erkennen. Sie machen Witze, sie bringen die Leute zum Lachen. Wie am Anfang. Genau so ist es.

### vater

»"kind" hat es erfasst. Ich fühle mich pathologisch. Ich habe das Gefühl, dass mir eine Menge Macht gegeben wurde und dass ich ein Anrecht darauf habe. Und ich kann sie nutzen, um Dinge zu manipulieren.

So wie ich es bei dir getan habe. Ich manipuliere alles und jeden. Es hat System. Ich kenne es nicht anders. Das ist etwas, das mir beigebracht wurde. Das wurde mir angetan. Ich denke, das ist normal. So ist es nun mal. Das ist es, was Männer tun. Das ist kein MANN. Das ist es, was MÄNNER tun. Ich könnte einem anderen Mann die Hand reichen, der sagen würde: „Ha! Das ist es, was wir tun, und so gehen wir damit um." Die Tatsache, dass du, "mutter", daran mitschuldig bist, beruhigt mich ein wenig. Denn ich könnte dir für alles die Schuld geben.«

○ **mutter:** Und ich bin die andere Seite der Vertuschung. Das ist wahr. Wir brauchen uns gegenseitig. Um das Unaussprechliche zu tun. Schlagen und missbrauchen. Und es ist auch Teil der Abmachung, mir die Schuld zu geben.

○ **vater:** Und "fluch" deutet darauf hin. Und fängt an, wütend zu werden. Und da fange ich an, sie hysterisch zu nennen und all das. Ich habe sie sofort zum Problem gemacht. Denn ich habe die Macht, das zu tun.

○ **mutter:** Irrenhäuser und so weiter.

○ **child:** Ich will jetzt, dass "fluch" mir hilft. Weil ich sonst niemanden habe, der mir hilft. Ich fühle mich ein bisschen gefangen. Ich verstehe. Aber trotzdem bin ich in dieser Situation gefangen. Ich schaue jetzt auf den "fluch".

○ **fluch:** Warum bin ich hier? Die "mutter" ist Komplizin des "vaters". Jetzt weiß ich nicht mehr, wo ich hingehöre.

○ **mutter:** Das ist gut. Wenn man nicht weiß, woher man kommt, wird man nie in der Lage sein, es zu lösen. Sehr gut. Wenn ich dem einen medizinischen Begriff geben würde, würde ich sagen ....

○ **vater:** ... Identitätsstörung.

○ **mutter:** Dissoziative Amnesie. Aber Identititätsstörung ist auch nicht schlecht.

○ **vater:** Ich fühle mich wie eine dissoziative Identitätsstörung. Ich fühle mich, als ob ich so weit unten im Bereich der Dissoziation bin, dass es meine Identität ist. Ich identifiziere mich mit Dissoziation. Fast ein bisschen wie Psychopathie. Ich glaube total, in meinem Kopf, dass meine Handlungen erlaubt sind. Alles ist erlaubt. Und in der Minute, wenn eine Frau irgendeine Art von... selbst ein

Kind... Ob es ein Junge oder ein Mädchen ist irrelevant. Die Minute, in der es kleiner als ich ist, jünger ist als ich, kann ich es beherrschen. Und ich weiß, dass ich es kann. Ich kann es manipulieren. Weil ich selbst tief dissoziiert und traumatisiert bin.

o **mutter:** Und wenn du über Persönlichkeitsstörung sprichst, denke ich, dass es das ist, was ich habe. Aber es ist mit etwas anderem vermischt, was noch dazu kommt.

o **vater:** Ja, aber du musst etwas weicher sein als ich. Du kannst nicht so hart sein wie ich.

o **mutter:** Ich prügle eher. Das ist mehr mein Ding. Ich bin eher ein Experte, wenn es ums Schlagen geht. Und Herabwürdigung. »Du bist nichts wert. Nutzloses Stück Scheiße.« Diese Art von Dingen. Und ich fühle nichts. Gar nichts! Nichts!!! Ich habe nicht einmal eine Erinnerung daran, selbst ein Kind gewesen zu sein.

o **vater:** Wenn du sagst »Halt die Klappe«, werde ich irgendwie dominant. Halt die Klappe! Eine Art von innerer Aufregung, die ich versuche zu unterdrücken. Und ich will dem nicht in die Nähe kommen.

o **fluch:** Ich bin sehr alt. Älter als die menschliche Natur. Und ich erkenne, dass ich jetzt, in der Gegenwart, psychologische Begriffe genannt werde. In der Vergangenheit nannte man mich Fluch.

o **mutter:** Heutzutage gibt es mehr ausgefallene Wörter. Das ist toll, denn wird wieder einmal zugedeckt.

o **vater:** Das trägt zur Verwirrung bei.

o **mutter:** Ja. Und spielt uns in die Hände. Was mir, ehrlich gesagt, ganz recht ist.

o **fluch:** Ich fühle mich nicht wie ein menschliches Wesen. Es fühlt sich an wie eine Energie.

o **mutter:** Habst du eine Vorstellung davon, woher du kommst? Wo alles begann?

o **vater:** Für mich sind es Generationen. Es ist ein generationaler Fluch. Für immer jung. Und darum fühlte es sich an, als wäre sie ein Teil von mir.

o **fluch:** Das ist auch verwirrend. Weil du mir böse Namen gibst. Du warst sehr gemein zu mir. Es ist verwirrend. Es fühlt sich an wie Macht.

- vater: Es ist interessant. Ich habe irgendwie Angst vor "kind". Sie hat viel Macht und weiß es noch nicht.
- mutter: Sie hat die Kraft, klar zu sehen. Das ist mein Eindruck. Ich schaue sie überhaupt nicht an.

## kind

»Ich bin so traurig, weil ich meinen "vater" verliere, den ich am Anfang so sehr liebte. Ich fühlte mich am Anfang so glücklich, als Kind, einen solchen "vater" zu haben. Er war mein Held. Ich verliere mein ganzes Vertrauen in jeden, den ich später treffe. Weil man nie wissen kann, was hinter einer Person steckt, wenn man mit so jemandem lebt. Man kann niemals vertrauen. Es ist auch so viel, was man mir antun kann, aber das Gefühl überwiegt, das ich niemals in der Lage sein werde, einem Mann zu vertrauen, einer Frau. Es ist höllisch. Ich kann nicht leben. Das ist der Fluch. Du stehst zwischen mir und dem Leben. Und du hilfst nicht.«

- fluch: Ich werde mit "vater" identifiziert. Wenn er sagt, dass er das schaffen kann, fühle ich, dass er es nicht kann. Mein Herz schmerzt. Ich bin der Fluch von "vater". Ich bin dein Fluch, weißt du. Körperliche Krankheit und Herzinfarkt. Wenn du dich so verhältst, wirst du kein gutes Leben haben. Und du wirst früh sterben.
- vater: Jetzt klingst du wie meine Mutter. Sie ist mein Fluch! Sie war mein Fluch. Also, ich muss dich Mutter nennen.
- fluch: Nenn mich, wie du willst. Ich bin immer hier. Nenn mich Karma. Nenn mich Resonanz. Nenn mich Mutter. Was auch immer du willst. Das passiert, wenn man sich so verhält.
- mutter: Ich denke, du brauchst eine Spritze, "vater".
- vater: Ich werde jetzt wirklich jung. Und ich nehme gerne die Spritze. Ich schaue auf die "mutter". Ja, mach es. Beende mein Elend. Das ist Zyanid.
- fluch: Was für eine Injektion ist es?
- mutter: Ich weiß es nicht. Aber es ist eine sehr gute. Es ist eine Art von Impfung, aber älter. Was ist die älteste Injektion? [durchsucht das Internet] Oh, interessant! Schau mal an: »Formen der intravenösen Injektion und Infusion sind in den 1650er Jahren eindeutig

dokumentiert. Sir Christopher Wren benutzte eine Spritze aus einer tierischen Blase, die an einer Gänsefeder befestigt war, um Wein und Opium in die Venen von Hunden zu injizieren.« Opium klingt eigentlich ganz schön. Morphin, Opium. Nicht so schlimm. Ich habe das Gefühl, dass ich mich in eine Art medizinische Krankenschwester verwandle. Es für die Ärzte tun. Wenn man Leute unter Drogen setzt, kann man sie zu allem zwingen.

o **vater:** Ich entwickle mich immer noch rückwärts. Ein Polizist ging gerade an meinem Fenster vorbei, die Straße hinunter. Und mein ganzer Körper fror ein. Ich fühle mich wirklich klein. Etwa 3, 4 Jahre alt und ich will aus meinem Elend raus.

*Wir nehmen die "mutter des vaters" (großmutter) noch hinzu.*

o **vater:** Ich habe eine Scheiß-Angst vor ihr. Du bist der Psychopath.

**mutter des vaters**

»Ich fühle gar nichts. Ich fühle mich wie ein Avatar. Kein Leben, keine Bedeutung. Als ob ich hier auf die Erde gesetzt würde und das war's. Vielleicht bringe ich Kinder zur Welt, aber da ist kein Gefühl im Spiel. Wenn eins stirbt, okay. Schon wieder. Wieder stirbt ein Kind. Schon wieder. Besser, nichts zu fühlen. Das nächste Kind zu gebären. Ich bringe keine Babys um. Sie bekommen eine Erkältung, du hast keine Medizin, du hast nicht genug Kleidung. Dann sterben sie. Wir sind arm. Wir haben nicht viel zu essen. Mein Mann kann sich nicht beherrschen. Also bin ich die ganze Zeit schwanger. Er braucht Sex und dann kommt ein weiteres Baby. Das ist der Grund, warum du mich als Fluch ansiehst, weil du eine Beziehung haben willst. Aber ich kann nicht. Ich will einfach nur sterben. Aber ich würde mich nie umbringen. Also, warte ich. Und das war's.

10, 15 Kinder. Wen kümmert's? Es ist mir nicht erlaubt, mich zu beklagen. Ich darf nur aushalten. Es ist besser, an nichts zu denken. Ich habe mich so daran gewöhnt, dass ich gefühllos geworden bin. Weiter arbeiten, Kinder kriegen – das ist es. Das ist das Leben. Nur arbeiten, überleben, sterben. Es gibt keinen Sinn im Leben. Es ist besser, zu sterben. Das setzt meinem Elend ein Ende. Ich bin auch verflucht. Das Leben ist die Hölle. Frag deinen Vater, mein Sohn. Warum vögelt er mich ständig? Warum muss ich immer wieder Kinder gebären? Wen interessiert es? Wenn du das 15. Kind hast, das 16. Kind. Sei froh, dass du nicht eine Frau bist. Eine Frau zu sein ist ein Fluch. Schwanger zu sein ist ein Fluch. Frag deinen Vater. Schieb die ganze Wut nicht auf mich. Frag deinen Vater. Warum ist er nicht hier?«

o **fluch:** Dies ist auch ein Fluch, wenn man nichts fühlt.
o **mutter des vaters:** Es ist auch ein Fluch, wenn man seine Kinder sterben sieht. Ich kann nicht lieben, ich kann nicht leben. Ich kann nur arbeiten und meine Kinder sterben sehen. Alles in mir ist tot.
o **vater:** Du must mich wollen.
o **mutter des vaters:** Geht nicht mehr. Ich bin innerlich tot.
o **vater:** Ich will brüllen! Ich fühle Wut in mir. Ich sehe sie als Mörderin.
o **fluch:** "mutter" und "vater" und Großmutter sind innerlich tot. Das ist der Grund, warum Babys sterben. "mutter" und "vater" sind Täter. Indem sie keine Verantwortung für ihr Leben übernehmen. Eine Frau zu sein ist ein Fluch. Aber in diesem Fall geht es um Vergewaltigung und um Sexualität.
o **vater:** Ich werde jetzt älter und beginne zu begreifen, dass das Blödsinn ist. Du hast mich aus einer Vergewaltigung erschaffen. Du kannst mich nicht vernachlässigen, weil ich aus einer Vergewaltigung entstanden bin. Und mir sagen, dass ich mich als Erwachsener nicht selbst verteidigen kann. Ich bin das Nebenprodukt einer Vergewaltigung. Und wer kümmert sich um mich? Wer kümmert sich um mich? Wer liebt mich? Wer hegt und pflegt mich? Wer beschützt mich? Wer vergewaltigt mich nicht? Und so geht es immer weiter.
o **mutter des vaters:** Wir waren arm. Keiner kümmerte sich um uns. Wir waren entbehrlich. Wir mussten einfach arbeiten. Die ganze Zeit. Unter den ärmsten Bedingungen, die man sich gar nicht vorstellen kann. Ich bin sehr verbittert. Ich will dieses Leben nicht. Das ist die Hölle. Du kannst dir gar nicht vorstellen, wie es damals war. Absolut furchtbar und brutal. Ein Leben war nichts wert. NICHTS.

- **vater:** Und ich räsoniere exakt mit demselben. Ich möchte diese Hölle nicht. Weil ich ein Täter werden muss. Weil das ein Fluch ist. Ich habe keine Wahl! Ich weiß nicht, wie ich fühlen und denken soll. Ich weiß nicht, wie ich etwas fühlen soll.
- **mutter des vaters:** Das ist das erste, worüber wir uns einig sind. Ich weiß es nämlich auch nicht. Wenn es damals schon Drogen gegeben hätte, hätte ich mich ständig betäubt. Ständig. Ich wäre drogenabhängig gewesen.
- **vater:** Ich glaube, ich sollte mich umbringen. Ich habe das stärkste Bedürfnis, einfach zu sterben.
- **fluch:** Ich kann nachfühlen, was deine Mutter sagt. Es ist ein Fluch, eine Frau zu sein und immer wieder schwanger zu werden. Und ich glaube, es geht um Sex. Um die Folgen einer Schwangerschaft. Das ist es, worum es bei dem Fluch geht.
- **mutter des vaters:** Wenn du von einem Fluch sprichst, denke ich, es ist auch ein Fluch, nicht weinen zu können. Weinen wäre eine Erleichterung. Und ich bin nicht in der Lage zu weinen. Weil ich jede einzelne Emotion unterdrücke.
- **vater:** Es ist extrem! Ich meine, es ist extrem! Auf einer Ebene glaube ich, dass ich tot bin.
- **mutter des vaters:** Ja. Wir sind tot. Lebende tote Männer und Frauen.

### vater

»Ich glaube, Gewalt hilft mir zu fühlen. Ich möchte mich selbst verletzen, meine Haut aufkratzen. Ich möchte ein Messer nehmen. Jetzt betrachte ich das "kind" als jemanden, der mich retten kann. Es ist wie ein verzweifelter Kreislauf. Ich kann mich um das "kind" kümmern und das "kind" kann sich um mich kümmern. Und vielleicht kann ich etwas fühlen.«

### mutter des vaters

»Ich denke, "fluch" hat recht. Wir sind beide verflucht, Männer und Frauen. Frühere Generationen. Für uns gibt es keinen Ausweg, keine Hilfe. Die einzige Hoffnung ist, dass das "kind", die neue Generation, die Dinge anders macht. Aber wir, wir sind verdammt. Hoffentlich wird sie etwas finden. Wir können nicht helfen. Wir wissen es auch nicht. Wir wissen es nicht besser. Ich fühle mich so entbehrlich. Wie Abfall, den man in eine Tonne wirft. Ich wünsche mir wirklich für "kind"..., dass du ein anderes Leben hast als wir. Anders für dich, als es für mich war. Ganz ehrlich. Wenn es etwas gibt, das du für dich ändern könntest, wäre ich glücklich. Nun, ich kann kein Glück empfinden, aber es wäre gut.«

o **kind** [weint ein bisschen]: Ich fühle mich besser. Aber ich habe das Gefühl, dass ich es ganz allein finden muss. Niemand kann es mir zeigen. Aber das zu hören, ist sehr wichtig. Es ist entscheidend.
o **fluch:** Ich kann Tränen fühlen.
o **kind:** Ja, ich auch ein bisschen. Als Großmutter mir nette Dinge sagte, spürte ich Gefühle.
o **mutter des vater:** Es gibt einen solchen Teufelskreis von Missbrauch und missbraucht werden, von Sterben und Töten. Sich zu Tode arbeiten. Hungern. Trinken. Zu Tode frieren. Ich wünsche niemandem, nicht einmal einem Feind, dass er fühlt, was ich durchmachen musste. Also "kind", es gibt keinen Grund für dich, zurückzublicken. Ich möchte, dass du weitermachst und nie, nie zurückblickst.
o **vater:** Ich bin aus dir und "vater" entstanden und es hat bei mir nicht funktioniert. Es ist nicht wahr. Wir müssen die Wahrheit sagen! Es gibt ein gewisses Maß an Erleichterung beim Sex. Sie ist gering. Aber sie ist da. Aber ich muss dazu trinken. Nüchtern könnte ich keinen Kontakt haben.
o **fluch:** Ich kann es auch fühlen. Es ist wichtig, dass Männer anfangen zu fühlen. Ich denke, das ist die Lösung.

**vater**

»Ich möchte fühlen. Ich weiß nicht, wie ich es anstellen soll. Aber wenn ich Sex habe oder trinke oder... Ich bin einfach verzweifelt. Und dann setzt die Generationsschleife ein: Das tun Männer, die nicht fühlen können, und so gehen wir damit um, wir reden nicht darüber, wir verbalisieren es nicht, wir sagen nichts. Denn es gibt nicht diese liebende Mutter, diesen liebenden Raum, einen gewollten Raum. Also trinke ich und tue dies. Und ich fühle, und ich werde gewalttätig. Ein verzweifelter Versuch, IRGENDWAS zu fühlen. Denn die Folter von allem ist massiv. Es ist ein Fluch, ein Fluch. Alles, was ich will ist meine Mami. Alles, was ich will, ist Schutz. Was ich will, ist Liebe. Was ich will, ist Verbindung. Ich will mich sicher fühlen.«

**mutter des vaters**

»Alles, was du gerade gesagt hast, gibt es auf dieser Welt nicht. Sicherheit gibt es auch nicht. Nichts existiert. Ich habe das Gefühl, dass wir alle verflucht sind. Du bist auf diese Erde gekommen, das ist dein Fluch. In dem Moment, in dem du unter solch brutalen und harten Bedingungen leben musst, kannst du nur überleben, wenn du deine Emotionen herunterfährst. Und dann ist alles möglich. Wenn einer dem anderen die Schuld gibt, kommt nichts Gutes dabei heraus. Ich bin keine Kuh. Selbst Kühe bringen nicht so viele Babykühe wie ich auf die Welt.«

- o **vater:** Besonders wenn du es aus einer Vergewaltigung bekommen hast. In der Minute, in der du unerwünscht bist, der Fluch des Unerwünschtseins, ist Boom! Und es ist interessant: Ich weiß nicht, wie man das macht. Abgesehen von der Enthaltsamkeit von Sex. Davon habe ich absolut keine Kenntnis. Denn mir wurde nichts gesagt. Und ich kenne die Instruktionen nicht.
- o **fluch:** Der einzige Ausweg ist zu fühlen. Ich fühle Traurigkeit über das was passiert. Ich kann die Traurigkeit hier fühlen.
- o **mutter des vaters:** Und für mich als Frau muss als erstes aufhören, so viele Kinder zu haben! Es ist unerträglich. Unerträglich. Es ist eine Qual für deinen Körper. Folter!

Nachtrag

Die Spaltung zwischen Mann und Frau, Mann und Frau, Eltern und Kindern ist enorm tief. Plus, der Kampf zwischen Männern und Frauen, die sich gegenseitig beschuldigen, hilft auch nicht. Wörter oder psychologische Kategorisierungen behindern und blockieren sogar jede Konversation oder Suche nach der Ursache. Es ist unerträglich, was die Generationen vor uns erdulden mussten: Menschen wurden wie Vieh, wie Gegenstände benutzt. Auf brutale Weise. Kein Schutz, keine Sicherheit und 24-Stunden-Arbeit. Die einzige Stufe der Warmhaltung war Intimität. Eine Hitzewelle, aber dann fällt die Temperatur nach unten, wie Hyperthermie. Und mit Alkohol sinkt sie noch weiter.

Kinder sind in dieser Umgebung und diesem Spiel gefangen. Nur die Großmutter war es, die direkt mit dem Kind sprach. Ein kleiner Lichtblick, eine Ansprache, das den Unterschied machte. Das Kind wusste: Es muss für sich selber da sein. Weil bei diesen Eltern keine Entfaltung möglich ist. Es hat nichts, worauf es sich beziehen könnte. Denn das Wichtigste fehlt: Sicherheit.

Das heißt: Jede Generation muss sich entscheiden, ob sie diesen mehrgenerationalen Fluch, d.h. Trauma, stoppe will. Heilung beginnt mit dem Fühlen dieser transgenerationalen Wunden. Dieser Weg erfordert viel Mut und innere Stärke.

# 3. FAMILIE

## 3.1 ADOPTION

*Allgemein-Begegnung (2 Worte)*
*Kind – Adoption*

An diesem Abend waren wir nur zu zweit. Ich blieb anfangs in der Rolle der Begleiterin, bevor ich selber aktiv in die Resonanz des Wortes "Adoption" ging. Im Verlauf der Arbeit zeigte sich ein unfassbarer Schmerz, der entsteht, wenn das natürliche Band zwischen Mutter und Kind zerschnitten wird. Sei es aus Not, sei es aus Gewalt, sei es aus Profitgründen. Dieser Urschmerz ist bis in den Kosmos hinein hörbar und hallt in jeder Frau, jeder Mutter, jedem Kind auf der ganzen Welt wider. Wie der Ruf der Wale wird der psychische und körperliche Schmerz Tausende von Kilometer weit getragen. Mythologien und Geschichten erzählen seit Jahrtausenden von diesem Schmerz, von dieser kollektiven Wunde. Aber wir hören ihn nicht mehr. Und wir schrecken auch nicht davor zurück, das Band des Körpers und des Herzens zwischen Mutter und Kind unter dem Deckmantel von Barmherzigkeit weiter zu zerreißen und daraus ein Geschäftsmodell zu machen. Wie tief das Trauma geht und wie kollektiv die Schuld ist, davon erzählt diese Resonanzarbeit.

**Kind** [in kompletter Verstrickung mit der Mutter]

»Ich kann dir gar nicht sagen wie es mir geht. Mir ist schummrig, schwindelig. Bin ich schwanger? Bin ich identifiziert mit der Mama? Ich bin traurig. Der Schmerz darüber, dass sie mich nicht wollte. Ich bin total mit der Mama identifiziert, die sich davon abwendet, was sie getan hat, mich zur Adoption abzugeben. Ich lege meine Hand schützend vor meinem Herzen und die andere schützend vor meinem Bauch. Ich bin total gespalten. Ich bin identifiziert mit der Mama, die sich spalten lässt, um das Kind abzugeben. Der Kopf will weg und der Körper will zum Kind. Ich habe Schmerzen, Bauchschmerzen. Ich will das alles nicht sehen, nicht wahrhaben was ich tue. Jetzt wird, glaube ich, das Kind geboren. Ich bin mega traurig. Das Baby löst sich in meiner Imagination auf. Es ist verschwunden, es ist nicht da.«

*»Gibt es einen Grund, warum du das Kind weggegeben hast?«*

»In meinem Uterus, Bauch fängt alles zu vibrieren an. Ich will mit dieser Schwangerschaft, mit dieser Geburt nichts zu tun haben. Mein Bauch, meine Gebärmutter sind traumatisiert. Ja, mir ist etwas ganz Schlimmes passiert. Nachdem ich das erzählt habe kommt Scham bei mir auf. Ich bin mir bewusst darüber, was ich tue, aber ich will das eigentlich vor mir selbst verstecken. Ich schäme mich dafür, dass ich mein Kind weggegeben habe. Ich mache mich schuldig an meinem Baby. Ich kann noch nicht einmal den Schmerz fühlen, denn dann würde es mich zerreißen. Ich mache genau dasselbe, was meine Mama mit mir gemacht hat. Die hat mich auch weggegeben.

Ich bin überrascht, weil ich denke, bin ich Mama? Aber eigentlich bin ich doch das Kind? Meine Mutter hatte mich physisch nicht weggeben, aber innerpsychisch einfach abgegeben. Weggeben, abgelegt. Sie war immer weg. Und das mache ich mit meinem Baby. Ich gebe es ab. Mir wird das gerade richtig klar. [weint] Ich bin körperlich Mutter, aber da ist nichts! Da ist kein Baby. Ich würde jetzt gerne mein Baby stillen. Ich bin verzweifelt.«

*»Bei mir kommt ein unglaubliches Mitgefühl mit dir hoch. Wie ein absolutes Verstehen, was du durchmachst als Mutter.«*

»Das erleichtert mich auf eine Art und Weise. Es berührt mich. Und ich könnte jetzt anfangen zu weinen. Okay, das nimmt mir ein bisschen Last weg. Ich finde es total schön, dass du das als Frau mitfühlen kannst. Dass du so viel Mitgefühl hast, dass du verstehen kannst, warum ich das gemacht habe. Weil ich die Befürchtung habe, dass die Gesellschaft denkt, dass ich so ein herzloser Mensch bin. Ich kann das Ausmaß noch gar nicht begreifen. Das einzige was ich denke ist, dass die Tragweite meiner Traumatisierungen dazu geführt haben. Dass ich gezwungen war, so zu handeln.«

»*Mir kommt ein Bild: Eigentlich müsste sich, wenn eine Frau sich entscheidet oder die Idee hat, ein Kind zur Adoption freizugeben, dann müsste ein Kreis anderer Frauen, vieler Frauen, um dich herum sein, die für dich da sind. Damit du nicht alleine bist. Damit das Kind eben nicht zur Adoption freigegeben wird. Wie ein schützender, nährender Kreis, weich und warm und kuschelig, der sich da ganz ruhig, ganz unaufgeregt, ohne viele Worte, wie eine Umarmung, hilft.*«

»Das klingt total schön, was du da sagst. Es wäre schön gewesen. Ich bin völlig alleine auf mich gestellt. Und habe überhaupt keinen weiblichen Plan, der mich unterstützt, der mir hilft.«

»*Ich merke, dass das auch für den Rest von uns Frauen eine kollektive Wunde ist, die geheilt werden muss. Es ist fast wie ein Stich ins Herz, wenn Frauen nicht mit ihren Kindern zusammen sind. Und Kinder nicht mit ihren Müttern!*«

»Alle Frauen, die ihr Baby weggeben müssen. Ja, das taucht auch bei mir auf. Ich hätte das auch niemals getan, wenn ich nicht in dieser Situation wäre. Mein ganzer Körper war dem anderen Körper zugewandt. Mein Körper will das gar nicht. Ich musste mich komplett von mir selbst abspalten, um das machen zu können.«

»*In all diesen Momenten, wo dir etwas angetan wurde, in all diesen Momenten des heftigsten Traumas – warst du immer alleine. Da gibt es keine Wahlmöglichkeiten. Es ist, als wenn der Körper der Mama – des Babys auch – schreit. Beide schreien nacheinander. Und das Baby schreit laut und der Körper der Mutter schreit still. Genau wie bei Kälbern, die von ihren Müttern getrennt werden. Dieser Schrei... Es ist unglaublich. Ich sehe gerade Wale... Als wenn alle Säugetiere schreien! Und wie das Echo der Wale auch Kilometer weit unter Wasser wandern kann, so kann der Schrei der Mutter, des Körpers, es*

*auch. Das Baby hört das. Kilometer weit, tausende von Kilometer weit.*
*Wie wenn der Wal ins Weltall schreit. So viel Schmerz ist da. Das Uni-*
*versum hört, wie viel Schmerz da ist. Hört das keiner? Den Schrei? Ich*
*muss mir das Herz halten. Es ist nicht auszuhalten. Ein Kind von seiner*
*Mutter zu trennen – genauso wie ein Säugetier, wie ein Jungtier von*
*seinem Muttertier – dieser Schmerz ist unbegreiflich groß! Das er-*
*reicht mich gerade: Dass es für die Tiere genauso schlimm ist, ihre*
*Babys zu verlieren. Es ist in unseren Ur-Genen. Absolut existentiell.*
*Hat auch mit der Ur-Liebe zu tun. Dieser tiefen Erdverbundenheit. Der*
*Schrei geht in den Kosmos hinaus.«*

»Das ist das, was Säugetiere von anderen unterscheidet. Dass wir uns
so an unsere Kinder binden und Kinder an uns.«

*»Es entsteht durch den Prozess des Heranwachsens im Körper eines*
*anderen. Egal wie viel Monate und egal wie das Säugetier auf die Welt*
*kommt. Ein Fohlen kann in kürzester Zeit laufen, beim Menschen ist es*
*anders. Wie wenn der Kosmos geradezu singt und jubiliert mit jedem*
*Prozess. Es ist ein solches Wunder, das mit Worten nicht zu beschrei-*
*ben ist! Es ist eigentlich eine Schöpfung der Liebe. Man müsste singen*
*und tanzen. Und das geht über die Erde hinaus was hier passiert. Ich*
*kann das überhaupt nicht fassen wie groß das ist. Ich muss echt mein*
*Herz halten.*

*Jeder Prozess, jede Bewegung, jede Veränderung ist eine Explo-*
*sion an Wunder. Das kannst du in Atome aufspalten und dennoch kein*
*einziges davon verstehen! Nicht ein einziges davon kann ich kognitiv*
*fassen. Vergiss die Wissenschaft. Man kann das Leben nicht kognitiv*
*fassen. Über jedes Atom könntest du über 1000 Jahre philosophieren*
*und es besingen, aber du könntest es trotzdem nicht erfassen. Eigent-*
*lich müsste ich das Baby so mit gereckten Armen hochhalten, damit es*
*jeder sieht. Wie bei der Taufe. Das müsste man echt symbolisch ma-*
*chen, diese Zusammenführung.*

*Es fühlt sich auch an, als ob die anderen Planeten eine Familie*
*wären. Diese Dimension ist fast schier nicht auszuhalten. Wenn wir*
*das wieder schaffen, die Zusammenführung schaffen würden, dann*
*würde ein Portal explodieren. Aus der Erde in den Kosmos*

*hinausstrahlen. Es übersteigt alle Kapazitäten, die ich hier habe, aber ich muss es sagen: Als wenn aus der Erde heraus ein Schub käme. Und der ganze Kosmos schaut uns zu! Wie eine intergalaktische Hebamme. Die anderen Planeten schauen uns zu und sagen: „Und? Wie geht's dir gerade so, Erde? Wie geht's dir gerade in deinem Schwangerschaftsprozess?" Das ist irre. Das ist schier nicht auszuhalten. Es übersteigt bei mir gerade alle Synapsen in meinem Kopf. Ich muss mir wirklich mein Herz halten.*

*Als erstes muss das Baby – das neugeborene Baby und die Mutter –, beide müssen wieder zusammenkommen. Das ist so essentiell wichtig. Da ist tatsächlich eine Dringlichkeit da. Ich weiß nicht, ob das auseinandergedriftet oder auseinandergerissen wurden – aber es ist eine hohe Dringlichkeit. Das muss korrigiert werden. Jeder minimale Aspekt der Schwangerschaft ist ein Wunder. Eine Explosion an Wunder in jedem Ablauf von Mutter und Kind. Das ist das Geschenk des Kosmos. Das ist das Geschenk des Universums. Es ist eigentlich tiefe Liebe. Unfassbar. Als wenn die Planeten, wie Eltern, herunterschauen und den Rahmen bilden und uns beschützen. Ein unglaublich feiner Prozess dieser Entwicklung. Und jeder ist daran beteiligt. Wohlwollend, schützend, liebevoll dabei.«*

*Da das Kind so mit seiner leiblichen Mutter verstrickt war, änderten wir das Wort in "Mutter". Ich selber ging jetzt in die Resonanz mit dem Wort "Baby".*

o **Mutter:** Mir kommen die Tränen und ich werde demütig. So eine schöne Vorstellung, dass der Kosmos dabei zuschaut. Wie jeder Entwicklungsschritt und alles eine Bedeutung hat. Dass jedes Leben aufgenommen wird, wichtig ist, bedeutsam ist. Es zeigt sich in jedem werdenden Leben.

o **Baby:** Wie jede Pflanze, die wächst. Wie wenn wir das gar nicht sehen, was da alles so schwirrt. Die Farben, das Leben. Wie es schwingt und tanzt und jubiliert und singt und harmonisch ist. Mir fehlen menschlich die Worte dafür. Ich sehe auf einmal die Pflanzen. Als wenn sie in jeder Wachstumsphase zu uns sprechen. Auch die Tiere. Alles hat einen bestimmten Ablauf, einen Tanz. Das ist so rhythmisch. Ich muss kein schlechtes Gewissen habe, wenn ich Pflanzen esse. Kein Kalorienzählen. Dieses 1-dimensionale Denken… Und dann denken wir aber, woah, jetzt haben wir schon den Sinn des Lebens entdeckt oder den Sinn des Universums. Dabei bist du nur auf Einzeller-Niveau. Alles ist so klein gedacht. Wie kann man so daneben liegen! Unfassbar. Ich habe ja keine Ahnung wie es gedacht ist. Aber wie kann man so meilenweit daneben liegen?

o **Mutter:** Total! Ich kann da so richtig mitgehen. Das ganze Universum flirrt und schwingt und ist so voller Leben und wir versuchen…. Dass wir in der Lage sind, Leben zu gebären ist der Ausdruck dieses Wunders. Aber weil wir in einer traumatisierten Gesellschaft… Das macht mich gerade traurig, dass wir das nicht sehen. Wie wir damit umgehen auf der Erde. [weint] Als wenn das zwei verschiedene Dimensionen wären. Ich frage mich gerade, warum das in der Adoption auftaucht?

o **Baby:** Vielleicht hat die Adoption auch was mit Adaption zu tun? Vielleicht sollten wir unseren originären Zweck adoptieren? Mir kommt: »Ihr wollt immer eine Erklärung haben. Das ist viel zu groß, dass ihr das in eure Köpfe reinbekommt. Lernt endlich mal, nur dieses Wunder zu fühlen, ohne dass ihr gleich immer nach…. Ihr wollt es immer gleich einkasteln. Immer gleich passend machen.«

o **Mutter:** Ich bin ja auch eine traumatisierte Mutter, die ihr Kind weggeben hat. Dass ist der Gipfel der Traumatisierung, das eigene Kind wegzugeben. Dabei arbeitet das ganze Universum dafür, dass Mutter und ihr Kind zusammengehören.

o **Baby:** Oh, das tut mir total gut, wenn du das sagst. Wenn wir fühlen würden, wie es wirklich gedacht ist, in der ganzen Tiefe, der Schmerz, würde uns zerreißen.

o **Mutter:** Es hat mich auch zerrissen. Ich bin nicht in der Lage mein Kind wegzugeben, ohne mich zu zerreißen. Es ist einfach nicht in uns angelegt. Jetzt taucht dieser Schmerz auch auf.

## Baby

»Ich habe das Gefühl, ich bin so ganz, ganz klein im Mutterbauch. Wie ein Krustentier. Ich habe so eine gekrümmte Haltung. Und ich muss mich genauso wie ein Krustentier verpanzern, in mich einrollen. Außen ist die Kruste und innen ist es weich. Und ich schütze dieses Weiche. Ich will eigentlich nur weg! Und schützen, schützen, schützen. Ich habe hier kaum Gefühl, Kontakt. Ich halte mein Herz. Hier ist Schwere, hier ist Last, hier ist Bürde. Ich warte so sehr auf ein Wort von dir. Ich weiß nicht, wie ich mich aus dieser Verpanzerung lösen soll. Wie ich überhaupt jemals leben kann.«

- o **Mutter:** Mir geht es nicht gut. Ich bin total resigniert. Mein Kopf tut weh. Es ist kaum auszuhalten, dich in diesem Zustand zu sehen. Ich muss mich total zurücknehmen, um nicht auf dich zuzugehen.
- o **Baby:** Aber ich sehne mich so danach. Ich habe das Gefühl, wir gehen beide sonst ein. Ich habe plötzlich den Geruch von Spaghetti in meiner Nase. Spaghetti und Tomatensauce. Wie wenn mir gerade jemand einen Teller mit Spaghetti gibt. Als wenn ich aufwachen würde und mir denke: Ah! Essen. Essen! Ich würde jetzt gerne etwas essen. »Kinder, kommt mal zum Essen.«
- o **Mutter:** Miracoli.[32]
- o **Baby:** Daran habe ich auch gedacht! Jetzt könnte die Miracoli-Werbung kommen. Nach dem Motto: »Komm mal aus der Traumatisierung heraus! Iss was!«
- o **Mutter:** Meinst du, das lenkt von der Traumatisierung ab?
- o **Baby:** Bestimmt. Ich bin jetzt wie ein Kind, das Spaghetti mit Tomatensauce und ein bisschen Hackfleisch isst.
- o **Mutter:** Hey, du hast auch ein Recht auf deine Kindheit! Und du hast auch ein Recht auf eine Mama. Auf deine Mama.
- o **Baby:** Wir haben verdammt noch mal ein Recht auf Familie! Wie verdreht und was auch immer die sind! Ja, dann ist der Papa halt manchmal blöd. Der hat auch ein Recht, manchmal komisch zu sein und ein Spleen zu haben.
- o **Mutter:** Auch wenn er uns wehtut?

---

[32] Mirácoli® kam vor über 50 Jahren auf dem Markt. Ich kann mich als Kind noch an die Spaghetti erinnern mit der dazugehörigen Tomatensoße (aus Tomatenmark und Gewürze) und der Packung geriebenen Parmensan Käse. https://www.miracoli.de/

# Baby

»Nein. Das geht nicht. Aber wenn jeder mal ein Recht dazu hätte, so zu sein wie er ist, so verschroben, dann würde auch keiner auf die Idee zu kommen, einem weh zu tun. Mir wird jetzt richtig heiß. Ich will jetzt verdammt noch mal einen Teller Spaghetti mit Tomatensauce und obendrauf ein bisschen Hackfleisch! Und dann verkleckere ich mich mal richtig schön. Scheiß auf das Gesunde. Mir explodiert gerade der Kopf. Ich will eine normale Kindheit haben, ohne dass mir gleich jemand erzählt, dass die Welt untergeht. In dieser Familie darf ich kein Fleisch essen und in der nächsten kriege ich nur Fleisch. Ich will verdammt nochmal eine Kindheit haben!

Ich habe jetzt einen Sprung gemacht von dem Krustentier zu den Spaghetti. Jetzt bin ich ein Kind. Ich habe da verdammt noch mal ein Recht darauf, dass die mir den Scheiß, den Erwachsenen-Scheiß, von der Pelle halten. Mama und Papa sind da. Meine Güte, sie sind halt auch ein bisschen doof in der Birne, aber mir passiert nichts. Ich habe eine Familie, ich streite mich mit meinen Geschwistern, ich bin kein Einzelkind – und es ist trotzdem liebevoll. Das will ich. Und das kriege ich auch manchmal.

Und dann kommt wieder so ein Scheiß. Dann sind die Eltern ständig in der Arbeit. Oder der Papa ist nicht da. Ich will das nicht. Ich will jetzt diesen Werbespot haben. Was bei dieser glücklichen Miracoli-Familie ist. Und dahinter kommt die Waschmittel-Werbung, die sagt dann, wie ich den Fleck rauskriege. Und dann streiten wir uns Geschwister. Ja, ich habe das Gefühl, das gab es in den 1970er, 1980er Jahren. Vielleicht mehr in den 1970ern? In jeder Zeit gibt es etwas, was total super war. Aber dann vergisst man das, was gut war. Das müsste man eigentlich mitziehen in die nächste Dekade. Schule zum Beispiel ist jetzt scheißer[33] als damals. Das weiß ich instinktiv. Aber ich weiß auch instinktiv, es gibt ein paar Sachen, die sind jetzt besser bei Mama und Papa. Das will ich.

Und ich merke gerade, ich habe wieder einen Sprung gemacht. Ich bin jetzt so zwischen 8 und 10 Jahre alt. Ich will Humor und Leichtigkeit haben. Und dass jeder so sein darf wie er ist. Interessanterweise

---

[33] Das Wort »scheißer« gibt es nicht. Ist als Steigerungsform von »Scheiße« gemeint.

bin ich nicht adoptiert. Als würde ich für alle Kinder sprechen. Ich will meine Originalfamilie haben. Ich will nichts mit Adoption zu tun haben. Vielleicht träume ich mich in eine Familie hinein? Aber das ist total real für mich. Ich will das haben. In meiner Vorstellung habe ich eine Familie, du und der Papa, und ich habe noch zwei Geschwister.«

- o **Mutter**: Ich habe Bauchschmerzen. Ich bin noch in dem desolaten, traurigen Zustand der Trennung. Mir geht's immer noch nicht gut. Ich kann dir aber sagen, wir sind nicht zusammen. Es ist nicht auszuhalten. Ich bin irgendwo im Keller, in einem dunklen Untergeschoss. Mir ist richtig kalt und es ist dunkel. Ich bin depressiv.
- o **Baby:** Wenn du das sagst, muss ich mich rausziehen und gehe in meine Miracoli-Werbung hinein. Aber wenn du sagst, wie es dir geht, dann wackelt meine Miracoli-Werbung. Dann weiß ich nicht mehr: Lebe ich wirklich in einer anderen Welt oder stelle ich sie mir nur so vor? Das kann ich nicht beurteilen. Dafür bin ich viel zu jung.

**Mutter**

»Mein weggegebenes Kind, ich versuche, eine Verbindung zu schaffen. Und dann denke ich, ich freue mich so für mein Baby, dass es dem gut geht. Und dann taucht Scham auf, dass ich mein Kind belaste. Ich spüre noch eine Verbindung. Es tut mir leid, dass ich Verbindung aufnehmen wollte. Aber ich kann noch nicht so richtig loslassen. Der Körper hat sich darauf eingestellt, ein Kind zu haben. Aber da ist keines. Mein Körper trauert um mein Kind! Es ist, als wenn der Körper sich darauf vorbereitet hat, mit allen Sinnen, Mutter zu werden. Ich habe meinen Körper neun Monate mit einem anderen Wesen geteilt. Es ist das, wofür der Körper geschaffen ist. Und dann wird er seine Aufgabe nicht mehr erfüllen. Er kann das Baby nicht stillen. Es ist, als wenn der Körper weint. Ich bin in Trauer. Ich fühle mich leer. Da sind Leere und Schwere. Ich fühle mich nicht tot, aber wie betäubt. Ich spüre einen Verlust in jeder einzelnen Zelle. Es ist, als würde ich eingehen. Ich habe es bewusst, freiwillig, oder nicht freiwillig oder erzwungener Maßen, aber ich habe es weggegeben. Es ist eine Entscheidung, die ich getroffen habe. Ich muss damit leben.

Ich bin Täterin an mir selbst. Da ist eine Verzweiflung, dass ich so komplett gegen meine Natur arbeite. Weil ich etwas mit dem Verstand entschieden habe. Ich weiß nicht, ob das schizophren ist, aber es ist so paradox, ambivalent, widersprüchlich. Ich finde das tröstend, dass du so milde Worte und so viel Verständnis und Mitgefühl hast. Das tut mir gut. Aber ich bin viel härter zu mir selbst. Ich frage mich, ob ich mir das jemals verzeihen kann. Ich merke, dass das eine ganz wichtige Erkenntnis ist für eine Mutter, die sich fragt, ob sie ihr Kind zur Adoption freigeben soll oder nicht. Für mich ist es zu spät. Ich habe mein Kind weggegeben. Ich muss ein Leben lang mit den Konsequenzen leben. Wir leben in der westlichen Zivilisation. Da gibt es viele Frauen wie mich, die alleine sind. Alleine gelassen sind im Schock. Mit der Schwangerschaft.

Das Patriachat taucht auf. Wir müssen uns als Frauen selber auf dem Weg machen. Im Patriachat ist das nicht vorgesehen, dass Frauen sich gegenseitig unterstützen. Aber da ist eine Verbindung, weil wir Frauen sind. Weil jede Frau so viel Weisheit in sich trägt. Wow! Das ist ja schön. Das ist eine Sprache, die wir alle sprechen. Im Kleinen wie im Großen. Egal, wo wir auf der Welt sind, Frausein bedeutet dasselbe. Wie schön das wäre, wenn alle Frauen der Welt sich vereinigen und sich vernetzen würden! Wie schön das wäre, wenn alle Frauen auf der ganzen Welt an einem Tag, dasselbe machen würden oder darüber nachdenken würden, worüber wir jetzt gerade reden. Das wäre echt eine Idee. Was da für eine Energie wäre! Mir ist immer noch kalt, aber ich fühle mich nicht mehr so alleine. Dass es so viele andere Frauen auf der Welt gibt, die in einer ähnlichen Situation sind, das hat irgendwas Tröstliches.

Durch dieses Mitgefühl, das du mir entgegengebracht hast – als Frau – das hat mir gezeigt, dass ich die Schuld auf mich nehmen kann. Ich konnte aufgrund der Umstände vielleicht gar nicht eine Entscheidung treffen. Das Beisammensein und darüber reden mit dir als Frau, stellvertretend als Frau, das hilft, diese Wunde zu verarbeiten. Vielleicht auch zu schließen. Das ist total heilend und nährend. Ich verstehe, dass wir die Gemeinschaft brauchen. Es gibt viele Frauen auf der Welt, die das empfinden. Die so abgeschnitten sind.

Da taucht die nächste Wunde auf. Ich finde es gut, dass wir nur zu zweit sind. Ich spüre die Sehnsucht danach. Weil wir in Clans gelebt haben, weil wir zusammen die Kinder großgezogen haben. Wir sind so abgeschnitten von dem wie wir ursprünglich gelebt haben. Und dann spüre ich die Traumatisierung. Es geht auch nur dosiert. Da ist eine Sehnsucht nach Tiefe und die Angst, sich verletzlich zu zeigen und wieder verletzt zu werden. Vielleicht geht das momentan nur im Kleinen.«

Nachwort

Wir waren jetzt am Ende dieser Arbeit angelangt als mir plötzlich noch diese Gedanken kamen:

*»Im Körper findet eine Transformation statt, wenn neues Leben entsteht. Die Erinnerung daran kann man nicht auslöschen, denn das neue Leben und der Körper, die beiden, haben sich aufeinander eingeschwungen, haben miteinander geredet. Wie zwei beseelte Körper, die miteinander in Kontakt kommen, in Schwingung kommen, singen. Wie eine neue Melodie, die geschaffen wird und die entsteht. Es muss etwas Neues gedacht werden. Für die Männer können wir nicht sprechen. Wir sprechen nur für uns Frauen.*

*Diese Gemeinschaft der Frauen ist unglaublich wichtig für uns. Das Mitgefühl, die Langsamkeit, eine Lebensverbundenheit, Erdverbundenheit. Wie Mit-Schwestern. Unabhängig von Alter und Hautfarbe, Nationalität oder Religion. Es ist wichtig, dass das generationsübergreifend und über alle sogenannten Grenzen übergreifend ist. Keine kann es alleine. Es braucht die ganze Frauengemeinschaft.*

*Es ist lokal, es ist regional, es ist national, aber es ist auch kontinental und global. Nichts schließt das andere aus. Ich brauche die Gemeinschaft bei mir am Ort und weltweit. Und vom Großen wird es wieder kleiner. Es ist wie ein Einatmen und Ausatmen, wie ein Organismus. Alles gehört zusammen. Und wenn eine reist, dann findet sie wieder eine lokale Gruppe.*

*Wir haben so viele ähnliche Ängste, so viele ähnliche Sorgen, so viele ähnliche Gedanken, Zweifel, Freuden. Und du hast immer*

*jemanden lokal, der weise ist. Oder der etwas Schönes mitteilen*
*möchte. Eine Frau, die in Not ist, die Angst hat, die verzweifelt ist, wie*
*schön wäre es, wenn man sagt: „Hey, ich bin mit einer anderen Frau-*
*engruppe in Kontakt, vielleicht weißt die etwas?" Ein Gemeinschafts-*
*netz. Unaufgeregt, kein Brimborium. Wenn ich das Bedürfnis habe, mit*
*einer Frau zu sprechen, die im Amazonas aufgewachsen ist, dann kann*
*ich das. Oder wenn ich träume in der Nacht von einer indianischen*
*Frau, dann kann ich mit ihr durch dieses Frauennetzwerk in Kontakt*
*kommen. Über chinesisches Essen, kann ich mit einer Frau aus China*
*in Kontakt kommen. Dann kann ich die Erfahrungen mit meiner loka-*
*len Gruppe teilen.*

*Manche Frauen lädt man dann vielleicht ein. „Hey, komm uns doch*
*besuchen!" Und wenn wir uns nur gedanklich an die Frauen, die wir*
*wirklich mögen, denken oder eine ganz liebe Umarmung schicken oder*
*einen Kuss. Das ist ein schönes Gefühl.«*


## 3.2 SCHEIDUNG

*Selbst-Begegnung (Frau, Rumänien, 2 Worte)*
*Rumänisch: Eu – divort*
*Deutsch: Ich – scheidung*


»Meine Mutter hat sich scheiden lassen, aber blieb bei meinem Vater.
Ich möchte wissen, warum sie sich von meinem Vater scheiden ließ.
Vielleicht erwischte sie meinen Vater dabei, wie er mich missbrauchte? Sie leugnet es. Erinnerungen kommen zurück und ich bin
schockiert und nicht sicher, ob es wahr ist. Ich stecke fest. Es tut weh.
Wenn meine Mutter meinen Vater erwischt hat, wie er mich sexuell
missbraucht hat, warum hat sie sich entschieden, ihn wieder aufzunehmen? Ich kann es nicht glauben. Bin ich mit meiner Mutter verstrickt?
Sie will sich nichts ansehen. Sie wollte für nichts verantwortlich sein
und jetzt will ich keine Verantwortung für etwas übernehmen. Ich weiß
nicht, wie man damit umgeht. Sie sagt: „Nein, du bist verrückt, du bist

die Verrückte." Bin ich wirklich verrückt? Ich will ihr nicht glauben und ich will ihr glauben. Es ist ein großer Konflikt.«

**Eu (Ich)**

»Ich bin sprachlos. Es ist schwierig, auf "divort" (scheidung) zu schauen. Ich schaue nach unten. Ich will aus dem Fenster schauen, auf die Bäume. Nach draußen schauen ist eine Ablenkung. Vielleicht gehe ich einfach raus, um zu sehen, ob der Vogel etwas Gesellschaft haben möchte? Es ist interessant, weil ich diese Geschichte erfinde, damit ich nicht fühlen muss, was in mir passiert.«

**divort (scheidung)**

»Ich fühle mich irgendwie wichtig. Und ich dachte sogar: Warum startest du bei deinem "Eu" (Ich)? Du hättest mit mir anfangen sollen. Aber gleichzeitig möchte ich nicht im Raum interagieren. Ich will mich mit nichts beschäftigen. Lass mich einfach in Ruhe. Ich will nichts sehen. Ich kann als Mutter sprechen. Ich kann als "divort" (scheidung) sprechen. Ich kann als deine Rolle sprechen. Es ist verwirrend. Ich weiß nicht, wie ich es reparieren soll und ich weiß nicht, was ich tun soll. Ich will nur schlafen und meine Augen schließen. Es fühlt sich zu viel an, um es zu akzeptieren.«

*»Es fühlt sich an wie ein Verrat. Da ist so viel Wut. Sie steckt in meinem Hals. Die Ehe meiner Eltern war schrecklich. Es gab viel Gewalt, sexuelle Übergriffe, Wahnsinn. Ich war vier Jahre alt, als mein Vater eines Nachts betrunken nach Hause kam. Er zertrümmerte alle Fenster des Hauses. Meine Großeltern lebten noch bei uns. Er biss meinem Großvater in die Wange.*

*Meine Mutter weigerte sich, sich scheiden zu lassen. „Er ist der Vater meiner Kinder." Es wurde viel geschlagen und von zu Hause weggelaufen. Polizei. Er hat meine Mutter missbraucht. Sie versuchte, mit ihm in die Psychiater zu gehen. Er hatte diesen psychotischen Moment: „Du hast versucht mich zu vergiften! Du wolltest mich töten!"*

*Bei den letzten Begegnungen kam heraus, dass er mich missbrauchte, als ich vier Jahre alt war. Aber ich bin auch mit dem Trauma*

*meiner Mutter verstrickt. Es ist ein Alptraum in meinem Kopf und Kör-*
*per. Ich habe diese Woche erfahren, dass der Großvater meiner Mutter*
*auch Kinder missbraucht hat. Inzest ist generationenübergreifend. Ich*
*habe herausgefunden, dass er auch meine Cousine sexuell missbraucht*
*hat. Ich habe herausgefunden, dass mein Großvater ebenfalls ein Pä-*
*dophiler war. Meine Tante wurde misshandelt und wahrscheinlich*
*auch meine Mutter. Und ich erinnere mich, dass meine Cousine sagte:*
*„Ich war 14 Jahre alt, als der Onkel [d.h. mein Vater] mich berührte."*
*Und sie sprach mit meiner Mutter, aber meine Mutter war wütend und*
*verleugnete es. Übrigens: Meine Cousine und meine Mutter haben den*
*gleichen Namen.*

*Es gibt Ausschnitte an Erinnerungen. Erinnerungen, dass ich im*
*Zimmer war, ich ging aus meinem Körper heraus, und meine Mutter*
*ging in das Zimmer und sagte: „Was machst du? Lass das Kind in*
*Ruhe." Tante und Mama haben darüber diskutiert. Von November bis*
*heute, es kam alles auf. Und ich erinnere mich, dass meine Mutter*
*sagte: „Sag es niemandem. Die Scham wird uns töten."«*

**Eu (Ich)**

»Wenn du über den transgenerationalen Missbrauch sprichst, bin ich
interessiert. Es gibt hier unerträgliche Traurigkeit. Ich möchte wirklich
weinen. Es ist gut, das zu sagen. Und es gibt einen Teil von mir, der
alles verlangsamen will. Das ist zu viel. Ich fühle mich verwirrt in meinem Kopf. Was muss ich tun? Ich fühle Traurigkeit und Schock. Du
musst mich in meiner Traurigkeit und meinem Schock sehen. Ein Krib-
beln an meinem Bein und meine Zähne fangen an zu klappern. Ich
fühle mich so kalt. Ich fühle es in meinem Körper. Es hilft, wenn du
ruhig bist, und du kannst bei mir sein. Es gibt Worte, die herauskommen wollen, aber ich muss nur bei diesem Gefühl sein. Damit mein
Gehirn ruhig bleiben kann. Wenn ich atme, höre ich die Kämpfe und
das Schreien.«

*»Jetzt fühle ich mich traurig. Es ist, als würde ich Raum in meinem*
*Körper schaffen. Schritt für Schritt. [weinend] Meine Mama liebt mich*
*nicht. Meine Mama liebt mich nicht! Als Kind wollte ich schnell*

*erwachsen werden, schnell, schnell, und einen Job bekommen und*
*weggehen.*«

### Eu (Ich)

»Ich fühle mich etwa sieben Jahre alt. Ich möchte sehr schnell erwachsen werden. Ich habe das Gefühl, dass ich gehen kann, wenn ich alt bin. Und ich weiß, dass es schlimm ist, was passiert, und sie sind schlechte Menschen. Gute Menschen tun keine schlechten Dinge. Das weiß ich. Ich weiß, was schlimme Dinge sind, weil ich gesehen habe, wie mein Vater meiner Mutter schlechte Dinge angetan hat. Der Vater tut ihr Böses an, wenn sie allein sind. Schlechte Dinge, die sie nicht will. Da ist eine Spaltung in meinem Auge. In meinem linken Auge. Ich möchte nicht sehen was passiert. Es ist wie ein Konsens.«

*»Ich erinnere mich. Sie wollte nicht an seinem Penis saugen. Sie kratzte ihn. Er schrie sie an. „Warum wolltest du das tun?!" Sie wollte seinen Penis nicht anfassen. Meine Mutter war angewidert. Und ich hörte das aus dem anderen Zimmer. Er war betrunken und sie kämpfte mit ihm. Ein Kind sollte das nicht durchmachen. Es war die Hölle.«*

### Eu (Ich)

»Es fühlt sich so verwirrend an. Was ist normal? Ich muss herausfinden, was normal und was richtig und was nicht richtig ist. Das ist viel für mein junges Gehirn. Ich fühle mich so isoliert. Es frisst mein Gehirn mit allem, was passiert. Ich will gut in der Schule sein. Ich will meine Hausaufgaben machen, aber wie kann man da seine Hausaufgaben machen?

Jetzt fühle ich mich ein bisschen älter. Vielleicht um die 13. Ich kann die Realität sehen. Diese Wut, dieser Wahnsinn, dieser verdammte Wahnsinn. Dieses Haus! Bin ich die einzige, die gesund oder verrückt ist? Andere Mädchen reden davon, ihre Periode zu bekommen. Drei oder vier Jahre mehr und ich werde etwas Freiheit bekommen. Dann werde ich mein eigenes Leben aufbauen. Es ist mir egal, ob sie sterben. Wenn sie sterben, sterben sie. Ich will etwas anderes als das, was ich erlebt habe. Es fühlt sich eigentlich gut an, dir das zu sagen. Ich fühle mich immer mehr gestärkt, als würde ich innerlich wachsen.«

### divort (scheidung)

»Ich bin abgespacet und ich bin nicht verbunden. Ich wollte dir den Kopfhörer runterziehen, als du die Geschichte in der Familie von Missbrauch erzähltest. Ich habe dem Drang kaum widerstehen können. Ich kann mich nicht stellen. Aber ich inhalierte einen Punkt: „Es ist nicht meine Verantwortung." Ich wechsle zwischen dem Gefühl, dein Familiensystem zu sein, manchmal deine Mutter, manchmal "divort" (scheidung), die passiert ist – es ist sehr unscharf. Keine Grenzen. Keine Grenzen. Wer ist wer? Es ist nicht klar.«

*»Als sie sich scheiden ließen, fühlte ich mich so schuldig. Es ist nicht meine Schuld, nicht meine Verantwortung. Ich bin nicht ihre Mutter. Es ist eine Verwirrung zwischen, nicht die Verantwortung für sie zu übernehmen und wo meine Verantwortung liegt.«*

Ich schaltete mich dazu und sagte: »Ich denke, es ist Zeit, dass du dich von deiner Familie trennst.«

*Die Frau fing an zu weinen und zu lachen und sagte: »Oh mein Gott!!! Es klingt so gut. Es fühlt sich so gut im Körper an. Als ob etwas freigesetzt wurde.«*

o **Eu (Ich):** Ich spüre immer noch eine gewisse Kälte, die durch mich hindurch geht. Es war schön, dich entspannen zu sehen, atmen zu können. Es klingt wie ein Märchen. Die Idee davon. Ich frage mich, wie man das macht. Wie kann ich mit mir sein? Ich bin nicht wirklich verbunden mit »der Scheidung von meiner Familie«. Ja, ich weiß, dass ich aus meiner Familie heraustreten kann, aber meine Familie ist in mir. Selbst wenn ich keinen Kontakt mit ihnen habe. Sie sind in meiner DNA. Ich weiß nicht, was ich tun soll. Es klingt sehr logisch. Wie kann ich meine Erfahrung ändern, was ich erlebt habe, was ich erlebt habe?

*»Was wir ändern können, ist wie wir unser Leben leben. Das ist es, was wir tun können. Ich kann nichts von der Vergangenheit ändern. Ich bin frei zu leben. Auch wenn ich noch nicht weiß wie. Wir können es erstmal in uns einsinken lassen. Um es herauszufinden.«*

o **Eu (Ich):** Ich mag das! »Lass es einsinken.« Lass es einsinken. Den Körper hinab. Und nicht vom Körper aufwärts. Etwas muss in mir verbunden sein.

*»Es fühlt sich an, als wäre ich unwirklich. Ich habe immer noch den Glauben, dass ich nicht real bin. Dass etwas in mir nicht real ist. Ich glaube immer noch nicht, dass ich lebendig bin.«*

o **Eu (Ich):** Das macht für mich so viel Sinn. Kannst du das bitte noch mal sagen?

*»Es fühlt sich an, als sei ich nicht real. Aber ich bin real und lebendig. Ich bin kein Traum. Ich bin lebendig und ich lebe. Und ich habe Knochen und Haut und Gefühle. Ich bin real. Ich bin kein Traum. Ich bin real. Ich bin kein Traum. Ich kann mein Leben leben. Ich bin real in meinem Leben. Mein Leben ist real. Mein Leben ist real. Mein Leben ist jetzt real. Ich bin real. [blickt auf ihre Hände] Ich bin real. Du bist nicht in einem Traum, "divort" (scheidung), du bist real. Dein Leben ist kein Traum. Es ist real, wie es sein kann. Ich bin kein Albtraum.«*

o **Eu (Ich):** Das hilft mir wirklich. Es lässt mich menschlich fühlen. Als hätte ich einen Körper. Meine Mutter war sehr traumatisiert. Was real war, als ich aufwuchs, schien manchmal unwirklich.

*»Ja! Wie ein Albtraum, Hölle. Und ich wartete darauf aufzuwachen. Ich habe das Gefühl durch mein Leben wie in einem Traum zu wandeln. Meine Güte. Ich hatte Albträume vor dem Zubettgehen. Ich bin immer noch im Albtraum. Wie viele Jahre muss ich das noch tun? Im Albtraum leben? Nichts schien real. Ich bin nicht der Albtraum.«*

o  **divort (scheidung):** Ich öffnete meine Augen ein wenig mehr. Der Satz, den ich hörte, »sich von deiner Familie scheiden zu lassen«, fühlte sich gut an in meinem Körper. Wessen Scheidung ist das? Die Grenzen sind noch nicht klar. Wer lässt sich scheiden? Immer noch so gemischt.

*»Weil unsere Mutter nach der Scheidung noch bei unserem Vater bleiben wollte. Sie hat mich auch gefragt, ob mein Vater wiederkommen könne. Die Verantwortung wurde mir als Kind auferlegt. Es war aber nicht meine Entscheidung. Und ich fühlte mich schuldig, dass ich sogar ja gesagt hatte. Ich war wütend auf mich selbst. Denn wenn ich nein gesagt hätte, wäre der Missbrauch nicht passiert. Ich war nur ein Kind. Ich sollte geschützt werden. Sie sollten Verantwortung übernehmen und mich beschützen. Es war ihr Chaos! Es war ihr Wahnsinn und nicht meiner! [weint] Sie warf mich den Wölfen zu! Immer wieder und immer wieder. Es war so schmerzlich. Ich sehnte mich danach, dass sie mich sehen würden, mich beschützen und lieben. Ich wollte sie nur als Eltern.«*

o  **Eu (Ich):** Ich bin so stolz darauf, wie widerstandsfähig du bist. Atme weiter, atme weiter, atme weiter. Ich habe nichts mehr zu sagen als atme weiter. Und behalte deine Füße auf dem Boden.

## 3.3 ABSPALTUNG

*Selbst-Begegnung (Frau, Rumänien, 3 Worte)*
*Wieso – ich – abspalten*

Die Frau möchte wissen, wieso sie sich seit ihrer Kindheit so abgespalten fühlt? Sie wurde in Rumänien geboren, ist dort aufgewachsen und kam als Teenager mit ihrer Familie nach Deutschland. Wer hätte gedacht, dass diese Arbeit in die Tiefen der Geschlechter-Identität und zum Thema Weiblichkeit führen könnten?

»Das ist immer mein Thema: Bin ich weiblich, bin ich männlich? Ich wollte immer eher männlich sein. Ich wollte gefallen. Ich wollte meinem Papa gefallen. Und ich bin eher in das Männliche gefallen. Ich habe auch die männliche Rolle für meine Mutter übernommen. Mein Vater war ja nur physisch da, aber nicht psychisch. Körperlich auch nicht so viel. Ich habe seine Rolle gespielt und war der Mann für meine Mutter. Bin da sehr viel ins Männliche gegangen, um zu gefallen und das Männerbild zu erfüllen. Und habe meine Weiblichkeit abgelehnt. Da ist man in Gefahr, ist schwach. Man muss sich immer der Gefahr aussetzen.«

## ich

»Ich bin schwanger. Ich denke, ich bin mit Mama identifiziert. Der erste Impuls war Freude; dann tauchte Angst auf. Das hat meine Freude getrübt. Da sind Zweifel. Ich habe richtig Angst bekommen. Habe das Baby im Arm. Ich vermute, dass es eine Identifizierung ist, weil ich davon ausgehe, dass du noch keine Kinder hast. Ich fühle mich auch ganz schwer und angestrengt. Ich fühle mich gar nicht. Ich habe das Gefühl, ich bin komplett mit Mama identifiziert. Ich kann auch kaum atmen. Es drückt alles. Der ganz Bauch, der ganze Raum hier, der ganze Körper… es ist sehr anstrengend, sehr schwer. Jetzt, wo du mich fragst, spüre ich irgendwie das Baby sich bewegen. Und das macht mir Kopfschmerzen. Es fühlt sich noch sehr klein an. Es scheint Füßchen zu haben. Vielleicht im 4., 5. Monat? Ich weiß es nicht. Ich habe Schmerzen. Diese Frage, ob ich mich loswerden will, da ist eine volle Verwirrung. Mein Unterleib schmerzt.«

## Wieso

»Tiefe Traurigkeit, Schweregefühl. Keine Kraft mehr. Man will weinen, aber es geht quasi nicht. Und ein Stück weit auch kämpferische Wut, um zu überleben. Aber die ist überlagert von dem Traurigkeitsgefühl.«

## abgespalten

»Ich musste am Anfang mehrere Male lesen, dass ich abgespalten bin. Das mache ich oder das bin ich – abgespalten –, damit ich in der Klarheit bleibe. Ich muss hier ganz genau aufpassen, dass hier die Wahrheit gesprochen wird. Ich sehe das "ich" und "Wieso" auch ziemlich verschwommen. Deswegen ist es wichtig, dass ich in der Klarheit bleibe und aufpasse, was ihr sagt. Ich bin überaufmerksam. Was ich zwischendurch wahrgenommen habe ist, ich kriege manchmal schlecht Luft. Hier ist schlechte Luft. Und zwischendurch kam mir der Geruch von etwas Chemischen in der Nase und auf der Zunge. Angefangen hat es mit dem Patex-Geruch und dann Nagellackentferner. Die sind immer ganz kurz da. Dann rieche und schmecke ich sie. Und dann muss ich mich wieder darauf konzentrieren zu atmen. Und dann merke ich, dass ich gut atmen kann, aber um mich herum ist echt schlechte Luft. Das ist sehr unangenehm.«

**ich**

»Ja, also, mir geht es nicht schlecht. Ich finde es gut, dass du mich ansprichst. Diese Verwirrung, dass ich so mit Mama identifiziert bin, macht mir so zu schaffen. Ich habe aufmerksam zugehört. Was "abgespalten" gesagt hat, hat mich total interessiert. Ich bin so froh, dass sie da ist, weil ich so verwirrt bin. Und ich habe mich gefragt, ob sie mir sagen kann, wo ich… ob ich nicht die Wahrheit gesprochen habe oder wo ich nicht die Wahrheit sage. Und der chemische Geruch, das ist sofort mit mir in Resonanz gegangen. Der rechte Oberschenkel, das rechte Bein und irgendwann die linke Seite… der untere Bereich ist damit in Resonanz gegangen. Und ich habe mich gefragt, was das ist. Und dann tauchte wieder dieser Fußtritt aus dem Bauch auf, als sich das Baby gemeldet hat. Ist da vielleicht eine Narkose-Spritze gewesen? Medikamente? Ich bin mir nicht sicher. Bei dem "Wieso" fing ich an, meinen Bauch zu streicheln und zu schützen. Und meine linke Hand hatte ich auf dem Herzraum. Und habe aufmerksam zugehört und frage mich, was das für ein Anteil ist. Und ich habe mich gefragt, wieso das "Wieso" ein Mann ist.«

**Wieso**

»Zu dem Thema Mann kann ich nichts sagen. Eigentlich würde ich sagen, ich bin hier geschlechtslos. Eher relativ klein, im Entstehen. Durchaus als werdendes Kind, aber mit dem Überleben beschäftigt. Sehr unklar, was die Situation ist und wer man ist. Ich denke, ich bin nicht auf der Welt. Ich bin im Mutterleib. Man ist da, aber nicht so angenommen, wie man es ursprünglich bräuchte. Und man hat noch nicht die Kraft, sich zu melden und sich gegen Einflüsse zu wehren.«

**abgespalten**
»Ich glaube, dass gerade jeder die Wahrheit spricht. Es war am Anfang so: Ich muss die Klarheit behalten; wahrscheinlich für alle Anteile. Das "Wieso" verwirrt mich ein bisschen und ich muss genau aufpassen, was er sagt. Und ich hatte zwischendurch mehrere Male den Gedanken eines Zwillings. Aber den habe ich gleich wieder weggeschoben. Nein, das möchte ich jetzt nicht denken. Ich möchte mich darauf konzentrieren, was das "ich" gesagt hat. Es geht um Medikamente? Da ist mir so heiß geworden. Das hat mich sehr angetriggert. Es kostet mich ganz viel Anstrengung, auch immer in der Klarheit zu bleiben.«

**ich**
»Ich kann da voll mitgehen. Ich glaube, ich brauche das "abgespalten". Ich glaube, ich brauche die Abspaltung, weil ich mich so verwirrt fühle. Darum freue ich mich, dass das "abgespalten" da ist. Aber es ist auch sehr anstrengend. Das mit den Medikamenten geht mit mir auch in Resonanz. Ich würde gerne wissen, was da passiert ist. Und bei dem "Wieso", da habe ich mich auch gefragt, ob es ein Zwilling ist. Einerseits spüre ich eine Verbindung zu dem "Wieso". Was es gesagt hat ist auch stimmig. Dann tauchte auch ein Zwillings-Moment auf. Und ich frage mich, ob die Medikamente mit der Verwirrung zu tun haben? Dass ich so krass mit Mama identifiziert bin, dass ich das Gefühl habe, ich bin gar nicht da. Ich kann mich überhaupt nicht fühlen. Da, wo ich mich spüre, ist der Bauch, der Tritt, das Lebenszeichen. Als wenn mich jemand tritt aus dem Bauch heraus. Da habe ich das einzige Mal das Gefühl, das bin ich.«

- o **abgespalten:** Also, ich habe so das Gefühl, wenn ich das "ich" anschaue, intensiv anschaue, dann sehe alle Ahnen. Als ob da ganz viele Frauen dahinterstehen. Als ob ich nicht nur ein Gesicht sehe, sondern das Gesicht steht für ganz viele. Das gehört sich nicht selbst, das Gesicht.
- o **ich:** Genauso fühle ich mich auch. Ich fühle mich besetzt. Das macht mich gerade ganz traurig. Ich finde es echt auch ein bisschen

grusselig. Mir ist kalt und es lässt mich erschaudern. Und ich fühle mich auch bedrängt. Es taucht auch so eine Verzweiflung auf und ich kann da gar nichts machen.

o **Wieso:** Ich habe Klarheit gewonnen, vor allem vom Gefühl her. Man fühlt sich wie unter Medikamenten, so ruhiggestellt. Man will eigentlich, kann aber nicht. Das Traurigkeitsgefühl ist noch da. Aber ich habe ein Klarheitsgefühl für den eigenen Zustand gewonnen. Dass man ruhiggestellt ist und dass man nichts machen kann.

**abgespalten**

»Wenn du sagst, dass du nichts machen kannst, dann kommt bei mir das Bild, dass beim "ich" ganz viele Bilder übereinanderliegen. Und alle Bilder zeigen eine Person. Und alle Personen haben kein Ich, haben keine Persönlichkeit. Ich weiß gar nicht, wie ich das erklären soll. Die Fotos kann man hintereinanderlegen. Dann ist mal was jung, mal alt; aber das ist alles das Gleiche. Da ist nirgendwo ein Ich, eine Persönlichkeit. Jemand, der das belebt. Das könnte man auch im Album angucken. „Guck mal, hier ist die Mutter, dann die Oma, dann die Uroma." Das sind Bilder. Und die leben nicht richtig.«

o **ich:** Das macht mich gerade sehr betroffen und traurig, weil ich merke, dass das wahr ist. Ich habe kein Ich. Ich könnte jetzt umfallen.

o **abgespalten:** Ich weiß, dass das ein Frauenthema ist. Dass die Frauen keine Identität haben dürfen. Dass die Frauen wie Puppen benutzt werden, eine Aufgabe bekommen und die erfüllen. Es ist so unlebendig. Ich glaube, dass das schon seit ganz viele Generationen so ist. Das ist nicht das Thema des "ich", sondern da steckt ein Frauenthema dahinter.

*»Ich weiß leider nicht viel aus der Zeit in Rumänien. Tatsächlich, bis zu meiner Geburt oder danach weiß ich recht wenig. Es wurde nichts erzählt. Auch nicht wie die Schwangerschaft war. Ich habe im Januar Geburtstag und weiß nur, dass es da kalt war. Aber allgemein, die Rolle der Frau, ja, unterwürfig natürlich. Die Frau hat nichts zu melden. Meine Mutter ist zum Beispiel, nachdem ich drei Monate alt war, ist sie wieder arbeiten gegangen. Das war üblich im Kommunismus.*

*Und ich bin dann bei meinen Großeltern aufgewachsen, bei meiner Oma. Meine Oma war im Krieg, in Gefangenschaft in Russland. Ich würde sagen, die Frauen sind teilweise unterwürfig und teilweise stark. Sehr stark und leisten viel. Aber trotzdem ist die Frau nicht viel wert. So würde ich es, glaube ich, zusammenfassen.«*

**abgespalten**
»Ich empfinde das übrigens bei dir ganz anders. Dich würde ich nicht in dieser Rolle sehen. Dich empfinde ich lebendig. Du hast gerade gesagt, die Frauen sind nicht so viel wert. Für mich ist es eher: Die spielen eine Rolle und sind unsichtbar. Die werden nicht gesehen. Für mich bist du etwas ganz anderes. Als ob du diesen Weg nicht weitergegangen bist oder dich nicht eingereiht hast. So fühlt es sich an.«

o **ich:** Ich spüre ganz viel Angst und Sorge. Ich habe mich auch gefragt, wann hat deine Mama herausgefunden, dass du ein Mädchen bist? Bei mir kam, dass die Mama Angst hat, dass dir dasselbe passiert wie ihr. Angst und Sorge um dich als Frau.

*Wir nehmen ihre Mutter hinzu aufgrund der extremen Verstrickung.*

**Mama**
»Oh, ich habe gerade enorme Probleme dazubleiben. Wie wenn ich um Präsenz kämpfe, um überhaupt dableiben zu können. Ich muss auch immer den Kopf schütteln, dass ich das hinbekomme. Und gleichzeitig habe ich enorme Probleme, meine Augen zu öffnen. Es ist ein merkwürdiges Gefühl. Also, ich bin so absorbiert mit was auch immer ich da habe. Ich habe auch das Gefühl: Schwangerschaft passiert einfach. Da ist kein Gedanke oder Wunsch. Ich kann das nicht richtig erklären. Ich bin da und wiederum nicht. Aber ich muss darum kämpfen, um da zu sein. Nicht, dass ich nicht sehen will. Eher als wenn ich nicht sehen kann. Ich bin so in Not! Wie ein Überlebenskampf. Es fühlt sich so existentiell an. Aber frag mich nicht was und wie und warum. Ich habe ja zwei Kinder geboren, aber es läuft nichts in meinem Körper ab. Ich nehme nichts wahr. Und ich bekomme noch nicht einmal mit, dass ich schwanger bin. Ich kriege nicht mit, dass es geboren wird. Ich kriege gar nichts mit! Vergiss Identität! Ich habe nicht einmal ein Konzept

von Menschsein! Ich bin so weit entfernt. Da könntest du Jahrtausende zurückgehen bis zur Menschwerdung. Ich kann noch nicht einmal sagen, das ist mein Körper. Weil ich nicht weiß was Körper ist. Was ist das? Das Wort? Das Konzept? Die Materie? Nichts. Als wenn du in der Evolution zurückgehen würdest an den Ursprung. Oder an die Ursprünge. Als wenn ich blank im Kopf wäre. Oh, mein Bauch schmerzt!«

**abgespalten**
»Also, ich muss ganz genau aufpassen, dass du nicht weggehst, weil das Baby ansonsten nicht geboren wird! Ich habe das Gefühl, es ist meine Verantwortung, dass die Mama hier bleibt, damit das Baby geboren werden kann. Weiß aber nicht, wie ich dir in deiner Not helfen kann. Außer, dass ich hier aufmerksam sitze und aufpasse, dass du nicht weggehst.«

o **Mama:** Stimmt. Wie soll ich so ein Gefühl beschreiben? Wie soll ich sowas formulieren? Macht ihr lieber weiter. Und ich verdrücke mich in irgendeine Ecke.
o **abgespalten:** Ich komme mit in die Ecke. Ich kann es nicht erlauben, dass du weggehst. Du hast hier eine Aufgabe. Und die hast du zu erfüllen. Ohne dich gibt es kein Baby! Ich habe keine Ahnung wie das gehen soll. Ich weiß nur, du musst hier bleiben und du musst deine Aufgabe erfüllen. Wie alle anderen vor dir das irgendwie geschafft haben. Wie, weiß ich nicht.
o **Mama:** Genau. »Wie, weiß ich nicht.« Genau. Weißt du, Theorien bauen ja auf irgendetwas auf. Die haben irgendeine Basis. Die haben ja ein Fundament. Hier ist aber nichts!!
o **ich:** Ich bin da. Und ich merke jetzt gerade, warum ich so mit "Mama" identifiziert bin. Damit ich das überlebe. Ich glaube, ich habe mich auch immer wieder bemerkbar gemacht, damit "Mama" überhaupt merkt, dass ich da bin. Sonst hätte sie gar keine Notiz von uns genommen. Ich habe dafür gesorgt, dass wir geboren werden können. Wie auch immer.
o **Mama:** Ich glaube, das stimmt. Das ist wie auf dem Bildschirm hier: Ich habe Geburtshelfer links und rechts.

**Wieso**

»Eigentlich fühlt man sich als entstehendes Kind im Mutterleib. Man ist irgendwie da, man braucht sich auch keine Sorgen machen, dass man nicht auf die Welt kommt, aber es interessiert eigentlich keinen. Es ist eigentlich, wie du gesagt hast, "abgespalten": Es ist wie mit den Bildern im Bilderbuch. Eigentlich schlimmer. Man ist zwar da, aber irgendwie auch nicht da. Man wird nicht gesehen. Und als die "Mama" reingekommen ist, da war ein Anflug von Lebensfreude und dass sich etwas bewegt. Aber dann auch wieder nicht. Eine gewisse Hoffnungslosigkeit. Schlimmer als Tod. Dann wäre es wenigstens eine Entscheidung. Wie bei dem "abgespalten", wo man aufpassen muss, dass die "Mama" nicht geht. Das wäre aber zumindest eine Entscheidung. So ist es schwierig. Man hat nicht die Kraft. Man ist tatsächlich wie betäubt.«

**Mama**

»Ja, das stimmt. So fühle ich mich auch. Das ist viel schlimmer. Ich habe fast schon das Gefühl, ihr gibt mir gerade sowas wie… ich ringe immer nach Worten. Ich finde keine Worte. Wenn du, "Wieso", immer von „man" sprichst, das verwirrt mich. Als wäre ich ein Es. Gleichzeitig schwing auch „Mann" mit. Das macht mir ein bisschen Stress. Wahnsinn. Ich bin wie blank. Wie Amnesie. Wie eine Mischung aus Amnesie, nicht existent, ein Es, ein Geist. Es ist schier nicht auszuhalten. Wenn ich euch höre ist es, wie wenn ihr mich stückweise erden würdet. Ich sehe keine Natur. Ich sehe keine Farben. Ich sehe keine Menschen. Als würde ich in der Evolution zurückzugehen. Aber ohne Menschen. Da war die Erde, Dinosaurier, Pflanzen. Es ist schier nicht auszuhalten.«

**ich**

»Ich sehe nichts, ich weiß nichts. Ich bin noch ein Embryo. Ich bin noch im Entstehen. Ich sehe "Mama" ganz klar als meine Mama. Ein erwachsener Mensch, der vor mir ist. Und ich habe ganz schön zu kämpfen. Ich habe tatsächlich echt Probleme, mich und "Mama" auseinanderzuhalten. Ich muss all meine Energie einsetzen, dass ich am Leben bleibe. Dass wir durch die Schwangerschaft kommen. Dass "Mama" mich auf die Welt bringt. Da ist gar kein Platz für mich. Als die "Mama" reingekommen ist wurde mir schlecht und übel. Und dann habe ich das Gefühl gehabt, ich war komplett erstarrt. Ich befinde mich in einem Vakuum. Da ist nichts. Es ist schwer zu beschreiben. Und ich habe Hunger und mir ist kalt. Ich habe ganz grundlegende Bedürfnisse, aber ich bin völlig erstarrt. Ich kann hier nur sitzen und dieses Vakuum aushalten. Ich kann hier nichts machen. Und ich höre auch nichts. Es ist alles komplett still um mich herum. Ich habe noch nicht einmal das Gefühl, dass ich.... Ich stelle mir Fruchtwasser vor oder so, aber hier ist gar nichts.«

- o **Mama:** So verquer. Wenn ich das "ich" höre, dann kann ich durch die Resonanz mit ihr überhaupt erst da sein. Ich bin zwar weiterhin nichts, aber zumindest kann ich gerade mehr atmen. Aber es stimmt alles was sie gesagt hat.
- o **abgespalten:** Man konzentriert sich immer auf das, was wichtig ist und alles andere ist schwarz-weiß im Hintergrund. Die unlebendigen Bilder werden abgelegt. Und man konzentriert sich auf das jetzt, damit es weitergehen kann. Damit es weitergehen kann, damit Jungen geboren werden.
- o **Wieso:** Bei mir kommt Lebendigkeit und Wut auf. Gerade als das "ich" gesprochen hat. Und zwar zerstörerische Wut. Wut auf das "ich". Es war sehr schwierig, als über das Embryo gesprochen wurde. Da ist eine Wut, die ist zerstörerisch. Da hat man die beste Art von Lebendigkeit.
- o **ich:** Du bist wütend auf mich? Warum? Wieso?
- o **Wieso:** Das Bild des Zwillings trifft es, glaube ich, ganz gut. Ich brauche keinen Zwilling. Ich bin derjenige. Da gibt es keinen anderen.
- o **ich:** Aber ich sehe dich gar nicht als Zwilling. Ich sehe dich als einen lebendigen Anteil von uns. Als einen gesunden. Als ein Gefühl, dass sich irgendwie gerettet hat. In der Verkleidung eines Mannes. Dass du da sein kannst als Mann. Du bist das gesunde Gefühl und ich frage mich, warum du wütend bist auf mich. Ich spüre auch, dass da irgendwas passiert ist. "Mama" hat im 3. Monat herausgefunden, dass ich ein Mädchen bin. Ich kriege auch richtig Kopfschmerzen. Weil ich versuche, das zu verstehen.

- **Mama:** Frauen sind nur Gebärmaschinen. Ich weiß auch nicht. Irgendwas ist, aber ich kann nichts sagen. Ich weiß nichts. *Ich frage: »Hättest du ein Junge werden sollen?«*

*Die Frau antwortet: »Ja. Mein Wissen dazu ist es, dass es erst bei der Geburt feststand was ich war. Und da war dann die Enttäuschung; zumindest bei meinem Vater.«*

- **ich:** Also, ich kann dir nicht sagen, ob deine "Mama" das vorher schon wusste, aber hatte sie eine Befürchtung?
- **abgespalten:** Ich glaube, dass es eine Tatsache ist: Dass Frauen nicht die Berechtigung haben oder dass Frauen nicht gewünscht sind. Dass es lieber Männer sein sollen. Nur der Mann hat eine Berechtigung. So fühlt sich das an. Als ob »man« oder die Welt es bestimmt.

**ich**

»Ja, es stimmt, dass das von außen kommt. Ich spüre, dass die "Mama" tatsächlich den Wunsch hat, dass es ein Junge wird, weil sie Angst hat, es könnte ein Mädchen werden. „Hoffentlich wird es ein Junge." Dann kommt hinzu, dass seit Jahrhunderten geprägte Frauen-sind-nichts-wert. Damit bin ich aufgewachsen. Aber dass ich eine Frau bin, das spüre ich auch. Ich bin eine Frau und ich hätte auch gerne mein Leben als Frau gelebt. Das schwingt alles mit. Ich möchte nicht, dass meine Tochter das auch mitmachen muss.«

- **abgespalten:** Soldaten braucht das Land. Der Wunsch kommt nicht von "Mama", sondern von der Gesellschaft oder ähnlichem.
- **ich:** Ich spüre die ganze Last der Gesellschaft in meinem Körper. Anders sein zu müssen als ich bin.
- **abgespalten:** Es tut mir so leid, dich zu sehen, weil ich gerne hätte, dass du in deiner Kraft bist. Dass du selbstbewusst sagst, dass du da bist. Das wäre mein Wunsch. Dass du keine Opferrolle hast, sondern stark bist in dir.
- **ich:** Das würde mich auch freuen, aber momentan fühle ich mich erdrückt durch die Erwartung. Ich kann auch gar nicht richtig gerade sitzen. Mein ganzer Organismus ist in eine Schieflage geraten,

dadurch dass ich meine Sexualität, meine Identität gar nicht leben darf. Alles ist so ganz krumm und schief. Ich weiß auch gerade gar nicht, wie ich mich daraus befreien soll.

o **abgespalten:** Jetzt stehe ich gerade vor der gleichen Situation mit dir wie bei der "Mama". Ich würde gerne unterstützen, ich bleibe hier und ich weiß gar nicht was ich machen kann.

*»Ich kann total gut in Resonanz gehen mit dem "ich". Das ist immer mein Thema: Bin ich weiblich, bin ich männlich? Ich wollte immer eher männlich sein. Ich wollte gefallen. Ich wollte meinem Papa gefallen. Und ich bin eher in das Männliche gefallen. Und habe auch die männliche Rolle für meine Mutter übernommen. Mein Vater war ja nur physisch da, aber nicht psychisch. Körperlich auch nicht so viel. Ich habe seine Rolle gespielt. Und war der Mann für meine Mutter. Bin da sehr viel ins Männliche gegangen, um zu gefallen und das Männerbild zu erfüllen. Und habe meine Weiblichkeit abgelehnt. Jetzt ist mein Weg dahin, mich und meine Weiblichkeit anzunehmen. Welche Rolle sollte ich spielen, um die Erwartung, die ich auch von außen spüre, zu erfüllen? Um angenommen zu werden, mich auch keiner Gefahr auszusetzen? Da ist man in Gefahr, ist schwach. So empfinde ich das.«*

o **abgespalten:** Da kann ich mich mit identifizieren. Ich glaube aber nicht, dass ich schwach bin. Nein. Ich bin nicht schwach.

**ich**

»Das hat mir gerade sehr gut getan, was du gesagt hast. Als du mit Natalie gesprochen hast, das hat etwas mit mir gemacht. Wenn du das direkt sagst, dann habe ich das Bedürfnis, mit dir Kontakt aufzunehmen. Ich sehe dich sehr klar und deutlich. Ich habe dich sehr im Blick. Aber in dem Moment, wo du mit mir gesprochen hast, habe ich gemerkt, dass ich Angst habe, Kontakt aufzunehmen. Dann habe ich sofort zum "Wieso" geschaut. Da spüre ich, dass da eine Gefahr ist. Ich spüre, dass es gefährlich ist, Kontakt zu dir aufzunehmen. Das tut mir so gut, dass du so ehrlich bist. Da kann ich ruhig durchatmen. Als du von deinem Vater geredet hast, da war ich sofort in so einer Habachtstellung. Das hat mich irritiert. Da ist etwas. Die Verwirrung, die

Gefahr, die von diesem Männlichen ausgeht. Ich kann dir aber nicht sagen, was da ist.«

o **abgespalten:** Das kann ich so bestätigen. Also, das "Wieso" ist so präsent, dass ich mich mit euch nicht verbinden kann. Und ich weiß, dass ich zu euch gehöre. Die Verbindung ist wie abgeschnitten.

o **Wieso:** Einerseits ist man im falschen Körper. Und andererseits ist man praktisch der Wunsch der Eltern. Der Wunsch der Eltern, einen Jungen zu haben.

**ich**

»Ja! Und da ist die Verwirrung! Jetzt weiß ich auch, was "Wieso" ist. Das ist ein Konzept. Es ist im Kopf. Es ist ein Wunsch, eine Idee, ein Konzept. Und es ist nicht die Realität. Ich sehe das "Wieso" als eine gedankliche Instanz in uns, die uns sagt, wir sind im falschen Körper. Und da sehe ich die Verdrehung. Weil wir sind genau richtig. Wir sind im richtigen Körper! Aber die Vorstellung von uns ist falsch. Und die haben wir übernommen. Ich glaube, dass "Wieso" ist eine Überlebensstrategie ist. Dass wir überleben konnten. Dass es gefährlich ist, eine Frau zu sein. Genauso ist es. Ich muss nochmal sagen: Wir sind nicht im falschen Körper! Das ist mir nochmal ganz wichtig! Wir sind richtig! Das Konzept von uns ist falsch.«

o **Wieso:** Und das ist sehr stark. Wenn du sprichst, macht mich das sehr wütend. Und da kommt eine zerstörerische Wut auf. Man muss es trennen.

o **abgespalten:** Auf der einen Seite macht es mich so wütend, dass das "ich" so viel Verständnis hat. Und auf der anderen Seite bin ich fasziniert von deiner Weisheit. Das ist sehr ambivalent. Mein Wunsch ist es, dass du dich nicht klein machst. Du hast immer so viel Verständnis. Und das bewundere ich auf der einen Seite. Und auf der anderen Seite ärgert es mich, dass du dich so klein machst.

Nachtrag
Das Thema »Abspaltung« führte in dieser Arbeit tief in das Thema der sexuellen Identität und Weiblichkeit. Kinder übernehmen unbewusst

die Wunschvorstellungen ihrer Eltern, die wiederum von den gesellschaftlichen Vorstellungen geprägt werden. Aber dahinter liegen Generationen an traumatisierten Eltern. So entsteht massive Verwirrung. Darum ein Warnhirnweis an alle, die sich für Geschlechtsumwandlungen stark machen: Die Gefahr ist groß, selber zum Täter zu werden. Mütter, Väter, Mediziner, medizinisches Personal, Psychologen, etc. Wer innerlich nicht reflektiert ist, seine eigenen Traumata nicht angeschaut hat oder sich dem Diktat des Profitstrebens unterwirft, macht sich zu Tätern und Mittätern an den eigenen und fremden Kindern. Eine Schuld, an der sie selbst und Generationen danach noch zu tragen haben werden.

# 4. Kinderbetreuung und Hilfseinrichtung

Die Kinderbetreuung in staatlichen Tageseinrichtungen in Deutschland hat sich seit den 1990er Jahren, d.h. kurz nach der Wiedervereinigung, von einer familiären Betreuung stetig mehr zu einer staatlichen Betreuung entwickelt. Im Bayerischen Gesetz zur Bildung, Erziehung und Betreuung von Kindern in Kindergärten, anderen Kindertageseinrichtungen und in Tagespflege (Bayerisches Kinderbildungs- und -betreuungsgesetz – BayKiBiG) steht zur Begriffsbestimmung:[34]

»Kindertageseinrichtungen sind außerschulische Tageseinrichtungen zur regelmäßigen Bildung, Erziehung und Betreuung von Kindern. Dies sind Kinderkrippen, Kindergärten, Horte und Häuser für Kinder.« (...)
(2) »Eine regelmäßige Bildung, Erziehung und Betreuung im Sinn des Abs. 1 Satz 1 setzt voraus, dass die überwiegende Zahl der Kinder über einen Zeitraum von mindestens einem Monat die Kindertageseinrichtung durchschnittlich mindestens 20 Stunden pro Woche besucht.«

Folgende Schritte wurden in Deutschland mit einem Rechtsanspruch gesetzlich verankert:

o 1996: Kindergarten (Kinder von 3 bis 6 Jahren)
o 2008: Ausbau der Kindertagesbetreuung
o Seit 2013: Tageseinrichtung bzw. Tagesstätten (Kinder von 1 bis 3 Jahren)
o Geplant: von 2026 bis 2030 – Grundschule mit Ganztagsbetreuung (Kinder von 6 bis ca. 10 Jahren)

---

[34] Bayern.Recht, Bayerische Staatskanzlei, »Bayerisches Gesetz zur Bildung, Erziehung und Betreuung von Kindern in Kindergärten, anderen Kindertageseinrichtungen und in Tagespflege«, https://www.gesetze-bayern.de/Content/Document/BayKiBiG-2

Während in manchen Bundesländern die Angebote bereits existieren, so ist das Ziel des Bundesministeriums für Familie, Senioren, Frauen und Jugend einen flächendeckenden Ausbau in Deutschland zu schaffen.

»Ziel aller Bemühungen war damals eine kinderfreundlichere Gesellschaft. Um diese zu ermöglichen und Frauen einen Anreiz zum Gebären ihrer Kinder zu geben, wurde der Rechtsanspruch gesetzlich verankert.«[35]

Die Bundesregierung spricht dabei von den Vorteilen »Familie und Beruf besser miteinander vereinen können«, »verbesserte Bildungs- und Teilhabechancen«, »individuell gefördert«, »Motivation und Selbstwertgefühl«, »Chancengleichheit«.[36] Alle Parteien aller politischen Richtungen waren und sind daran beteiligt.

Interessant ist, dass das Thema Mutter-Kind-Bindung, gerade in den ersten drei Jahren, in den Diskussionen und Gesetzgebungen außer Acht gelassen wird; trotz weltweiter Studienergebnisse. Das Informationsblatt der Stiftung »Zukunft CH«[37] hat einige der wichtigsten Studien und deren Ergebnisse kurz zusammengefasst. Hier ein paar Zitate:

»Die Pädagogin Erja Rusanen (Uni Helsinki) berichtet nach 40 Jahren Gruppenerziehung in Finnland: Die Risiken der mangelnden Bindungsfähigkeit dieser Kinder werden ignoriert, obwohl Statistiken eine massive Zunahme von Aggressivität, Verhaltensauffälligkeiten und Depressionen bei Jugendlichen nachweisen. Der schwedische Naturwissenschaftler Christian Sörlie Ekström meldet, dass die fehlende

---

[35] Die Tageszeitung (taz online), »Kein Platz im Kindergarten bis 1999« vom 4. Februar 1995, https://taz.de/Kein-Platz-im-Kindergarten-bis-1999/!1522012/

[36] Bundesministerium für Familie, Senioren, Frauen und Jugend, »Die Entwicklung des Ganztagsförderungsgesetzes«, https://www.recht-auf-ganztag.de/gb/politik/ganztagsfoerderungsgesetz

[37] Stiftung Zukunft CH, »Krippenbetreuung aus wissenschaftlicher Sicht« (PDF), https://www.google.com/url?sa=t&source=web&rct=j&opi=89978449&url=https:// www.zukunft-ch.ch/wp-content/uploads/2016/05/Zukunft-CH-Infoblatt-Kinderkrippen.pdf&ved=2ahUKEwiToYX5nq6IAxW0_rsIHRvnHdoQFnoECBQQAQ&usg=AOvVaw093Mf1FpUf7uLTWFf4Ma5W

Bindungsentwicklung und elterliche Erziehung bei Kindern im Alter zwischen sechs Monaten und drei bis vier Jahren zu mangelnder Stressbewältigung führt, die sich u.a. in asozialem Verhalten äussert. Depressionen bei Mädchen hätten in den vergangenen 20 Jahren um 1000 Prozent zugenommen, Angststörungen um 250 Prozent.«

## 4.1 KINDERTAGESSTÄTTE

*Allgemein-Begegnung (3 Worte)*
*Englisch: Child – Parents – Day Care*
*Deutsch: Kind - Eltern – Kindertagesstätte (gemeint ist die Kinderkrippe; abgekürzt Kita)*

Wie geht es einem Kind unter drei Jahren, wenn es fremdbetreut wird? Wie ist es um die Bindung zwischen Kind und Mutter bestellt, wenn ein Kind den Vormittag oder gar den ganzen Tag seine Eltern, vor allem seine Mutter, nicht sieht? Wenn der Beruf wichtiger wird als das eigene Kind? Welche Langzeitfolgen zeigen sich für das Kind? Was sich in dieser Arbeit zeigt ist erschreckend: Kontaktlosigkeit, Beziehungslosigkeit und Panikattacken. Aber das Schlimmste ist der Verlust an Kreativität. Man lebt zwar sein Leben, aber man fühlt es nicht mehr.

o **Kind** [lächelt]: Ich will in deine Arme gehen. In deinen Armen bleiben. Ich fühle mich so weit weg. Es reicht mir nicht.
o **Eltern:** Nein. Das ist geschäftlich. Ich schaue mir nur "Kita" an. Also, was machen wir jetzt, "Kita"? Gib mir bitte einige Optionen.
o **Kita:** Ich sehe das "Kind" und das ist genug. Das ist alles, was ich tue. Und das ist ganz schön viel Arbeit.
o **Eltern:** Ich bin damit einverstanden, wenn du sagst: »Du siehst es und das ist genug.« Ich bin damit einverstanden. Völlig okay.
o **Kind** [lächelt]: Ich brauche Wärme.

**Eltern**
»Nicht von mir! Sorry. Ich bin dankbar, dass "Kita" die Arbeit macht. Ich habe nicht wirklich eine Bindung. Ich will nicht einmal darüber

diskutieren. Ich übergebe nur das "Kind". Und das ist es. Ich will gar nicht wissen, wie viel Arbeit du hast, "Kita", solange ES erledigt wird. Ich muss das Wort „es" betonen. Solange du „es" mir in einem ordentlichen und gepflegten Zustand zurückgibst. Das heißt, Windeln gewechselt und Kleidung ohne Flecken. Ordentliche, saubere Kleidung. Das war's.«

o **Kita:** So wird »ES« sein.
o **Eltern:** Großartig.
o **Kita:** Aber du wirst andere Dinge mit der Zeit entdecken.
o **Eltern:** Nicht interessiert. Ich will nichts entdecken.
o **Kita:** Ich weiß, ich weiß. Aber er zeigt es gerade jetzt. Ich würde es ansehen. Du musst es nicht tun.
o **Eltern:** Ich dachte gerade, du hättest »er« gesagt. Und ich war... Wirklich? Was? Ist es ein Junge? Ich will nicht einmal das Geschlecht wissen. Nenn es bitte »es«.
o **Kita:** Im Vertrag werden wir es kurz als »es« erwähnen. Kein Name, kein Geschlecht.
o **Eltern:** Danke. Wenn es ein Geschlecht hätte... Ich fange an zu husten! Dann müsste ich mich mit »ES« befassen. Oh, das will ich nicht. Nein. Und je weniger ES spricht, desto besser. Nur zwischen dir und mir, "Kita", und das war's.
o **Kita:** Wir haben einige Methoden dafür. Wir werden entsprechend dafür trainiert.
o **Eltern:** Ich will es gar nicht wissen. Denn wenn etwas ist, kann ich wenigstens sagen: »Oh, ich wusste es nicht! Ich war mir dessen nicht bewusst.« Also sag's mir nicht. Es ist besser so.
o **Kita:** Der Staat ist auch verantwortlich.
o **Eltern:** Große Erleichterung! Wenn der Staat alles macht, genial. Awesome! Eine weitere Schicht dazwischen. Perfekt. Ich bin mehr daran interessiert, Dinge zu tun, die wirklich wichtig sind. Wo ich wieder arbeiten kann.
o **Kita:** Du kannst gehen, wann immer du willst. Ich bleibe dabei.

**Kind**

»Es ist so schwer auf meinem Rücken. Ich bin wirklich klein und ich spreche nicht. Aber ich warte auf jemanden. Ich fühle, dass ich keine

Umarmung haben will. Keine Umarmung. Ich schweige. Es ist zu schwer. Ich fühle mich so allein. Draußen und drinnen allein. Ich bin aufgeregt. Ich fühle mich, als wäre ich ein oder zwei Jahre alt. Ich mache nicht viel. Die Zeit vergeht langsam. Wenn ich fünf Stunden so bleibe, ist das verrückt. Es macht mich verrückt.«

**Kita**

»Wir warten einfach. Es ist ein Warteplatz. Ich warte auf dich und du wartest auf jemanden.«

**Eltern**

»Sorry, ich checke nur mein Handy. Ich habe keine Zeit. Wann ist Zeit, es wieder abzuholen? Wenn das "Kind" krank ist, kann es dann noch bei dir bleiben? Ich will mich nicht wirklich damit befassen. Aber es ist eine Notwendigkeit, Kinder zu haben.«

*"Eltern" waren weg und kommen jetzt wieder zurück.*

o **Eltern:** Okay, ich bin wieder da. Alles in Ordnung?
o **Kita:** Natürlich. Hier ist immer alles in Ordnung.
o **Eltern:** Ah, du bist die Beste. Du bist die Beste. Danke. Ich will es nicht mit nach Hause nehmen, um ehrlich zu sein, aber okay. Ich werde es mit nach Hause nehmen.
o **Kita:** Ja, wir müssen schließen. Aber wir sind immer froh, dich und dieses schöne "Kind" wiederzusehen. Es war so ein Vergnügen, mit ihm zu spielen. Es.
o **Eltern:** Danke, danke, danke. Ich hatte heute so viel auf der Arbeit zu tun, ich kann es dir nicht sagen! Ich hatte so viele wichtige Dinge zu tun. Es war wunderbar.
o **Kita:** Deshalb erleichtern Kinderbetreuer das Leben wichtiger Menschen wie dir.

**Eltern**

»Ja. Und übrigens, ich weiß nicht warum ich das mit dir teile. ES zu nennen ist sehr wichtig für mich, weil ich auch ein „es" bin. Ich weiß nicht mehr, ob ich Mutter, Vater, Frau oder Mann bin. Ich habe keine Ahnung. Also, vielen Dank. Sorry, ich bin etwas gestresst. Ich muss jetzt gehen. Ich habe nicht so viel Zeit, um mit dir zu reden. Bye! "Kind" komm schon!«

- o **Kind** [lächelt]: Ich bin so glücklich! Ich bin so glücklich!
- o **Eltern:** Ach du meine Güte!
- o **Kind:** "Eltern" mögen mich nicht.
- o **Eltern:** Ich will kein Glück sehen. Ich will keine glücklichen Gesichter sehen. Ich will nur funktionierende Gesichter sehen. Bitte, ich meine, wirklich, ich habe so viele wichtige Dinge zu tun!

## Kita

»Sie entwickeln sich hier richtig gut. Und sie nutzen das Handy viel früher als andere Kinder, die den ganzen Tag zu Hause bleiben. Weil es mehr Interaktion mit der Welt, mit anderen Kindern gibt. Die modernsten Methoden, ein "Kind" zu erziehen. Das neueste Update. Unsere Kindertagesstätte ist zertifiziert und die Zertifikate werden jährlich aktualisiert.«

## Eltern

»Was auch immer du sagst. Ich bin mit allem, was du sagst, einverstanden. Du bist der Experte. Sorry, ich muss noch mal rennen. Ich habe etwas sehr Wichtiges zu tun. Hör zu, ich sage dir das nur, weil es niemand hört. Eigentlich ist es mir egal. Mir ist es egal. Auch wenn du keine Zertifikate hättest. Es ist gut, dass du es auf dem Papier hast. Aber ich bin froh, dass "Kind" nicht spielt. Oh Gott! Spielen! Es gibt ein anderes Wort dafür.... Was machen die mit Scheren? Wenn du etwas tust, etwas baust? Lass mich auf meinem Handy nachsehen... Hier: Kreativität! Seht ihr, ich muss husten, sobald ich dieses Wort nur sage. Lasst mich etwas trinken. Ah, das Trinken hilft ein wenig. Natürlich ist es nur Wasser! Nur Wasser. Ich trinke nur Wasser. Seht? Nur Wasser. Ich trinke nicht. Nein, nein, nein. Hast du Kinder, "Kita"? Ich meine eigene? Ich wollte nie Kinder haben. Aber man muss ja.«

- o **Kita:** Überlasse es uns. Es ist unsere Aufgabe, uns zu kümmern. Dich interessiert das überhaupt nicht. Wir kümmern uns um alles.

o **Eltern** [flüstert]: Nur eine Frage, ich habe manchmal Schlafprobleme. Hast du einen Rat oder irgendwelche Schlaftabletten? Könnte ich einfach ein oder zwei probieren?

o **Kita:** Zum Schlafen? Nun, ich denke es ist so, weil du während des Tages zu aktiv bist. Nun, und das auch nur zwischen uns, wir wissen, wie man diese Kleinkinder beruhigt. Aber wenn man zu viel Aktivität hat, dann wird man Schlafprobleme haben. Ich persönlich nicht. Es ist so still hier und es passiert nicht so viel. Nun, wir haben einige Schlaftabletten, aber sie sind nur für Kinder wirksam.

o **Eltern** [überlegt]: Das wäre auch eine gute Idee. Aber das ist nur ein Gedanke. Sorry. Sorry! Wollte es nicht laut sagen.

*Während der ganzen Arbeit gibt es immer wieder längere, stille Phasen.*

o **Eltern:** "Kind" macht mich wirklich nervös. Ich bin gestresst bei der Arbeit. Und ich bin ständig im Stress. Aber Gott sei Dank, bist du es gewohnt, alleine zu spielen.

o **Kind:** Ja. Ich spiele alleine. Und ich nehme die Dinge mit, die ich geschrieben habe. Es war wichtig für mich und ich habe nichts damit gemacht.

o **Eltern:** Oh, schreiben klingt nicht gut für mich! Ich mag das nicht. Aus irgendeinem Grund möchte ich, dass du schnell groß wirst.

o **Kind:** Um so beschäftigt zu sein wie meine Mutter und mein Vater.

o **Eltern:** Ja, ja. Wenn du das sagst, ist es das erste Mal, dass ich dich ansehen kann. Das klingt gut. Uns ständig beschäftigt zu halten. Beschäftigt, beschäftigt, beschäftigt. Beschäftigt oder seltsam aktiv. Manchmal bekomme ich nicht genug Luft, wenn ich beschäftigt bin. Dann muss ich langsamer machen. Und die Technologie ist PERFEKT. Perfekt! Lenkt mich ab. Hält dich beschäftigt. Macht dich fit. Ich dachte nur an Kinder. Ah!!! Was für ein Konzept, Kinder. Oh mein Gott! Diese moderne Welt muss funktionieren. Gott sei Dank, du nimmst dein neues iPhone. Gott sei Dank!

*Wir nehmen ein weiteres Wort hinzu "Langzeit Auswirkung".*

- **Langzeit Auswirkung:** Hallo, "Kind". Oh, du bist kein Kind mehr. Wie alt bist du? Du siehst so traurig aus.
- **Kind:** 14. Ich bin wirklich traurig. Ich bin innerlich sehr traurig. Und ich fühle, dass ich dich nicht ansehen will. Ich will niemanden ansehen. Nur Dinge, nur Objekte. Ich fühle eine Menge Gewicht auf meinen Schultern.
- **Langzeit Auswirkung:** Sie haben dich enttäuscht, deine "Eltern", nicht wahr?

**Kind**

» Ja. Ich habe so viel zu geben. Erinnere dich, als "Eltern" sagte »Lass uns gehen, Kind«, da war ich so glücklich. Es ist immer noch in meinem Kopf, dieses Bild. Ich will nicht reden und hier bleiben. Es ist, als ob ich nicht lebendig wäre. Ich bin lebendig, aber fühle es nicht. Es ist so seltsam. Und ich habe das Gefühl, dass die Zeit vergeht. Ich werde älter. Ich bin nicht mehr 14. Vielleicht 17, 18, 20 Jahre und es ist das gleiche. Innen, es ist dasselbe.

Ich vermisse "Kita". Es war so wenig, aber zumindest war es etwas. Ich warte auf diese kleine Aufmerksamkeit von jemandem. Ich fühle mich nicht lebendig! Ich weiß nicht, wie man atmet. Ich will mich nicht umbringen, aber ich bin nicht lebendig. Warum vermisse ich "Kita" so sehr? Ich vermisse sie! Selbst wenn sie mir nichts gegeben hat. Ich bin schockiert. Seit wann sind wir schon so? 14 Jahre? 40 Jahre?«

**Langzeit Auswirkung**

»Es gibt keine Verbindung, keine Bindung, nichts zwischen euch und den "Eltern". Und ich kann das nur beobachten, wenn ich alle Emotionen abschalte. Besser nicht fühlen. Es ist zu wenig, um zu leben und zu viel, um zu sterben. Selbst ich, als du mir deine Schere mit der rosa Farbe gezeigt hast, hatte fast Angst bekommen! Es ist so seltsam! Ich könnte jetzt eine Panikattacke bekommen, wenn ich die Schere und die Farbe sehe! Es ist nicht, weil es eine Schere ist, aber es ist eine Erinnerung an das Leben. Und das macht mich schon ängstlich oder gibt mir eine Panikattacke! Ernsthaft. Ich meine, wenn du diese Schicht weglegen würdest, die vor uns ist, wüsste ich nicht, ob ich damit zurechtkommen könnte. Ah, ich reagiere genauso wie "Eltern"! Und Nähe? Nein, nein, nein. Ich will nicht, dass mir jemand nahekommt. Nein,

nein, nein. Ja, man könnte zusammenleben, aber bitte mit etwas Abstand. Bitte, bitte, haltet Abstand. Wir haben unsere Sachen, sie haben ihre. Mischt es nicht. Nein, nein. Ich kann keine Nähe zeigen! Nein, nein, nein, nein.

Zumindest hat "Kita" dich angeschaut. Die anderen haben das nicht einmal gemacht. Ich will nicht angesehen werden, wirklich. Nicht so viel reden, nicht so viel lachen. Und ich will mich nicht verpflichten. Ich will keine Verpflichtungen, wie heiraten oder so. Kinder? Nein. Ich will mich nicht auf einen Job festlegen. Ich will mich nicht auf Menschen festlegen. Mir ist egal, welche Kleidung ich trage.«

o **Kind:** Jetzt will ich weinen, weil ich dich sehe. Ich weiß nicht warum. Ich sehe, dass du älter bist. Wie viele Jahre vergangen sind.
o **Kita:** Das berührt mich ein wenig, dich weinen zu sehen. Ich fühle nicht, dass ich weinen könnte. Geht es dir gut? Ich bin etwas überrascht. Es ist nicht üblich, dass man eine Tagesstätte besucht. Normalerweise schickt man keine Postkarten an eine Tagesstätte. Ich konnte nur zwei Tropfen Tränen geben. Ich kann nicht mehr geben. Aber ich sehe und höre dich. Okay.
o **Kind** [weint]: Ich will dich umarmen! Ich vermisse das Umarmen.
o **Kita:** Ich weiß nicht, wie man umarmt. Du triggerst mich. Niemand hat mir gesagt... ich kann das nicht. Ich erinnere mich nicht an eine Umarmung. Das wäre zu viel.

## Langzeit Auswirkung

»Es war gut, dass du mit "Kita" gesprochen hast, weil ich zu viel Angst hatte. Wenn ich euch beide sehe, fühle ich mich wie... der Begriff ist „Hospitalismus". Sie geben den Kindern Nahrung und ein körperliches Zuhause, aber wenn es keine Umarmungen gibt... Jetzt, da "Kita" hier ist, fühle ich mich etwas beraubt. Ich habe mehr Energie als vorher. Du kannst weinen, aber ich kann es nicht. Und ich dachte auch an "Eltern". Sind wir nur ein Job? Oh, ich brauche diese Gruppe von Menschen, über die du gesprochen hast. Weißt du, zusammen zu heilen. Ich habe zum ersten Mal diese Hoffnung.«

**Kind**

»Es geht nicht um mich, sondern um sie, die "Kita": Sie konnte meine Liebe nicht empfangen und sie hat mir keine Liebe gegeben. Ich heile mich selbst. Ich dachte daran, mehr Leute einzuladen, die Englisch sprechen, damit wir es gemeinsam tun. Weil es eine große Gelegenheit ist, uns selbst zu helfen, uns selbst zu heilen. Und ich will mehr Freunde. Ich möchte, dass sie meine Freunde sind. Jeder ist ein Freund, aber es ist nicht wahr. Sie sind nicht meine Freunde. Ich mag sie, aber ich kenne sie nicht. Ich habe nicht viel erhalten. Und ich sehe, dass ich Liebe in mir habe. Es ist verborgen, aber es ist hier.«

## 4.2 KINDERTAGESSTÄTTE IN DER DDR

*Allgemein-Begegnung (5 Worte)*
*kinder – Vater – Mutter – Kinderkrippe – DDR*

In der ehemaligen Deutschen Demokratischen Republik (DDR) gab es flächendeckende Kinderbetreuung. Während meiner Recherche fand ich eine Vielzahl an Einrichtungen.[38]

o Kleinkinder unter 3 Jahren:
  ▪ Säuglingsheime (von 0 bis 3 Jahren. Vor allem Kinder von ledigen Müttern)
  ▪ Tageskrippen (von 6.00 bis 18.00 Uhr)
  ▪ Wochenkrippen (bis 3 Jahre. Von Montagfrüh bis Freitagabend)
o Kleinkinder ab 3 Jahre:
  ▪ Kinderwochenheime (von 3 Jahren bis zur Einschulung. Die komplette Woche; auch über Nacht)
  ▪ Erntekindergärten (während der Sommer- und Herbstmonate)
  ▪ Kindergärten
o Schule: Vorschulheime & Horte

---

[38] Für die Vollständigkeit oder die korrekte Benamung kann ich allerdings keine Gewähr geben.

Der Historiker Felix Berth hat sich mit der Geschichte der Säuglingsheime in Ost-, sowie West-Deutschland beschäftigt. In einem Interview[39] erklärte er:

»Damals gab es die Vorstellung: Säuglinge sind kleine Tyrannen. Sie müssen diszipliniert werden, müssen mit Härte dazu gebracht werden, dass sie alle drei Stunden trinken, regelmäßig schlafen und pünktlich in die Windeln machen. Wenn das die vorherrschende Überzeugung ist, dann kann man natürlich sagen, okay, dafür ist auch ein Säuglingsheim geeignet. Heute würden wir sagen: Es ist ein Desaster. (...) Die Kleinsten lagen in Gitterbettchen, oft 20 in einem Raum. Die Größeren, die sich schon ein bisschen bewegen konnten, wurden Rutscher genannt und waren alle in einem anderen Zimmer. Es gab keine aktive Beschäftigung, kein Spielen mit diesen Kindern. Oft standen oder saßen sie einfach rum, haben diese typischen Körperbewegungen gemacht, ein Schaukeln des Kopfs oder des Oberkörpers, was wir als Hospitalismus kennen.«

Bei den Wochenkrippen sah es wiefolgt aus:

»Montagfrüh von der Mutti gebracht, erst Freitagabend abgeholt – dieses Leben war für Tausende Kleinkinder in der DDR Realität. Über negative Folgen für die Entwicklung der „Wochenkinder" wurde nicht gesprochen. (...) Doch sei schon sehr zeitig durch verschiedene Forschungen bekannt gewesen, „dass die Wochenkrippenkinder und auch Heimkinder besondere Auffälligkeiten in ihrem Verhalten zeigen und dass es eigentlich keine optimale Entwicklung für Kinder ist."«[40]

In Dresden[41] war wohl die größte Wochenkrippe mit bis zu 90 Kindern. Alles wurde dokumentiert, alles war durchgetaktet, das Essen gab es immer zu bestimmten Zeiten. Es wurde berichtet, dass die Kinder in

---

[39] Taz, »Historiker über Säuglingsheime, „Jeder wusste, dass es sie gibt"« vom 4. April 2023, https://taz.de/Historiker-ueber-Saeuglingsheime/!5922970/

[40] Deutschlandfunk Kultur, »Kinderbetreuung ohne Eltern – Das schwierige Erbe der Wochenkrippen in der DDR« vom 15. März 2023, https://www.deutschlandfunkkultur.de/wochenkrippen-ddr-kinderbetreuung-kunsthalle-rostock-100.html

[41] Wochenkinder in der DDR, Forschung: »Fall Dresden«, Studie der Sozialwissenschaftlerin Heike Liebsch, http://wochenkinder.de/fall-dresden/

ihren Betten fixiert worden sind, damit sie nicht herauskommen können. Denn aufgrund des Personalmangels war es nicht möglich, alle
Kinder in der Nacht für 10 bis 12 Stunden zu beaufsichtigen.

»Die Medizinerin, Sozialhygienikerin und Krippenforscherin Eva
Schmidt-Kolmer erforschte in der DDR in zwei Studien die Entwicklung von Kindern in den ersten drei Lebensjahren hinsichtlich des Ein-
flusses der verschiedenen Betreuungsformen Tageskrippe, Wochenkrippe und Dauerheim. (…) So schilderten ein Großteil der Befragten
Verlustängste, die sie Zeit ihres Lebens begleiten, ebenso wie Schuldgefühle, nicht richtig zu sein und bei Beziehungsproblemen grundsätzlich etwas falsch gemacht zu haben. Viele von ihnen berichteten von
wiederholten Schwierigkeiten, sich einer Gruppe zugehörig zu fühlen
und dem grundsätzlichen Gefühl, anders zu sein.«[42, 43]

Gerade in sozialistischen und kommunistischen Ländern ist die staatlichen Kinderunterbringung bereits im Kleinkindalter Teil des politischen Narrativs. 2008 erschien das Buch von Agathe Israel und Ingrid
Kerz-Rühling »Krippenkinder aus der DDR: Frühe Kindheitserfahrungen und ihre Folgen für die Persönlichkeit und Gesundheit«, das sie
zusammen mit ostdeutschen Psychoanalytikern geschrieben hatten.
Frau Israel brachte es in einem Interview mit dem Deutschlandfunk auf
den Punkt[44]:

»Es ging um die „Erziehung zur sozialistischen Persönlichkeit", dabei
ging man erstens von einem Defizitmodell aus: Kinder sind werdende
Erwachsene, alles, was sie noch nicht wissen, wird als Mangel verstanden. Zum Zweiten Kinder sind nahezu grenzenlos formbar. Das ist das
„Tabula-rasa"-Modell, also: sie sind „leer" und müssen „gefüllt" werden. Zum Dritten ging man von einem Kollektivierungsmodell aus;

---

[42] Bundeszentrale für politische Bildung, Deutschland Archiv, »Wochenkrippen und
Kinderwochenheime in der DDR« vom 19. Januar 2018, https://www.bpb.de/the-
men/deutschlandarchiv/262920/wochenkrippen-und-kinderwochenheime-in-der-ddr/
[43] Universität Greifswald, »Das wissenschaftliche Werk Eva Schmidt-Kolmers
(25.06.1913 – 29.08.1991) unter besonderer Berücksichtigung ihrer Beiträge zum
Kinder- und Jugendgesundheitsschutz in der DDR«, https://epub.ub.uni-greifs-
wald.de/frontdoor/index/index/docId/217
[44] Deutschlandfunk, »Krippenkinder aus der DDR« vom 2. Februar 2009,
https://www.deutschlandfunk.de/krippenkinder-aus-der-ddr-100.html

Kinder haben sich ein angepasstes, rational-bewußtes und gesell-schafts-verpflichtendes Verhalten anzueignen."«

Fassungslos steht man vor solchen Maßnahmen. Wie konnte es nur so weit kommen? Wo liegen die Ursachen dieser kinderfeindlichen Sicht? Die nächste Arbeit zeigt, dass es nie um die Kinder ging. Nie. Die Mut-ter-Kind-Bindung wurde bewusst unterbrochen, um ein Herrschafts-, Macht- und Geschäftsmodell zu schaffen. Hinter verschlossenen Türen ist dann alles möglich.

o **Mutter:** Ich habe so einen Stress, ihr könnt euch das nicht vorstel-len. Ich sehe nur, was ich da tun muss. An mein Kind kann ich fast nicht denken. Oh Gott, da ist auch noch was! Wie bringe ich das jetzt unter? Ich bin voll mit der Arbeit beschäftigt, mit Terminko-ordination und solchen Sachen.

o **Kinderkrippe:** Also, bei mir auf dem Bild ist eine Hand, die greift nach der Mutter. Das ist auch absichtlich so gemacht. So fühlt sich das an. Du tust ja genau das, was du sollst. Das ist gut. Ich bin voll fokussiert auf die "Mutter". Der Rest ist Beiwerk. Das interessiert mich nicht.

o **Mutter:** Das gruselt mich jetzt. Wieso weißt du das? Kommt das von dir? Jetzt bin ich komplett verwirrt.

o **Kinderkrippe:** Nein, das kommt nicht von mir. Aber ich weiß das.

o **kinder:** Ich habe geschlafen. Ich habe das Gefühl, ich bin stillge-legt worden. Die Augen zu und im Ruhezustand. Ich habe ein Räus-pern gehört und das hat mich total gestresst. Ich bin im außen auf die Mama fokussiert und bin total gestresst. Ich weiß auch gar nicht, was "Kinderkrippe" ist. Irgendwie erschreckt mich das ge-rade.

o **Mutter:** Habe ich selber "Kinderkrippe" erlebt? Ich bin abgeschnit-ten von "kinder". Ich weiß nicht, ob ich von mir oder von allem abgeschnitten bin. Falls da irgendwann mal eine Verbindung zu dem Kind war, die ist jetzt abgeschnitten.

**Vater**

»Ich sage nur kurz etwas, weil ich eigentlich gar nicht da bin. Ich bin weder Vater, noch Mann, noch sonst irgendwas. Ich bin irgendwie hingestellt. Ich arbeite auch. Ich habe mit nichts zu tun. Ich habe keine Verbindung zur "Mutter". Wir sind auch kein Paar. Kind kenne ich nicht, "Mutter" kenne ich nicht. Ob ich jetzt da bin oder auch nicht, spielt überhaupt keine Rolle. Ich könnte jetzt auch eine Nachttischlampe sein oder ein Zeitungsständer. Am lautesten höre ich eher "Kinderkrippe". Wie eine Autorität. Das ist alles. Sonst gibt es nichts zu sagen. "Kinderkrippe", du bist eine Institution und hast damit automatisch die Autorität.«

o **Kinderkrippe:** Also, ich bin eine Institution, aber ob ich die Autorität bin? Nein. Ich kann meine Hände in Unschuld waschen.

o **Mutter:** Da ist irgendwas faul. Die haben dich eingespannt für etwas. Oder willst du das selber auch?

o **Kinderkrippe:** Nein. Für das, wofür ich geschaffen wurde, das mache ich. Ich bin nicht dafür zuständig, dass es dem Kind gut geht. Ich bin dafür da, damit alles läuft.

o **Mutter:** Dass die Industrie läuft. Der "Vater" schaut so belämmert, dass ich jetzt richtig fast lachen muss. Ja, du bist zum Vergessen. Jetzt habe ich "kinder" mal richtig angeschaut. Da spüre ich, dass es dem Kind richtig schlecht geht. Ich merke nicht, dass es mein Kind ist, sondern dass es EIN Kind ist. Dem geht es sehr schlecht.

o **kinder:** Mir ist kalt. Und ich wundere mich, dass "kinder" klein geschrieben ist. Ich bin ja ein Mensch. Bei "kinder" fühle ich mich austauschbar. Als wenn ich eine von vielen bin. Ich bin Kind und stellvertretend für alle Kinder.

o **Kinderkrippe:** Die unwichtig sind. Du kannst auch eine Nummer bekommen. Gut, dass du keinen Namen hast und klein geschrieben bist.

o **Mutter:** Ich merke, dass mich das schon berührt. Mein Blick ist bei dir, "kinder". Ich möchte etwas ändern. Ich kenne "Kinderkrippe". Ich habe da auch eine Erfahrung gemacht...

o **Kinderkrippe:** Nein, nein! Da pass ich jetzt auf, dass du nicht aus dem Ruder läufst, "Mutter". Ich muss darauf achten, dass du funktionierst. Ich melde dich! Vielleicht haben wir nicht gute Arbeit gemacht bei dir? Vielleicht müssen wir da nachbessern?

o **Vater:** Ich glaube, bei mir habt ihr gute Arbeit gemacht. Ich spüre gar nichts mehr. Ich nehme gar nichts mehr wahr. Mir ist alles egal. Verantwortung darf man nicht übernehmen.

o **Mutter:** Ich überlege, was ich tun könnte. Hier, in der Brust tut es total weh.

o **Kinderkrippe:** Also, ich melde dich! Mein Job ist es nicht, auf die "kinder" aufzupassen. Mein Job ist es, auf die "Mutter" aufzupassen. Hat ja funktioniert.

o **kinder:** Ich bin völlig erstarrt als "Kinderkrippe" meinte, sie meldet die Mama. Ich habe richtig Angst vor "Kinderkrippe". Ich habe Körper-Sensationen, wenn "Kinderkrippe" redet. Ich habe Körper-Erinnerung. Aber seit sie sagt, sie meldet dich, bin ich komplett erstarrt.

**Kinderkrippe**

»Ja, das ist auch ein Druckmittel für "kinder". Ich wasche meine Hände in Unschuld. Ich habe meinen Job getan. Ich habe es gemeldet. Vielleicht könnte man ein bisschen sozialen Druck aufbauen? Ich denunziere nur. Und helfe, falls ein paar Namen gebraucht werden. Die Arbeit ist so stressfrei!«

**DDR**

»Wir werden uns mal um die "Mutter" kümmern. Hat nicht richtig funktioniert, würde ich sagen. Müssen sie für einen Termin holen. Spritze geben wäre nicht schlecht. Impfen oder so etwas. Ich befürchte fast, sie ist so ein bisschen renitent, so leicht rebellisch. Aber irgendwann schreckt jemand aus der Bevölkerung hoch, huh! Das kann man ganz schnell wieder regeln. Wie du gesagt hast: Ein bisschen etwas ins Essen, eine kleine Spritze. Ach, was es halt da so gibt. Wir probieren auch immer wieder etwas aus. Das merken die gar nicht! Darum verstehe ich gar nicht, dass "Mutter" so entsetzt schaut. Das macht das Leben total stressfrei. Jeder hat seinen Platz. Jeder hat seine Aufgabe. Alles läuft wie ein Uhrwerk. Mir kommen gerade die Nachbarn. Es ist wichtig zu wissen, wer die Nachbarn sind. Dass von den Nachbarn

Gruppendruck aufgebaut wird. „"Mutter", kommst du vorbei? Um so viel Uhr und an dem und dem Tag hast du zu erscheinen." Ich bin hier ganz entspannt und fröhlich. Es läuft ganz gut.

Ich muss mir keine Gedanken machen. "kinder" sind sowieso ruhiggestellt. Wir haben dich nicht eingesetzt für die "kinder", "Kinderkrippe". Du bist dafür ja gar nicht ausgebildet. Also, wer will sich denn um "kinder" kümmern??? [lacht] Ganz ehrlich! Da haben wir doch wirklich Besseres zu tun!«

**kinder**

»Ich habe irgendwie eine Verbindung zur "Mutter". Da war ich wacher. Aber seit sie gar nicht mehr redet, bin ich nicht mehr da.«

**Mutter**

»Wenn ich nicht so eingeschüchtert wäre und mich so alleine fühlen würde, ich würde euch alle, euch beide, umbringen. War blöd, dass ich das gesagt habe, aber ich kann nicht mehr zurück! Sie machen die "kinder" kaputt und manipulieren uns. Jetzt habt ihr euch gezeigt!« [lacht und trinkt aus einer Flasche]

**DDR**

»Da kann man etwas in die Flasche tun. Lass die ruhig das nette, bunte Ding da haben. Da tun wir dann etwas rein oder dann wird sie Alkoholikerin. Was meinst du, wie schnell das Ansehen fällt. So schnell kannst du gar nicht gucken. Ich gehe wieder an die Arbeit. Sag mir Bescheid, wenn wieder etwas sein sollte. Es ist schon sehr erstaunlich, wie GUT das läuft. Weißt du was? Wenn es zu gut läuft, dann könnte man fast Aufträge aus dem Ausland annehmen. Du kannst ja auch Menschenversuche… Was heißt Menschenversuche… Das klingt ja so negativ. Sagen wir es mal so: Du kannst etwas ausprobieren. Solange die "kinder" produzieren ist das gut. Solange der Nachwuchs da ist, passt das eigentlich.«

o **Kinderkrippe:** So stressfrei hier. Mir ist fast ein bisschen langweilig.

o **DDR:** Wir machen das dann so, dass sie Alkoholikerin wird, die "Mutter". Es ist ein guter Plan, wenn sie in den Alkohol abrutscht. Das schaffen wir schon.

o **Kinderkrippe:** Das finde ich jetzt spannend. Wir können sowas kreieren?

o **DDR:** Ja. Und dann schauen wir mal, was das mit "kinder" macht. Und dann kannst du mir das zurückspielen. Man kann sogar Kameras aufstellen. Und dann haben wir Live-Materialien, wenn so ein Auftraggeber kommt aus den sogenannten westlichen Industrieländern...

o **Kinderkrippe:** Mal schauen, was es so braucht, um so jemanden zum Alkoholiker zu machen, verrückt zu machen. Dann kann man die Familien trennen.

o **DDR:** Ist doch super. Das interessante ist, dass alle Aufträge und Ideen von denen da drüben kommen. Die kommen ja gar nicht von uns. Die, die sich die Demokratie so auf die Fahne schreiben, das sind schon Verbrecher. Also, ich muss sagen, uns ist das nicht eingefallen.

o **Kinderkrippe:** Wirklich? Ich dachte, ihr würdet das machen.

o **DDR:** Nein. Ich kann mich nicht erinnern, dass das von uns gekommen wäre. Aber wir werden kontaktiert. Wir müssen noch nicht einmal Marketing dafür machen; oder wie man das heute so nennt.

o **Kinderkrippe:** Ach, ich dachte, es wäre eine eigene tolle Idee gewesen.

o **DDR:** Ja, gut, am Anfang schon ein bisschen. Das gestehe ich schon. Wir kamen so frisch aus den 1933ern. Da haben wir schon ein bisschen weitergemacht.

o **Kinderkrippe:** 1933, da möchte ich nicht darüber reden.

o **DDR:** Ich meine nur, da haben wir noch experimentiert. Aber ich muss dir sagen, das andere ist viel stressfreier. Viel stressfreier.

o **Kinderkrippe:** Kriegt ja auch keiner mit.

o **DDR:** Ja genau! Weil es keine Sau zurückverfolgen kann. Wenn wir früher irgendwas gemacht haben, war immer die Gefahr, dass das irgendwann einmal hätte auffliegen können. Aber bei dem anderen, wer soll denn darauf kommen?

o **Kinderkrippe:** Ich wasche meine Hände in Unschuld.

## kinder

»Ich merke, dass sich eine Ohnmacht hier breit macht. Da geht gar nichts mehr. Komplette Ohnmacht. Euer Gerede, das ertrage ich nicht mehr. Ich ertrage das Gerede nicht mehr.«

## DDR

»Es gibt ja auch keine Aufzeichnungen! Sind ja alle beim Originalempfänger. Wir behalten ja nichts. Uns interessiert das ja nicht. Alle Original-Aufnahmen sind beim Original-Auftraggeber. Und damit kann keiner etwas zurückverfolgen. Mir kann keiner an den Karren fahren! Das ist so ein stressfreies Leben! Ich habe keine Angst, wenn ich ins Bett gehe. Und das Material wird vernichtet. Alles gut. Und wenn ich etwas zum Lachen haben will, dann schickt mir jemand wieder eine Studie, die veröffentlicht worden ist. Dann denke ich mir: »Ach, schau mal aber an, was die daraus gemacht haben!«

o **Kinderkrippe:** Eigentlich ist es gut, so wie es ist. Ist echt ein lauer Job hier.
o **DDR:** Und wenn du eine Idee hast, ich bin total offen dafür.
o **Kinderkrippe:** Ja, manchmal fällt mir etwas ein. Ob ich die Person leiden kann oder nicht, je nachdem, dann kann ich mir ja etwas Gutes einfallen lassen.
o **DDR:** Richtig. Dann schreibe ich das auf. Und dann sagt jemand: »Hey, ich brauche hier eine Studie in der Kindertageskrippe hier in bla bla bla.« Und ich sage: »Du, da hat jemand eine super Idee gehabt. Was hältst du davon? Wir hatten an das und das schon einmal gedacht.« »Ah, ja gute Idee.« Und dann kannst du das machen.
o **Kinderkrippe:** Du, weißt du, was in meiner Macht steht? In meiner Macht steht, dass ich das nähere Umfeld weiter denunziere. Das habe ich auch im Griff.

- **DDR:** Das ist wirklich wichtig. So wissen wir auch, was wo passiert. Schau mal, "kinder" schläft schon wieder. Du hast da wahrscheinlich wieder Schlaftabletten oder Schlafmittel gegeben? Super.
- **Kinderkrippe:** Das macht man wahrscheinlich mit "kinder", die ganz lange da sind.
- **DDR:** Das habe ich auch gedacht. Dann ist das auch nicht so schlimm, dass die so lange da sind. Woanders würden die total ausrasten, aber bei uns funktioniert das.
- **Kinderkrippe:** Ich habe auch meine Leute, die mir zuarbeiten. Ich bündle das und gebe das gebündelt an euch weiter. Aber das ist ganz einfach und ganz chillig. Das macht keinen Stress.
- **DDR:** Wir sind definitiv auf der entspannten Seite. Und dann kommt wieder so ein Staatstragender zu Besuch. Und während des Besuchs berät man sich, was die so brauchen könnten.
- **Kinderkrippe:** Oh, dann gibt ihr mir Anleitungen wie ich… Da muss man ganz schön was in die Wege leiten. Das darf nicht so oft passieren, denn das ist dann stressig. Das habe ich nicht so gerne. Die scheiß Blagen machen das nicht so mit.
- **DDR:** Das wir ganz schnell Routine. Was ich so sehe, hast du die echt gut im Griff.
- **Kinderkrippe:** Das habe ich. Aber manchmal muss man auch lebendige "kinder" vorzeigen. Das ist stressig. Wie kriege ich die lebendig?
- **DDR:** Dann lässt du das Mittel halt mal kurz weg. Kurzfristig. Geht schon.
- **Kinderkrippe:** Aber dann weiß ich nicht, ob die dann so funktionieren. Ich glaube, da wird von mir verlangt, dass ich genau weiß, wie die Dosierungen sind. Da habe ich ein bisschen Stress mit. Ich will ja gefallen. Wenn jemand kommt, dann will ich ja genau das zeigen, was ihr sehen wollt. Ich bin schon bestrebt, dich zufriedenzustellen.
- **DDR:** Du, ich bin hoch zufrieden mit dir. Ich mache mir da keine Gedanken. Dann klopfen wir uns alle auf die Schulter, was wir für einen tollen Job gemacht haben. Ich versuche schon, mit ein paar Leckerlies, dich bei Laune zu halten.

- **Kinderkrippe:** Wenn der Besuch kommt, kommen da auch Frauen mit? Ich sehe nur Männer.
- **DDR:** Meistens Männer. Aber meistens kommt keiner wirklich zum Schauen. Die Videoaufnahmen reichen schon. Und du kannst die Kameras offen aufstellen. Die sind hoch zufrieden, dass wir das machen. Wenn die das sehen, dann hüpfen die vor Begeisterung nur noch auf und ab. Dann kannst du denen alles erzählen.
- **Kinderkrippe:** Ich merke, das ist mehr in der Neuzeit. Ich bin lange dabei und da waren öfters Kontrollen. Da musste ich gut funktionieren, musste meine besten Seiten zeigen. Ja, das hat mir immer Stress gemacht. Aber das habe ich heute gar nicht mehr.
- **DDR:** Also, ich bin noch in der alten Zeit. Ich verstehe auch gar nicht, warum es eine neue Zeit geben musste. Es war doch super, die alte Zeit.
- **Kinderkrippe:** Jetzt ist es besser. Wir haben bessere Möglichkeiten.
- **DDR:** Es geht noch einfacher? Respekt! Respekt. Da haben wir ja gute Vorarbeit geleistet.
- **Kinderkrippe:** Geht ja schon lange. Das ist nicht erst seitdem es die DDR gibt. Das ist schon älter.
- **DDR:** Meine Erinnerung geht bis maximal 1900 zurück.
- **Kinderkrippe:** Ja, das würde ich auch so sagen. Wenn ich die Männer in ihren Anzügen sehe. Anstatt Kinderkrippe war dann vielleicht mal Kinderkrankenhaus?
- **DDR:** Ah! Kinderkrankenhaus ist auch super. Bei Kinderkrankenhaus werde ich gleich fröhlich! Ah, wenn ich das Wort nur höre, da geht mein Herz auf! Das war eine schöne Zeit! Da werde ich nostalgisch!
- **Kinderkrippe:** Da war noch Zucht und Ordnung.
- **DDR:** Da konntest du am Abend noch in die Räume reingehen. Oh! Da kommt bei mir richtig Leben ins Spiel. Das war eine schöne Zeit! Das hatte noch was von einer Wild-West-Stimmung.
- **Mutter:** Wer arbeitet noch alles für euch, wenn ihr alles so kaputt macht? Ich kann nichts mehr tun. Ich bin ja nicht blöd. Ich höre alles und kriege alles mit.
- **Kinderkrippe:** Was hat die gesagt? Wird sie wieder schon ein bisschen krawallig?

*"Mutter" schaltet sich weg.*

## DDR

»Hey, die soll nicht weggehen. Das gibt's doch nicht! Aber schau mal, die hat ihre "kinder" dagelassen. Wir wissen ja, was das macht, wenn die Mütter ihre Kinder verlassen. Die Auswirkungen. Ja, dann stirbt halt mal auch ein Kind. Na und? Warum gab es eigentlich die Wiedervereinigung? Warum hat man das nicht so gelassen wie es war?«

## Mutter

»Entweder bringe ich um oder ich schmeiße eine Bombe. Ich habe nicht gemerkt, warum ich mein Kind abgegeben habe. Zuerst habe ich gemeint, ich muss das tun. Ich war in einem funktionalen Zustand. Und danach war ich ausgeschaltet. Für mein Kind ist kein Bezug gewachsen. Nur das Mitgefühl mit vielen Kindern ist noch da. Aber innerlich hat es gebrodelt. Kann ich Verbündete suchen? Ich habe mich aber auch isoliert gefühlt. Als ich mich ausgeschaltet habe, weiß ich nicht, ob ich mich umgebracht habe oder ob ich untergetaucht bin. Dass es ein Ende haben muss? Da hat es keinen Ausweg gegeben.«

## Vater

»Ich bin total ausgeschaltet. Die Männer werden zuerst ausgeschaltet. Dann kommt man leichter an die Mütter heran. Dann kann man den Mutter-Kind-Kontakt stören.«

## kinder

»Ich war ruhiggestellt, aber ich war geistig anwesend. Ich war in einem Dämmerzustand und nur für mich. Wenn ich angesprochen wurde, war ich sehr aufmerksam. Ich wollte die ganze Zeit zur Mama. Ich habe gemerkt, wie abhängig ich von ihr bin. "Kinderkrippe" und "DDR" waren mir fremd, aber ich habe mit denen irgendwas zu tun. Als "DDR" sagte, „ich geh dann mal", da hatte ich Hoffnung. Aber als "DDR" dann nicht gegangen ist, das war schlimm.«

Nachwort

Nur ein paar Tage später lese ich per Zufall diesen Artikel auf STERN online[45]: »"Sie weinte und weinte im Schlaf": Kita-Leitung verabreichte Kindern Melatonin-Gummibärchen."« In den USA sind bereits über 4000 Kinder in der Notaufnahme gelandet. Es gibt auch bereits seit Jahren Todesfälle wie eine Studie[46] der University of Oxford zeigt.

»Immer mehr Kinder bekommen Melatonin-Gummibärchen verabreicht, um besser zu schlafen. Mit verheerenden Folgen: Albträume und Angstschweiß sind nur einige der Symptome, die auftreten können. In den USA muss sich nun eine Kita-Leiterin vor Gericht dafür verantworten, Kinder mit dem Schlafmittel ruhig gestellt zu haben.«

## 4.3 KINDERGARTEN (Selbst-Begegnung)

*Selbst-Begegnung (Frau, Deutschland, 3 Worte)*

*Deutsch: Ich – Tochter – rausreißen*

*Englisch: I – Tochter – tear out*

Es geht um eine Mutter Ende 30 und ihre 4-jährige Tochter. Nach einer langen Zeit im Ausland, in den USA, ist sie wieder nach Deutschland gezogen als ihre Tochter zwei Jahre alt war. Es gibt Konflikte im Kindergarten und die Frau überlegte, den Kindergarten zu wechseln. Der jetzige Kindergarten befindet sich in einer anderen Stadt, d.h. sie pendelt jeden Tag ca. 8 km. Der neue Kindergarten würde an ihrem Wohnort sein. Eine Mischung aus Überforderung, schlechtem Gewissen

---

[45] STERN online, »"Sie weinte und weinte im Schlaf": Kita-Leitung verabreichte Kindern Melatonin-Gummibärchen.« vom 8. Februar 2024, https://www.stern.de/gesundheit/fall-in-den-usa--kita-leitung-verabreichte-kindern-melatonin-gummibaerchen-34440950.html

[46] Oxford Academic, Journal of Analytical Toxicology, »Melatonin Supplementation in Undertermined Pediatric Deaths« [Melatonin-Supplementierung bei ungeklärten pädiatrischen Todesfällen] vom 27. Mai 2022, https://academic.oup.com/jat/article/46/8/808/6593956?login=false

und einer unglaublichen inneren Not, die sie nicht greifen und erklären kann, lässt sie aber zu keiner Entscheidung kommen.

»An dieser Stelle werde ich emotional, weil es mir so schwer fällt, sie da herauszuholen. Ich weiß nicht, ob ich die Fähigkeit habe, den Schmerz zu ertragen«, sagte sie und fing dabei an zu weinen.

In dieser Arbeit zeigt sich sofort, dass es nicht um den Kindergarten geht, sondern um alte Ängste und traumatische Erlebnisse aus ihrer eigenen Kindheit in den ersten drei Lebensjahren. Sie selbst hat keine Erinnerung an die erste Phase ihres Lebens bis zu einem Alter von circa vier Jahren. Was sie aber weiß: Ihre Mutter hatte einen Unfall als sie vier Monate alt war. Deshalb wurde die Frau als Baby für einen Monat zu ihrer Patentante gegeben. Als sie sechs Monate alt war wurde ihre Mutter wieder schwanger und musste viel liegen. So kam sie ein zweites Mal zu ihrer Patentante. Ihr Bruder wurde geboren, da war sie 15 Monate alt. Ihre Eltern hatten insgesamt fünf Kinder.

Es zeigt sich das Bild einer Großfamilie, das geprägt ist von Katholizismus, Kälte, Verlust- und Bindungstrauma und unausgesprochenen Familiengeheimnissen, mit denen sie noch tief verstrickt ist. Die Familie des Vaters ist extrem religiöse und mit 10 Geschwistern (zwei sind gestorben) auch sehr groß.


»Dieses Thema des Todes zieht sich auch durch die Familie meiner Mutter und meiner Großmutter. Ich habe auch meine ältere Schwester verloren. Es gibt so viel Dunkelheit und so viel Gewalt und so viel Illusion. Es ist ein richtiger Clan. Sie nennen sich auch so. Mein Vater war der Patriarch, meine Großmutter die Matriarchin. Alles drehte sich um die Familie und um das (Familien-) Geschäft.«


Die Tochter spiegelt die Gefühlswelt ihrer Mutter. In ihr sieht die Frau eigentlich sich selber, ihren eigenen Schmerz, ihre Verlassenheit, ihre Not und ihren Überlebenskampf als Kind. Als ihre Tochter drei Monate alt war kam ihre Familie zu Besuch. »Ich kam aus dem Flughafen und sie lag panisch in meinen Armen, als sie meinen Vater sah. Ein drei Monate altes Baby! Und so reagiert sie bis heute auf ihn. Sie ist voller Panik, wenn sie ihn sieht.« Nach über 10 Jahren in den USA zog sie aber mit ihrer Familie – die Tochter war ungefähr zwei Jahre – wieder nach Deutschland, in die Nähe ihrer Eltern. »Ich hatte das Gefühl, dass ich zurückkommen wollte, als meine Tochter geboren wurde.«

*"Tochter" holt sich eine Decke, legt sie sich um die Schultern, sodass das halbe Gesicht bedeckt ist.*

**Tochter**

»Die Aufmerksamkeit ist im Moment zu sehr auf mich gerichtet. Wenn es möglich wäre, würde ich gerne weiter weg von hier gehen, so dass ich nur noch ein kleiner Punkt wäre. Irgendetwas stimmt nicht. Es könnte gefährlich sein. Ich befinde mich nicht in einer sicheren Umgebung. Was oder wer es ist, weiß ich nicht. Aber es ist besser für mich, mich zu verstecken oder nicht sichtbar zu sein. Und ich habe nicht viel Kontakt zu dir. Ich frage mich, ob ich überhaupt gute Kontakte habe. Ich brauche Hilfe.

Nein, es ist nicht der Kindergarten und wer sich um die Kinder kümmert. Du hörst nicht zu, was ich sage. Es ist, als ob du in einem völlig anderen Universum wärst und ich keinen Kontakt zu dir habe. Ich schaue mich um und versuche, einen Hinweis zu finden, aber da ist nichts. Es ist viel, viel älter. Wie ein Theaterstück, das nachgespielt wird. Es ist wie eine Erinnerung an etwas Altes, das in der Familie passiert ist. Ich habe keine Verbindung zur Gegenwart. Ich bin vielleicht körperlich anwesend, aber der Rest... Ich stecke in etwas Altem fest. Es ist so schwierig für mich, denn ich habe das Gefühl, dass es auch mir passieren würde. Ich kann nicht unterscheiden, was du bist und was ich bin. Es ist niederschmetternd.

Ich habe auch Angst vor der Patentante. Alleine das Wort ist schon krass! Das englische Wort ist besser. Denn „Patentante", das deutsche Wort, klingt zu neutral. Das englische Wort, „godmother" beinhaltet die Angst von „oh, mein Gott". Dieses Wort trifft es auf den Punkt. Und Religion ist ein Teil davon. Es ist riesig. Es ist so alt und hat so eine enorme Macht. Ich kann dem nicht entkommen.«

## Ich

»Meine Aufmerksamkeit ist auf meine "Tochter" gerichtet. Ich kann nicht verstehen, was vor sich geht. Ich kann sie nur deutlich sehen. Ich könnte so alt sein wie du. Ich höre jeden Satz. Irgendwie spüre ich es auf einer anderen Ebene. Jede Information war wie ja, das ist wahr. Kein Zweifel.«

## rausreißen

»Als ich in die Resonanz kam, fühlte ich ein tiefes Gefühl der Verzweiflung und der Orientierungslosigkeit. Es war niederschmetternd. Ich hatte das Gefühl, dass ich in einer anderen Welt bin. Ich erkenne nichts wieder. Ich bin in diesem Zustand der Überforderung und weiß nicht, wo ich nach Hilfe suchen soll. Und als du dich mit dem "Ich" und mit deiner Tochter in Kontakt gekommen bist, kamen diese Fragen auf: „Wer bin ich? Bin ich ein Teil von dir?" Es fühlte sich an, als wäre ich eine Energie oder als würde ich eine Energie halten. Und das hat mich in einen Zustand der Dissoziation versetzt. Und es fühlte sich an, als ob ich nicht sprechen und mich nicht bewegen könnte. Ich kann in diesem Zustand kaum überleben.

Wer mag dich nicht? Ich hatte das Gefühl, ein kleiner Teil von dir zu sein, und ich war in großer Gefahr, weil uns etwas passiert ist, als wir klein waren. Vielleicht 2, 3, 4 Jahre alt. Und wir befanden uns in einer ähnlichen Situation der Verzweiflung. Diese unausgesprochene Angst. Wir haben das Gefühl, dass uns etwas passiert ist. Wer mochte uns nicht und was ist mit uns passiert? Und als du „Papa und ich" sagtest: Welcher Papa? Unserem Papa? Ist unserem Papa etwas zugestoßen? Ist uns etwas zugestoßen? Ist unserer Familie etwas zugestoßen, als wir noch keine vier Jahre alt waren? Warum waren wir so verängstigt? Und ich habe niemanden, der mich oder uns beschützt. Das ist eine so tiefe Angst. Es fühlt sich an, als wären wir seit damals und die ganze Zeit über verlassen worden! Bin ich hier tot? Ich weiß nicht, ob ich lebe oder tot bin. Bis ich drei Jahre alt war, war ich mir nicht bewusst, ob ich lebendig oder tot oder was auch immer war. Ich habe das Gefühl, dass ich irgendwo verloren bin... Wir haben überlebt!«

## Tochter

»Wenn du Clan sagst, und Familie und das Geschäft... boah... ich spüre noch so viel mehr als das. Es ist erschütternd! Und du wohnst jetzt in der Nähe deines Vaters? Oh, mein Gott! Oh, Scheiße. Oh, mein Gott!!! Boah... das macht mir Rückenschmerzen. Es ist okay, wenn du nicht in den USA leben willst, aber doch nicht zurück zu deinen Eltern! Oh Gott! Das ist das Problem! Nicht der Kindergarten. So habe ich auf deinen Vater reagiert und jetzt bringst du mich in seine Nähe? Das ist zu viel für mich. Oh heilige Scheiße!

Ich habe nicht das Gefühl, dass du mich erdrücken würdest. Aber ich habe das Gefühl, dass ich nicht zwischen meiner Mutter und mir unterscheiden kann. Es ist wie eins. Das "Ich", ich in diesem Alter – ich habe genau die gleichen Empfindungen wie du in diesem Alter.«

## rausreißen

»Warum leben wir in seiner Nähe? Ich habe das Gefühl, dass ich meine "Tochter" buchstäblich umarme und auf ihr sitze. Ich bedecke sie. Ich zerquetsche sie. Dass sie ein Ausdruck von mir ist, weil mir die Worte fehlen. Und sie reagiert durch ihren Körper. Und weil ich immer noch in einem Zustand bin, in dem ich nicht weiß, ob ich tot oder lebendig bin. Die ganze Energie und das, was uns passiert ist, was mir passiert ist, bis ich drei Jahre alt war. Ich bin auf meiner "Tochter", denn sie ist die EINZIGE Person, die auf mich reagiert. Sie könnte sogar mein Bezugspunkt sein. Ist sie meine Mutti oder wer? Weil sie mich sieht. Es fühlt sich so seltsam an. All das Trauma, das ich bis zum Alter von drei Jahren hatte, kann von hier aus gesehen werden. Meine Tochter ist die Einzige, die mich sieht, die mich spürt und die sich meiner bewusst ist.

Jetzt fühle ich mich wie ein kleiner, richtiger kleiner Teil von dir, der zwischen vier Monaten und drei Jahren blockiert ist. Jetzt habe ich Klarheit darüber, wer ich bin. Aber wir haben doch die Gefühle! Und du hast sie benannt, was dort passiert ist. Und die Angst, von der du gesprochen hast...

Ich habe mich gefragt, wenn meine Mutter nicht da war, wer hat sich um uns gekümmert, während sie sich um unseren Bruder kümmerte? War mein Vater da? Und wie war er eigentlich da? Ich fühle mich wie ein kleiner Sünder, der ständig bestraft werden muss. Und irgendetwas ist passiert, als ich nicht zugehört habe. Kannst du dich an diese Zeit erinnern, wie unser Vater uns behandelt hat? War er gewalttätig? Hat er uns in gewisser Weise bestraft?«

*»Mein Vater hat viel gearbeitet. Mein Vater hat eine Art... immer noch zu mir, ich bin jetzt 38 Jahre alt... wenn er mich sieht, packt er meinen Kopf und gibt mir Küsse. Von beiden Seiten. Oder er macht es so, dass er mich am Hals packt.«*

o **rausreißen:** Es fühlt sich wie eine Dualität an. In dieser Liebkosung liegt etwas, das erdrückend ist. Wie eine Kontrolle... Etwas ist falsch. Es ist so verwirrend, so verwirrend für den Teil, der feststeckt. Liebt er mich? Aber in seiner Liebe erdrückt er mich in gewisser Weise. Ich bin sehr verwirrt über die Liebe. Was ist Liebe?

*»Ich kann mich nicht daran erinnern, dass er mich jemals geschlagen hat oder so. Aber ich kann dir sagen – was mir bei meiner älteren Schwester, die bereits verstorben ist, im Gedächtnis geblieben ist – als sie mit 15 Jahren nicht in die Kirche gehen wollte, zog er sie an den Haaren die Treppe hinunter, damit sie in die Kirche ging. Ich kann mir nur vorstellen, was er noch alles getan hat, als wir jünger waren.«*

**Tochter**
»Es gibt hier etwas Dunkles. Und es ist gut, dass du diese Erinnerungen nicht hast. Es ist besser, zuerst mit den Gefühlen zu beginnen. Und ich weiß nicht einmal, wo ich bei deinen Eltern ansetzen soll. Soll ich auf den Vater schauen oder auf die Mutter? Wohin ich meinen Kopf auch drehe, es ist bäh...! Wenn ich es auskotzen könnte... Aber es ist nicht möglich. Die Wahrheit darf nicht an die Oberfläche kommen. Ein großes No-Go. In dieser Familie stopft man alles in sich hinein. Was auch immer passiert ist, man verdrängt es.«

*»Ich möchte es eigentlich auskotzen. Ich habe generell Schwierigkeiten, mich zu übergeben. Ich produziere auch kein Fieber. Ich werde*

*nie wirklich krank. Das Zeug kommt nie raus. Ein Geschwisterchen meines Vaters ist nach der Geburt gestorben. Sie war ein Zwilling. Und bis heute weiß niemand, wie sie gestorben ist. Angeblich kam eine Krankenschwester zu meiner Großmutter und sagte, sie hätte sie aus der Hand gleiten lassen. Mein Vater sagt so etwas in der Art. Aber niemand weiß es wirklich. Und meine Mutter, die eine gute Christin war, seine Mutter war eine gute Christin, vergab ihr sofort. Das ist eine seltsame Geschichte. Und das ist nur ein Beispiel.«*

o **rausreißen:** Ich weiß nicht, ob sie froh war, dass das Kind nicht mehr am Leben war. Deshalb hat sie auch so schnell verziehen! Und wenn du das sagst: Jemand will uns auch tot sehen. Und es ist eine Menge Missbrauch. Ich habe noch nicht die Kraft, darüber zu sprechen, ich bin noch nicht so weit, aber es gibt eine Menge Missbrauch jeder Art. Das ist der Grund, warum ich nicht darüber sprechen darf. Es ist gefährlich. Es ist wie eine kriminelle Energie hier, mein Gott. So viele Fake News und Verwirrung. Ich weiß nicht, was ich glauben soll.

*»Ich habe eine Mutter, bei der der Tod ein ständiger Begleiter ist. Überall gibt es Tod und Missbrauch. Seit Generationen. Es geht also in beide Richtungen. Es zerreißt mir das Herz, dass all meine harte Arbeit der letzten vier Jahre... und meine Tochter immer noch meinen Mist mit sich herumträgt, weißt du. Das ist für sich genommen schon niederschmetternd.«* [weint]

o **Ich:** Ich höre jeden Satz und bin dabei, aber es ist nicht meine Zeit, mich zu zeigen. Es ist die Zeit von "rausreißen". Denn sie kommt vor mir. Ich bin noch nicht ganz geboren. Aber dennoch bin ich hier. Und kognitiv fühle ich mich sehr klar. Und ich fühle sogar ein gewisses Mitgefühl mit dir, aber ich kann noch nicht allzu viel tun.

**rausreißen**

»In unserer Familie wurde ein Mord begangen, und er wurde vertuscht. Er wurde nicht als Mord erkannt. Ich bin zwischen vier Monaten und drei Jahren alt und habe große Angst, dass mir das auch passieren könnte. Man wird mich aus der Familie nehmen und ich werde auch vertuscht. Ich kann mich nicht selbst regulieren. Das ist so gewaltig. Und die Art und Weise, wie ich in diesem Alter behandelt wurde, wie ein Pingpong. Mutter, Vater, Patentante... Wird sie mich umbringen? Und alle werden sagen: „Gott sei Dank, sie ist tot. Wir werden unserer Patentante verzeihen." Ich habe das Gefühl, dass ich ständig in Gefahr bin. Ich bin mir dessen nicht bewusst. Und ich möchte mich wirklich mit dir verbinden, aber ich weiß nicht, ob das möglich ist. Ich hoffe, du willst nicht, dass ich auch sterbe. Ich werde dich nicht umbringen. Und ich hoffe, du bringst mich auch nicht um. Wenn du deine Eltern nicht willst, heißt das, dass du mich nicht willst? Für mich ist das die Verwirrung. Denn wenn ihr mich nicht sehen wollt, bedeutet das, oh mein Gott, das bedeutet, dass ich immer noch an diesem Ort festsitze, ganz allein! Und das führt zu Einsamkeit. Ich weiß nicht, was ich mit diesen Gefühlen anfangen soll! Sie sind da und ich bin überwältigt und verängstigt. Und ich habe keinen Anhaltspunkt.

Aber ich habe zumindest die Hoffnung, weil du diese Gefühle hast. Und ich warte auf dich. Ich liebe deine Augen. Ich liebe es, dass du mich siehst! Ich fühle mich weniger einsam, wenn du mich ansiehst. Ich möchte mich sicher fühlen. In deiner Familie zu sein, scheint nicht sicher zu sein. Das macht mir sehr viel Angst. Ich kann nicht verstehen, warum wir hier sind. Nicht unbedingt in Deutschland, aber warum sind wir so nahe bei ihnen?«

*»Ich war in den USA viel weiter weg, aber ich musste mir die Dinge auch nicht in den USA ansehen. Das ist es, was ich bisher gelernt habe. Die Dinge werden jetzt so offensichtlich, dass ich sie sehen muss. Sie zu spüren und mit ihnen in Kontakt zu sein.«*

o **rausreißen:** Und das ist ein kluger Schachzug. Es ist sehr wichtig, dass du das zu mir sagst. Ich befinde mich jetzt nicht im Zustand der totalen Angst. Oh, du hast also eine Strategie. Es geht nicht darum, die Eltern zu konfrontieren, sondern es geht darum, dass wir die Illusionen verlassen. Und die Dinge zu sehen, wie sie sind. Ich fühle mich ein bisschen sicherer als vorher. Endlich kann ich einen

Bezugspunkt sehen. Das gibt mir noch mehr Hoffnung, dass du dich um dich selbst kümmerst.

o **Ich:** Ich habe mich nicht sehr verändert, aber ich schaue wieder auf "rausreißen" und fühle mich positiv. Wenn man mit ihr spricht, fühlt es sich richtig an.

**Tochter**

»Die größte Hoffnung ist Sicherheit. Dass ich an einem sicheren Ort bin. Und dass du das klärst, was immer diese seltsame Sache aus der Vergangenheit ist. Das sind die beiden Dinge. Denn das ist der einzige Weg, die einzige Hoffnung – zumindest für uns – eine Art von Leben zu haben. In gewisser Weise weiß ich, dass ich mich auf dich verlassen kann. Aber auf der anderen Seite bin ich so sehr mit dir verstrickt. Es ist unfassbar, wie verstrickt ich bin. Und im Übrigen: Ich brauche keine Großeltern. Ich brauche das Konzept der Großeltern nicht. Ich bin nicht an Konzepten interessiert, sondern an realen Menschen.«

## 4.4 SCHULE (STIMME DES BUCHES)

*Selbst-Begegnung (1 Wort bzw. 1 Anliegen)*
*Englisch: Voice of the book*
*Deutsch: Stimme des buches*

Mit Hilfe der Anliegenmethode kann man sich wirklich jedes Thema ansehen und so wollte ich im November 2023, meinem Buch die Gelegenheit geben sich mitzuteilen. Dabei hätte ich niemals für möglich gehalten, dass sich das Thema Schule zeigen würde. Und sogar noch spezifischer: Die Zeit des Schulanfangs in der Grundschule.

Für alle, die sich mit dem Thema Bildung und Schule beschäftigen und für alle, die schon den Reden von Sir Ken Robinson gelauscht oder den Ausführungen von Gerald Hüther oder Arno und André Stern, der wird einige Ideen wiederfinden – und sogar noch mehr. Aber sehen wir uns an, was mir mein Buch mitzuteilen hat. Meine Fragen bzw. Sätze sind in kursiv geschrieben.

»Ich verstehe nicht, was du versuchst zu tun, aber ich fühle, dass du spielen willst. Und du weißt nicht, wie du es machen sollst. Deshalb liegt eine gewisse Verspieltheit in der Luft, aber ich weiß nicht, wie man sich verbindet. Und ich habe das Gefühl, dass es etwas damit zu tun hat, dass mir meine Stimme weggenommen worden ist.«

»"Stimme weggenommen worden", das räsoniert in mir: Ich hatte niemals eine Stimme.«

»Huh! Oh! Ja! Jetzt fühle ich mich mehr beisammen und kann mich nach oben aufrichten, wenn wir zu diesem Punkt kommen. Ich passe mich an. Aber jetzt fühle ich mich wie ein Kind, das die Schule beginnt und sich anpassen und richtig sitzen muss. Ich lege meine Hände ganz ordentlich auf die Knie. Ich weiß, wo mein Taschentuch ist. Alles ist sehr ordentlich. Und ich bin aufgeräumt. Keine Spielerei. Ja, und ich überprüfe ein bisschen, ob ich natürlich sicher bin. «

»Als wir in die Schule mussten, haben wir die Verbindung zu uns noch weiter verloren?«

»Nun, für mich ist das kein Ort zum Spielen. Überhaupt nicht. Ich habe von deutscher Disziplin gehört, aber ich weiß nicht, ob es so etwas ist. Aber es ist schon etwas! Es ist sehr streng.«

»Wenn ich dich ansehe, habe ich den Eindruck, es ist wie ein Sprung von der Kindheit zum Erwachsensein. Sitzen müssen, still zu sein, nur nach vorne schauen, nicht reden, nur zuhören. Gehorchen, die Dinge tun, die von dir verlangt werden. Oder ist noch Verspieltheit in dir? Habe ich ein Lächeln gesehen?«

»Ich drücke meine Lippen zusammen. Aus meinem Mund würden Töne kommen. Für mich ist Stimme Töne. Stimme ist nicht reden. Und ich erinnere mich an Momente, als ich diese Geräusche machen konnte. [lacht] Aber ich muss mich zusammennehmen. Ich verstehe nicht was passiert. Was ist das für ein Ort? Ich fand mich plötzlich hier wieder. Es gab keinen Übergang, wo man sich langsam an die Schule gewöhnt. Es war wie – setz dich! Das ist alles. Ich posiere, weil das richtig ist. Und ich kann nicht so viel verarbeiten.«

*»Was würdest du lieber tun?«*

»Oh! Zum Beispiel: Ich will mich umsehen. Ja. Aber ich bin vorsichtig, weil es einen angemessenen Weg gibt, Dinge zu tun und einen unge-eigneten Weg. Aber als du fragtest, wollte ich wirklich anfangen, mich umzusehen. Ja! Ich bemerkte, dass es andere wie mich gibt. Ich bin nicht allein. Dann sehe ich... ohoh... , die anderen leiden auch. Und ich fühlte mich ein bisschen komisch. Ich hatte Lust zu kichern. Ich sollte es aber nicht zeigen.

Also, ich drücke immer noch meine Lippen zusammen. Und das Zusammendrücken ist auch im unteren Teil meines Körpers. Auf und ab. Überhaupt kein Atmen. Ich hatte keinen Übergang. Wie Kinder sich auf ihre eigene Art und Weise kennen lernen würden, nach ihrer eigenen Geschwindigkeit. Nicht wie Erwachsene. Aber hier gibt es keinen Übergang. Wir wurden nur auf unsere Plätze gesetzt. Das ist alles. Das fühlt sich so seltsam an.

Und sobald ich mich umsehe, könnte ich vielleicht platzen. Und plötzlich bricht die ganze Klasse in Gelächter aus. Jeder weiß, dass das so albern ist. Was zum Teufel geht da vor? Und was mir in den Sinn kommt, manchmal sitzen die Leute im Kreis. Das wäre eher organisch. In einem Kreis sieht man das Gesicht von jedem. Erwachsene oder Kinder. Es gibt immer noch etwas... du kannst mit deinem Gesichts-ausdruck kommunizieren. Aber ich weiß nicht, was das hier ist! Ich war noch nie in so... «

*»... einer militärischen Umgebung?«*

»Ja. Es ist kalt. Nichts bewegt sich. Jetzt fühle ich auch, wie ausdau-ernd ich bin. So lange zu stehen, das kann nicht jeder! Ich werde nicht einmal müde. [lacht] Ich bin auch ziemlich widerstandsfähig. Ich weiß nicht mal, wie ich das mache. Ich weiß nicht, wie lange das gedauert hat. Nichts kommt von außen. Nichts, das in mir einen Funken auslöst. Nichts.«

*»Was würdest du tun wollen? Dich umschauen, sagtest du. Und was noch?«*

»Ich würde mich einfach bewegen. Meine Füße. Ich rolle die Knöchel meines linken Fußes und das fühlt sich gut an. Aber da ist auch ein Gedanke, dass das bemerkt wird. Jede Bewegung wird irgendwie bemerkt. Es gibt ein „Großes Auge", das mich beobachtet. Ich mag diese Bewegung, aber es gibt so viele Augen um mich herum. Ich kann so etwas nicht machen. [lümmelt sich hin] Es geht um den Körper. Als du mich fragtest, was du gerne tun würdest, hatte ich nicht einmal etwas im Kopf. Selbst wenn ich sage: „Ich will nach Hause", nein, es gibt nicht einmal dieses Konzept. Was ist das für ein Ort? Ich möchte meine Aufmerksamkeit zurück für mich. Meine Aufmerksamkeit wird von mir genommen. Ich will sie zurück. Das ist es, was ich will. Jetzt kann ich dich ein bisschen ansehen.«

*»Also, lass mich wissen, ob ich das richtig sehe: Wenn du die Aufmerksamkeit auf dich selbst hast, deinen Körper, weißt du genau, was du willst und tun willst?«*

»Ich habe keine Agenda im Kopf. Ich fühle das einfach irgendwie. Meine Aufmerksamkeit ist nicht mehr die meine, wenn ich da festgenagelt bin. Und das ist auch der Grund, warum ich nicht in meinem Körper bin. Ich habe meinen Körper nicht. Unsichtbar, wie wenn man ein Tier anbindet – einen Esel oder Hund, damit es nicht wegläuft. Es ist etwas Unsichtbares. Und es ist zu 100% von mir genommen. Und wenn ich es zurück hätte, bräuchte ich nicht viel. Kein Hunger oder Durst. Ich bin okay. Ich bin wieder in meinem Körper und ich bin okay. Oh, ja!« [berührt ihren Körper]

*»Ich habe jetzt eine Erwachsenenfrage. Erwachsene sagen: „Man muss zur Schule gehen, um etwas zu lernen." Was denkst du darüber?«*

»Was ich erlebe ist, dass ich nichts verarbeiten kann. Lernen ist Herunterladen von Wissen. Hier gab es nicht einmal einen Piep des Lernens. Es ergibt keinen Sinn. Was soll ich lernen? Muss ich etwas lernen? Nein. Nichts. Ich kann mich nicht mit der Frage identifizieren.

Wenn ich in meinem Körper bin, bin ich ganz. Ich habe alles. Ich brauche oder vermisse nichts. Ich fühle mich wie ein Kind am ersten Tag oder an den ersten Tagen oder Monaten in der Schule.«

*»Ich habe noch eine Erwachsenenfrage. Was ist dann das Ziel, Kinder zur Schule zu schicken?«*

»Irgendwie weiß ich ein bisschen darüber. Mit meiner kindlichen Intelligenz weiß ich ein bisschen. Die Mutter, oder meine Aufsichtspersonen, werden sich ausruhen, wenn ich in der Schule bin. [lacht] Und ich will, dass es ihnen gut geht. Also verschwinde ich für eine Weile. Denn wenn die Kinder älter werden, werden sie lauter und lauter und lauter. Wenn du ein Kleinkind bist, tja, machst du immer noch etwas Lärm, aber es ist nicht so laut. Aber stell dir vor, wenn du sechs Jahre alt bist, 7, 8, 9, 10. Oh! Der Lärm kann noch lauter und lauter werden. Und Teenager! Uhhh! Unmöglich zu ertragen! Jugendliche den ganzen Tag zu Hause haben! Nein, nein! Niemand kann es ertragen. Glaub mir, niemand kann es ertragen. Deshalb schicken sie uns hierher, damit wir irgendwie zusammengepresst sind. Warum kommt mir das Wort Anstalt in den Sinn? Wir sind nicht verrückt, aber für sie sind wir es. Also müssen wir behandelt oder gezähmt werden. Weil es zu viel ist. Sie wollen es nicht nur, sie wissen nicht, wie sie damit umgehen sollen.

Ich bin auch nicht sehr wütend auf sie. Ich spüre, wie schwer es für sie ist. Eltern, ich habe noch etwas Liebe. Das ist alles, was sie tun können. Wir ertragen es. Ah, wenn ich das sage, atme ich aus. Ich habe meinen Atem. Deshalb lachen wir über Lehrer und Erwachsene. Im Hintergrund. Wir spüren die wirkliche Struktur hinter dieser Art von Organisation. Wir haben nicht all diese Intelligenz verloren, voll lebendig zu sein, weißt du!

Sorry, ich sollte nicht schreien. Wir müssen lernen, wie man die Lautstärke regelt. [presst ihre Lippen zusammen] Deshalb mögen wir laute Musik. Wie Rap. Weil wir unsere Lautstärke verringern, aber es gibt immer noch eine Lautstärke im Inneren. Sie will raus! Hey, hey. [bewegt ihre Hände wie bei der Rap-Musik] Wenn du älter wirst, wird es lauter und lauter. Du kannst es nicht halten. Wo soll es hin? Vielleicht sind die Kinder, die sich dem Sport widmen, etwas ausgeglichener. Aber andere? Sehr schwierig!«

*»Darum tanze ich gerne. Und höre Musik.«*

»Ja, ja, ja. Tanzen ist auch sehr gut. Ich mag Tanz. Ich mag diese Momente, wenn es um Kreativität geht. Malen, Farben. Ich habe ein Gefühl, wenn wir malen, kommen wir irgendwie in einer Gruppe zusammen. Mit 3, 4, 5 Gruppen, kleine Gruppen. Alle malen zusammen auf einem großen Karton. Und dann lernen wir uns besser kennen. Wir interagieren noch nicht sehr offen, aber immer noch in einer vorsichtigen Art und Weise. Ich mag Gruppenarbeit.«

*»Könntest du – wieder eine dumme Erwachsenenfrage – darüber nachdenken, wie Kinder und ihre Eltern anders interagieren können? Gibt es eine Alternative für die Schule?«*

»Zum Beispiel, zu Hause etwas entdecken. Zu irgendeinem Thema zu forschen, das mich interessiert. Und irgendwie von jemandem Anleitung zu bekommen. Es kann jemand aus der Familie sein oder es könnte jemand sein, der sich freiwillig meldet, um mich zu führen, wenn ich forsche.

Aber ich würde sagen, ich könnte in eine Institution gehen. Aber nicht jeden Tag, nicht jeden Morgen von 8 bis 16 Uhr. Nein! Mein Hauptplatz ist mein Zuhause. Ich atme jetzt wirklich tief ein, wenn ich ausdrücke, was für mich besser wäre. Sehr interessant. Vielleicht nur zwei Stunden am Tag? Oder sogar zweimal in der Woche. Aber je nach Gefühl. Könnte für jeden anders sein. Flexibilität ist wichtig. Mehr auf eine organische Weise. Wenn mich etwas an dieser Institution anzieht, würde ich öfters kommen! Oh, diese Lehrerin, es fühlt sich so gut an, in ihrer Umgebung zu sein, in ihrer Atmosphäre. Manche Leute sind einfach wie ein Vorbild. Wie jemand im Film. Und dann gehe ich alleine. Und ich sage: „Oh, ich will mehr Zeit mit dieser Person verbringen." Und dann komme ich öfter!

Und dann kommt die Zeit, wenn das Zuhause nicht mehr so interessant ist und ich beginne, hier mehr Stunden zu verbringen als daheim. Reibungslos und organisch. Mir wird Zeit und Wahl gegeben; und Weichheit.

Weichheit ist so wichtig. Weil es so steif und plötzlich war. Ich leite diesen Prozess. Das ist mein Prozess. Das ist mein Prozess des

Wachsens und Entdeckens. Ich möchte es immer noch Entdeckungs-
reise nennen, nicht Lernen. Ich weiß nicht warum. Und jedes Kind
kann anders sein. Ich will nicht die ganze Zeit zu Hause bleiben und
meine ganze Kindheit zu Hause verbringen. Und wenn ich sage, dass
ich an manchen Tagen keine Lust habe zur Schule zu gehen, möchte
ich, dass dies gehört und anerkannt wird.«

»*Und es ist deine Entscheidung und nicht die der Schule.*«

»Genau! Was für eine gute, schöne Sache das wäre! Ich würde wirklich
gerne so aufwachsen. Ja.«

»*Und auch die Fächer. Oder die Themen, du entscheidest das.*«

»Ich kann mich angezogen fühlen oder nicht, würde ich sagen. Ich will
es fühlen. Ich bin noch nicht so sehr in meinem Verstand. Ich habe
Neugierde. Ich möchte etwas Zeit. Ich möchte in ein Thema eintauchen. Ich fühle und spüre eher, als dass ich mich entscheide. Es fühlt
sich für meinen Körper total anders an! Oh! Ja. Für mich ist das das
Leben.

Ich mag Farben sehr. Wie bunt es sein könnte. Verspieltheit. Ich
würde neue Räume mit diesen Qualitäten fühlen. Und auch in meinem
Leben würde ich Räume finden und dorthin gehen, wo ich mit diesen
Qualitäten in Resonanz sein und fühlen könnte. Dafür sind Räume da.
Ich will keine Räume, die mich formen. Ich möchte dem Raum etwas
geben. Ja. Für mich. Das ist meine Welt. So fühle ich mich.

Und meine Musik kann leiser sein. Sie kann immer noch laut sein,
das ist in Ordnung. Ich werde nicht versuchen, andere mit meiner Musik zu irritieren.«

»*Im Fluss sein. Hast du noch einen Wunsch für das Buch, für mein
Buch?*«

»Jedes Buch oder jede Schöpfung, ich würde sagen Schöpfung... Es ist
keine Produktion, es ist eine Schöpfung. Es wäre eine Erweiterung dieser Art von Wahrnehmung und Verbindung mit diesen ursprünglichen
Qualitäten von uns selbst. Und dann kommt es als etwas heraus, das

man anbieten kann, um es zu teilen. Wie Kinder, wenn sie etwas Aufregendes, Schönes finden. [lacht] Für sie ist es natürlich, es zu teilen. Es ist wie dieser Überfluss. Das ist die Energie. Das ist, was "buch" für mich bedeuten würde. Weil es viele Arten des Schreibens gibt. Seriös. Natürlich ist es eine Frage der Wahl. Ich möchte mich zuerst freuen. Wenn ich nicht genieße, würde ich es hinterfragen. Bin ich in der richtigen Melodie? Vielleicht muss ich ein paar Schritte zurück gehen, um mich an etwas zu erinnern?

Es gibt auch keine Eile. Ich habe viel Zeit. Wie Kinder: Sie haben alle Zeit der Welt! Wen interessiert das? Das würde ich sagen. Dann, wenn die Leute diese Art von Buch lesen würden, würden sie das Zeitgefühl verlieren. Die Zeit flog dahin – wie in einer anderen Zeitzone. Es gibt solche Bücher.«

»*Was du über die Schule gesagt hast... das ist genau das, was mir meine Tochter kürzlich erzählt hat.*«

»Weil du ihr den Raum gegeben hast, ihre eigene Wahrheit auszudrücken. Nicht jedes Kind kann das seiner Mutter erzählen.«


## 4. 5 SCHULBEGLEITUNG

*Selbst-Begegnung (Frau, Deutschland, 2 Worte)*
*Schulbegleitung – Junge*

»Immer mehr Eingliederungshilfen für Kinder und Jugendliche mit seelischer Behinderung«, hieß es in der Pressemitteilung des Jahres 2021 des Statistischen Bundesamtes für Deutschland.[47]

»Die seelischen und sozialen Probleme von Kindern und Jugendlichen spielen eine zunehmend größere Rolle – nicht erst seit Ausbruch der Corona-Pandemie. Im Jahr 2019 haben die Träger der Kinder- und

---

[47] Statistisches Bundesamt, Pressemitteilung Nr. N 027, »Immer mehr Eingliederungshilfen für Kinder und Jugendliche mit seelischer Behinderung« vom 4. Mai 2021, https://www.destatis.de/DE/Presse/Pressemitteilungen/2021/05/PD21_N027_221.html

Jugendhilfe rund 109.200 Eingliederungshilfen für Kinder und Jugendliche mit einer seelischen Behinderung gewährt. Wie das Statistische Bundesamt (Destatis) zum Tag der Inklusion am 5. Mai mitteilt, waren das 156 % mehr als noch zehn Jahre zuvor. Damals lag die Zahl der Eingliederungshilfen bei rund 42.600. Diese sollen Kindern und Jugendlichen, die von einer seelischen Behinderung betroffen oder bedroht sind, die Teilhabe am sozialen Leben erleichtern. Das kann beispielsweise in Form von Beratungs- und Therapieangeboten geschehen, aber auch mittels Schulbegleitungen und Integrationsassistenz. Letztere haben im Schulalltag an Bedeutung gewonnen – dies dürfte eine Ursache für den Anstieg der gewährten Hilfen sein. Die erhobenen Daten ermöglichen wegen des erfassten Zeitraums keine Aussagen über kurzfristige Corona-Effekte.

**Häufige Gründe sind psychische Belastungen und Entwicklungsauffälligkeiten**

Die Eingliederungshilfen wurden aus einer Vielzahl von Gründen eingeleitet; am häufigsten waren das im Jahr 2019 seelische Probleme oder Entwicklungsauffälligkeiten (41 %), dazu zählten zum Beispiel Ängste, suizidale Tendenzen oder Entwicklungsverzögerungen. In 30 % der Fälle wurden die Eingliederungshilfen aufgrund von schulischen oder beruflichen Problemen gewährt, etwa bei ADHS, Hyperaktivität oder Schulschwänzen. Auffälligkeiten im Sozialverhalten wie Isolation, Drogenkonsum oder aggressives Verhalten waren in 16 % der Fälle die Motivation für die Inanspruchnahme einer Eingliederungshilfe.

**Fast drei Viertel der Betroffenen sind Jungen**

Fast die Hälfte (48 %) der Hilfen wurde von Kindern zwischen 9 und 13 Jahren in Anspruch genommen, also in der Phase rund um den Übergang zu einer weiterführenden Schule. Fast drei von vier Betroffenen sind Jungen (73 %), der Anteil ist binnen zehn Jahren leicht gestiegen (2009: 70 %). Im Schnitt dauerte eine Eingliederungshilfe knapp zwei Jahre (23 Monate).«

In Deutschland gibt es für die Schulbegleitung verschiedene Kriterien. In Bayern, für München und Augsburg, werden sechs Basis-Voraussetzungen genannt[48]:

o »ADHS
o Autismus
o Auditive Wahrnehmungsstörung
o Konzentrationsschwierigkeiten
o körperliche Einschränkungen, die eine Unterstützung erfordern
o allgemein: wenn das Verhalten des Kindes in der Schule noch eine Begleitung notwendig macht.«

Die Frau hier war für mehr als ein Jahr in zwei Klassenstufen als Schulbegleitung tätig. Der Junge, ein Jugendlicher, war mit einer Autismus-Spektrum Störung diagnostiziert worden. Eine Diagnose, die sowohl die Lehrer als auch sie selber im Laufe der Zeit mehr und mehr anzweifelten. Während der Junge sich in der Schule gut eingewöhnte, sie, die Lehrer und das Rektorat sehr gut miteinander arbeiteten, so waren die Gespräche mit den Eltern extrem nervenaufreibend. Die Erfahrung war so aufwühlend gewesen, dass die Frau einige Jahre später ihre Gedanken und Gefühle nochmals sortieren musste, um das Thema endgültig abschließen zu können.

Was sich in dieser Arbeit zeigt ist erschütternd: Das Kind steht überhaupt nicht im Mittelpunkt. Es sieht sich den Problemen der Eltern und Aktionen der Institutionen, der Schule, des Trägers und des Jugendamtes, hilflos ausgeliefert. Niemand will wissen, dass das Kind nur ein Symptomträger ist. Kann es so überhaupt echten Hilfe geben?

### Schulbegleitung

»Das macht schon echt dumpf. Bei mir friert alles sofort ein. Was vorher lebendig war – ich hatte mich richtig lebendig gefühlt in meinem Körper –zieht sich jetzt zusammen. Vor allem in meinem Bauch. Als ob ich Steine im Bauch hätte. Ich fühle mich ein bisschen hilflos. Da sind so viele Dinge auf einmal in meinem Kopf, die sich nicht zusammenbringen lassen, die sich nicht sortieren lassen. Ich bin verwirrt,

---

[48] Schulbegleitung Bayern, »Schulbegleitung München & Augsburg«, https://schulbegleitung.bayern/Voraussetzungen/

weil ich mich nicht konzentrieren kann auf irgendeinen Strang. Als ob zehn Leute auf mich einreden und ich nicht weiß, wie ich das zusammenbringen kann. Die Eltern, die Schule, das Jugendamt, der Träger... Es ist ganz schwierig, weil jeder für sich einzeln steht. Jeder sagt etwas anderes, jeder hat eine andere Meinung und es findet sich kein Konsens. Und was jetzt ganz klar im Vordergrund steht: Für das Kind ist es nicht gut. Das ist völlig aus dem Fokus. Ich kann mich da auch nicht auf das Kind konzentrieren.

Ich glaube, ich will auch nichts falsch machen. Es wird so viel an mich herangetragen. Ich kann da nicht authentisch sein. Mich stelle ich ziemlich weit hinten an. Es ist nicht nur, dass ich mir nicht gerecht werde, sondern ich verrate mich! Also, ich mache mich viel kleiner als ich bin. Ich weiß, dass ich es gut könnte, aber ich habe nicht die Chance bei dem Vielen im Außen, meine Qualitäten zu zeigen. Die sind aber scheinbar auch gar nicht gewünscht!

Da merke ich den Widerstand, der kommt. Auch von den Eltern nicht gewünscht??? Was ist das denn? Ich dachte jetzt, dass die Eltern etwas Gutes für ihr Kind wollen. Aber das glaube ich gerade nicht. Da müssten sie erkennen, dass bei ihnen wahrscheinlich die Hauptursache liegt!

Und ich sag dir was, ich will das nicht mehr. Ich weiß, was ich kann und ich möchte solche Arbeit nicht leisten. Weil, ich leiste dann nichts.«

*Die Frau weint.* »*Ich bekomme das Bild nicht aus dem Kopf: Es ist wie in einem Boxring: Ich liege da und bekomme nochmal eins drüber. Ich verstehe das überhaupt nicht. Warum muss ich eigentlich kämpfen und mich verteidigen?*«

»Ich sage dir mal, was ich denke: Du warst nicht klar vorbereitet auf das, was dich erwartet. Und dann konnte man mit dir machen was auch immer die wollten. Du hast deinen Platz nicht richtig eingenommen und dann haben die bestimmt und dich geschupst, wo sie dich hinhaben wollten.

Und ich merke auch, als Schulbegleitung, das funktioniert nie! Die Interessen sind zu unterschiedlich. Es fühlt sich an, als wenn jemand die Verträge schreibt oder ein Konzept auflegt. Und das funktioniert nicht. Das kann gar nicht funktionieren!

Wer setzt die Richtlinien auf? Viele dumme Menschen! Jeder denkt, er hat die Weisheit mit Löffeln gegessen. Da ist gar keine Kompetenz! Da sind zu viele Interesse. Und dann mischen die das alles in einen Topf und sagen „wird schon gut gehen". „Guck mal, wir tun was Tolles. Guckt mal was wir anbieten können." Und eigentlich ist das Schrott! Das ist ein Pseudo… wie ein Etikett, mit dem sie sich schmücken können. „Malen wir eine schöne Blume darauf. Guck mal, alles so grün, alles so schön."

Der Rektor hat auch ganz wenig Kompetenz. Der müsste sich doch mit Kinderseelen auskennen! Das scheint nicht so zu sein. Da ist aber eine Kompetenz, die hört man nicht richtig. War da eine Schulpsychologin in der Schule? Es steht da jemand links, ganz alleine, aber die wird überstimmt. Aber der Rektor, der steht mir frontal gegenüber und es gibt mehrere Leute im Hintergrund, die das Sagen haben.

"Schulbegleitung", ich lese das gerade. Das ist mehr ein Händchenhalten ohne großen Anspruch. Das Kind sehe ich auch gar nicht. Du konntest ihn am Anfang nicht richtig sehen und jetzt, in dem Kontext ist er gar nicht da. Da stehen nur Erwachsene. Und es geht nur um deren Egos oder was die sich denken. Es geht nicht um das Kind. Dann würde ich es ja irgendwo in der Mitte stehen. Tut es aber nicht. Ich nehme das Kind an die Hand und gucke, dass dem nichts passiert. Das ist eigentlich die Rolle. Der Anspruch ist kein tiefgehender.«

**Junge**

»Bin ganz zurückgezogen, habe mich aus dem Körper ganz nach hinten gezogen. Nein, als Junge spreche ich nicht. Ich teile nicht mit, was in mir ist. Ich habe das Gefühl, man hat mir die Identität geklaut. Ich fühle mich zu klein, um das einordnen zu können oder zu durchschauen. Das kann ich nicht. Also, ich habe mich verschämt zurückgezogen in mir selbst. Ich komme nicht damit klar, Erwachsene zu hinterfragen, aber ich bin auch nicht damit einverstanden, was die mir zuschreiben oder über mich sagen. Aber ich kann es nicht einordnen. Dann mache ich mich stumpf. Ich lasse alles über mich ergehen. Im Inneren ist nicht viel Dialog, weil es sowieso von außen bestimmt wird.

Ich bin nur dafür da, wie ein Container, das alles zu erdulden, zu erleiden.

Ich erwarte von dir keine Hilfe. Auch wenn ich merke, dass du dich interessierst. Ich erwarte von Erwachsenen generell keine Hilfe. Das habe ich schon aufgegeben. Ich habe alles abgedreht was sein könnte. Ob die Eltern streiten oder mich schlagen. Ich habe meinen Körper stumpf gemacht, dass ich gar nicht sagen kann, was passiert denn eigentlich.

Du bist nicht die Erste, die traurig ist. Ich glaube, ich habe das schon öfters erfahren. Darum kann ich da nicht richtig reagieren. Es kann sein, dass manche versucht haben, mir zu helfen und die sind gescheitert. Und das hat es nicht besser gemacht. Auf gar keinen Fall. Vielleicht sogar schlimmer. Ich erwarte keine Hilfe.

Wut habe ich ganz viel! Unterdrückte Wut im Bauch. Auch Wut in den Fingern, in den Fäusten. Ich bin wie ein Vulkan im Innern. Es ist geballt da drin. Ich weiß nicht, ob ich das ausagiert habe. Ist auf jeden Fall in mir. Es geht gegen Mama. Papa verschwindet gerade. Der ist auch nicht toll. Aber ich glaube, Mama ist schlimmer. Sind da Geschwister? Da habe ich auch Wut. Ich habe das Gefühl, mir gehört nichts. Andere bestimmen immer über meine Sachen. Vielleicht nimmt meine Schwester mir etwas weg? Und die bekommt immer Recht. Da habe ich aber resigniert. Bin trotzdem sehr, sehr wütend. Aber ich habe den Eindruck, ich behalte alles bei mir. Bin mir nicht sicher, ob ich wirklich zuschlage.

Hoffentlich komme ich nicht in die Pubertät! Das hätte ich am liebsten gestoppt. Und wenn es kommt, dann kommt es über mich.«

## 4.6 SYSTEMSPRENGER

*Selbst-Begegnung (Mann, Deutschland, 3 Worte)*
*Ich – Jugendamt – Systemsprenger*

Dies ist die Arbeit eines Sozialpädagogen, der Leiter einer Jugendhilfeeinrichtung in Bayern ist. Im Laufe seines Berufslebens hatte er immer wieder mit schwierigen Jugendlichen zu tun. 2024 hätte ein sogenannter »Systemsprenger«[49] seiner Einrichtung zugewiesen werden sollen. Der Jugendliche hatte bis dato über 70 Straftaten pro Woche verübt. Die Frage war: Darf er Nein sagen und den Jugendlichen nicht aufnehmen? Hintergrund: Seine Einrichtung war neu und verfügte zum Zeitpunkt weder über ausreichend Personal, noch über die geeigneten Räumlichkeiten. Und so vertrat er seine Entscheidung nach bestem Wissen und Gewissen vor seinen Vorgesetzten und vor dem Jugendamt. Dennoch kämpfte er mit inneren Konflikten, weil er dem Jugendlichen nicht helfen konnte und auch weil er sich den Autoritäten entgegenstellte.

Was sich in der Arbeit zeigte: Warum ergreift man einen sozialen Beruf? Worum geht es hier wirklich? Geht es unseren Institutionen – a wie dem Jugendamt – wirklich um das Wohl der Kinder? Liegen unserer Gesellschaft Kinder wirklich am Herzen? Welches System wird hier wirklich gesprengt? Und warum haben Mutter und Kind keine Bindung? Wie sagt der "Systemsprenger":

»Ich habe im Außen nie das bekommen was ich gebraucht hätte. Ein Teil ist, dass ich mich schuldig gefühlt habe. Und ein anderes Bild: Mir ist so viel schuldig geblieben vom Außen. Die sind schuldig an mir geworden.«

## Ich

»Atmen fällt mir schwer. Und ich bin irritiert von "Systemsprenger" und "Jugendamt". Mir dreht sich der ganze Magen um. Als wenn sich physisch etwas verdreht. Es geht in den pränatalen Bereich. Als du von dem "Systemsprenger" erzählt hast, habe ich eine Überforderung gespürt. Ich habe Parallelen zu dir gesehen. Ich bin nicht verwirrt, ich fühle keine Wut, aber mir ist übel und ich bin müde. Und ich habe einen Stich im Herzen gespürt und eine Schwere. Ich reagiere körperlich. Ich finde gut, was der "Systemsprenger" sagt. Mir fällt das schwer mitzuteilen. Ich frage mich auch, ob es die Möglichkeit gibt, das

---

[49] Wikipedia, »Systemsprenger«: »Als Systemsprenger werden Klienten in Pädagogik und Psychiatrie bezeichnet, für die es noch keine geeigneten sowie erfolgreich nachgewiesenen Hilfemaßnahmen in der Kinder- und Jugendhilfe gibt.«, https://de.wikipedia.org/wiki/Systemsprenger

"Jugendamt" zu umgehen? Ich habe das Gefühl, die ganze Aufmerksamkeit ist beim "Jugendamt". Ich kann überhaupt nichts bestimmen.

Ich weiß nicht, was du von dem "Jugendamt" willst. Ich sehe, bei dem steht Herz drauf, aber das "Jugendamt" sagt ganz klar, da ist kein Herz drin. In mir macht sich eine Ohnmacht breit. Du bist in deinem Verhalten "Jugendamt" am Ähnlichsten. Ob man auf den Putz hauen soll? Ich fühle keine Wut, ich fühle Ohnmacht. Du kannst mich noch so oft fragen, ob ich Wut fühle. Ich fühle mich gerade ein bisschen manipuliert von dir. Es ist eine Suggestivfrage. Du willst mich irgendwo hinlenken, wo ich gar nicht bin. Es fühlt sich an, als ob du mich moderieren willst. Ich würde mir wünschen, dass du versuchst, mich zu verstehen. Du machst dasselbe, was mit dir gemacht wurde. Ich fühle mich gerade komplett als Objekt. Mir geht's nicht gut.

Als du mit dem "Systemsprenger" geredet hast, bin ich so verkümmert, in mich so zusammengesackt. Ich brauche, dass du mich wahrnimmst. Ich brauche, dass du mich siehst. Ich bin mittlerweile völlig alleine. Du verstehst mich gar nicht. Du siehst mich an, als ob ich ein Alien wäre.«

### Systemsprenger

»Wie ich so in Resonanz gekommen bin, waren die Augen so schwer. Ich war nicht abgeschaltet, aber ich habe gleich ins Leere geschaut. Und dann ist eine große Trauer aufgekommen. Als du aber von dir gesprochen hast, da ist ein Interesse aufgekommen. Da habe ich dich als Rettungsanker gesehen. Das "Jugendamt" war gar nicht im Blick. Das ist so beschäftigt mit den Blättern. Als das "Ich" von seinen Wünschen gesprochen hat, da habe ich gedacht: „Ich brauche jemanden, der nicht verwirrt ist." Du warst gut bei dir und hast von dir erzählst. Da ist wer, der könnte mich vielleicht… Aber ich brauchen jemanden im Außen, der mit sich selber gut verbunden ist und stabil ist.

Denn da ist eine Hoffnungslosigkeit in mir. Niemand mag mich, niemand hat einen Platz und ich weiß nicht, was ich tun soll oder könnte. Ich will nicht weiterreden, weil ich nicht weiß, was das mit mir macht. Aber ich denke, dass ich von mir aus etwas sagen kann und dass du dich interessierst. Das tut mir gut.

Ich habe Mitgefühl für dich bekommen, wo du drinnen steckst. Die Macht ist beim "Jugendamt". Wenn du mir etwas anbietest, ich würde dich sogar gerne unterstützen! Ich habe da eine ganz warme Verbindung zu dir bekommen. Ich habe gedacht, wir machen ein Bündnis. Und da reiße ich mich zusammen. Für uns. Damit wir das "Jugendamt" umgehen können.

Mir kommt es vor, als wenn du Hilfe bräuchtest, dass du Hilfe suchst, damit du deine Wut auszudrücken kannst, deine realistische Wahrnehmung. Die sollen sich mit uns befassen. Ich bin so nahe bei dir. Aus dem Grund, dass es meine einzige Chance ist. Für dich auch. Für uns alle irgendwie. Ich kann mich dir anvertrauen. Wenn du mit dir selbst ein bisschen haderst... Und trotzdem, das passt. Da bin ich auch noch ganz dabei. Warum fühle ich mich von dir gefragt und gesehen?

Das zweite Bild ist entstanden, wie wenn das meine Mama wäre. Und mich hat es gegruselt und mir ist noch kälter geworden.«

## Jugendamt

»Ich bin von Anfang an planlos hin und hergelaufen, habe wahllos Blätter sortiert. Schwierig, schwierig. Das Gerede geht mir voll auf den Sack. Das ist ganz, ganz schlimm, das ganze persönliche Gerede und wie es dir geht. Das will ich überhaupt nicht hören. Das interessiert mich null Komma null. Also, wenn du mit mir aus deiner Leitungsposition herausredest, okay, dann kriegst du einen Zeitslot. Aber dann muss es auch wieder gut sein. Mich interessieren Kinder null. Kinder interessieren mich NULL KOMMA NULL! Ich will nur etwas abgewickelt haben. Ich bin nervös, ich bin fahrig, ich bin herrisch, ich bin kontrollierend. Nichts interessiert mich hier.

Mir könnte man auch eine Diagnose stellen. Und ADHS wäre das wenigste. Damit wäre ich noch gut bedient. Ich habe eine Aufmerksamkeitsspanne von einer Minute. Dann müsste ich schon wieder weg, müsste etwas tun. Könnte jetzt nur unkontrolliert, unlogisch, unorganisiert Blätter von einer Ecke zur andern schieben. Dazwischen habe ich den Drang, Zwang...

Für mich war auch keiner da. Du musst es halt schaffen, oder? Im Englischen würde man sagen: „Get over it. Get over it!" Wo ist das Problem? Von mir gibt es keine Lösungen, keinen Plan. Von mir gibt's nichts. Null Komma Null. Das ist, als wenn du in die Anstalt reingehst und zu jemanden sagst, der in der Gummizelle sitzt: „Jetzt bestimm mal!" Wer bestimmt hier?

„"Jugendamt " hat kein Herz" – das ist der erste Satz, mit dem ich mitgehen kann. Ich bin doch voll neben der Spur! Das System des Jugendamtes hat etwas Verrücktes und Jugendfeindliches. Das ist hier nicht zum Auszuhalten. Das ist total irre. Das sprengt hier den Rahmen gerade. Ich schau gerade auf das Kind herunter: Das ist einfach nur ein armes, verängstigtes Kind. Wo ist das Problem? Aber ich habe einen an der Waffel! Gruselig, gruselig. Ich brauche Hilfe. Ich brauche echt Hilfe!«

*»Das Alleinsein kenne ich, dieses traurige Gefühl… Kennen ist der falsche Begriff. Ich glaube, dass das "Ich" da schon recht hat: Das Gefühl von Traurigkeit ist so weit weg.«*

**Ich**

»Ich verstehe, dass du davon abgeschnitten bist. Aber ich würde gerne zwei Dinge klarstellen: Ich fühle mich männlich. Ich bin du. Ich bin nicht verwirrt. Von Anfang an nicht gewesen. Das ist eine Projektion. Ich bin ganz klar mit meinen Gefühlen. Dass du abgeschnitten bist, das verstehe ich, weil ich glaube, das hat schon ganz früh angefangen. Das spüre ich im pränatalen Bereich. Im Mutterbauch. Was ich auch spüre: Ich habe einen ganz klaren Zugang zu mir und meinen Gefühlen. Und ich würde mir wünschen, dass du den Zugang zu mir auch findest. Aber ich kann nichts tun. Du musst mich schon wahrnehmen. Du musst mir zuhören. Und du musst mich auch verstehen und mich wahrnehmen. Mein Herz tut weh. Ich fühle mich so isoliert, wenn ich darüber rede. Ich glaube, ich empfinde mich irgendwie auch zu einem Teil als böse. Was sagst du dazu, "Systemsprenger"?«

## Systemsprenger

»Was mir jetzt dazu einfällt, – wenn ich so die Ohnmacht in mir spüre und die Not, in der ich war und die immer noch in mir und im Außen ist – da ist Wut. Aber das ist auch nicht die Lösung. Es zieht nur noch mehr Schmerzen und Alleinsein und im Stich-gelassen-Sein nach sich. Dann war der Gedanke: „Aber das macht mich böse." Vielleicht nicht, wenn ich ein kleines Kind bin, aber wenn ich älter bin, als Jugendlicher, da mache ich einfach Dinge, die wirklich weit gehen oder weh tun. Als Versuch des Ausgleichs. Ich habe im Außen nie das bekommen was ich gebraucht hätte. Ein Teil ist, dass ich mich schuldig gefühlt habe. Und ein anderes Bild: Mir ist so viel schuldig geblieben vom Außen. Die sind schuldig an mir geworden.«

## Ich

»Genau. Sie haben das verdreht. Das tut mir richtig gut, dass du das aussprichst. Das erleichtert mich und irgendwie kann ich auch besser durchatmen. Mit dem Wort Schuld gehe ich auch in Resonanz. Und irgendwie haben sie mir das aufgebürdet. Sie haben sich an uns schuldig gemacht und haben das verdreht. Ich spüre jetzt Traurigkeit und würde gerne weinen, aber ich kann es nicht. Ich spüre, ich kann nicht weinen, weil du [zu dem Mann gesprochen] totale Ähnlichkeit mit dem "Jugendamt" hast. Ich traue mich nicht, zu weinen, weil du da bist.«

*»Traurigkeit kennt man, aber Weinen gelingt nicht. Ich spalte das ab und habe da keinen Bezug. Da kann die Situation noch so beschissen sein, das lasse ich nicht zu. Auch im Rahmen des Ohnmachtsgefühls nicht. Deshalb kenne ich das, das Nicht-können. Rein verbal. Gefühlstechnisch ist da kein Bezug. Weil es zwei Thematiken sind. Das eine ist ein Kind, pränatal, und das andere ist erwachsen.«*

o  **Systemsprenger:** Du kannst es nicht zulassen. Du hast Angst.
o  **Ich:** Das einzige ist Verzweiflung. Ich merke irgendwie, da ist wieder eine Ohnmacht. Eine Verzweiflung, die sich breit macht.

»Da kommt dann wieder der Kopf. Die Ohnmacht, die nicht aushaltbar ist. Dann werde ich wieder wütend. Als Kind war ich brav. Im Kindergarten war ich auch für mich alleine unterwegs. Früher gab es keine Vorschule, kein Vorbereiten. So konnte ich unbehelligt spielen. Heutzutage wäre ich in einem normalen Kindergarten... Mit meinem Verhalten hätte ich die Erzieher angegangen.

Schulisch habe ich die Themen gesprengt: Ich habe nicht so wirklich in das normale Regelschulsystem gepasst. In der 3. Klasse hatte ich die Empfehlung, auf die Förderschule zu gehen. Aber meine studierten Eltern wollten das nicht machen. Es wurde eine Intelligenzdiagnostik gemacht. Dort hat man einen IQ von 100 und einmal einen IQ von 70 festgestellt. Weil ich keinen Bock mehr hatte, bei den Bildern zu malen und deshalb nur Kritzeleien machte und mir sagte, „ihr könnt mich alle mal“. Das Resultat: „Wir können nicht sagen, welchen IQ er hat.“ Ich kam dann in eine Privatschule.

Aber das Ohnmachtsgefühl als Kind – ich habe spät das Sprechen angefangen – es macht mich wütend. Es macht mich auf das "Ich", das da sitzt, wütend. Und das ist ein Problem. Das "Ich", in dem Leiden, in dieser Ohnmacht und dieser Verwirrung, macht mich wütend, weil es mich zu sehr an meine Mutter und an meine Oma erinnert. Und das kann ich nicht haben.«


**Ich**

»Also, ich weiß nicht, wer verwirrt ist, aber ich bin das nicht. Ich bin gerade auch ein bisschen fassungslos, wie du über mich redest. Dass du über mich redest in der dritten Person ist ganz schön heavy. Dir ist überhaupt nicht klar, wer ich bin. Ich habe dir ganz aufmerksam zugehört. Ich bin an deiner Seite. Aber ich werde auch abgewertet und bewertet. Und was dazu kommt: Ich könnte dir erklären, was das ist.«


»Interessant, diese Dynamik. Darum hast du auch so einen Bezug zu "Systemsprenger". Weil du auch das System deiner Eltern gesprengt hast. Traurigkeitsgefühle habe ich bei meiner Mutter erlebt. Die haben mich sowas von sauer gemacht. Furchtbar.«

- **Ich:** Du wirst wütend, um die Ohnmacht nicht zu spüren. Aus dieser Ohnmacht und Verzweiflung heraus, ist ein Gedanke entsprungen, dass ich mich als böse empfinde. Darum willst du nichts mehr mit mir zu tun haben. Vielleicht habe ich auch die Überzeugung, dass ich böse bin, weil du nichts mit mir zu tun haben willst.
- **Systemsprenger:** Aber das sagen sie immer zu uns! Alle, die mit uns – so wie wir sind – nicht zufrieden und überfordert sind. Ich kann gar nicht Mama und Papa sagen... die Menschen um mich. Die Hoffnung stirbt zuletzt bei mir.
- **Ich:** Weißt du, ich spüre ja, was deine Eltern mit dir gemacht haben. Und das machst du mit mir. Du bekämpfst mich die ganze Zeit. Du sprichst mir meine Wahrheit ab. Und das ist das, was deine Eltern mit dir gemacht habe. Darum empfinde ich mich als böse. Alles was ich bin, darf nicht sein. Die einzige Möglichkeit, wie ich sein durfte war, böse zu sein. Ich darf nicht da sein. Und wenn ich da bin, bin ich böse.
- **Systemsprenger:** Weil du nur sitzt und wartest, dass was im Außen passiert. Was soll im Außen passieren? Du willst etwas.

»*Mit Nicht-gewollt-Sein... damit kann man etwas anfangen. Dass es ein Unfall war. Meine Schwester ist sieben Jahre älter. „Ich habe eine Tochter und will noch einen Sohn" – so einen Plan gab es nicht. Mein Vater war praktisch nie da, weil er Workaholic war und sich ins Grab gearbeitet hat.*«

Wir haben das Wort "man" hinzugenommen, weil der Mann sich schwer tut, von sich in der ersten Person zu sprechen. Auch die Ansprache seiner Anteile ist sehr unpersönlich und rational.

- **Ich:** Ich fand es gut, dass da ein bisschen Raum gegeben wurde. Da ist etwas passiert. Ich bin im Mutterbauch... völlig eingefroren im Mutterbauch.
- **man:** Den einzigen Bezug, den ich habe, ist zu dir, "Ich". Habe einen ganz trockenen Mund. Ich kann den Durst gar nicht löschen. Mir brennt der Rücken, der obere Rücken. Ich muss mir den Kiefer

halten. Es ist, als wenn du mich am Leben hältst; irgendwie. Aber hier ist nichts. Hier ist irgendwie nichts.

o **Ich:** Bekommst du nicht genug zu trinken?

o **man:** Ich komme mir vor, als wenn ich tagelang nichts getrunken hätte. Kommt da nichts zu essen oder zu trinken? Mein ganzer Gaumen schmerzt. Ich kann kaum reden. Das tut so weh. Ich orientiere mich nur an dir, "Ich". Wenn du weg wärst, würde es mich nicht geben. Also, diese Rückenschmerzen, dieses Brennen, fühlt sich wie eine offene, brennende Wunde an.

o **Ich:** Ich halte hier seit einer Weile ein Band an meiner Hose. Da streiche ich entlang. Das macht Sinn, was "man" erzählt. Es ist wie eine Nabelschnur. Als wenn ich eine Verbindung herstellen will.

o **Systemsprenger:** Das war vielleicht meine eigene Geschichte. Das zweite Bild, das ich habe ist, dass ihr nicht versorgt worden seid. Unbewusst.

o **man:** Nicht unbewusst, sondern sehr bewusst. Das Wort "man" ist eigentlich falsch. Eigentlich müsste es »es« heißen. Ein Objekt. Wenn's persönlich wird, dann gibst du ja einen Namen oder dann sagst du »er« oder »sie«. Aber hier ist nichts.

o **Systemsprenger:** Und es gibt eine Hemmschwelle, dass man das ES umbringen möchte.

o **man:** Ich weiß nur, dass es so ist. Es geht hier um das, was mir während... Ich kann nicht einmal das Wort »Schwangerschaft« sagen. Ich bin so getrennt von allem. Ich könnte jetzt noch nicht mal sagen, dass ich in einem Bauch bin. So leer fühlt es sich an. Dieses Bild kommt mir immer wieder: Da sehe ich mich wie ein Cowboy, der durch die Sierra Nevada geht. Wie in der Wüste. Und die Geier kreisen oben schon. Und die sind bereit, wenn wir es nicht schaffen. Das klingt so, als wenn jemand anderer zu mir gesagt hätte: »Oh man.« »Oh man!«

o **Ich:** Ich glaube, unsere Eltern haben daran gedacht, uns zu töten, es aber nicht gemacht.

o **man:** Oder nicht geschafft. Ist nicht ganz klar, welche Option. Ich tendiere gerade zu »nicht geschafft«.

o **Ich**: Hat die Mama nicht genug getrunken?

- **man:** Ich kann nicht einmal mit dem Wort »Mama« etwas anfangen. Du, "Ich", tust mir gut. Und mir tut es gut, dass "Systemsprenger" da ist.
- **Systemsprenger:** Als Systemsprenger habe ich selber so viel zu tragen. Aber ein Teil von dem, was ich fühle oder darstelle, das gehört auch zu dir. Als wenn ich ein jugendlicher, kindlicher Anteil wäre. Aus dem Teil der allgemeinen Wünsche, dass du mit dir auch Schritte gehst. Ich fühle mich auch sehr verbunden und im Mitgefühl. Und es ist in Ordnung, dass du dich am "Ich" so festhältst. Es schmerzt mich nur so, dass du so ums Leben kämpfst und niemand hilft. Die warten nur darauf, dass du stirbst.
- **man:** Ja. Genau. Ich sterbe aber nicht. Ich bin wie der Cowboy in der Wüste. Ich gehe weiter, auch wenn die Sonne meine Haut verbrennt. Immer weiter. Immer weiter. Immer weiter.
- **Ich:** Du bist der Systemsprenger. Du hast es überlebt. Du musstest schon von Anfang an viel aushalten. Ich finde es total schön, dass du da bist, "man".
- **man:** Das ist komisch, ich denke mir gerade, ich habe zum ersten Mal drei Freunde.
- **Systemsprenger:** Ich spüre auch so eine Freude. Und so eine Liebe. Ich traue es mir fast nicht sagen. Wir drei. Du brauchst Zeit.

Nachwort

Wer oder was sprengt also ein System? 2019 erschien in Deutschland der Film »Systemsprenger« von Nora Fingscheidt.[50] Ein vielfach ausgezeichnetes, aufwühlendes und extrem kontrovers diskutiertes Sozialdrama, das eine überforderte Mutter, einen abwesenden Vater und ihre 9-jährige Tochter zeigt. Das Mädchen Benni hat unkontrollierte Wutanfälle, die auch körperlich eskalieren. Es beginnt ein Leidensweg durch alle Institutionen: Förderschule, Pflegeeltern, Heime, Psychiatrie, Wohngruppe, Polizei, Jugendamt.

Fingscheidt wollte ein gesellschaftliches Verständnis für schwer traumatisierte Kinder wecken und recherchierte deshalb über fünf Jahre lang intensiv. »Im Verhältnis zur Realität haben wir ihn zum Teil

---

[50] Die offizielle Seite des Films »Systemsprenger«, https://systemsprenger-film.de/

sogar abgeschwächt«, sagte Nora Fingscheidt in einem Interview mit der Frankfurter Rundschau.[51]

»Doch ich habe bei der Recherche schnell gemerkt, dass bestimmte Aspekte von Kindheit in unserer Gesellschaft verdrängt sind. Die Tatsache, dass jede große Stadt eine Kinderpsychiatrie hat, die meistens rappelvoll ist und noch eine Warteliste hat, wissen viele Leute gar nicht. Oder dass es noch Kinderheime gibt, die heute nur anders heißen, Wohngruppen, ist von der allgemeinen Diskussion über Erziehung abgespalten.«

Professor Dr. Franz Ruppert schrieb 2020 in einem Kommentar zu diesem Film[52]:

»Das im Film dargestellte Kinder- und Jugendhilfesystem versteht den Kern des Problems von Benni jedoch nicht – ihre vergeblichen Versuche, sich an seine traumatisierte Mutter zu binden bzw. bereits zutiefst mit ihr emotional verstrickt zu sein. Dieses System ist selbst in einem unlösbaren Widerspruch gefangen. Einerseits trennt es Kinder wie Benni mit dem Argument der Kindeswohlgefährdung von seinen Müttern, andererseits ist es in der Mutterideologie gefangen, dass jede Mutter im Grunde ihres Herzens doch ihr Kind lieben würde und die Mutter für das Kind durch niemanden ersetzbar wäre. Dass Frauen, die selbst früh traumatisiert wurden, nur biologisch aber nicht psychisch Mutter werden, und dann nur aus ihren Trauma-Überlebensstrategien heraus als Mutter handeln, dafür haben sie kein Konzept. Sie hoffen stattdessen, dass die Mütter eines Tages einen Gesinnungswandel durchleben und dann mit ihrem Kind erzieherisch gut umgehen.

Weil das trotz aller Geduld mit solchen traumatisierten Müttern nicht funktioniert, werden Kinder wie Benni zum Versuchsobjekt kreativer Einfälle von Psychiatern, Sozialpädagogen und Erziehern. Sie

---

[51] Frankfurter Rundschau, »Nora Fingscheidt: „Ich war selbst ein wildes Kind"« vom 27. September 2019, https://www.fr.de/kultur/tv-kino/nora-fingscheidt-ich-selbst-wildes-kind-13046197.html

[52] Prof. Franz Ruppert Webseite, Artikel »Systemsprenger« veröffentlicht 2020, https://www.franz-ruppert.de/aktuelles/86-systempreinger

probieren, nachdem die vermeintlichen Kinderpillen nicht wirken, Medikamente aus, die eigentlich nur für Erwachsene gedacht und zugelassen sind. Sie machen Herz- und Gehirnscans. Sie veranstalten einen dreiwöchigen Abenteueraufenthalt in einer Waldhütte ohne Strom und fließendes Wasser. Sie starten einen neuen Versuch mit einer Pflegemutter usw. Der Einfall, das Mädchen schließlich mit einem männlichen Erzieher zu einer intensivpädagogischen Maßnahme nach Kenia zu schicken, setzt dem pseudoprofessionellen Versuchs- und Irrtum-Spiel die Krone auf: Wir schicken das Kind jetzt in die Wüste, weil wir mit ihm hier in Deutschland nicht zurechtkommen. Logischerweise macht das Kind dies dann doch nicht mit, weil es sonst keine Chance mehr hat, wie zuvor durch das Ausbrechen aus den diversen Hilfeeinrichtungen, sich aus eigener Kraft auf den Weg zu seiner Mama zu machen. (…)

Was wäre also stattdessen zu tun? Statt auf Symptombekämpfung und pharmakologische oder Verhaltensänderungs-Lösungen zu setzen, müsste das Kernproblem in den Mittelpunkt gestellt werden: die traumatisierte Bindung des Kindes zu seiner Mutter. Einerseits ist bei der Mutter anzusetzen, damit diese zu sich kommt und ihren Selbstverlust – ich nenne das „Trauma der Identität" – mit all seinen Folgen aufarbeitet. (…)

Damit ein Hilfesystem, das diesen Namen verdient, aber erkennen kann, warum Mütter wie ihre Kinder psychisch gespalten und in ihren Trauma-Überlebensmechanismen hilflos gefangen sind, müssten auch die Helfer bereit sein, sich selbst mit ihren frühen Traumata zu befassen und ihre eigenen psychischen Spaltungen zu realisieren.«

Das wäre ein langer Weg, auf dem sich keiner mehr verstecken kann. Weder die Eltern, noch die Mediziner, noch die Institutionen. Es wäre ein Weg, der nach innen geht und sehr viel Mut bräuchte. Es wäre ein Weg des Miteinander. Es wäre Weg, der allen Hilfe bringen könnte.

# 4.7 HEIM UND JUGENDAMT

*Allgemein-Begegnung (4 Worte)*
*Kinder – Eltern – Jugendamt – Heim*

Wie fühlt es sich für ein Kind ein, wenn es weiß, dass es in ein Heim kommt? Und warum geben Eltern ihr Kind überhaupt in ein Heim? Diese Arbeit zeigt, wie Kinder auch heute noch Mittel zum Zweck sind und was passiert, wenn traumatisierte Menschen ihre Traumata nicht aufarbeiten und an die nächste Generation weitergeben. Diese Arbeit zeigt auch, wie aus einer traumatisierten Gesellschaft traumatisierende Ämter und Institutionen entstehen; weltweit. Und wie dunkel deren Entstehungsgeschichten sind.

## Kinder

»Körperlich geht es mir schlecht. Eigentlich ist es zum Kotzen. Wenn die "Eltern" nicht reden geht es mir besser. Dann geht die Übelkeit zurück. Wenn ich mir vorstelle, dass ich im "Heim" leben müsste, das wäre noch schlimmer! Beim "Jugendamt", da hätte ich mir Hilfe erhofft. Es war eine ganz kurze Zeit ein wenig besser.«

## Eltern

»Ich bin in einer mehrschichtigen Gefühlswelt: Okay, da sitzt mein Sohn, der ist bedrückt oder der tut nicht so wie ich will. Ich schwanke zwischen sauer und nicht schon wieder! Er interessiert mich nicht wirklich. Das Kind ist halt mein Kind. Ich bin total unzufrieden mit meiner Situation. Ich würde mich gerne aus der Verantwortung ziehen, weiß aber nicht, wie ich das machen soll. Ich kann ihn doch nicht in ein "Heim" stecken. Was würden die Leute sagen? Wie sieht das von außen aus? Habe ich versagt? Ich bin viel zu viel beschäftigt mit mir selbst und den körperlichen Vorgängen. Es ist kein Impuls da. Mir ist einfach nur übel.«

## Heim

»Also, ich bin eher mit dem Wort "Heim" beschäftigt. Dachte mir: „Nach Hause" oder „Heimat". Dann kam mir „ab ins Heim". Jetzt habe ich gegoogelt, woher das Wort "Heim" kommt. Schaut mal, hier steht:

„Wer hat den Regenschirm erfunden?" Lustig, gell? Ich kann voll mitgehen mit dem, was "Kinder" sagen. Für mich ist sonnenklar, dass die
"Eltern" keinen Bock auf "Kinder" haben; um das mal ganz brachial
auszudrücken. Ich denke, "Jugendamt" und ich sind beide Ämter. Aber
ich bin hier ein bisschen komisch. Ich lese mir hier durch die Websei-
ten, weil ich nicht weiß, was ein "Heim" ist. Ich könnte euch den Wikipedia-Eintrag vorlesen.[53] Das Thema ist total spannend. Also, ich
glaube, ich bekomme hier langsam ein konkreteres Bild, was ich hier
so machen kann. Redet ruhig weiter.«

**Jugendamt**
»Ich bin total mit mir selbst beschäftigt. Aber es ist unangenehm, das
mitzuteilen. Ich habe keinen Bezug zu "Eltern" und zu "Kinder". Der
einzige Bezug ist zu "Heim". Ich sitze hier im Schneidersitz als würde
ich meditieren. Meine rechte Hand habe ich vor meinem Bauch und
meine linke Hand vor meinem Schritt. Ich kann aber nicht sagen warum. Ich fühle mich auch ein wenig schwanger. Ich schäme mich auch,
dies zu sagen. Ich erlebe mich nicht als kinderfreundlich.«

o  **Heim** [liest weiter in dem Wikipedia-Eintrag]: »Vom System der
   Spezialheime (…) ist bekannt, dass erzieherischer Missbrauch mit
   dem Ziel Umerziehung angewendet wurden.« Das klingt doch gut
   hier! Findest du nicht? »erlittenes Unrecht« steht hier. Klingt doch
   gut.
o  **Eltern:** Waaas??!! Bist du komplett hinüber? Das gibt's ja nicht.
   Was soll ich tun? Das ist gruselig. Was soll ich tun mit meinem
   Kind, verdammt noch mal?
o  **Heim:** Ist dir doch egal.
o  **Eltern:** Aber wenn ich so schlimme Sachen höre, dann will ich
   schon auch Hilfe haben.
o  **Heim:** Guck mal, hier steht auch noch: »billige Arbeitskräfte«,
   »körperlich misshandelt«… Klingt doch gut! »Missbrauch« kommt
   hier vor. Schau mal, wie groß die Palette ist! Ich hätte es ja nicht
   gedacht. Geht nicht, gibt's nicht.
o  **Jugendamt:** Kein Wunder, dass es "Kinder" schlecht geht.

---

[53] Wikipedia, »Heimerziehung«, https://de.wikipedia.org/wiki/Heimerziehung

**Kinder**
»Hier ist überhaupt kein Impuls da. Ich kann nur sagen, hier ist eine absolute Übelkeit, die mal stark, mal weniger stark ist. Am Anfang hatte ich mir noch erhofft, vom "Jugendamt" eine Art von Hilfe zu bekommen. Aber eigentlich nehme ich die anderen gar nicht wahr. Und wenn ich mir jetzt vorstellen müsste, mit diesen Vorstellungen ins "Heim" zu kommen, das wäre gar nicht gut für mich. Das ist echt schwierig. Was ich spannend finde, dass das Amt nichts sagt!«

o **Heim:** Schau mal hier in Rumänen: »Zustände in den Kinder- und Behindertenheimen«, »schlechten Zustände«... »Zwangsarbeit« in der Schweiz... Schau mal hier in Südkorea! »Obdachlose, Dissidenten und Kinder werden weggesperrt, missbraucht und getötet.« Das ist ja irre!

o **Eltern:** Die arbeiten zusammen. Das ist ja hochgradig kriminell! Schau mal in die Gesichter! Das ist unfassbar! Unfassbar schlimm.

o **Heim:** Finde ich nicht. Ist doch nicht schlimm. Hier! »Adoptionssystem«. Es wird immer mehr. Meine Güte. »Entwicklungsstörung«. Wunderbar! »Bindungsschwäche«!

o **Eltern:** Die kann man ja missbrauchen. Ich finde keine Verbindung zu "Kinder".

o **Heim:** Da bist du in guter Gesellschaft.

o **Eltern** [verzweifelt]: Nein. Ich will schon.

o **Kinder:** Auch spannend: Zu den "Eltern" habe ich keinen Bezug.

o **Heim:** Wir auch nicht. Zu niemanden.

o **Eltern:** Der ist nicht aufgebaut worden. Wo kommen wir denn da hin? Jetzt kommt mir der Gedanke: Was ist mir eigentlich schon alles passiert?

o **Heim:** Ach, guck mal hier! »regelmäßig mit Arzneimitteln behandelt und ruhiggestellt«! In Schleswig-Holstein. Ach nein, das war nur eine Studie; landesweit. Ist doch schön!

o **Kinder:** Fakt ist, ich kann das nachvollziehen. Das ist nicht aushaltbar. Da muss man mal einen Punkt setzen. Da würde ich ja alle Hebel in Bewegung setzen, damit die mit ihrer Arbeit an die Grenzen kommen.

o **Eltern:** Ich bin jetzt ins Kindliche gerutscht, weil ich das nicht mehr aushalte, was "Heim" da sagt. Die vom "Jugendamt" lächelt so süffisant, das ist unfassbar. Wie wenn sie mich gleich holen und was weiß ich was mit mir veranstalten oder mich weiterreichen. Ich will, dass das aufhört! Ich will da weg! Bitte, bitte, wer hilft uns da?

o **Heim:** Ich würde das nicht so eng sehen. Einfach ausprobieren! Einfach mal ausprobieren, oder? Geht nicht, gibt's nicht. Oh! »Zwangssterilisation« in der Schweiz! Schau mal, noch ein Punkt! Es gibt ja so viele Ideen! Und das ist nur ein Artikel! Ach, wie toll. Für Säuglinge geht das auch!?!

o **Kinder:** Mir geht es jetzt besser, tatsächlich, aber ich habe die Kindeebene verlassen. Ich finde es spannend, dass das "Jugendamt" überhaupt nichts sagt. Wo es hier eigentlich um mich gehen müsste.

o **Heim:** Ha, das war jetzt ein Witz! Da kann ich jetzt darüber lachen, dass es um dich geht. Ist schon ein lustiger Abend…

o **Jugendamt:** Ich wollte vorhin was sagen, aber "Eltern" und "Heim" sind… Das "Heim" spricht schon für mich.

*"Heim" nickt und lacht.*

o **Kinder:** Aber ich sitze da! Ich sitze in dem "Heim" fest!

o **Heim:** Du bist eine Akte. Aber mehr auch nicht.

o **Jugendamt:** Ich bin so mit mir selbst beschäftigt. Und wie vorhin auch gesagt wurde, auch teilnahmslos. Ich lächle freundlich, aber insgeheim spricht "Heim" aus, was da so abgeht.

o **Heim:** Genau. Ich muss ja erstmal einen Plan fassen. Bisher habe ich ja noch keinen Plan. Aber wenn ich da mal einen Plan habe, dann… Du machts ja eh nichts, "Jugendamt". Du bist ja auch nur vom Amt. Ist doch wunderbar. Ich weiß gar nicht, was "Eltern" und "Kinder" haben?

o **Eltern:** Habe mich an meine Kindheit erinnert und bin komplett in mich zusammengesunken, ohne jegliche Möglichkeit in irgendeine Richtung. Erschüttert und ausgeschaltet.

**Jugendamt**

»Ich habe da kein Mitgefühl mit den "Eltern". Ich denke, die "Eltern" wollten das Kind sowieso nicht. Also, ich verstehe auch gar nicht, warum sie sich Sorgen machen? Es geht doch nicht ums Kind. Das hättet ihr doch alles echt früher überlegen können. Ich lasse mir von dir, "Eltern", doch nicht den Mund verbieten! Wenn ihr es wissen wollt – ihr wollt es ja nicht wissen, aber ich sage es euch trotzdem: Hinter meiner freundlichen Fassade bin ich richtig wütend. Und ich habe finstere Gedanken. Das, was "Heim" ausspricht, da ist ganz viel Wut und Hass auf die "Kinder". Und am liebsten sollen die gar nicht sein. Und wenn die da sind, dann haben sie nur eine Daseinsberechtigung, wenn sie alles mitmachen. Es ist wirklich finster. Ich zeige hier mal mein wahres Gesicht... Ich bin total freundlich zu dir und halte dich die ganze Zeit in einer Abhängigkeitsposition. Ich hätte weiter gelächelt und das "Heim" machen lassen. Und dann wärst du die ganze Zeit abhängig vom "Heim". Du hättest gehofft, dass ich etwas mache. Und ich wäre dagesessen und hätte gelächelt.«

**Kinder**
»Das ist nicht aushaltbar. Da wird es mir so schlecht. Da werden die Kinder in eine erwachsene Rolle gezwungen.«

**Eltern**
»Ich komme aus meiner kindlichen Erschütterung nicht heraus. Und habe kurz die Idee geschmiedete, dass ich mein Kind aus dem Gefängnis befreie. Aber ich bin so realistisch, dass ich weiß, das geht ja gar nicht. Und ich weiß nicht, wie ich zusammenkommen soll mit mir selbst, mit den Erfahrungen und der Verantwortung. Es ist sehr schlimm. Ich will doch noch leben. Es ist eine Katastrophe.«

# 5. KÖRPER

## 5.1 VERGEWALTIGUNG – UND ES PASSIERT JEDEN TAG

»Es ist viel einfacher, einem sexuell perversen ausländischen Mann,
der unschuldige Kinder missbraucht, die Schuld zu geben, als eine Situation
zu betrachten, in der der sexuelle Missbrauch von Kindern endemisch ist
und normalisiert und sogar institutionalisiert wurde.«[54]

Sexueller Missbrauch, sexualisierte Gewalt an Kindern kennt keine Grenzen, keine Nationalität, keine Religion. In Deutschland gibt es seit 2016 eine »Unabhängige Kommission zur Aufarbeitung sexuellen Kindesmissbrauchs«, die nicht nur die Taten in der Bundesrepublik Deutschland, sondern auch der ehemaligen DDR aufarbeitet. Derzeit (Stand: 5. Dezember 2024) gibt es 782 schriftliche Berichte und 2.042 vertrauliche Anhörungen; Tendenz weiter steigend.[55] Hier ein Ausschnitt aus der Studie »Sexueller Kindesmissbrauch in organisierten und rituellen Gewaltstrukturen« vom April 2021:

»Die Erfahrungen von ORG begannen nach Angaben der Studienteilnehmer:innen früh und durchschnittlich im Alter von 3 Jahren. Die

---

[54] Thailand Institute of Justice (TIJ) Women and children Empowerment Programme 163rd International Training Course (PDF) »Violence against Children in Southeast Asia: the case of child sex tourism in Thailand, Lao PDR and Cambodia« [Thailändisches Institut für Justiz (TIJ) Programm zur Stärkung von Frauen und Kindern 163. internationaler Lehrgang »Gewalt gegen Kinder in Südostasien: der Fall Kindersextourismus in Thailand, Laos und Kambodscha«]
https://www.google.com/url?sa=t&source=web&rct=j&opi=89978449&url=https://www.unafei.or.jp/publications/pdf/RS_No100/No100_VE_Sita_3.pdf&ved=2ahU-KEwii_LDz6q6JAxX_gf0HHWRAA04QFnoECBMQAQ&usg=AOvVaw0BBlPJX6cxuZvVv5Eg2QME

[55] Unabhängige Kommission zur Aufarbeitung Sexuellen Kindesmissbrauchs,
https://www.aufarbeitungskommission.de/

Betroffenen brauchten im Durchschnitt mehr als 24 Jahre, bis sie einem anderen Menschen mitteilten, was ihnen geschehen war; oft wurde auch über viele Jahre bestehende Amnesien für die erlebte Gewalt berichtet. Als Täter:innen wurden von 65% der Befragten die Mitglieder der Herkunftsfamilie genannt, mehr als die Hälfte bestätigte, dass bereits in der vorherigen Generation der Familie ORG stattfand und bei 58% waren Verwandte beteiligt. Es wurde ein breites Spektrum an Gewalterfahrungen berichtet. Besonders oft erfolgten mit 67% der Befragten schwere sexuelle Ausbeutung im Kindesalter (sogenannte Kinderprostitution) und bei 65% durch Missbrauchsabbildungen (sogenannte Kinderpornografie). Ein Drittel berichtete auch im Erwachsenenalter Zwangsprostitution, mehr als 24% wurden Opfer von Menschenhandel. Mehr als die Hälfte der Studienteilnehmer:innen (65%) gab an, dass ideologische Indoktrination durch die Täter:innen erfolgte und der Gewalt auf diese Weise ein scheinbarer Sinn gegeben wurde. Die Beteiligung satanistischer Gruppierungen wurde mit 49% besonders oft genannt; religiöse Sekten wurden mit 19% seltener berichtet ebenso wie rassistische, rechtsextreme und faschistische Gruppierungen mit jeweils 12%. Die berichteten Gewalterfahrungen waren schwer und erfolgten wiederholt. Als Gewaltformen wurden neben wiederholten Vergewaltigungen durch mehrere Täter:innen (85%) häufig auch Nahtoderfahrungen (86%) und erzwungene Gewalt gegen andere Menschen (68%) genannt.

Psychische Symptomatik und Versorgungssituation

Mehr als 91% der Teilnehmer:innen der Befragung bestätigten, dass infolge der biografisch frühen und wiederholten Gewalt dissoziative Persönlichkeitsanteile entstanden sind. Dabei gab mehr als die Hälfte an, dass die dissoziativen Persönlichkeitsanteile von Täter:innen über Gewaltanwendung gezielt erzeugt wurden. Entsprechend häufig (85%) seien eine Komplexe posttraumatische Belastungsstörung (KPTBS) und die Dissoziative Identitätsstörung (DIS; 84%) in der Lebenszeit diagnostiziert worden. Die Auswertung der beiden Fragebögen am Ende der Studie zur akuten Symptombelastung der Teilnehmer:innen bestätigte eine häufige Symptomschwere zur Posttraumatischen Belastungsstörung und zu somatoformer (körperbezogener) Dissoziation.«

Vergewaltigung, sexueller Missbrauch, Misshandlung, sexualisierte Gewalt, sexuelle Traumatisierungen – während an der Wortwahl weiter hin und hergedreht wird, wird ohrenbetäubend laut immer noch über die Ursachen geschwiegen, geben wir uns mit lächerlich milden Haftstrafen zufrieden und diskutieren über finanzielle Entschädigung. Warum werden solche Institutionen oder Netzwerken nicht zerschlagen? Täter nicht lebenslang hinter Gitter gesperrt? Und warum ist die deutsche Berichterstattung oftmals kalt und distanziert? Weshalb wird immer wieder von jungen Männern und jungen Frauen gesprochen, wenn es doch Kinder sind, Jugendliche? Warum gibt es keinen dauerhaften Aufschrei, keine Demonstrationen auf unseren Straßen?

Ich habe mich entschieden, zu diesem Thema keine dedizierte Arbeit zu machen, sondern Artikel, Studien und Vorträge aus aller Welt sprechen zu lassen. Der Schrei und der Schmerz sind ohrenbetäubend.

**Berliner Morgenpost, Deutschland, im April 2009**
**»Haftstrafe für Kindesmissbrauch«**

https://www.morgenpost.de/printarchiv/berlin/article103845026/
Haftstrafe-fuer-Kindesmissbrauch.html

»Weil er über mehrere Jahre zwei Kinder und einen Jugendlichen insgesamt 25-mal sexuell missbrauchte, muss der Berliner Harald W. für dreieinhalb Jahre hinter Gitter. Außerdem bedeutet das Urteil für den 45-Jährigen das berufliche Aus, denn W. ist – noch – Polizeibeamter.«

**Kinderschutz, Schweiz**
**»Sexualisierte Gewalt«**

https://www.kinderschutz.ch/sexualisierte-gewalt

»Sexualisierte Gewalt hinterlässt bei einem Menschen tiefe Furchen. Ein Übergriff hat meist traumatische Folgen für das ganze Leben. (…) Für betroffene Kinder ist es generell schwierig, über eine Tat zu sprechen. Sie fühlen sich oft selbst verantwortlich. Studien zeigen, dass nur ein Bruchteil der Kinder einen sexuellen Übergriff bei der Polizei meldet. Zudem müssen sich betroffene Kinder meist mehrmals jemandem anvertrauen, bis ihnen Hilfe zuteil wird. (…) Gemäss Strafgesetzbuch ist jede sexuelle Handlung vor, an und mit Kindern unter 16 Jahren strafbar. Es spielt dabei keine Rolle, ob das Kind in die sexuelle Handlung eingewilligt hat. Dennoch erlebt in der Schweiz rund jedes siebte Kind mindestens einmal sexualisierte Gewalt mit Körperkontakt durch Erwachsene oder ältere Kinder. Im virtuellen Raum ist das Ausmass der Übergriffe sogar noch grösser. Gewalt ausübende Personen kommen dabei aus den unterschiedlichsten sozialen Milieus. (...) Kein Kind kann sich ohne Hilfe selbst vor sexuellen Übergriffen schützen. Die Prävention sexualisierter Gewalt ist eine gesamtgesellschaftliche Aufgabe.«

**»The Dancing Boys of Afghanistan«, Film von 2010**

**[Die Tanzenden Jungen von Afghanistan]**

https://www.pbs.org/wgbh/frontline/documentary/dancingboys/transcript/? (Transkript)

»Najibullah war zurückgekehrt, um Berichte zu untersuchen, wonach afghanische Jungen anfällig für sexuellen Missbrauch durch mächtige Männer sind, die eine alte Praxis wieder eingeführt haben. Unter den Taliban verboten und nach afghanischen Gesetzen immer noch illegal. Es heißt bacha bazi. Übersetzung: „Jungen Spiele". (...) Die DVDs zeigen afghanische Jungen in Frauenkleidung, die vor einem Publikum tanzen, das ausschließlich aus Männern besteht. Die Jungen sind Straßenkinder oder Jungen, die von armen Eltern auf dem Land gekauft wurden. Es ist in dieser Welt allgemein bekannt, dass diese Jungen nach dem Tanzen oft an den Meistbietenden verkauft oder unter mächtigen Männern für Sex geteilt werden. (...) „Ich gehe in jede Provinz, um mit Jungs glücklich und vergnügt zu sein. Ich möchte eine Jungenparty haben. Ich schaue gerne zu. Manche Jungen eignen sind nicht gut zum Tanzen, aber sie können für andere Zwecke verwendet werden. (...) Ich meine für Sodomie und andere sexuelle Aktivitäten."«

**SBS News, Australien, im April 2015**

**»Horrific abuse at Queensland orphanage«**

**[Schrecklicher Missbrauch im Waisenhaus in Queensland]**

https://www.sbs.com.au/news/article/horrific-abuse-at-queensland-orphanage/d5cdsjktx

»Manchmal unkontrolliert schluchzend, erzählte Frau Adams der Anhörung in Rockhampton, dass sie geschlagen wurde, geohrfeigt, an den

Haaren gezogen und einmal mit einem Springseil so heftig ausgepeitscht wurde, dass sie tagelang kaum laufen konnte. Die Jungen, die
versuchten, aus Neerkol zu fliehen, wurden öffentlich mit Pferdepeit-
schen ausgepeitscht und diejenigen, die ins Bett nässten, mussten mit
den schmutzigen Laken über ihren Köpfen stehen. (...) „Kein Geld
kann jemals meine Kindheit, meinen Vertrauensverlust, meinen Mangel an formaler Bildung, meine Würde, mein Selbstwertgefühl und
mein Selbstwertgefühl zurückgeben", sagte Frau Adams. Etwa 4000
Kinder durchliefen zwischen 1885 und 1978 das als St. Josephs-Wai-
senhaus bekannte Waisenhaus. Eine 67-jährige Frau, die bei Neerkol
arbeitete, sagte, dass Bischof Heenan ursprünglich ihre Behauptungen,
sie sei mehr als 100 Mal von dem Pfarrer Reginald Durham vergewaltigt worden, der jetzt tot ist, seit sie 11 war, verworfen hatte. „Nach
jedem Mal, wenn ich sexuell missbraucht wurde, musste ich zu ihm
gehen und meine Sünde der Unschuld beichten", sagte die Frau, identifiziert als AYB, in der Anhörung. Pater Durham wurde 1999 wegen
unsittlichen Umgangs mit der Frau zu 18 Monaten Gefängnis verurteilt, aber viele weitere schwere Anklagen, die sie und andere Kläger
betraf, wurden eingestellt.«

The World, USA, im Dezember 2015
»Half a million kids survived Romania's 'slaughterhouses of souls.'
Now they want justice.«
[Eine halbe Million Kinder haben die 'Schlachthäuser
der Seelen' in Rumänien überlebt. Jetzt wollen sie Gerechtigkeit.]
https://theworld.org/stories/2015/12/28/half-million-kids-survived-romanias-slaughter-
houses-souls-will-they-ever-heal

»Die Gruppe drängt die rumänischen Behörden, den Hunger, die Kälte,
die Schläge, den sexuellen Missbrauch und die mangelnde Pflege von
schätzungsweise 500.000 Kindern in den trostlosen Waisenhäusern des
Landes vor dem Ende des Kalten Krieges einzugestehen und zu unterstützen. (...) Im Jahr 1989 war Codruta Burda eine Erzieherin in San-
crai in Zentralrumänien. Sie kümmerte sich um rund 25 Waisenkinder,
die damals 3 bis 4 Jahre alt waren. Einige wurden als geistig behindert
eingestuft, obwohl diese Diagnose oft falsch war. „Aber weil sie nicht
stimuliert wurden, konnten sie nicht gehen, konnten sie nicht sprechen.
Man musste sie füttern", sagte Burda. (...) „Ich sah jeden Tag

Verprügelungen", sagte Burda. "Ich kann mich nicht einmal erinnern, wie viele Verprügelungen ich gesehen habe." (...) Waisenhausangestellte, die keine Kinder schlugen, wurden als schwach angesehen. Daher wurde körperliche Bestrafung gefördert. (...) Ende 1989, als der Kommunismus endete, waren schätzungsweise 100.000 rumänische Kinder in Waisenhäusern untergebracht. Die hohe Zahl steht in Zusammenhang mit der familienfreundlichen Politik des ehemaligen Diktators Nicolae Ceausescu. Im Jahr 1966 verbot das Regime Abtreibungen und Verhütungsmittel, um die Bevölkerung nach dem Zweiten Weltkrieg nicht schrumpfen zu lassen. Von 1967 bis 1971 stieg die Bevölkerung Rumäniens um mehr als 6 Prozent. (...) Kinder, die in den letzten 20 Jahren des Kommunismus geboren wurden, wurden „decretei" genannt, was bedeutet „Kinder des Dekrets." Viele waren unerwünscht, vor allem in den 1970er und 1980er Jahren, als die rumänische Wirtschaft unter Ceausescus ungeschickter Führung schrumpfte. (...) „Wir wurden wie Kisten bewegt", sagte Balan, ein ehemaliger Beamter im Jugend- und Sportministerium, der eine weitere gemeinnützige Organisation gründete, Drawing Your Own Future, die Waisen in dem heute etwas verbesserten System hilft. „Der Unterschied war, dass wir schrien, aber es war kein großer Unterschied. Wir waren Kisten mit Stimmen." (...) „Ställe, in denen Kinder und Babys wie Nutztiere behandelt wurden. Nein, ich irre mich – zumindest fühlten sich die Tiere mutig genug, um ein Geräusch zu machen." Auch nach der Revolution leugneten die rumänischen Behörden die Existenz der Waisenhäuser. „Jeder mit Autorität verleugnete, verleugnete und verleugnete noch mehr. Es war entsetzlich", sagte Graham. Aber ausländische Journalisten wie Graham zwangen Beamte dazu, die Tragödie zu erkennen, die sich unter ihren Nasen entfaltete. Westliche Zeitungen und Fernsehprogramme zeigten ein sogenanntes „Erholungs- und Rehabilitationszentrum für Behinderte" in Cighid an der ungarischen Grenze, das einem Konzentrationslager ähnelte. Der Kindergulag, wie er und andere Waisenhäuser bekannt wurden, beherbergte rund 100 Kinder, die allein im Dunkeln hin und her schaukelten. Die meisten waren nackt, nichts als Haut und Knochen, ihre Beine gekreuzt. Die Hälfte starb jedes Jahr, in der Regel vor dem Alter von 3 Jahren, so dass andere Platz hatten, ihre Betten zu besetzen. (...) Im Februar 2010 entschuldigte sich der damalige britische Premierminister Gordon Brown für die Rolle seines Landes in einem „fehlgeleiteten" Kindermigrationsprogramm, das zwischen den 1920er und 1960er Jahren rund 150.000 arme britische Kinder, darunter einige Waisen, in Länder des Commonwealth deportierte. Es war billiger, sich um diese Kinder in ihren neuen Ländern zu kümmern. Viele der Kinder wurden, meist ohne Zustimmung ihrer Eltern, in „die härtesten Bedingungen, Vernachlässigung und Misshandlung in den oft kalten und brutalen Institutionen, die sie aufgenommen haben. Diesen Kindern wurde ihre Kindheit, die kostbarsten Jahre ihres Lebens, geraubt", sagte Brown. "Es tut uns wirklich leid." (...) "Als Rumänien der EU beitrat, stimmte es zu, die Institutionen aufzulösen und die Rechte von Kindern vollständig zu respektieren", sagte er. „Es hat seine Verpflichtungen nie eingehalten: Es gibt noch rund 100 große Zentren mit über 100 Kindern. Ihre Rechte wurden nie vollständig respektiert, und ihre Chancen auf eine soziale Integration sind sehr gering."«

**Report on trafficking girls and women under**
**the mullahs' regime in Iran, im Januar 2015**
**[Bericht über den Handel mit Mädchen und Frauen**
**unter dem Mullah-Regime im Iran]**
https://wncri.org/2015/01/31/report-on-human-trafficking-under-the-mullahs-rule-in-iran/

»Die staatliche Zeitung Hamshahri hatte damals auch berichtet, dass die Kosten für jedes Mädchen zwischen 8 – 12 Jahren 300 $ - 800 $ betragen. (...)

Am 20. August 2004 berichtete eine Sozialexpertin, Susan Bahari, „Vor einiger Zeit wurden 54 iranische Kinder an einige Händler auf einem Markt verkauft, der einem Sklavenmarkt in Dubai ähnelt." (Nachrichtendatenbank von Radio Farda) ( )

Nach Angaben des Leiters des iranischen Interpol-Büros ist der Sex-Sklavenhandel eine der profitabelsten Aktivitäten im heutigen Iran, die manchmal mit dem Wissen und der Beteiligung der herrschenden Fundamentalisten durchgeführt werden. Regierungsbeamte selbst sind am Kauf, Verkauf und sexuellen Missbrauch von Frauen und jungen Mädchen beteiligt. Er fügte hinzu: „Nach dem Erdbeben in Bam 2003 entführten Schlepper weibliche Waisenkinder und brachten sie nach

Teheran, wo sie an iranische und einheimische Händler verkauft wurden."

Die Vereinigung zur Verteidigung der Opfer von Gewalt veröffentlichte 2003 einen Bericht und schrieb: „Jeden Monat werden 45 iranische Mädchen zwischen 16 – 26 Jahren nur an die Reichen in Karachi verkauft." (...)

Zu diesen Opfern gehören manchmal auch kleine Kinder. Sie werden an geheimen Orten aufbewahrt, bis sie das richtige Alter erreichen und dann im Nahen Osten und in Indien verkauft. (...)

In seinem Jahresbericht 2010 schrieb das Women's Freedom Forum: „Während der letzten acht Jahre hat der Menschenhandel im Iran dramatisch zugenommen. Nach einigen Schätzungen hat die Prostitution in den letzten Jahren um 600% zugenommen. Das Durchschnittsalter der Prostitution ist auf 16 gesunken und Mädchen, die erst 10 Jahre alt sind, werden verkauft. In vielen der gemeldeten Fälle sind Regierungsbeamte an der Leitung von Prostitution und Menschenhandel beteiligt.""«

CBC News, Kanada, im November 2016
»Open secret: Sexual abuse haunts children in Indigenous communities«
[Offenes Geheimnis: Kinder in indigenen Gemeinden
von sexuellem Missbrauch verfolgt]
https://www.cbc.ca/news/indigenous/indigenous-sexual-assault-1.3839141

»Freda Ens sagt, sie war ein Baby, als ihre leibliche Mutter sie für eine Flasche Bier verkaufte. Der Käufer war kein verwandter Mann, den sie später „Großvater" nannte. Ihre frühesten Erinnerungen schließen die sexuelle Belästigung durch eine Reihe von Männern in seiner erweiterten Familie ein. (...) Sexueller Missbrauch von Kindern ist eine beunruhigende Realität in vielen kanadischen First Nations, Métis und Inuit-Gemeinschaften, wie die Forschung zu zeigen beginnt. Ausführliche Interviews mit Sozialwissenschaftlern, indigenen Führern und Opfern, die in den letzten Monaten von The Canadian Press durchgeführt wurden, zeigen, dass die Prävalenz sexueller Missbräuche in einigen Gemeinden erschreckend hoch ist. Und erst jetzt sprechen prominente indigene Führer zum ersten Mal öffentlich über die Notwendigkeit, dass die Gemeinden einen harten Blick darauf werfen. Es ist ein schmerzliches Erbe, das mit fast 120 Jahren von der Regierung geförderter, kirchlich geführter Internatsschulen verbunden ist, wo viele indigene Kinder nach Angaben der Ureinwohner körperlich und sexuell von Geistlichen und anderen Mitarbeitern belästigt wurden. Die Missbrauchten wiederum wurden zu Missbrauchern, was einen Zyklus von sexuellen Übergriffen auf Kinder schafft, der sich in immer weiter wachsenden Wellen von einer Generation zur nächsten ausbreitet. Innerhalb der indigenen Gesellschaft ist das Wissen, dass Kinder missbraucht werden, oft ein offenes Geheimnis – aber eines, dem nur wenige eine Stimme geben wollen. Stattdessen tanzen sie um die Worte herum und sprechen stattdessen über Kinderschutz, Mobbing, generationenübergreifendes, generationenübergreifendes Trauma und Gemeindekonflikte. (...) Intergenerationaler sexueller Missbrauch ist einer der Hauptgründe für den weit verbreiteten Substanzmissbrauch, eine Form der Selbstmedikation, die sowohl Opfern als auch Tätern hilft, ihren emotionalen Schmerz zu unterdrücken und ihre Scham zu begraben (…).«

**Organized Crime and Corruption Reporting Project, OCCRP, im April 2020**
**»Europe Cracks Down on Global Paedophile Ring«**
**[Europe Zerschlägt einen Weltweiten Paedophilen-Ring]**
https://www.occrp.org/en/news/europe-cracks-down-on-global-paedophile-ring

»Die belgische Polizei sagte am Dienstag, dass ein Gericht in Brüssel vier Männer in „einem der größten Fälle von sexuellem Missbrauch von Minderjährigen aller Zeiten" verurteilt hat. Die Untersuchung begann im Jahr 2015, nachdem einer der Männer erwischt wurde, wie er Fotos von nackten Kindern am Strand in Belgien machte. Seine Festnahme führte die Polizei zu einem weiteren Verdächtigen in der Stadt Wetteren in Ostflandern, wo sie mehr als 15 Terabyte an Bildern von Kindesmissbrauch entdeckt haben. Die Datenbank enthält mehr als neun Millionen Bilder und Videos. Die Polizei bezeichnete die Menge der Bilder und Filmmaterial als „beispiellos", wobei die meisten Opfer männlich waren und unter 13 Jahren lagen. (...) Es fügte hinzu, dass es selbst für erfahrene Ermittler schwer war, täglich solchen „ekelhaften Bildern und Botschaften ausgesetzt zu sein". (...) Child Focus, die im Namen der nicht identifizierten Opfer als zivilrechtliche Partei in dem

Prozess agierte, kritisierte die „außergewöhnliche Weichheit" der An-
klageschrift. «

**Frankfurter Allgemeine Zeitung, Deutschland, im Juni 2020**

**»Wie Berlin 30 Jahre lang Kinder an Pädophile vermittelte«**

https://www.faz.net/aktuell/politik/inland/wie-berlin-30-jahre-lang-kinder-an-paedo-
phile-vermittelte-16817390.html

»Der Sexualwissenschaftler Helmut Kentler gab Straßenkinder Krimi-
nellen zur Pflege. Beiden Seiten schien geholfen: Die Kinder waren
von der Straße, die Männer nicht mehr auffällig. Weil sie in den eigenen vier Wänden missbrauchten. Es klingt, als stamme es aus einem
Horrorkrimi und es war über dreißig Jahre bittere Wirklichkeit in Berlin: das sogenannte Kentler-Experiment. Der umstrittene Sexualwissenschaftler Helmut Kentler, gegen den es nie irgendein Verfahren
gab, hat in den siebziger Jahren Kinder und Jugendliche ganz bewusst
an pädophile Pflegeväter vermittelt. Er war der festen Überzeugung,
dass „sexuelle Kontakte zwischen Kindern und Erwachsenen nicht
schädlich sind". So wurden Findelkinder und Straßenkinder aus West-
berlin in die Obhut meist alleinstehender Pflegeväter gegeben, die oft
wegen sexuellen Missbrauchs vorbestraft waren.«

**Unabhängige Beauftragte für Fragen des sexuellen Kindesmissbrauchs,
Deutschland, im Januar 2021**

**»Kindeswohl hat höchste Priorität«**

https://beauftragter-missbrauch.de/presse/meldungen/detail/roerig-zur-vorstellung-pks-
2019 (die Seite ist nicht mehr aufrufbar)

»Ende Januar sprach ich auch vom ohrenbetäubenden Schweigen, das
uns beim Thema sexuelle Gewalt an Mädchen und Jungen in Politik
und Gesellschaft immer noch entgegenschlägt. Dabei hatte ich aus-
drücklich nicht die Missbrauchsfälle von Staufen, Lügde oder Ber-
gisch-Gladbach im Blick, sondern die vielen tausend Fälle, die nicht
angezeigt und nicht zu Skandalen werden, die massenhaft und unsichtbar mitten unter uns stattfinden. (…) Sexueller Missbrauch ist eine
Pandemie, eine Dauerkrise in Deutschland und weltweit, ein univer-
selles Problem, immer schon und immer noch.«

Deutschlandfunk Kultur, Deutschland, im Juni 2021

**»Im Keller vergewaltigt«**

https://www.deutschlandfunkkultur.de/missbrauch-in-bayerischen-heimen-im-keller-
vergewaltigt-100.html

»Laut einer Studie wurde ein Drittel der Kinder in bayerischen Heimen von 1949 bis 1975 sexuell misshandelt. Viele Fälle sind lange bekannt. Doch die Aufarbeitung schleppt sich dahin, die Opfer warten auf Gerechtigkeit. „Man ekelt sich vor einem selbst, deshalb hat man auch unheimlich Probleme, Partnerschaften einzugehen. Ich konnte zum Beispiel meine Pflegemutter, wenn die mich umarmt hat, hab' ich die sofort zurückgestoßen. Heute weiß ich, warum." (…) Aber viele der schwerstmissbrauchten Heimkinder trauten sich nicht, zu reden, sagt er: „Sie melden sich nicht, aus Scham darüber zu reden, was passiert ist. Und ich hab' gesagt: Mir ist das jetzt wurscht, das muss an die Öffentlichkeit, weil diese Institutionen jetzt im Nachhinein für diese Gewalttaten zahlen oder zur Rechenschaft gezogen werden sollen." (…) Das Münchner „Institut für Praxisforschung und Projektberatung" hat die Situation der ehemaligen Heimkinder in Bayern untersucht. In Befragungen berichtet heute ein Drittel, im Heim sexualisierte Gewalt erlebt zu haben – in den meisten Fällen durch das Heimpersonal, also durch Erzieher, Geistliche oder Hausmeister – Menschen, die sie eigentlich beschützen sollten. (…) Hier befand sich die Villa Maffei, in der „schwer erziehbare" Kinder untergebracht waren – wie es offiziell hieß. „Das Heim war von Stacheldrahtzaun und von hohen Mauern umgeben, als hätte man es mit gefährlichen Individuen zu tun. Man bedenke: Kinder zwischen sechs und 14 Jahren. Es gibt die Kinder, wenn sie aus Feldafing rauskamen in andere Weiterbildungen gingen, wo dann der sexuelle Missbrauch genau in dieser Form weiterging: Auch wieder verkauft werden, auch missbraucht werden. Der Gedanke des Netzwerkes war für mich der Anlass, mich vertieft auf diese Situation der Heimkinder einzulassen."«

National Library of Medicine (NIH)

»Prevalence of child maltreatment in India and its association with gender,
urbanization and policy: a rapid review and meta-analysis protocol«

[Die Verbreitung von Kindesmisshandlungen in Indien und ihre Verbindung
mit Geschlecht, Urbanisierung und Politik:

Schnelldurchlauf- und Meta-Analyseprotokoll|
www.ncbi.nlm.nih.gov

»In Indien, wo 19% der Kinder leben, wird geschätzt, dass jedes zweite Kind sexuellem Missbrauch und Gewalt ausgesetzt ist. Das indische nationale Büro für Verbrechensaufzeichnungen (NCRB) meldet alle 15 Minuten, dass ein Kind sexuell missbraucht wird und 53% der Kinder berichten von Missbrauch durch einen Elternteil, Verwandten oder Schullehrer. Die Prävalenz von sexuellem Missbrauch (CSA) in Ländern mit hohem Einkommen beträgt 20% für Frauen und 8% für Männer, aber in Indien schwanken die Schätzungen zwischen 4%-66% für Frauen und 4%-57% für Männer. (...) Je größer die wirtschaftlichen Schwierigkeiten in Gebieten wie städtischen Slums, desto größer die Wahrscheinlichkeit und Schwere der Misshandlung von Kindern.«

**THE CONVERSATION, UK, im Mai 2022**

**»Jimmy Savile: how the Netflix documentary fails to
address the role institutions play in abuse«**

**[Jimmy Savile: Wie die Netflix-Dokumentation versagt,
die Rolle der Institutionen bei Missbrauch zu adressieren]**

https://theconversation.com/jimmy-savile-how-the-netflix-documentary-fails-to-
address-the-role-institutions-play-in-abuse-181383

»Jimmy Savile war einer der schlimmsten sexuellen Serientäter in Großbritannien. Über mehrere Jahrzehnte hat die Fernsehpersönlichkeit bis zu 1.000 Jungen und Mädchen in TV-Studios sowie Patienten in NHS-Krankenhäusern in ganz Großbritannien gegroomed und missbraucht. Dass er es schaffte, ohne verhaftet zu werden, sogar 1990 als Ritter geadelt zu werden, ist das Thema einer neuen Netflix-Dokumentarserie von Rowan Deacon. (...) Jimmy Savile: A British Horror Story präsentiert sein Thema als einen nach Ruhm hungrigen Manipultor, der durch seine sorgfältig gepflegten Beziehungen zu britischen Eliten in der Lage war, seine Opfer zu missbrauchen und einzuschüchtern, sich der Gerechtigkeit zu entziehen und die Nation zu täuschen. Doch trotz seiner hohen Produktionskosten und der beeindruckenden Nutzung von Archivmaterial werden wichtige Teile des Skandals nicht untersucht. (...) Wie bei den offiziellen Ermittlungen nach Saviles Tod gelingt es dem Dokumentarfilm nicht, die zentrale Rolle zu erfassen, die britische Institutionen bei der Herstellung seiner „unantastbaren"

Prominenten-Ikone gespielt haben. Die Bestätigung der BBC war entscheidend, um Savile zu einer Berühmtheit zu machen. Und die Unterstützung des Unternehmens hat seine erfolgreiche Karriere weiter unterstützt. Als größter Star der BBC wurde er in zahlreiche Prime-Time-Radio- und Fernsehprogramme der BBC eingebunden und bot eine direkte Verbindung zum inneren Kreis der Programmmacher. (...) Für diese Arbeit, die mehr als seine Berühmtheiten-Errungenschaften war, wurde Savile 1972 zum OBE ernannt. Er wurde später von der Königin und dem Papst zum Ritter geschlagen. (...) Bis dahin waren die BBC, der NHS, das Department of Education and Science (wie es Anfang der 1990er Jahre hieß), der Staat, die Kirche, die Monarchie, das Militär und die Nation alle an seiner kollektiven Bestätigung beteiligt. (...) Durch die Marginalisierung der Ermächtigungsrolle von Institutionen in Saviles Verbrechen bewahren sowohl die Netflix-Dokumentation als auch offizielle Untersuchungen letztlich den Ruf dieser Institutionen und entlasten wichtige Personen von Verantwortlichkeit.«

**The Sound of Freedom Foundation, USA, im Januar 2023**
**»Human Trafficking Reference«**
**[Referenz zum Menschenhandel]**
https://soundfreedomfoundation.org/trafficking/

»Jeden Tag gibt es 35-40 Millionen Opfer des Sexhandels. Schätzungen zufolge werden international nur etwa 0,04 % der Überlebenden von Menschenhandelsfällen identifiziert, was bedeutet, dass die Mehrzahl der Fälle unentdeckt bleibt. Das Durchschnittsalter der Opfer von Menschenhandel liegt bei 12 Jahren. 79 % aller Fälle von Menschenhandel sind sexuelle Ausbeutung. Der Marktwert der „Industrie" wird auf 99 Milliarden Dollar geschätzt. Um diese Zahl zu verdeutlichen: Die Sexhandelsindustrie ist größer als der weltweite Kokainmarkt und fast so groß wie der weltweite PC-Markt. Während der Pandemie stieg die Online-Anwerbung um 22 %. Studien ergaben einen erheblichen Anstieg der Social-Media-Seiten potenzieller Opfer, wobei Facebook (Anstieg um 120 %) und Instagram (Anstieg um 95 %) die wichtigsten Anwerbungsseiten waren. 20-30 % aller Opfer sind Kinder. In einigen Teilen Afrikas und der Mekong-Region sind Kinder die Mehrheit (fast 100 %).«

CRIN – Child Rights International Network, im März 2023

»Latin American countries ranked on child sexual
violence prevention and response«

[Rangliste der lateinamerikanischen Länder in Bezug auf Prävention und Reaktion auf sexuelle Gewalt an Kindern]

https://home.crin.org/readlistenwatch/stories/oosi-latin-america

»Brasilien ist das Land mit den besten Ergebnissen in Lateinamerika
bei der Prävention und Bekämpfung von sexueller Ausbeutung und sexuellem Missbrauch von Kindern, während Argentinien die niedrigste
Bewertung erreicht, so ein neuer Bericht von Economist Impact, der
heute veröffentlicht wurde, indem er die Gesetze und Politiken von
neun Ländern der Region vergleicht, dessen Initiative von der CRIN
koordiniert wurde. (...) Die Studie ist Teil des Out of the Shadows In-
dex (OOSI), der ersten globalen Bewertung der Art und Weise, wie
Länder weltweit gegen sexuelle Gewalt an Kindern vorgehen. Sie umfasst 60 Länder und umfaßt rund 85 Prozent der Kinder weltweit.

ZEIT Online, Deutschland, im Juni 2023

»SOS-Kinderdorf vertuscht laut Bericht jahrzehntelangen Missbrauch«

https://www.zeit.de/gesellschaft/zeitgeschehen/2023-06/sos-kinderdorf-sexuelle-ge-
walt-missbrauch

»Die internationale Hilfsorganisation SOS-Kinderdorf hat einem inter-
nen Untersuchungsbericht zufolge jahrzehntelang Vorfälle von Betrug
und sexueller Gewalt gegen Kinder, teils mit folgenden Kinderschwangerschaften, in ihren Einrichtungen vertuscht. Die Organisation ver-
schwieg laut dem Bericht einer Sonderkommission seit den 1980er-
Jahren "schwerwiegende Vorwürfe des Missbrauchs" von Minderjährigen in mehreren Ländern. Demnach wurden "Skandale verschleiert,
Beweise vernichtet und Mitarbeiter eingeschüchtert", die auf die Miss-
stände hinwiesen. Der Bericht, den die Organisation auf ihrer Website
veröffentlichte, dokumentiert unter anderem "zahlreiche Fälle von
Kinderschwangerschaften", die insbesondere auf Vergewaltigungen
zurückzuführen seien. Mädchen seien zu "Zwangsabtreibungen" ge-
drängt worden, ohne dass die "Zustimmung der Familien nachgewiesen" worden sei. (…) Den Ergebnissen zufolge war einem Großspen-
der in Nepal "entgegen den Regeln" der Organisation Zugang zu einer
Einrichtung gewährt worden, in welcher er zwischen 2010 und 2014

mehrere Minderjährige missbrauchte. In Einrichtungen in Panama soll ein "Klima der Angst" geherrscht haben. Zudem stellte die Kommission erhebliche Vergehen in Kambodscha, Kenia, Sierra Leone und Syrien fest. Den dortigen Mitarbeitern sei es wichtiger gewesen, "die Organisation zu schützen" als die Interessen der Kinder.«

**Thailand Institute of Justice (TIJ)**

**Women and children Empowerment Programme**

**163rd International Training Course (PDF)**

**»Violence against Children in Southeast Asia: the case**

**of child sex tourism in Thailand, Lao PDR and Cambodia«**

**[Gewalt gegen Kinder in Südostasien: der Fall**

**Kindersextourismus in Thailand, Laos und Kambodscha]**

https://www.google.com/url?sa=t&source=web&rct=j&opi=89978449&url=https://ww
w.unafei.or.jp/publications/pdf/RS_No100/No100_VE_Sita_3.pdf&ved=2ahU-
KEwii_LDz6q6JAxX_gf0HHWRAA04QFnoECBMQAQ&usg=AOvVaw0BBlPJX6c
xuZvVv5Eg2QME

o »Gewalt gegen Kinder ist in Ländern mit niedrigem Einkommen häufiger.

o Kindessexueller Missbrauch im Reiseverkehr und Tourismus bezeichnet sexuellen Missbrauch von Kindern durch Touristen, Reisende oder ausländische Einwohner, die in dem Land oder den Ländern, in denen sie sich aufhalten oder leben, sexuellen Missbrauch von Kindern begehen.

o Im Jahr 2014 ist die sexuelle Ausbeutung von Kindern durch Privatpersonen am stärksten gestiegen.

o Traditionelle Reiseziele: Thailand und die Philippinen.

o Neue Ziele: Kambodscha, Laos, Myanmar und Vietnam.

o Straftäter: Männlich aus einem anderen südostasiatischen Land oder ostasiatischen Ländern (Japan, China, Südkorea).

o Kinder in Gefahr: Staatenlose, Flüchtlinge, indigene Kinder, ethnische Minderheiten, Kinder, die in der Nähe von Touristen arbeiten.

o Auswirkungen und Folgen: Ein Anstieg des webcam-basierten Sextourismus aufgrund der Weiterentwicklung von Informationstechnologien. Viele Überlebende haben Suchtprobleme als Mittel, um mit ihren Schmerzen fertig zu werden. Die Überlebenden haben vermehrt Selbstmord-Gedanken und -Neigungen.

- Gemeinsame Zugangspunkte:
  - Etablierte Prostitution: Bars, Karaoke-Lokale, Biergärten, Massagesalons, die als Bordelle fungieren.
  - Direkte/erleichterte Anwerbung von schutzbedürftigen Kindern, die an öffentlichen Orten leben/arbeiten, die bei Touristen beliebt sind, wie Strände und Marktplätze.
  - Der Zugang kann sogar durch diejenigen erleichtert werden, die in Kinderkontaktstellen wie Schulen und Waisenhäusern tätig sind, die sich an Kinder aus zerrütteten Haushalten richten.
  - Thailand: (…) Reisebüros und Hotelbetreiber sind die wichtigsten Vermittler. Kinder werden von ihren Eltern abgekauft und in Thailand zwangsweise als Sexhändler verkauft.
  - Fehlerhafte Prozesse für die Opfer: Staatliche Justizsysteme sind oft unzugänglich und ungastlich für Kinder, die Opfer sexueller Gewalt geworden sind. Korruption in bestimmten Fraktionen der Polizei führt dazu, dass die Besitzer von Bordellen und Sexclubs im Austausch für Bestechungsgelder gewarnt werden. Die staatlichen Justizsysteme versagen oft bei der Überwachung und Beschränkung der Bewegung von angeklagten Ausbeutern in der Vorprozesszeit. (…)«

**Bundeskriminalamt, Deutschland, im Juli 2024**
**»Im Fokus: Bundeslagebild Sexualdelikte zum Nachteil von**
**Kindern und Jugendlichen 2023«**

https://www.bka.de/DE/AktuelleInformationen/StatistikenLagebilder/Lagebilder/SexualdeliktezNvKindernuJugendlichen/2023/BLBSexualdelikte_2023_node.html

»Im Jahr 2023 hat die Polizei erneut einen Anstieg bei Sexualdelikten zum Nachteil von Kindern und Jugendlichen festgestellt. Die Zahlen bewegen sich weiterhin auf einem sehr hohen Niveau – sie haben sich in den vergangenen fünf Jahren mehr als verdreifacht. In vielen Fällen ist das Internet ein zentrales Tatmittel, etwa wenn die Täter Kontakte zu Minderjährigen über soziale Netzwerke anbahnen. Auch kann das Internet selbst zum Tatort werden, etwa bei Missbrauchshandlungen, die über Internet-Live-Streams geteilt werden. (…)

**Sexueller Missbrauch von Minderjährigen**

Seit der Strafrechtsreform 2021 wird der sexuelle Missbrauch von Kindern als eigenständige Strafrechtsnorm erfasst. Es wurden 11.900 Tatverdächtige registriert, davon waren 94,0 Prozent männlich. Insgesamt wurden im Jahr 2023 18.497 Opfer des sexuellen Missbrauchs von Kindern registriert. Der Anteil der weiblichen Opfer war 75,6 Prozent, der Anteil der männlichen Opfer lag bei 24,4 Prozent. (…)

**Sexueller Missbrauch von Jugendlichen**

Die Zahl der Opfer stieg um 5,5 Prozent auf 1.277 Jugendliche. Die Mehrheit der Opfer war mit 78,0 Prozent weiblich und 22,0 Prozent männlich. Auch hier bestand mit knapp 60,0 Prozent in den meisten Fällen eine Vorbeziehung zu der tatverdächtigen Person. (…)

**Missbrauchsdarstellungen von Kindern und Jugendlichen**

Die Anzahl dieser Fälle ist in den letzten Jahren kontinuierlich angestiegen und erreichte im Berichtsjahr einen neuen Höchstwert mit 45.191 Fällen (+ 7,4 Prozent) bei 37.464 Tatverdächtigen (+ 2,9 Prozent). Am häufigsten wurden Fälle der Verteilung kinderpornografischer Inhalte und des Besitzes oder Sich Verschaffens kinderpornografischer Inhalte festgestellt. (…) Das BKA erhält als Zentralstelle täglich hunderte Meldungen des National Center for Missing and Exploited Children (NCMEC). Im Jahr 2023 gingen rund 180.300 Hinweise ein, 32,0 Prozent mehr als im Jahr zuvor. (…) Seit 2019 steigen die Fälle von Herstellung, Verbreitung, Erwerb und Besitz jugendpornografischer Inhalte stetig an. Im Jahr 2023 erreichten sie mit 8.851 Fällen und einem Anstieg von rund 30,0 Prozent zum Vorjahr einen Höchstwert. (…)«

## KIRCHLICHE INSTITUTIONEN

Religiöse Intuitionen, egal welchen Landes und welcher Glaubensrichtung, haben eine jahrhundertelange Geschichte des Missbrauchs. Wie ein blutroter Faden ziehen sich Gewalt, Exzesse und Mordlust durch alle Instanzen und hinterlassen Leid und Elend. Ganze Landstriche sind blutgetränkt. Ob körperlicher, psychischer oder sexualisierter Missbrauch – es scheint keine Grenzen zu geben. Hand in Hand mit anderen Teilen der Gesellschaft, bis hoch zu Justiz und Politik, werden die Taten bis heute weitergeführt und tabuisiert.

»Seit den Veröffentlichungen der Missbrauchsgutachten insbesondere in den Erzbistümern Köln sowie München und Freising ist die Diskussion über die Verstärkung staatlicher Verantwortungsübernahme bei der Aufarbeitung sexuellen Kindesmissbrauchs insbesondere im kirchlichen Kontext voll entbrannt. (…) Immer wieder wird völlig zurecht formuliert, dass den Kirchen die Aufarbeitung der massenhaft in ihren Zuständigkeitsbereichen begangenen Taten sexueller Gewalt gegen Kinder und Jugendliche nicht allein überlassen bleiben darf. Kirchen könnten Vertuschung, Leugnung und ihr eigenes Versagen nicht selbst aufarbeiten.«[56]

**Willems, Helmut; Ferring, Dieter – Springer Verlag, im Dezember 2013**

**Buch »Macht und Missbrauch in Institutionen«**

https://zentralbuchhandlung.de/shop/i/macht-und-missbrauch-in-institutionen-9783658042967-8818.html

»Während sich die öffentliche Debatte über sexuellen Missbrauch weitgehend auf die Frage nach möglichen Entschädigungen für die Opfer konzentriert, bleiben für die wissenschaftliche Diskussion doch eine Reihe offener Fragen. Dies betrifft die Suche nach den Ursachen und organisatorischen Risikofaktoren für das Auftreten solcher Missbrauchsfälle ebenso wie die Identifikation geeigneter Maßnahmen zur Vermeidung und Prävention. Der Sammelband thematisiert nicht nur den Missbrauch von Kindern und Jugendlichen, sondern in einem weiteren Fokus auch die Frage von Macht und Machtmissbrauch in unterschiedlichen institutionalen Kontexten (wie etwa in Pflegebeziehungen, in Altenheimen, in Gefängnissen etc.).«

**mdr, Deutschland, im März 2018**

**»Katholische Kirche legt Missbrauchsstudie vor«**

https://www.mdr.de/religion/bischofskonferenz-stellt-studie-zu-missbrauch-in-katholischer-kirche-vor-102.html

---

[56] Unabhängiger Beauftragter für Fragen des sexuellen Kindesmissbrauchs, Positionspapier 2022 »Staatliche Verantwortungsübernahme und Aufarbeitung von sexuellem Kindesmissbrauch – Bilanz und Ausblick« https://beauftragte-missbrauch.de/fileadmin/Content/pdf/Pressemitteilungen/2022/PM-02-16/Positionspapier_2022_Staatliche_Verantwortungsuebernahme_bei_Aufarbeitung_Missbrauch.pdf

»Der leitende Wissenschaftler der Studie, Harald Dreßing, beklagte bei der Vorstellung der Ergebnisse einen mangelnden Aufklärungswillen in weiten Teilen der katholischen Kirche. Das Ausmaß des sexuellen Missbrauchs von Kindern und Jugendlichen und auch "der Umgang der Verantwortlichen damit" hätten die Forscher "erschüttert", sagte Dreßing. Er betonte, die Missbrauchsthematik sei keineswegs überwunden. "Das Risiko besteht fort", sagte der forensische Psychiater, der am Zentralinstitut für Seelische Gesundheit in Mannheim arbeitet. Dreßing unterstrich: "Unsere Studienergebnisse legen nahe, dass es in der katholischen Kirche Strukturen gab und gibt, die den sexuellen Missbrauch begünstigen können." Gründe dafür seien der Missbrauch klerikaler Macht, die Verpflichtung der Priester zur Ehelosigkeit sowie ein innerkirchlich "problematischer Umgang" mit dem Thema Sexualität, vor allem mit der Homosexualität. (…) Die Forscher untersuchten nach eigenen Angaben mehr als 38.000 Personal- und Handakten der 27 Diözesen aus den Jahren 1946 bis 2014. Sie entdeckten demnach bei 1.670 Klerikern der katholischen Kirche Hinweise auf Beschuldigungen des sexuellen Missbrauchs Minderjähriger. Dies entspreche 4,4 Prozent aller Kleriker. "Wir müssen viel mehr von einem deutlich größeren Dunkelfeld ausgehen", sagte Dreßing. (…) Den Beschuldigten hätten 3.677 Kinder und Jugendliche zugeordnet werden können, die sexuell missbraucht wurden. 62,8 Prozent der Betroffenen seien männlich gewesen, 34,9 Prozent weiblich, bei 2,3 Prozent hätten Angaben zum Geschlecht gefehlt. Beim ersten sexuellen Missbrauch seien 51,6 Prozent der Betroffenen maximal 13 Jahre alt gewesen, 25,8 Prozent seien 14 Jahre und älter gewesen, das mittlere Alter habe bei 12 Jahren gelegen. (…) Der Missbrauch habe sowohl gesundheitliche als auch soziale Probleme bei den Betroffenen ausgelöst. Die Opfer litten häufig unter Depressionen, Angst, Schlaf- und Essstörungen, posttraumatischen Symptomen, suizidalen oder selbstverletzendem Verhalten sowie Alkohol- und Drogenkonsum. Im sozialen Bereich hätten die Betroffenen häufig Probleme in Ausbildung, Beruf, Beziehungen und Partnerschaft.«

Ceylon Today, Sri Lanka, im April 2023
»Breaking the silence on child abuse at temples«
[Das Schweigen über Kindesmissbrauch in Tempeln brechen]

»Obwohl die Misshandlungen von Kindern, die in der Obhut von Erwachsenen sind, ans Licht gekommen sind, ist es kaum möglich, dass Kindesmissbrauch in religiösen Einrichtungen in die Schlagzeilen kommt. Wenn jemand sich traut, über Kinder zu sprechen, die in Tempeln missbraucht werden, sind viele beleidigt, dass das Berichten solcher Vorfälle die Religion in den Verruf bringt. Die Gesellschaft entscheidet sich dafür zu verschweigen, über das Leben der Novizenmönche (samaneras), die auch Kinder sind. (...)

In vielen Fällen wurden diese Mißbräuche von älteren Mönchen oder Lehrern durchgeführt, die mit der Betreuung und Ausbildung junger Novizenmönche betraut waren. Die Misshandlungen umfassten Belästigung, Vergewaltigung und andere Formen der sexuellen Ausbeutung, die oft gegen Kinder verübt wurden.

Einer der Gründe für die Verbreitung dieser Missbräuche ist das Fehlen von Rechenschaftspflicht und Aufsicht innerhalb der Klostergemeinschaft. Viele Mönche und Lehrer sind in der sri-lankischen Gesellschaft verehrte und respektierte Persönlichkeiten, und als Ergebnis können ihre Handlungen unhinterfragt oder undokumentiert sein.

Darüber hinaus gibt es oft eine Kultur des Schweigens und der Scham, die sexuelle Gewalt umgibt, was es für Opfer schwierig machen kann, sich zu melden und ihre Erfahrungen zu berichten. Viele Opfer haben das Gefühl, dass ihnen nicht geglaubt wird oder dass sie für den Missbrauch verantwortlich gemacht werden.«

**Rolling Stone, im Juli 2023**

**»Sinead O'Connor's 'SNL' Protest Was 'Monumental'**

**for Church Sex Abuse Survivors«**

**[Sinead O'Connors 'SNL' Protest war 'monumental' für Überlebende**

**von Sexuellen Missbrauch durch die Kirche]**

»Mehr als drei Jahrzehnte nach dem Zerreißen eines Bildes des Papstes, um gegen Kindesmissbrauch zu protestieren, hat die Geschichte ihr Recht bewiesen. (...) „Viele von uns mussten mit diesem Foto von John Paul aufwachsen", sagt Peter Isely, der eine sexuelle

Überlebender eines Priesters ist und ein mitgründendes Mitglied der Organisation Ending Clergy Abuse ist. „Kinder wurden vergewaltigt und sexuell missbraucht in Pfarreien und Kirchen mit diesem Foto im Zimmer, das uns in völliger Stille anblickt." (...) O'Connor wurde ein globaler Star mit Hits wie "Mandinka" und "Nothing Compares 2 U," in denen sie ihre eigene Kindheit als brutal beschreibt. Sie war das dritte von vier Kindern, die John und Marie O'Connor, ein katholisches Arbeiterpaar aus Dublin, geboren hatten. Marie hat Sinéad körperlich misshandelt und ihre Tochter in die irische Magdalene Laundries geschickt – einer katholische Reformschulen für „gefallene Frauen" – nachdem Sinéad aus der katholischen Schule ausgeschlossen und wegen Ladendiebstahls verhaftet wurde. (...) Es war Maries persönliches Bild des Papstes, das O'Connor auf der Bühne zerfetzte. „(...) In Irland [als sie heranwuchs] sagte ihr die Kirche, sie solle ein besseres Kind sein und ihre Mutter würde ihr einfach schreckliche Dinge antun."«

Tagesschau, Deutschland, vom Januar 2024

»1.259 Beschuldigte in der Evangelischen Kirche«

https://www.tagesschau.de/inland/gesellschaft/missbrauch-evangelische-kirche-106.html

»Seit Jahrzehnten hat es auch in der Evangelischen Kirche sexualisierte Gewalt gegeben. Eine Studie offenbart nun das Ausmaß: Demnach wurden mindestens 1.259 mutmaßliche Täter dokumentiert. Wohl nur die Spitze des Eisbergs. (…) In einer Hochrechnung, die aus Sicht des Forscherteams mit "sehr großer Vorsicht" betrachtet werden muss, ergäbe sich eine Zahl von insgesamt 9.355 Betroffenen bei geschätzt 3.497 Beschuldigten. (…) In der Vergangenheit war mehrfach Kritik an der schleppenden Aufarbeitung von Missbrauch bei den Protestanten laut geworden. So monierte der Kölner Staatsrechtsprofessor Stephan Rixen das Verhalten von EKD und Diakonie. Oftmals seien bei Taten von sexualisierter Gewalt gar keine Disziplinarakten angelegt worden. Es sei auch "völlig absurd, dass nicht die Personalakten untersucht werden, weil sich bei realistischer Betrachtung auch in Personalakten Anhaltspunkte für Fehlverhalten finden", sagt Rixen, der der Unabhängigen Kommission zur Aufarbeitung sexuellen Kindesmissbrauchs der Bundesregierung angehört.«

**Wikipedia**

**»Catholic Church sexual abuse cases in Ireland«**

**[Fälle sexuellen Missbrauch in Irlands Katholische Kirche]**

https://en.wikipedia.org/wiki/Catholic_Church_sexual_abuse_cases_in_Ireland

»Wie die Fälle von sexuellem Missbrauch durch die katholische Kirche in den USA und anderswo, umfassten auch die Missbrauchsfälle in Irland hochkarätige, besonders zölibate katholische Geistliche, die an illegalen heterosexuellen Beziehungen beteiligt waren, sowie weit verbreiteten körperlichen Missbrauch von Kindern in der katholischen-Leitung eines Kinderbetreuungsnetzwerks. In vielen Fällen wurden die missbrauchenden Priester in andere Pfarreien verlegt, um Peinlichkeiten oder einen Skandal zu vermeiden, wie es vom oberen Klerus unterstützt wurde. (...) In den 1990er Jahren wurde in einer Reihe von Fernsehsendungen über systemische Missbräuche im römisch-katholischen Kinderbetreuungssystem Irlands berichtet, vor allem in den Reformations- und Handelsschulen. Der Missbrauch trat hauptsächlich zwischen den 1930er und 1970er Jahren auf. (...) Die Kommission stellte fest, dass katholische Priester und Nonnen seit Jahrzehnten tausende von Jungen und Mädchen terrorisiert hatten und dass es den Regierungsinspektoren nicht gelungen war, die chronischen Schläge, Vergewaltigungen und Demütigungen zu stoppen. Der Bericht charakterisierte Vergewaltigung und Belästigung als „endemisch" in irischen katholischen Industrieschulen und Waisenhäusern.«

## INTERNET UND PORNOGRAFIE

**Stuttgarter Nachrichten, Deutschland, im November 2022**

**»Boystown: Pädophile wissen, was sie tun«**

https://www.stuttgarter-nachrichten.de/inhalt.kinderpornografie-boystown-paedophile-wissen-was-sie-tun.3e4dee23-f091-4a36-9dff-f0d10b46f1ee.html

»Kriminelle haben auf der Darknet-Plattform Boystown weltweit kinderpornografische Inhalte getauscht. (…) Neben Nacktbildern kursierten auf Boystown aber auch Alltagsfotos von Kindern, offenbar gefunden und kopiert auf den öffentlichen Instagram- oder Facebook-Konten von arglosen Eltern. Für Material, das in den Augen der Pädophilen besonders gelungen war, bekamen Nutzer zur Anerkennung und zum

255

weiteren Ansporn mitunter sogar Orden verliehen. (…) Mehr als 400000 Nutzerkonten zählt das Portal, das über normale Internetsuchmaschinen nicht zu finden ist. Im virtuellen Schattenreich tauschen Pädophile Fotos und Videos, die teils schwersten sexuellen Missbrauch von Kindern zeigen – vorzugsweise von Jungen.«

Statista, weltweit, im Oktober 2023

»Online Child Pornography Skyrockets«

[Online-Kinderpornographie schnellt in die Höhe]

https://www.statista.com/chart/30964/total-number-of-urls-confirmed-as-containing-child-sexual-abuse-imagery/

»Die Anzahl sexuellen Missbrauchs von Kindern im Internet ist in den letzten Jahren sprunghaft angestiegen, so der jüngste Jahresbericht der britischen NGO und Watchdog, der Internet Watch Foundation (IWF). Im vergangenen Jahr wurden 255.588 URLs bestätigt, die Bilder oder Videos des Missbrauchs enthalten. Im Jahr 2019 waren es 132.676 URLs. Dieser Anstieg ist teilweise mit der Pandemie verbunden, als Lockdowns bedeutete, dass mehr Menschen – einschließlich jüngerer Kinder – zu Hause blieben und länger online waren als zuvor.«

CNN, USA, im Dezember 2023

»Hundreds of images of child sexual abuse found in
dataset used to train AI image-generating tools«

[Hunderte von Bildern von sexuellem Missbrauch an Kindern wurde
in Datensätzen gefunden, die zur Schulung von KI-Bildgebungswerkzeugen
verwendet wurden]

https://edition.cnn.com/2023/12/21/tech/child-sexual-abuse-material-ai-training-data/index.html

»Mehr als tausend Bilder sexuellem Missbrauchs von Kindern wurden in einem massiven öffentlichen Datensatz gefunden, der verwendet wurde, um populäre KI-Bild-generierende Modelle zu trainieren, sagten Forscher des Stanford Internet Observatoriums in einer Studie, die Anfang dieser Woche veröffentlicht wurde. Die Präsenz dieser Bilder in den Trainingsdaten kann es KI-Modellen erleichtern, neue und realistische KI-generierte Bilder von Kindermissbrauchsinhalten oder „Deep Fake"-Bilder von ausgebeuteten Kindern zu erstellen.«

**Bundeskriminalamt, Deutschland, 2024**

**»Cybergrooming«**

https://www.bka.de/DE/UnsereAufgaben/Aufgabenbereiche/Zentralstellen/Kinderpor-
nografie/Cybergrooming/Cybergrooming_node.html

»Der Begriff beschreibt die gezielte Anbahnung sexueller Kontakte mit Minderjährigen über das Internet. Die Täter geben sich in Chats oder Online-Communitys gegenüber Kindern oder Jugendlichen als ungefähr gleichaltrig aus oder stellen sich als verständnisvolle Erwachsene mit ähnlichen Erfahrungen und Interessen dar. So gewinnen sie das Vertrauen ihrer Opfer mit dem Ziel, sie zu manipulieren. In vielen Fällen bringen sie die Kinder dazu, ihnen freizügige Selbstporträts zu senden. Die Fotos werden dann teilweise als Druckmittel gegen die Minderjährigen eingesetzt, um sie zu weiteren Handlungen zu bewegen. Manche Täter verfolgen außerdem das Ziel, sich auch „offline“ mit den minderjährigen Opfern zu treffen und sie zu missbrauchen. In Deutschland ist Cybergrooming als Begehungsform des sexuellen Missbrauchs von Kindern verboten (§ 176 StGB). Wer Kinder und Jugendliche im Internet mit sexueller Absicht bedrängt, muss mit Freiheitsstrafen von bis zu fünf Jahren rechnen.«

**Duisburg, Polizei Nordrhein-Westfalen,**

**Deutschland, im Oktober 2024**

**»Bundesgebiet: Erfolgreicher Schlag gegen Kindesmissbrauch –**

**Sechs Tatverdächtige in U-Haft«**

https://duisburg.polizei.nrw/241008bundesgebiet

»Vom 24. bis 28. September 2024 fand ein durch das Polizeipräsidium Duisburg geführter Großeinsatz in sechs Bundesländern statt. (…) Nach Auswertungen der Ermittler konnten weltweit aktive User im mittleren sechsstelligen Bereich auf dem Board festgestellt werden. (…) Alleine auf einem Rechner eines Beschuldigten sind 13,5 Terabyte auszuwerten. Bei einem Foto mit einer durchschnittlichen Dateigröße von 4 MB entspricht dies etwa 3,4 Millionen Fotos. (…) Minister der Justiz des Landes NRW, Dr. Benjamin Limbach: "Kinder leiden ihr ganzes Leben unter den Taten. Den Kindesmissbrauch im Internet zu bekämpfen, ist daher eine Pflicht für die gesamte Gesellschaft. Der Ermittlungserfolg der Polizei Duisburg und der ZAC NRW ist ein Paukenschlag. Er sendet unüberhörbar ein Signal an alle Täterinnen und

Täter von Kindesmissbrauch: Ihr könnt Euch nicht verstecken! Nicht hinter vier Wänden, nicht hinter einem Pseudonym und auch nicht im Darknet!«

## KRIEG, FLUCHT UND VERTREIBUNG

Gerade bei Flucht, Vertreibung und Krieg sind Tür und Tor geöffnet für sexuelle Traumatisierung. Oftmals sogar gezielt eingesetzt als Kriegswaffe oder um die Kriegswirren auszunutzen für perfide Experimente. Unter dem Deckmantel humanitärer Einsätze, Fluchthilfen und Adoptionen öffnen sich menschliche Abgründe, die einen verzweifeln lassen. Kinder und Erwachsene, die diese Gewalttaten überleben, sind für ihr ganzes Leben gekennzeichnet. Sie tragen unsagbare körperliche und psychische Lasten an jedem einzelnen Tag und in jeder einzelnen Nacht. Diejenigen, die sich an die Aufarbeitung ihres Leidens wagen – jeden Tag ein bisschen mehr – gehören mit zu den mutigsten Menschen, die ich kenne. Sie sind die wahren Helden. Denn sie versuchen, nicht denselben Weg zu gehen wie ihre Täter, die sich hinter Anzügen, Uniformen, Geld und Macht verstecken. Ein Weg, der für die Opfer extrem schmerzhaft und sehr, sehr einsam ist. Der Ausgang? Ungewiss.

The New York Times, USA, im February 2019
»Thousands of Immigrant Children Said They Were
Sexually Abused in U.S. Detention Centers, Report Says«
[Ein Bericht sagt, dass Tausende von Einwandererkindern aussagten,
sie wurden in U.S. Haftanstalten sexuell missbraucht]

https://www.nytimes.com/2019/02/27/us/immigrant-children-sexual-abuse.html

»Die Aufzeichnungen, die Kinder betreffen, die allein ins Land gekommen waren oder von ihren Eltern getrennt wurden, enthalten detaillierte Behauptungen, dass erwachsene Mitarbeiter Kinder belästigt und angegriffen haben, einschließlich Streicheln und Küssen von Minderjährigen, sie beobachten, wie sie sich duschten, und sie vergewaltigen. Sie umfassten auch Fälle von mutmaßlichem Kindesmissbrauch durch andere Minderjährige.«

**Amnesty International Schweiz, im März 2019**

**»Jemen – Milizen vergewaltigen Kinder«**

https://www.amnesty.ch/de/laender/naher-osten-nordafrika/jemen/dok/2019/taiz-verge-waltigung-von-kindern-durch-milizen

»Die Mutter des Jungen[57] beschrieb den Abend, an dem ihr Sohn nach dem Vorfall nach Hause kam. "Er kam abends nach Hause und ging direkt ins Badezimmer. Als er wieder herauskam, fragte ich ihn, was los sei, aber er konnte mir nicht sagen, was passiert war. Er fing an zu weinen, und ich begann ebenfalls zu weinen. Wir sassen[58] drei Tage lang nebeneinander und konnten weder essen und trinken noch schlafen... Er war verängstigt und in sehr schlechter psychischer Verfassung, und seine Gesichtsfarbe war gelblich und fahl... Er starrte einfach nur ins Leere. Er konnte nicht schmerzfrei sitzen und drei Tage nicht zur Toilette gehen. (…) Der Arzt sagte, mit meinem Sohn sei alles in Ordnung und er würde kein Gutachten anfertigen. Daraufhin fragte ich ihn, ob er sich denn gar nicht vor Gott fürchte."«

**Unlimited Hangout, by Whitney Webb, in July 2020**

**»"Charity" Accused of Sex Abuse Coordinating ID2020's**

**Pilot Program For Refugee Newborns«**

**["Wohltätigkeitsorganisation" wird beschuldigt des Sexualmissbrauchs**

**Koordination ID2020 Pilotprogramms für Neugeborene Flüchtlingskinder]**

https://unlimitedhangout.com/2020/07/reports/charity-accused-of-sex-abuse-coordina-ting-id2020s-pilot-program-for-refugee-newborns/

»Ein biometrisches Identifikationsprogramm, das von der ID2020-Allianz unterstützt wird, wird seine neue „digitale ID" Programm für Neugeborene ausrollen, in enger Abstimmung mit einer an die Wall Street verbundenen Wohltätigkeitsorganisation und prominenten westlichen Politikern, deren Mitarbeiter beschuldigt wurden, Flüchtlingskinder sexuell auszubeuten. iRespond, eine internationale Non-Profit Organisation, die „damit betraut ist, durch Biometrie das Leben durch digitale Identität zu verbessern", hat ein neues biometrisches Programm für Neugeborene unter der überwiegend Flüchtlingsbe-

---

[57] Der Junge war 16 Jahre alt und hatte noch versucht, auf den Täter einzuwirken. »Er sagte mir, dass er mich vergewaltigen wolle. Ich fing an zu weinen... und bat ihn, sich vorzustellen, ich sei sein Sohn. Er wurde wütender und schlug noch härter zu...«

[58] Rechtschreibfehler im Original-Text. Sollte heißen »saßen«.

völkerung Karen entlang der Grenze zwischen Myanmar und Thailand begonnen, einem Programm von dem es hofft, das bald in einem größerem Maßstab „schnell ausgerollt" wird und der allgemeinen Weltbevölkerung zugänglich gemacht werden kann. Das Pilotprogramm wird im Rahmen der umstrittenen ID2020-Allianz durchgeführt, unterstützt von Microsoft, der GAVI-Impfstoff-Allianz und der Rockefeller Foundation sowie mit dem Internationalen Rettungskomitee (IRC), eine gemeinnützige Organisation, die tief mit der westlichen politischen Elite und der Wall Street verbunden ist. Sie hat eine kontroverse Erfolgsbilanz bei der Vertuschung zahlreicher Vorwürfe von sexuellem Missbrauch und Betrug. (...) Allerdings sagte iRespond CEO, Scott Reid, Biometric Update, dass diese Anmeldeinformationen „nicht das gleiche Gewicht wie eine echte Geburtsurkunde tragen," aber behauptet, dass die biometrische Organisation "Birth-Attest" Programm "könnte die traditionellen Barrieren zur Etablierung von Identitäten überspringen." Obwohl iRespond Quasi-Berufsbescheinigungen in Bereichen, in denen echte Geburtsurkunden verfügbar sind, scheinbar wenig nützen würden, stellt die Organisation fest, dass „sobald der Pilot abgeschlossen ist, iRespond bereit ist, die Lösung schnell im Maßstab einzusetzen" für den weltweiten Masseneinsatz. (…) Beispielsweise wurde 2018 bekannt, dass der IRC eine von mehreren britischen Wohltätigkeitsorganisationen war, in denen „Arbeiter [mutmaßlich] in sexuell ausbeuterischen Beziehungen mit Flüchtlingskindern waren", einschließlich durch "Sex-für-Essen-Skandale", wo „sexueller Missbrauch so weit verbreitet war, dass viele Flüchtlingsfamilien nur überleben konnten, wenn sie es erlaubten, ein Mädchen auszubeuten." Berichten zufolge hatten die IRC und andere in dem Bericht genannte Organisationen, einschließlich Save the Children, von den eklatanten Missbräuchen seit Jahren vor der Veröffentlichung der Vorwürfe gewusst und beschlossen, nicht zu handeln.«

**Save the Children International, in 2021**

**»Weapon of War: Sexual violence against children in conflict«**

**[Waffe des Krieges: Sexuelle Gewalt gegen Kinder in Konflikten]**

https://resourcecentre.savethechildren.net/document/weapon-war-sexual-violence-against-children-conflict/

»Weltweit leben heute 426 Millionen Kinder in Konfliktgebieten. Wir schätzen, dass erstaunliche 72 Millionen von ihnen oder einer von sechs, 50 Kilo-Meter oder näher an Konflikten leben, in denen bewaffnete Gruppen oder Streitkräfte sexuelle Gewalt gegen Kinder im letzten Jahr verübt haben. Dieser Bericht enthält die erste quantitative Analyse des Risikos geschlechtsspezifischer Gewalt gegen Kinder in Konfliktsituationen für den Zeitraum 1990-2019. Weltweit erleben Menschen aller Geschlechter und Altersgruppen sexuelle Gewalt, die im Wesentlichen auf ungleiche Machtdynamiken zurückzuführen ist. Für Kinder spielen Alter und Geschlecht eine wichtige Rolle in ihrer Lebensfähigkeit, wodurch Mädchen besonders einem hohen Risiko sexueller Gewalt in Konfliktsituationen ausgesetzt sind. Unsere Analyse zeigt, dass die Zahl der Kinder, die von Konfliktparteien sexueller Gewalt bedroht sind, heute zehnmal höher ist als 1990. (…) Zu den Ländern mit dem höchsten Anteil an Kindern in Konfliktgebieten, die von Konfliktparteien sexueller Gewalt gegen Kinder gemeldet wurden, gehören Kolumbien (24% aller Kinder im Land sind diesem Risiko ausgesetzt), der Irak (49% aller Kinder sind gefährdet), Somalia (56%), Südsudan (19%), Syrien (48%) und Jemen (83%). «

Think Global Health, im November 2022

»The Devastating Use of Sexual Violence as a Weapon of War«

[Die verheerende Nutzung sexueller Gewalt als Kriegswaffe]

https://www.thinkglobalhealth.org/article/devastating-use-sexual-violence-weapon-war

»Vergewaltigung und andere Formen sexueller Gewalt sind weit verbreitet in der Geschichte von Konflikten. In diesem Herbst zeigen drei UN-Berichte die Verbreitung dieser Gräueltaten in der Ukraine, auf Haiti und in Äthiopien. Während die Art der Konflikte in jedem Land sehr unterschiedlich ist, ist in jedem Fall der entsetzliche Einsatz sexueller Gewalt vorhanden, um Zivilbevölkerungen zu quälen; ethnische, politische oder kulturelle Rivalen zu bestrafen; und die Kontrolle zu behaupten und aufrechtzuerhalten. (...) Die Opfer sexueller Gewalt sind zwischen vier und achtzig Jahre alt. (...) Andere dokumentierte Gewalt schließen Gruppenvergewaltigungen ein und zwingen Familienangehörige, zuzusehen, wie ihre Kinder und Mütter sexuell missbraucht werden. (...) Vergewaltigungen und sexuelle Gewalt im

Zusammenhang mit Konflikten sind eine einzigartige Herausforderung. Kulturtabus und die Angst vor Repressalien lassen viele Überlebende zögern, ihr Trauma zu teilen. Oft macht dies den Missbrauch zu einem „unsichtbaren" Verbrechen. (...) Jemal Abdella und seine Frau Tirungo Ambaye sagen, dass ihre 17-jährige Tochter Zara von den Tigray Volksbefreiungsfront Kräften getötet wurde, weil sie sich der Vergewaltigung widersetzt hatte.«

Ich könnte jetzt noch endlos weiter zitieren, aber es gibt zwei fundamental wichtige Fragen bei all dem Leid: Was sind die Ursachen und wie kann man diesen teuflischen Kreislauf unterbrechen? Dr. Jordan Peterson[59] sagte dazu sehr weise:

»Die meisten Menschen, die ihre Kinder missbrauchen, wurden als Kinder missbraucht. Aber die meisten Menschen, die als Kinder missbraucht wurden, missbrauchen ihre Kinder nicht. Und der Grund dafür ist, dass wenn man missbraucht wurde, gibt es zwei Lektionen, die man daraus lernen kann: Eine ist, sich mit dem Vergewaltiger zu identifizieren. Die andere ist, sich nie zu identifizieren. Und wenn das nicht passiert, wird jede einzelne Familie sehr schnell missbräuchlich. Und einige der besten Menschen, die ich kenne - und das meine ich wörtlich – sind Menschen, die eine so absolut abstoßende Kindheit hatten, dass praktisch alles, was sie in der Folge getan hätten, gerechtfertigt hätte sein können. Wissen Sie, wenn sie sich entschieden haben, nicht zu den Raubtieren anderer zu werden. Und das war eine Wahl. Und oft eine, die sie dazu veranlasste, sich selbst bis in den tiefsten Punkt ihrer Seele neu zu bewerten.«

---

[59] YouTube Shorts @jordanpetersonrulesforlife »Jordan Peterson on abusive parents« [»Jordan Peterson über missbräuchliche Eltern«], https://www.youtube.com/shorts/LuCJKP1W_SM

## 5.2 NEURODERMITIS

*Selbst-Begegnung (Frau, Deutschland, 3 Worte)*
*Junge – Neurodermitis – ?*

»Neurodermitis (Fachbegriffe: atopische Dermatitis, atopisches Ekzem) ist eine häufige, chronisch oder in Schüben verlaufende, entzündliche Hauterkrankung, bei der die Patienten zu trockener Haut und Ekzemen neigen. (…) Die Häufigkeit der Krankheit ist unter anderem klima- und altersabhängig. Im sonnenarmen Nordeuropa sind bis zu 25% der Bevölkerung davon betroffen, während an den Küsten Südeuropas nur etwa 1 % darunter leidet. Für Deutschland gehen Experten anhand von Daten der Krankenkassen von einer Häufigkeit von insgesamt 10–15 % aus: Babys und Kleinkinder sind mit 23 % die am Stärksten betroffene Altersgruppe. Bereits im Schulalter sind es nur noch etwa 8 % der Kinder. Die Zahlen zeigen also, dass sich die Krankheit bei einem großen Teil der Patienten mit zunehmendem Alter bessert. Jedoch handelt es sich nicht um eine „Kinderkrankheit", denn auch 2–4 % der Erwachsenen haben Neurodermitis. (…) Die Veranlagung zur Neurodermitis ist erblich bedingt.«[60]

»Innerhalb Europas schwanken die Zahlenangaben je nach Studie allerdings erheblich. Seit 1990 lag in britischen und skandinavischen Studien die Zahl betroffener Schulkinder zwischen 9,7 und 23 Prozent. Eine britische Studie an Zehnjährigen kam zu dem Ergebnis, dass 41 Prozent von ihnen einmal an einem Ekzem gelitten haben. Viele Kinder mit Neurodermitis entwickeln im Laufe der Jahre noch weitere allergische Erkrankungen wie Asthma bronchiale, Heuschnupfen oder Nahrungsmittelallergien.«[61]

---

[60] Gemeinnützige Europäische Stiftung für Allergieforschung (ECARF) vom Februar 2017, https://www.ecarf.org/info-portal/erkrankungen/neurodermitis/
[61] Allergie Informationsdienst, »Wie häufig ist Neurodermitis?«, https://www.allergie-informationsdienst.de/krankheitsbilder/neurodermitis/verbreitung

Der Sohn dieser Frau hatte Neurodermitis als Kleinkind. Mit circa sechs Monaten entwickelte er eine starke Neurodermitis mit blutigen Ausschlägen und Aufkratzen in der Nacht. Es folgte eine Leidenstour zu Experten und Kliniken, die sich über vier Jahre hinzog; bis die Symptome langsam besser wurden. Die Frau war damals total überfordert gewesen mit der Situation und hat immer noch starke Schuldgefühle, weil sie ihrem Sohn nicht helfen konnte. Sein Leid war allerdings der Beginn ihrer eigenen Arbeit an sich selbst gewesen.

## Junge

»Ich beobachte und gucke mir alles an. Fühle mich zwischen 8 und 12 Jahre. Ist mir nicht so lieb, dass ich so im Fokus bin. Finde "Neurodermitis" total cool. Auch die Ameisen. Denn ich bin hier ein bisschen steif. Aber ich glaube, das hat was mit Mama zu tun. Wenn wir alleine sind, kriegen wir das schon hin. Würde so gerne auf die Piste gehen mit der "Neurodermitis".«

## Neurodermitis

»Ich bin tendenziell sehr unruhig. Ich finde den Jungen total cool. Ich bin in einem ähnlichen Alter und ich habe einen starken Bewegungsdrang, der unterdrückt werden muss. Das "?" verunsichert mich. Hatte genau das gleiche Gefühl wie "Junge": Es ist unangenehm, dass du, Mama, nicht ablässt von ihm. Du stellst dem Jungen die ganze Zeit so viele Fragen. Das "?" hängt an dir dran; ist aber nicht deines! Es ist im Raum. Das erzeugt so viel Unsicherheit.«

## ?

»Ich wäre stumm, unsichtbar und würde auch nichts sagen. Ich will auch nicht, dass du oder jemand mich sieht. Ich bin weiblich. Die "Neurodermitis" lenkt von etwas ab. Ich bin deine Oma. Bei uns ist es wie Sodom und Gomorra; wie in der Bibel. Jeder mit jedem. Es kommt mir vor wie Gruppensex. Wie Tiere, wie Schweine. Alle. Ich sage alle! Deine Mutter, deren Mutter, Vater, Geschwister… Das haben die Männer gemacht. Da waren so viele. Das war so für normal für mich. Ich kenne nichts anderes. Hat ja keiner mitgekriegt.«

**Junge**

»Das mit den Männern... Männer sind Schweine. Ich habe das Gefühl, das meine "Neurodermitis" mich schützt! Weil Männer sind ja Schweine in der Frauenreihe. Und ich bin ja ein Teil von dem. Und dann habe ich diese Hände und Füße, zwei Sachen, die ja ganz intim sind bevor ich mich ausziehe. Und Männer sind Schweine. Jetzt wo "?" so abfällig über Männer redet, ist es für mich kaum aushaltbar, dass ich ein Mann bin. Weil ja die Männer in deiner Familie alle Schweine sind. Wenn ich entlastet werden soll, dann müssen die Schweine her. Es geht ja um die "Neurodermitis". Die schützt mich ja!«

**Neurodermitis**

»Mama, du tust mir so leid. Für mich ist das mit den Ameisen und der Unruhe..., da ist ganz viel Ekel. Ich will das von mir abstreifen. Ich will damit auch nichts zu tun haben.«

*Die Frau bittet ihren Sohn und die "Neurodermitis", in den Hintergrund zu gehen. Um sie zu schützen, während sie den Ursachen auf den Grund gehen will. Es werden zwei weitere Worte hinzugenommen: "Männer" und "Opa" (mütterlicherseits).*

**?**

»Ich bin die Oma. Da sind dreckige eklige Hände, die mich anlangen. Die auf meiner Haut sind. Dieser Hass auf diese Männerwelt ist in jeder Körperzelle. Diese Schweinerei ist in jeder meiner Zelle drin. Männer sind Schweine – und das ist noch milde ausgedrückt. Ich bin ohne eigenen Willen, ohne eigenes Ich. Ein Wegwerfprodukt, wertlos. Ich lebe überhaupt nicht.«

**Männer**

»Ich bin absolut sexualisiert in allem. Frauen sind reine Sexobjekte. Und ich kann nur an Sex denken. Ich bin völlig eingenommen von dem sexuellen Akt an sich. Der Mensch, die Frau, ist völlig bedeutungslos. Es ist sehr animalisch hier. Ich mache keinen Unterschied zwischen

Jungen oder Mädchen. Sobald man auch die Frau in dem Jungen sieht, macht das keinen Unterschied. In meiner Welt gibt es nichts anderes. Es war schon immer so und wird auch immer sein. Die Fragen, die du [Frau] stellst, die verstehe ich gar nicht. Sind so Fragen aus der neuen Welt.«

**Opa**

»Ich finde sie [meint damit die Oma bzw. "?"] ganz interessant. Ich finde es ganz toll, dass sie so bedürftig ist, unterwürfig. Das macht mich richtig an. Kannst dich eh nicht wehren. Alles normal. Ist doch kein Missbrauch. [Richtung der Frau:] Vielleicht brauchst du auch mal einen ganzen Kerl?«

*Die Frau ist geschockt von der Geschichte, da sie diese Details bisher nicht kannte. Sie sagt:* »Aber ich kann handeln. Und ich sehe die Wahrheit; auch wenn es nur ansatzweise ist. Und Männer sind keine Schweine. Mein Sohn nicht und auch sonst nicht!« *Während all das Elend nach oben kommt, wird ihr Sohn in der Resonanz ruhiger.*

**Junge**

»Wenn du ruhig bist, ohne zu reden, dann finde ich dich besser. Dann kann ich dich spüren. Dann kommt Vertrauen.«

Nachtrag

Die Neurodermitis zeigt sich als Schutzfunktion eines mehrgenerationalen Traumas von sexuellem Missbrauch in der Familie. Dadurch, dass die Frau einen Sohn bekommen hat – und sie selber in ihrer Kindheit von ihrem Vater missbraucht wurde – trägt ihr Sohn die Last der Gewalt, die Männer all den Generationen zuvor Frauen angetan haben. Darauf wollte das Körpersymptom der Neurodermitis aufmerksam machen. Darum ist es so wichtig, dieses Körpersymptom nicht zu unterdrücken, sondern erlittenes Leid, Täter und Opfer und alle Wahrheiten ans Tageslicht zu bringen. Es muss gesehen, benannt, gefühlt, bezeugt und anerkannt werden.

## 5.3 EINNÄSSEN

*Selbst-Begegnung (Mann, Deutschland, 3 Worte)*
*Ich – Windel – Einnässen*

Was passiert, wenn ein Junge nicht frech sein darf, nichts ausprobieren, nicht lustig sein darf? Wenn die Lebendigkeit, das Spielerische, das Schelmische keinen Platz hat? Wenn man in einen extrem repressiven, einengenden Haushalt aufwächst und nur stramm zu stehen hat? Wenn man nicht sein darf wie man ist und einem immer wieder gesagt wird, dass man falsch ist? Wenn dann ein Einnässen im Teenager-Alter beginnt und bis ins Erwachsenenleben anhält? Wenn Wut keinen Platz hat? Wenn man sich auch noch als Erwachsener gegen seine Gefühle wehrt? Und seit dem Jugendalter, d.h. seit Jahrzehnten, Befriedigung beim Einnässen in eine Windel empfindet?

### Ich

»Mir fällt es total schwer, meine Augen aufzuhalten. Ich habe die ganze Zeit das Gefühl, ich muss blinzeln. Ich fühle mich ganz, ganz komisch. Da ist irgendwie eine Unruhe. Da ist aber auch Wut. Ich kann dir aber nicht sagen auf was. Die Wut ist zerstörerisch. Ich möchte kauen. Irgendwas beißen. Zubeißen. Wenn ich dir das so erzähle, dann entspanne ich mich ein bisschen.«

### Windel

»Zuerst habe ich gedacht, pah! Wie blöd. Was soll ich überhaupt? Hier gehöre ich gar nicht hin. Und als das "Ich" gerade von Wut gesprochen hat, da habe ich gedacht, hui, jetzt könnte es aber spannend werden! Ansonsten weiß ich gar nicht was ich hier soll.«

*»Mit Wut kann ich mitgehen. Als Kind war ich immer sehr wütend. So impulsiv und durchaus mit dem Kopf durch die Wand. Ich war immer jemand, der viel rein und raus gegangen ist. Die Eltern haben dann den Schlüssel in der Türe steckenlassen oder die Türe aufgelassen. Das war einfacher.«*

**Einnässen**

»Als das "Ich" angefangen hat zu sprechen, das hat mir gut getan. Und dann konnte ich in die Resonanz gehen. Vorher habe ich das nicht geschafft. Ich hatte so den Impuls, mich irgendwie hin und her zu wiegen. Aber ich bin so eingezwängt und kann mich gar nicht so richtig frei bewegen. Und als das "Ich" von der Wut gesprochen hat, die spüre ich nicht. Ich spüre eher Rückenschmerzen. Und ich habe voll die Bedürfnisse. Ich muss auch an Stillen denken. Ich habe das Gefühl, ich habe Bedürfnisse, die nicht erfüllt worden. Und müde bin ich auch.

*»Zum Hintergrund, ich hatte einen Bannscheibenvorfall vor drei Jahren. Und habe auch gerade wieder Probleme. "Windel", dich langweilt dich alles?«*

o **Windel:** Voll. Hier ist keine Action. Die Wut ist nicht mehr angesprochen worden. Das andere Gerede interessiert mich nicht. Macht mich müde.

o **Ich:** Ich bin auch sehr müde. Ich kriege nur die Hälfte mit von "Einnässen". Ich nehme so eine Schwere wahr, aber ich merke auch mein Becken. Die Blase. Ich bin super müde. Taub. Erschöpft. Die ganze Energie, die am Anfang da war ist komplett weg. Da ist so ein Aufgeben. Becken und Blase, die halten mich noch wach. Ich spüre da was, was nicht gut ist.

o **Windel:** "Ich" und "Einnässen", das interessiert mich nicht. Aber wenn die Windel richtig vollgeschissen würde, da hätte ich schon Spaß dran. Action eben. Machen wir es gleich richtig!

o **Einnässen:** Also, ich habe ein bisschen Angst vor "Windel". Ich bin ein bisschen erschrocken. Ich gehe mit "Ich" in Resonanz. Ich fühle diesen Schmerz im Rücken. Das ist bei mir ganz präsent. Eigentlich müsste ich meine Blase fühlen, aber da fühle ich ein Taubheitsgefühl. Wenn ich das ausspreche, spüre ich ein leichtes Ziehen. Ich habe das Gefühl, die Schmerzen im Rücken haben irgendwas mit der Wut zu tun. Immer wenn von Wut gesprochen wird, spüre ich die Schmerzen im Rücken.

*»Fühlst du dich gequält von jemanden?«*

- **Einnässen:** Mir hat das gut getan, dass du die Frage gestellt hast. Jetzt sehe ich die "Windel" als kleinen, jungen Anteil, dem langweilig ist. Der die Grenzen austestet. Ich bin ein noch jüngerer Anteil als "Windel". Ich bin Baby.
- **Ich:** Ich gehe da voll in Resonanz mit "Einnässen". Für mich ist "Windel" ein kleines, freches neckisches Kind, dass da gerne seine Grenzen austestet. Und ich nehme sie gar nicht als Gefahr wahr, sondern ich finde gut, dass sie die Grenzen austestet. Dass sie das Wilde hat und den eigenen Kopf. Aber ich merke auch, dass ich immer die Zähne zusammenbeiße.
- **Windel:** Scheiß mal raus den ganzen Kack! Dann geht es dir auch besser! Wenn ich eine Identität hätte, wäre ich ein Kasper. Hau mal die Scheiße auf den Tisch! Und schon ist es hier lustig. Dann geht es dir auch besser. Dann hast du auch keine Rückenschmerzen!

*»Das ist tatsächlich ein Erziehungsthema bei mir. Meine Eltern waren so: Man darf nicht auffallen, man muss nett sein, man muss aufpassen was man sagt. Man darf nicht überall seine Meinung sagen, obwohl man bei bestimmten Dingen auf den Tisch hauen müsste.«*

- **Windel:** Oh, diese schäbigen Wörter, die würde ich schon gerne alle gebrauchen. Da hätte ich schon Spaß. Ich würde nicht »piepie« sagen, sondern lieber »pissen« sagen. Nicht ein bisschen Pipi in die Windel, sondern einen richtigen Scheißhaufen rein! Dafür ist doch die Windel da!
- **Ich:** Ich spüre da so eine Liebe zu dieser "Windel". Ich finde es so mega geil, dass dieser Anteil so lebt. Da ist das Gefühl, was ich unten in meinem Becken habe. Da bin ich voll verklemmt.
- **Einnässen:** Nein, da ist eine Angst. Aber ich finde "Windel" total süß, was sie da sagt. Das ist bezaubernd, wie ich sie da so sehe. Es tut mir gut, wenn das "Ich" redet. Und seitdem sitze ich hier mit den Fäusten in meinen Hüften und merke, dass da eine Wut kommt. Ich kann die Wut nicht ausdrücken und es nimmt so eine autoaggressive Richtung.

**Ich**

»Ich gehe da auch total in Resonanz. Bei mir ist es hier, im Kiefer. Das Verklemmte aus dem Becken ist hochgewandert in den Kiefer. Als ob ich Wörter… Dass das nicht heraus darf. Ich darf das nicht sagen. Es verkrampft sich alles.«

*»Wäre bei meinen Eltern nicht möglich gewesen. Auch als Kind nicht. Und ich habe sehr spät das richtige Sprechen angefangen. Tatsächlich erst mit Schuleintritt. Davor war es eine Kunstsprache. Daher kann ich das mit dem Sprechen nachvollziehen. Meine Mutter wäre in die Psychiatrie gegangen, wenn ich so geredet hätte, wie "Windel" es vorgeschlagen hat. Wäre nicht machbar gewesen. Auch nicht in der Pubertät.«*

**Einnässen**

»Das ist ja furchtbar! Ich fühle mich voll eingeklemmt. Ich finde das ganz schrecklich, was du da erzählst. Also, ich finde das ganz schrecklich gerade, dass das nicht sein durfte. Da kriege ich Bauchschmerzen. Das einzige, was ich tun konnte war einnässen.«

*»Als Kind war das kein Thema. Mit zwei war ich sauber. Man war über Nacht trocken und sauber. Meine Eltern haben danach nie über etwas gesprochen. In der Schule gab es einen kleinen Notfall, aber nichts Dramatisches. Das Thema Einnässen begann bei mir in der Pubertät, mit 16 Jahren. Ich kann nicht verstehen, warum das Anliegen mit 40 Jahren immer noch so präsent ist, dass ich mich einnässen will. Dass es eine Lust war und ist. Und das hat sich bis heute nicht verändert. Dann kam das mit den Windeln dazu. Und jetzt habe ich das Problem, dass das eigentlich nicht sein darf. "Einnässen" und "Windel" darf eigentlich nicht sein.«*

o  **Einnässen:** Was ich dir nur sagen kann ist, dass das die einzige Möglichkeit war, mich irgendwie bemerkbar zu machen und um mitzuteilen: Irgendwas stimmt hier nicht.

o  **Windel:** Das finde ich richtig schön, dass du das jetzt gesagt hast. Weißt du, was mir am besten gefallen hat? Dass du gesagt hast, »das hat mir Lust gemacht«. Das freut mich.

*»Wobei, ja, die Lust, in der Pubertät hat es sich auf Frauen bezogen, die einnässen. Das ist eine Lust, die mir tatsächlich Angst macht. Die Lust ist für mich gefährlich an der Stelle.«*

o **Einnässe:** Ich möchte auch mehr darüber wissen wie du Lust spürst.

o **Ich:** Ich hatte ganz lange, bevor du das erzählt hast, so extrem krasse Kieferschmerzen. Und ich hatte das Gefühl, ich darf nicht reden, ich habe keine Worte. Aber als du das erzählt hast, hat sich das so ein bisschen gelöst. Und das mit dieser gefährlichen Lust, da war sofort eine Verbindung zu dem Becken. Dass es so eingeklemmt ist. Und das darf nicht sein. Ist ja auch ein Sexualitäts-Thema. Und ich muss mir da was verklemmen. Das fühlt sich älter an.

*»Ich frage nur, weil ich mit Kaiserschnitt in den 1980er Jahren auf die Welt gekommen bin. Weil ich falsch herum drin lag. Du hast auch Sexualität angesprochen...«*

o **Windel:** Siehst du, da war ich schon damals falsch. Wer sagt denn, dass ich falsch herum bin? Ich möchte nicht, dass jemand über mich urteilt. Wer sagt denn, was richtig herum ist?

o **Einnässen:** Ich spüre das Bedürfnis, ich will zu meiner Mama an die Brust. Ich habe das starke Bedürfnis etwas zu trinken.

o **Ich:** Ich habe das Gefühl, ich darf darüber nichts herauslassen. Ich habe das Zusammenspiel zwischen Becken und Kiefer und da darf nicht darüber gesprochen werden.

o **Einnässen:** Als du gefragt hast, ob wir bei der Geburt sind, das konnte ich verneinen. Ich glaube, ich bin in dem Alter, wo ich sauber und trocken werde. Dass ich ganz schnell erwachsen wurde. Dass ich diese Phase vielleicht irgendwie gar nicht ausgelebt habe. Und eigentlich will ich zu meiner Mama. Entschuldigung, wenn ich das nochmal sage.

o **Ich:** Ich fühle mich so verklemmt. Als ob ich etwas ganz Schlimmes zurückhalten müsste.

- o **Windel:** Möchtest du mal gerne so richtig in die Windel scheißen? Und merken wie schön warm und breiig das so ist? Also, ich finde das schön.
- o **Einnässen:** Ja. Also ich merke das so richtig im Bauch, in der Blase, dass ich das alles zurückhalten muss.
- o **Ich:** Ich merke das gar nicht mehr. Bei mir ist es der Kopf. Ich möchte es nicht rauslassen. Ich möchte es nicht rauslassen.

*Wir nehmen noch das Wort "verklemmt" und "?" hinzu.*

**verklemmt**

»Ich bekomme gerade Körperzustände. Aber bei mir ist es nicht im Becken, bei mir ist es hier [Brust-Mitte]. Wie wenn mir jemand reindrücken würde. Oh! Hilfe! Und ich knicke ein im Oberkörper. Mir bleibt die Luft weg! Himmel! Es ist, als wenn ich auf dem Wickeltisch liegen würde und dann… [macht die Bewegung von einer Faust, die von oben in den Brustbereich des Säuglings drückt] Ich bin du, ich bin klein, ich bin ein Baby, ich liege auf dem Wickeltisch. Und da kommt jemand und drückt mir mit einer Gewalt hier… Mir bleibt schier die Luft weg! Ich kann kaum mehr sprechen.«

*»Ich habe nichts erzählt bekommen von einer Gewaltgeschichte. An was ich mich erinnern kann ist, dass mein Vater mich versucht hat mich in die Mülltonne im Keller zu stecken. Und meine Mutter sagte, er ist ja wie ein Tyrann. Das hat ihn massiv getroffen und das hat er sich so gemerkt. Auch nach seinem Herzinfarkt. Was ich auch weiß: Als Kind bin ich mit dem Kopf durch die Wand, so dass ich eingesperrt werden musste in meinem Zimmer.«*

- o **verklemmt:** Ja klar, dass die nichts erzählen von Gewalt! Das ist doch logisch. Du, ich habe das Gefühl, da ist Gewalt da. Ich weiß nicht von wem, aber da ist Gewalt an mir.
- o **Einnässen:** Ich glaube, "verklemmt", dass uns das angetan wurde. Das jemand mit Gewalt versucht hat, in die Brust reinzudrücken. Ich bin voll in Alarmbereitschaft. Erstarrt. Habe Angst und versuche, mich zu beruhigen.

○ **Ich:** Ich halte meine Hände gefaltet vor meinem Genitalbereich. Ich habe das Gefühl, ich muss das beschützen. Da darf keiner ran. Ich muss das beschützen.

○ **?:** Ich fühle mich schuldig, dass es "verklemmt" so schlecht geht. Ich bin männlich. Was weißt du über deinen Opa? Ich fühle mich ziemlich alt.

»*Mütterlicherseits oder väterlicherseits? Opa väterlicherseits habe ich nie kennengelernt. Der ist mit 50 gestorben und war nie präsent. Mein Vater kannte ihn auch nicht. Mein Vater ist als Waisenkind aufgewachsen mit seinem Bruder und hat dann festgestellt, dass er gestorben ist. Mein Vater muss wohl auch heftige Gewalt erfahren haben. Knien auf Holzscheite und ist quasi im Stall aufgewachsen mit seinem Bruder. Den Opa mütterlicherseits habe ich kennengelernt. Er war aber als Mann nicht vorhanden. Er war Lehrer, Latein-Lehrer glaube ich. Meine Oma hat immer gesagt: »Georg, sprich ein Machtwort.« Das war der geflügelte Satz in der Familie.*«

○ **?:** Ich nehme mich als Mann war, dicklicher, ein wenig älter, mit roten Bäckchen. Einen knochigen Stab haltend. Wie ein Jäger. Ein gestandenes Mannsbild würde ich sagen. Ich bin nicht nett. Ich habe so ganz alte Ansichten über Männer und über Frauen. Und irgendwie habe ich Macht. Ich hätte gerne jemanden Frechen, dem ich mit dem Knüppel ordentlich eins überziehen kann. Aber wenn ihr da so leidend sitzt, dann kann ich meine Gewalt nicht ausüben.

○ **Ich:** Bevor das "?" kam, hatte ich das Bild von Krieg in meinem Becken. Also zwei Parteien, männlich, die sich bekriegen. Auch mit Waffen. Dass sich da was im Becken bekriegt.

»*Da habe ich eine Assoziation: Mein Opa war in Stalingrad und kam mit der letzten Maschine heraus. Er war so verletzt, dass man ihn eigentlich nicht herausfliegen hätte müssen, denn er hatte sich nur am Finger verletzt. Ich weiß vom Geschichtsunterricht, dass er mit einer der letzten Maschine herauskam. Das "Einnässen" ist ganz still geworden.*«

## Einnässen

»Also, ich bin entsetzt. Als du von dem ersten Opa geredet hast, ist mir ganz kalt geworden. Und bei dem zweiten Opa habe ich komplett abgeschaltet. Irgendwie ist mir gerade ganz anders zumute. Und ich sitze hier und habe meine Hand schützend vor meinem Genitalbereich. Und ich muss die ganze Zeit auf das Wort "Einnässen" gucken.«

## ?

»Also, ich habe das Gefühl, ich hätte die Macht…. Wenn jemand verklemmt wäre oder schwul wäre, ich würde dem das richtig mit meinem Knüppel aus dem Kopf treiben!! Ich werde für Recht und Ordnung sorgen. Also, für Recht und Ordnung, dass keiner eine andere Gesinnung hat. Ich würde es denen mit meinem Knüppel schon austreiben! Ich bin älter als dein Vater. Opa vielleicht? Wie ein Wurzel-Sepp, wie in Bayern, so ein gestandenes Mannsbild. Und ich sage euch, wo es langgeht! Und wenn nicht, haue ich mit dem Knüppel drauf. Ich würde schon für Zucht und Ordnung sorgen. Ich kümmere mich.«

- o **Ich:** Mir ist auch ganz schlecht. Als ob ich gleich spuken muss.
- o **verklemmt:** Alleine das Wort »Zucht«...

*»Egal wo man da hinschaut in der Familie, Zucht und Ordnung war immer ein Thema. Die Schwester meiner Oma, da war das ein Thema. Auch bei meinem Onkel. Das würde passen, weil der auch so korpulent war.«*

- o **verklemmt:** Also, in meinem Körper, da ist so viel Gewalterfahrung! So klein wie ich bin, aber so viel Gewalt. Beim "Ich" und "Einnässen" ist das alles weiter unten im Körper. Ganz konkrete körperliche Gewalt. Das hat mir die Sprache verschlagen, als du vom Waisenhaus und vom Papa gesprochen hast. Das mischt sich. Da ist Gewalt, Gewalt, Gewalt. Es ist so irre. Mann-gegen-Mann-Gewalt. Ganz krass.
- o **Einnässen:** Diese Gewalt, diese Wut, die ich verspüre, die geht gegen die Männlichkeit. Das geht so in die Hüften, in den unteren Bereich. Da muss ich an schwul sein denken. Gewalt gegen das Männliche. Gegen die männliche Liebe.

o **?:** Ich sage euch, ich treibe es euch mit dem Knüppel heraus!

o **Einnässen:** Da ist eine Homophobie. Ich fühle mich nicht schwul. Ich habe das Gefühl, das hat mit mir nichts zu tun. Das hat der Opa erlebt. Erzähl mal von dem Männerbild in deiner Familie.

*»Mit dem Knüppel heraustreiben, wenn man von Schwulsein spricht, oder andere Art von Sexualität spricht oder andere Art und Weisen, das kann ich meinen Eltern zuordnen. Das Männerbild war ganz klassisch. Ich würde jetzt sagen: Arbeiten bis zum Umfallen, bis zum Tod. Man nimmt nicht recht viel Rücksicht auf andere. Eine Art von Patriachat. Wie man es von der Mafia kennt. Fürsorge nur auf materieller Ebene.«*

o **verklemmt:** Also, ich höre dir sehr interessiert zu, aber ich habe gerade das Gefühl du weichst aus. Wie wenn du immer einen Schlenker darum machst, um was es wirklich geht. Dich haben sie so vollgestopft mit irgendwelchen Pseudogeschichten, dass die Wahrheit ja nicht hochkommt.

o **?:** Und wenn ich als Opa schwul gewesen bin und das den anderen austreiben wollte? Dass ich das nicht wahrhaben will? Dass ich das bekämpfe im außen, was ich bei mir nicht zulassen kann?

*»Das könnte ich unterschreiben. Er war verheiratet. Er war um die 20 Jahre alt, als er in den Krieg eingezogen wurde. Er und seine Frau hatten sich über eine Annonce kennengelernt. Er war kein Mann in dem Sinne. Und er hat seine Frau nicht geliebt.«*

**?**

»Ich tue über-männlich und verurteile bei anderen das, was bei mir ist. Die Eltern sind ja völlig über deine Grenzen gegangen die ganze Zeit. Die haben dich ja als Objekt benutzt. Über dich bestimmt und dich als Mensch gar nicht wahrgenommen. Und als Kind schon gar nicht.«

**verklemmt**

»Lass mal das Denken weg. Da kommt was heraus und du bist wie so ein Deflektorschild. Da ist ganz viel da und ich merke gerade, wie ich da ganz langsam reinkomme. Männlichkeit, Sexualität. Da ist irgendwas ganz Abstruses, was hier im Hintergrund abläuft. Ich habe das Gefühl, ich bin hier zwischen "Ich" und "?" der Prellbock. Ich bin der Körper, der das alles abbekommt, den ganzen Scheiß hier. Und damit muss ich zurechtkommen. Und das macht mich ich schier verrückt. Weil da so viel Gewalt kommt! Wie wenn ich Tonnen von Sachen abfedern muss. Ich bin nur im Aushalten und in der Not.«

**Einnässen**

»Ich hänge gerade so bei dem Satz »Gefühle sind für Schwule«. Und dann tauchte auch die Phantasie auf, was der Opa im Krieg getrieben hat! Ich merke so ganz klar, es geht um Gefühle, die nicht sein dürfen. „Einnässen ist was für Mädchen und das mache ich jetzt! Euch zeige ich es!“ Rebellion. Als du aber mit dem "?" geredet hast, da kommen Kopfschmerzen, da kommt die Wut. Unsere Eltern sind echt verrückt! Jetzt werde ich richtig wütend. Da taucht die Wut auf darüber, dass Papa uns da in die Mülltonne stecken wollte! Ich fühle mich wie Müll. Mama hat nicht angemessen reagiert. Das macht mich richtig wütend.«

**Ich**

»Ich merke hier auch, dass ich nicht ganz männlich bin. Und ich merke auch, sobald das "?" da mit dem Knüppel kommt… Erstmal will ich es gar nicht so richtig hören. Und das macht mich rasend. Als nicht-männlich fühle ich mich gut. Ich möchte weich sein, verspielt sein. Ich möchte Gefühle zeigen. Aber dann kommt da einer mit dem Knüppel und dann flippe ich aus. Ich spalte mich da weg. Ich höre das gar nicht was du erzählst von dieser Gewalt. Sobald die Gewalt kommt, schalte ich mich weg und bin weit weg in Space. Bei "Einnässen" bin ich da. Das nehme ich auch körperlich wahr. Und weiß nicht mehr was ich bin. Ich bin nicht sicher, ob ich ein Junge oder Mädchen bin. Eher wie ein Tomboy, ein weiblicher Mann. Der sich total gut findet wie er ist. Und dieser Krieg im Becken würde auch dazu passen. Dass sich diese zwei Komponenten bekriegen.«

## 5.4 MANDELN

*Selbst-Begegnung (Frau, Irland, 3 Worte)*
*Englisch: I – want – tonsils*
*Deutsch: Ich – möchte – mandeln*

*»Ich wurde zwei Wochen vor dem Tod eines Babys geboren. Ich wurde als ihr Ersatz gezeugt. Weil sie eine Steißgeburt war und immer sterben würde. Sie warteten auf ihren Tod. Meine Eltern waren wie betäubt. Ich wuchs in einer Familie von Taubheit und Kummer auf. Es scheint, dass ich auch Erwartungen an mich selbst stellte. Wenn ich "mandeln" ansehe, habe ich Angst. Angst vor einem Teil von mir. Meine Mutter hatte OCD[62]. Es ging um sauber und schmutzig. Alles, was aus dem Körper kommt, ist schändlich. Ich frage mich, ob "mandeln" gesagt wurden, dass sie schmutzig sind.«*

**Ich**

»Ich musste mich vorbereiten. Nur um alles auf dem Tisch zu arrangieren. Aber dann kam eine Kältewelle. Ich zittere. Und ich habe Angst. Ich will präsent sein, aber wenn ich "will" und "mandeln" anschaue, verliere ich die Verbindung zu dem, was ich fühle. Ich fühle mich irgendwie verlassen. Ich dachte, ich würde sterben und niemand wäre da. All diese Fremden. Ich fühle mich erleichtert, wenn ich dir davon erzähle. Wenn du mit mir sprichst, fühle ich mich so glücklich und weniger einsam und weniger verängstigt. Ich fühle Wärme, wenn ich dich anschaue. Ich bin hier und bereit, mich zu verbinden. Verbindung ist das wertvollste. Ich will wirklich bei dir sein. Es war scheiße, aber wir sind nicht mehr dort. Gott sei Dank, wir sind nicht mehr da!

Ich bin in einem Kindheitszustand, wo ich spielen möchte. Und vielleicht haben wir jetzt Platz, um unsere eigenen Dinge zu tun. Aber gleichzeitig will ich nicht "mandeln" oder "will". Weil es sich so anfühlt, als ob einige Teile von uns dort noch blockiert sind. Ich fange an, ein Erwachsener zu werden. Es ist wie auf und ab. Ich möchte auch für euch und für sie hier sein. Wir sind mutig. Ich bin sehr dankbar, dass wir das zusammen machen. Aber ich will nicht weiter drängen.«

---

[62] OCD = Obsessive-Compulsive Disorder, zu Deutsch Zwangsstörung

**will**

»Ich fühle... mich nicht wie ich selbst. Dein "will" hat dich in die
Hände der medizinischen Versorgung gelassen und du weißt, was sie
tun. Ich schaue mir ein Bild der Familie dort drüben an und ich werde
zu meiner Familie gehen. Weil die Ärzte wissen, was sie tun. Das ist
das "will" deiner Mutter! Natürlich, es ist das, was deine Mutter
wollte.«

**mandeln**

»Ich bin ein bisschen dissoziiert. Es war mir nicht ganz klar, dass der
Prozess begonnen hatte. Ich denke, ich könnte zum Zeitpunkt der An-
ästhesie sein. Es ist etwas verschwommen. Ich kann meine Mandeln
fühlen und ich kann auch etwas schmecken. Ich habe keine Schmerzen
oder Beschwerden. Ich habe eine Art von Unschärfe... Wurde deine
Mutter betäubt, als du geboren wurdest?«

*»Sehr wahrscheinlich. Sie hat sich vielleicht auch die Mandeln entfer-
nen lassen. Ich bin mir nicht sicher. Sie war sehr krank, als sie noch
sehr jung war. Sie erzählte mir, dass sie fast gestorben wäre. Sie bekam
lebensrettende Antibiotika. Ungefähr im gleichen Alter wie ich. Ich erinnere mich an die Narkose.«*

**mandeln**

»Ich bin weniger interessiert an dem, was deiner Mutter passiert ist.
Ich bin mehr daran interessiert, was dir passiert ist. In dieser Resonanz
habe ich immer noch meine Mandeln. Das ist vor dem Schnitt. Selbst
wenn wir betäubt wären, wäre es so traumatisch. Es ist die seltsamste
Erfahrung, sowohl betäubt zu sein und als auch immer noch etwas Bewusstsein in deiner Psyche zu haben. Es ist nicht gut. Ich bin nicht in
einem sehr guten Zustand. Da ist eine Erwartungshaltung, dass ich anders sein muss.«

**Ich**

»Es hat mich tief berührt, als "mandeln" von den Erwartungen erzählte.
Sogar ein Teil von mir erwartet, dass ich irgendwie darüber hinweg-
komme. Es war nur ein Augenblick. Was "will" oder "mandeln" sagten, war für mich wahr. Ich fühle die Bitterkeit, den Metallgeschmack

in meinem Mund. Diese Substanz ist für unseren Körper nicht neu. Wir hatten sie schon mal. Vielleicht als wir geboren wurden? Vielleicht hat es auch Mama erlebt? Und als dann "mandeln" sprach, fühlte ich mich buchstäblich wie außerhalb meines Körpers. Und die Erfahrung ist – sterbe ich gerade jetzt? Ist das der Tod? Es ist unerträglich, wie sie einen Teil von mir durchschneiden. So viel Zorn entsteht! Wenn ich die Kraft hätte, würde ich sie schütteln und rufen: „Raus aus mir! Fass mich nicht an." „Was ist, wenn es weh tut?" „Aber es gehört mir!" Es ist so schmerzhaft. Die Entscheidung ist getroffen. Ich fühle mich, als würde ich sterben. Gleichzeitig habe ich einen klaren Geist, dass ich nicht sterbe. Gott sei Dank. Ich existiere. Ich lebe. Und es ist in der Vergangenheit. Und ich bin hier. Und ich will mit "will" und "mandeln" spielen.«

## will

»Ich kann nicht reden. Ich bin sehr jung. Hier ist niemand. Ich spiele mit meinen Händen. Ich will klatschen. Ich will Eis! Ich schreie! Ich will Eis. Ich schreie. Eis! Du hörst nicht darauf, was dein "will" will. Eis & ich schreie. Ich schreie – und Eis essen. Und niemand hört auf das, was ich will! Ich weiß nicht, wie alt ich bin. Es ist ein bisschen unklar in meinem Kopf. Ich muss es selbst herausfinden. Das ist eine große Frage und ich fürchte, dass ich mich irre. Ich weiß wirklich nicht, was ich sagen soll, weil ich nicht viele Worte habe. Aber ich weiß, wie Eis aussieht. Und ich will schreien.«

*»Mir wurde danach Eis versprochen. Die Krankenschwester versprach es. „Oh, keine Sorge, du wirst Eis bekommen."«*

## Ich

»Kann ich die Krankenschwester schlagen!? Ich will nicht die "mandeln" heraus haben. Ich will schreien: „Ahhh!!!! Ich will sie nicht raus! Sie gehören mir! Sie gehören mir." Und ich will auch Eis und will nicht die "mandeln" raus! Ich habe solche Angst. Ich bin wie versteinert! Ich will schlagen und treten und schreien. Ahh!!!! Lass uns die Krankenschwester schlagen. Lass uns etwas tun. Ich kann es nicht alleine machen. Als du geredet hast, habe ich mich so allein gefühlt. Wir waren so lange allein... Schon vorher. Ich bin so traurig. Sie hören uns nie zu.

Sie tun mir etwas an der Kehle. Also, ich kann nicht schreien. Es war so beängstigend. Bei uns war es immer so. Sie waren nie bei uns. Und die Mama war nie da schon bevor die "mandeln" herauskamen. Wir waren so allein. Es tut weh. Es tut weh. Ich will schlagen.«

o **will:** Ich will meine Mama! Ich will meine Mama! Ich will meine Mama. ICH WILL MEINE MAMA. Mama! Ich will meine Mama.
o **Ich:** Sie ist nirgendwo. Warum hat sie mich verlassen? Es ist, als ob wir nicht existieren. Wir wurden nie gesehen. Sind wir überhaupt lebendig? Oder sind wir tot wie "mandeln"? Wo ist die Mama? Sie war nie hier. Bin ich schuld? Aber dann, existiere ich? Bin ich nicht tot? Ich will meine Mama. Und ich will... Ich habe auch Hunger!
o **mandeln:** Ich muss aus der Resonanz gehen, um zu sprechen, weil ich sehr dissoziiert bin. Ich kann die Not von "will" und "Ich" hören. Ich kann nicht fühlen. Ich habe bemerkt, wie du mit deinen Teilen sprichst und wie es sich anfühlt, als ob es einen anderen Teil von dir gibt, der weicher und wärmer zu uns sein kann. Es ist ziemlich schwer, dir das zu sagen. Als würde ich etwas sagen, was tabu ist. Ich will dich sehen. Es gibt eine Erwartung von dir, anders zu sein als ich.
o **Ich:** Die ganze Zeit, in der wir auf uns selbst aufpassen mussten, hatten wir niemanden, der sich um uns kümmerte und unsere Bedürfnisse erfüllte. Und das bringt mir so viel Traurigkeit. Aber ich bin froh, "will" zu sehen. Es ist das Eis, das ich will. Ich fühle mich zwischen diesem und einer tiefen Traurigkeit und dem Willen zu schreien, wie schmerzhaft es ist, so einsam zu sein. Aber ich will Eis. Wenigstens ein bisschen Freude. Schokolade. Eine Lieblingssorte. Darf ich schreien? Du wirst nicht erschrecken, "will"? Ich will wirklich schreien.
o **will:** Ich möchte lauter schreien, aber ich glaube nicht, dass ich das darf.
o **Ich:** Ich bin hier. Kannst du mich sehen? Jetzt fühle ich mich, als könnte ich richtig laut schreien. Können wir schreien? Was hält uns vom Schreien ab? Will ich wirklich, dass du schreist? Du hast keine Angst, wenn ich schreie? Willst du wirklich schreien? Ich will

nichts anschieben. Aber ich habe dieses tiefe Bedürfnis, davon befreit zu werden.

**mandeln**

»Ich fühle mich nicht wie deine Mutter. Ich fühle mich wie ein Abschneiden von dir, das für dich wirklich schwer zu sehen ist. Als wir geboren wurden, versuchten wir, entweder zu schreien und wurden gedämpft oder... Ich frage mich eigentlich, wann wir in der Lage waren zu singen. Etwas passierte dort.«

*»Ich spüre keinen Schrei in mir. Ich spüre ihn nicht. Ich habe mich vor meiner Mutter gefürchtet. Ich fürchte, dass wir uns wirklich verteidigen müssen, dass wir existieren. Der Terror ist riesig. Ich bin an diesem Ort gelandet und zusammengebrochen.«*

o **will:** Ich bin jetzt erwachsen. Meine Psyche ist in meinen 30ern, 40ern. Ich entwickle und entwickle mich. Und ich fühle mich geerdet und verbunden und kann das "Ich", das jüngere "Ich", mit viel Mitgefühl aufnehmen.
o **Ich:** Ich weiß, dass wir einen Prozess machen, aber ich möchte wirklich zur Toilette gehen. Wenn es okay ist? Ich komme zurück.
o **will:** Ich fühle eine Menge Angst. Ich hoffe, dass "Ich" zurückkommen wird.
o **Ich** [kommt zurück und lächelt]: Es fühlt sich an wie das Kind in mir! »Ich darf Bedürfnisse fühlen.« Ich kann tun, was ich will. Ich habe mich selbst befreit! Ich habe Bedürfnisse. Es war so gut, dass ich auf die Toilette gehen konnte. Es ist wichtig, auf deine Bedürfnisse zu hören. Wir können das tun. Niemand hält uns auf oder erschreckt uns noch mehr.
o **mandeln:** Ich habe viel Kontakt mit dir. Ich habe so viel Gefühl für das, was du erlebt hast. Wie schwer es war, zu wollen und sogar zu fühlen. Es gab einen großen Unterschied, als du es gefühlt und gesagt hast – puh, hier bin ich!
o **Ich:** Ich war pieseln und niemand hat mich bestraft! Ich bin sehr glücklich. Hat uns die Mutter geschlagen, wenn wir Unfälle hatten?

**Ich**

»Sie war so grausam. Ich wollte nur, dass sie mich liebt. Alles was ich für sie war, war Schmutz! Nicht nur Schmutz. Wenn ich auf "will" und "mandeln" schaue, fühle ich mich weniger allein. Wir können darüber reden und fühlen, dass wir das ausdrücken können, was wir brauchen. Ich existiere. Ich habe eine Nase. Und zwei Augen. Schau uns an, wir haben eine Brille! Ich liebe das.«

## 5.5 ZÄHNEKNIRSCHEN

*Selbst-Begegnung (Mann, Deutschland, 2 Worte)*
*Englisch: I – bruxism (teeth grinding)*
*Deutsch: Ich – buxismus (Zähneknirschen)*

Seit seiner Jugend knirscht der Mann mit den Zähnen. Heute ist er in seinen 40ern. Vor allem, wenn er seine Wut unterdrückt, fängt er an, mit den Zähnen zu knirschen. Aber es stellt sich die Frage, was er sonst noch zurückhält? "Bruxism" sagte dazu:

»Oh, jetzt verstehe ich etwas! Sobald ich auftauche, brauchst du Schlaf, Veränderung oder Ruhe. Also kann ich wie ein leichtes Symptom sein. Nicht sehr dominant, dennoch es erinnert dich an etwas. Aber es ist Zeit, die Einstellung zu ändern. Die Haltung gegenüber dir selbst; und dann auch die Haltung gegenüber anderen. Deiner Tochter insbesonders.«

**Ich**

»Ich habe ein komisches Gefühl in den Schulterblättern. Ich fühle mich ziemlich jung, kann aber im Moment kein Alter bestimmen. Ich fange an, mich ein bisschen zu ängstigen, fühle mich festgefahren und vergesse immer wieder zu atmen. Ich bin mir meiner Umgebung sehr bewusst. Ja, es fühlt sich wichtig an, meine Umgebung zu kennen, meine Umwelt zu sehen, zu wissen, was in meiner Umwelt ist und zu wissen, wo Dinge in meiner Umwelt sind. Das macht mich auch ein bisschen nervös. Da steht eine Person in der Tür. Ich glaube, die Person ist männlich. Ich bin ziemlich klein und spiele oder mache etwas auf dem

Boden. Wenn ich diese Person sehe, vergesse ich zu atmen und beginne ein wenig zu frieren. Ich weiß nicht, was ich wegen dieser Anwesenheit tun soll. Ich fühle mich, als müsste ich etwas tun, aber ich weiß nicht, was ich tun soll. Es gibt ein Gefühl von – übertreibe ich etwas? Es gibt eine Forderung und ich weiß nicht, wie ich die Forderung erfüllen soll. Ich bin zu klein, ich bin zu jung. Die Forderung ist nicht klar, sie ist nicht explizit. Ich scanne und überprüfe. Es ist fast so, als wäre das Schweigen gefährlich. Es ist wie eine Landmine. Es fühlt sich wirklich unsicher an. Es gibt etwas, das das Verhalten dieser Person sehr schnell ändern könnte. Aber ich weiß nicht, welches Verhalten ich einnehmen sollte, um diese Person bei Laune zu halten oder zu managen. Ich möchte das nicht tun, aber das ist es, was ich tun muss.«

**bruxismus**
»Der erste Gedanke war: Das wird meine Show hier sein für eine Weile. [lacht] Jetzt beobachte ich dein "Ich".«

*»Ich weiß nicht wirklich, ob "bruxismus" ein Teil von mir ist, mit mir verbunden oder etwas, das Gefahr verursacht oder das "Ich" in Gefahr bringt. Ich möchte mich mit "Ich" verbinden, aber fühle mich auch verantwortlich für "bruxismus". Ich erinnere mich nicht an viel aus meinen ersten Kinderjahren. Mein Gedächtnis beginnt mit meinen Schuljahren. Von den ersten drei Jahre meiner Kindheit erinnere ich mich nur ein wenig als ich im Kindergarten war. Nicht so viel emotionale Erinnerung, aber ich erinnere mich an Situationen. Mein Vater war nicht verfügbar. Ich hätte seine Hilfe, seine Unterstützung gebraucht. Ich fühlte mich ängstlich, wütend, als ich erkannte, dass er nicht für mich da war. Aber war er furchteinflößend? Ist er mein Vater? Mein Großvater? Wer ist dieser männliche Person, vor der du Angst hast? Fühlst du dich verantwortlich, ihn glücklich zu machen?«*

**Ich** [nur über die Chat-Funktion]
»Er ist mir unheimlich. Ich fühle mich unsichtbar und kann ihn nicht glücklich halten. Ich habe Angst, wenn du über Vater und Großvater redest. Ich fühle mich mit dir verbunden. Ich hatte Angst, als "bruxismus" mich auslachte. Ich musste gehen, um mich sicher zu fühlen. Mein Herz schlägt und ich fühle mich wirklich ängstlich. Und ich fühle

auch, dass ich nicht weiß, wie ich "bruxismus" glücklich machen kann. Das fühlt sich einfach zu viel für mich an. Also bleibe ich hier, um mich irgendwie sicher zu halten. Aber ich fühle mich dir verbunden. Ich fühle mich ziemlich jung, wie zwei oder drei Jahre alt. Es lastet eine Menge Verantwortung auf so einem sehr kleinen Kind. Ich muss wissen, ob "bruxismus" für mich sicher ist. Und dann kann ich schauen, ob ich zurückkommen kann.«

**bruxismus**

»Ich bin geduldig und warte. Ich habe keine schlechten Absichten. Und ich will nicht unheimlich sein. Aber ich habe Dinge zu sagen. Und ich gehöre hierher. Und das ist es, was ich einflöße. Ich wollte etwas sagen, aber dann verschwand das "Ich".

Ich bin wie eine Bedingung. Ich möchte dir eine Botschaft geben, dass du schnell erwachsen werden musst. Ich habe dein "Ich" gesehen. Du kannst nicht so überempfindlich sein wie eine Blume. Sei ein Mann! Reiß dich zusammen! Sei hart! Es gibt keinen Platz für solche empfindsamen Wesen. Komm schon! In welcher Welt lebst du denn?? Ich fühle mich wie ein Trainer. Ich bin hart. Ich kann hart sein. Ich meine nicht, dass ich schaden will. Ich fühle mich, als ob ich das für dich tue. Manchmal schlagen die Trainer ihre Athleten zu ihrem Besten. Du kannst nicht schwach sein! Du kannst NICHT schwach sein! Kapier das! Schnell! Klar? Okay. Wenn du mich überzeugst, trete ich vielleicht zurück.«

*»Komischerweise erinnere ich mich jetzt, wie ich mit meiner Tochter gesprochen habe. „Sie muss schnell erwachsen werden, Verantwortung übernehmen, bla bla bla." Keine Zeit, ein Kind zu sein. Nicht im Kontext der Sensibilität. Also muss das etwas gewesen sein, was ich selbst erlebt habe, als Ich noch sehr jung war? Wenn Ich an dieses Alter denke, fühlt es sich wie eine Mischung aus beiden Elternteilen an: Meine Familie war auch sehr sensibel. Mehr weiblich als männlich. Nicht verfügbar sein in dem Sinne, mich zu schützen. Und der andere, verrückte Teil, der Trainer-Teil, ist der Teil meiner Mütter. Es gibt keinen Platz für sensible Männer. Grundsätzlich fühle ich mich sehr unsicher in der Kommunikation mit "bruxismus". Ich fühle mich stark an "Ich" gebunden. Um mich zu schützen".*

*Mein Großvater hat meine Mutter missbraucht, dessen Ergebnis ich war. Ich kannte ihn nicht persönlich. Ich war vielleicht 2, 2 1/2 Jahre alt als mein Großvater starb. Meine Eltern zogen dann in eine andere Stadt. Meine Mutter wollte alles vergessen und zurücklassen, was sie an die Vergangenheit erinnerte. Ich erinnere mich an meinen Großvater von einer Fotografie. Er war ein Konditormeister, der in einem Café Kuchen backte. Er hat immer für mich gebacken. Mir gegenüber war er ein liebevoller Großvater. Aber die Rolle zwischen meiner Mutter und meinem Großvater war bedrückend. Im Sinne, dass er Macht über sie hatte oder so. Ich habe ein Bild, das ich mir gerade vor zwei Tagen angesehen habe: Ich spiele einen Ladenbesitzer und auf der einen Seite, unten am Boden, sieht mich meine Mutter an. Und auf der anderen Seite war mein Großvater, der mich hielt. Ich stand in der Mitte und spielte mit dem Telefon. Und ich hatte das Gefühl, dass ich die Rolle der Kommunikation zwischen den beiden hatte.*

*Ich bin gerade dabei herauszufinden, wer ich bin und was ich brauche. Als mein Großvater starb, war er nicht mehr für mich da und mein Vater übernahm die Rolle. Aber er konnte sie nie erfüllen.«*

### bruxismus

» Als du die Art und Weise erwähnt hast, wie du deine Tochter behandelst, habe ich einen Moment lang das Gefühl gehabt, dass ich die Rolle deiner Tochter übernehmen könnte. Jetzt fühle und sehe ich dich anders. Was du über deine Tochter gesagt hast, war mir energetisch klar. Aber was du über Mutter und Großvater gesagt hast, war energetisch nicht so klar. Ich fühlte mich näher an der Geschichte deiner Tochter. Ich fühle mich jetzt kleiner.«

### Ich [kommt zurück]

»Ich hatte große Angst vor dir, als du so mit deiner Tochter redest. Ich war schockiert. In diesem "Ich", fühle ich mich nicht so, weil ich so klein und jung bin. Ich fühle mich jetzt ein bisschen sicherer mit "bruxismus". Ich glaube eigentlich, dass ich ein bisschen älter geworden bin und mich ein wenig wütend fühle. Ein bisschen frustriert fast. Es gibt so viel! Ich muss so sein und ich muss so sein! Wow! Und das ist wirklich frustrierend. Und ich bin ich. Ich will einfach nur ich sein! Das ist es! Der Rest fühlt sich zu viel an. Ich fühle mich dir verbunden.

Das ist mein Ziel. Ich brauche dich. Der Rest ist eine Ablenkung und es ist ziemlich überwältigend. Ich brauche nur, dass du siehst, dass ich hier bin und du mich willst. Und ja, wir sind empfindsam. Und das ist okay. Wir sind sensibel. Und es ist absolut in Ordnung!

*»Glaubst du, dass "bruxismus" eine wichtigere Rolle für uns spielte, als wir jünger waren? Oder hat es uns mehr Angst gemacht, als wir jünger waren?«*

o **Ich:** Ja! Auf jeden Fall! Ich bin nicht gemein oder grausam. Aber wenn ich nicht ich bin, kann ich gemein und grausam werden. Dann bin ich anders.

o **bruxismus:** Oh, jetzt verstehe ich etwas! Sobald ich auftauche, brauchst du Schlaf, Veränderung oder Ruhe. Also kann ich wie ein leichtes Symptom sein. Nicht sehr dominant, aber es erinnert dich an etwas. Aber es ist Zeit, die Einstellung zu ändern. Die Haltung gegenüber dir selbst; und dann auch Attitüde gegenüber anderen. Besonders deiner Tochter. Ich fühle mich hier ein bisschen weicher.

o **Ich:** Ich brauche keine Erinnerung daran, was meine Haltung anbetrifft. Wenn ich dich habe, ist das alles was ich brauche. Ich brauche nur eine gute und beständige Verbindung zu dir. Es gab einen Versuch, Grausamkeit nachzuahmen. Weil das ist, was wir tun mussten. Aber das ist nicht, wo wir jetzt sind! Aber es hallt auch nach, was "bruxismus" sagte: Wenn wir uns nicht um uns selbst kümmern, verschmelzen wir in diesen Raum, wo wir mit uns selbst grausam sein können. Und das fühlt sich nicht sicher an. Und wir werden abgeschnitten.

*»Setze ich mich unter Druck? Wahrscheinlich. Ich mache gute Erfahrungen mit dem Sanft-Sein, liebevoll, verbunden mit anderen. Aber es gibt immer noch einen gewissen Druck – ich weiß nicht, was das ist. Dieser Druck in der Schulter. Er wurde leichter. Es geht darum, unsere Bedürfnisse auszudrücken.«*

## Ich

»Definitiv. Ich möchte mich sicher fühlen, bevor ich etwas sagen will. Das ist nicht immer möglich. Und wenn ich meine Stimme benutze, hat es den gegenteiligen Effekt. Aber das macht es nicht falsch. Ich werde als schwach interpretiert, weil ich nicht aggressiv oder grausam spreche. Wir stören die Leute nicht absichtlich, wenn wir zulassen, dass andere uns verärgern. Das ist die Destabilisierung. Ich gebe alles auf, um diese Situation harmonisch zu halten! Aber das nützt nicht. Ich muss in der Lage sein zu sagen: „Stop, nein, das gefällt mir nicht, das ist nicht für mich, ich stimme nicht zu." Damit ich dorthin kommen kann, wo ich hin will. Es ist ein Privileg, das ich nicht hatte. Ich kann mit dir in Verbindung bleiben, wenn du deine Bedürfnisse und Wünsche ausdrückst. Seien wir ehrlich: Wir können nicht leugnen, wie andere es interpretieren. Das scheint mir ein bisschen verrückt zu sein. Kannst du nein sagen? Oder versuchst du übermäßig nett zu sein?«

*»Manchmal ja, manchmal nein. In Beziehungen ist es für mich schwieriger. Weil ich mich oft anpasse, in diesem Scan-Zustand bin und versuche, alles zu überblicken und vorauszusagen. Und ich versuche, nett zu sein. Und wenn ich etwas aus eigener Not tue, wird der andere in dieser Beziehung mit seinen eigenen Gefühlen konfrontiert. Und dann versuche ich, zurückzutreten und meine Energie zu senken. Aber das fühlt sich nicht richtig an.«*

## Ich

»Ich fühle mich dann nicht mit dir verbunden, wenn du das tust. Mir ist es erlaubt, in dieser Welt zu existieren so wie ich bin. Ungefiltert. Ich brauche die Welt nicht, damit sie mich bestätigt. Ich brauche dich nicht, dass du mir zustimmst. Übernimmst du dann die Verantwortung, wenn etwas nicht funktioniert? Denkst du, es ist deine Schuld? Also, wenn sie emotional sind oder durch etwas ausgelöst werden, das wir gesagt haben, das ist nicht unseres. Es ist in Ordnung, wenn sie traurig und verärgert sind. Aber was für mich schwierig ist, ist, wenn man versucht jemanden zu überzeugen, dass sie getriggert wurden. Dann gehst du weg von mir. Ich muss nicht ihre Perspektive einnehmen. Ich kann es einfach so sehen, wie es ist und es sein lassen. Und ich muss mich nicht selbst filtern. Weil es zu viel ist, ständig zu filtern. Das hat "bruxismus" gesagt. Das ist dein Marker.«

Ich sagte zu dem Mann:»Es ist sehr wertvoll, zu erkennen, dass du als Kind keine sichere Umgebung hattest. Du hast es nicht gelernt. Du weißt nicht wie Verbindung geht. Du versuchst es und dann ziehst du dich zurück. Und dann versuchst du es wieder. Aber du findest nie die richtige Balance für dich. Und dann beißt du die Zähne zusammen. Es ist auch wichtig zu erkennen: „Ich habe keine Antworten." Besonders nicht in meinem Kopf. „Mein Verstand kann nie die Antworten produzieren und ich kann sie niemals aus einem Buch lernen." Es geht darum, in deinem Körper zu bleiben. Nur dort kannst du dein "Ich" fühlen.«

*»In der Vergangenheit habe ich den Gedanken und Verbindungen, die ich in meinem Verstand gemacht habe, größtenteils vertraut. Versuchte, alles zu beobachten. Und jetzt lerne ich viel mehr, in meinen Körper zu kommen, und auf meine Gefühle zu vertrauen, ihnen zuzuhören und darauf zu vertrauen, was mein Körper mir sagt. Aber es ist wie das Lernen einer völlig neuen Sprache, ohne irgendwelche Bücher oder jemand, der mir sagt, wie diese Sprache gesprochen wird. Lernen durch Tun.«*

### Ich

»Als Natalie das sagte, fühlte ich mich entspannter! Du musst in deinem Körper sein, damit ich mit dir resonieren kann. Das fühle ich wirklich. Die andere Sache ist – das Atmen fühlt sich sehr relevant an. Wenn du in deinem Kopf bist, atme ich nicht richtig. Und ich möchte atmen. Ich möchte meine Lungen und meinen Bauch und in meinem Körper fühlen. Nicht vorübergehend, aber die ganze Zeit. Und ich will mich nicht kontrollieren. Ich will nur atmen. Nur natürliche Bewegungen. Das würde mir helfen. Einfach atmen. Regelmäßig, tief atmen. Wir konnten unsere Eltern nicht reparieren. Wir konnten unsere Ehe nicht reparieren. Wir können niemanden anders reparieren. Das ist unsere Selbstfürsorge.«

# 5.6 MENSTRUATIONSKRÄMPFE

*Allgemein-Begegnung (4 Worte)*
*Englisch: girl – menstrual – cramps – ?*
*Deutsch: mädchen – menstruations – krämpfe – ?*

Die meisten Frauen kennen Menstruationskrämpfe. Einige haben sie während der Pubertät, andere begleiten die Krämpfe ihr Leben lang und höheren erst mit den Wechseljahren auf. Einige verspüren Schmerzen nur zu Beginn der Periode, andere werden über den gesamten Zeitraum von heftigen Schmerzen gequält. Auch ich hatte unsägliche Menstruationskrämpfe in meiner Jugend und verbrachte Nächte auf der Toilette, zusammengekauert, immer wieder von heftigen Schüben gepeinigt. Aber warum sollte das Natürlichste der Welt von Krämpfen begleitet sein? Warum müssen so viele Mädchen und Frauen leiden in dieser Zeit?

## menstruations

»Ich habe etwas in der Kehle. Es tut ein bisschen weh. Und ich habe den Eindruck, dass es da etwas gibt, worüber ich nicht sprechen kann. Wenn ich auf "krämpfe" schaue, gibt es etwas, das raus will, aber es ist nicht möglich. Ich habe das Gefühl, dass ich im Geburtskanal bin. Völlig zurückgezogen. Und ich kann nicht atmen. Und ich stecke da fest. Vielleicht habe ich keine Verbindung zu meinen Gefühlen? Ich habe den Eindruck, wenn ich mein Bild ansehe, sah ich die Mutter in meinem Gesicht. Es fühlt sich an, als ob ich von etwas Mächtigem und Dominantem besessen wäre, aber nichts dagegen tun kann. Ich kann nur hier sitzen und durch es hindurchgehen. Es ist schrecklich.«

## krämpfe

»Ich kann mich nicht bewegen. Wenn ich "mädchen" anschaue, fühle ich Schmerzen in meinem Rücken. Ich verstehe nicht, was "menstruations" bedeutet. Ich bin aufmerksam, aber verstehen tue ich es nicht. Ich schaue auf "menstruations" und sehe, dass sie traurig ist. Ich fühle, dass jemand mich stößt und unterdrückt. Und ich fühle mich, als würde ich immer weiter nach unten gehen.«


**?**

»Hier fühlt sich etwas wirklich schlecht an, aber ich weiß einfach nicht was es ist. Ich fühle keine "krämpfe", ich fühle keine Probleme, aber ich bekomme keine Luft. Und manchmal habe ich Schwierigkeiten, dich zu hören oder zu sehen. Es ist, als ob mich jemand ersticken würde. Ich hatte ein wenig Hoffnung, als du, "menstruations", über die Geburt gesprochen hast – das könnte ein Hinweis sein... Alles ist so verwirrend! Weiblich zu sein fühlt sich nicht gut an. Es ist nur schwer, es ist deprimierend, es ist einsam, es ist ausgecheckt, es ist aufgebend. Hoffnungslos. Ich meine, sollte es nicht sein, wenn du deine Periode als Mädchen bekommst, sollte das nicht etwas sein, was man feiert? Es ist auch eine Zeit der Veränderung, etwas Neues. Aber hier fühlt es sich so an, als wäre das Leben schon vorbei! Und es hat noch gar nicht angefangen!«


- o **menstruations:** Ich habe den Eindruck, ich habe die Hoffnung, wenn ich "mädchen" anschaue, dass sie das Problem löst. Sorry, dass ich das sage, aber ich habe die Hoffnung, dass du der Schlüssel bist. Ich denke nicht, dass der Schlüssel die Frau ist.
- o **mädchen:** Ich möchte Geschichten hören. Ich möchte, dass Mütter mir Geschichten erzählen. Wie und wann das begann. Was ist zuerst passiert? Der Ursprung davon. Es ist eine seltsame Situation. Ich habe nichts getan. Warum passiert mir das?
- o **?:** Du hast recht. Da fehlt etwas. Vielleicht würde ich es einen Initiationsprozess nennen. Ich habe das Gefühl, dass es nicht nur das ist. Fluch, das Wort Fluch, räsoniert immer noch mit mir.
- o **menstruations:** Es gibt keinen Grund, warum dir das passiert ist. Es liegt daran, dass unsere Mutter und Großmutter und jede Frau zuvor das Problem nicht gelöst haben. Deshalb. Das ist der Grund, warum wir Krämpfe bekommen.
- o **mädchen:** Du hast über die erste Frau und den ersten Mann gesprochen, was sie getan haben und wie sie bestraft wurden. Ist es deswegen?

o **?:** Du meinst Adam und Eva im Paradies?

o **mädchen:** Ja, sie aßen einen Apfel und Eva, ich weiß nicht was sie tat, aber sie bot einen Apfel an. Sie überzeugte einen Mann, diesen Apfel zu nehmen. Und sie wurden aus dem Himmel gefeuert. Und beide müssen mit all dieser Qual des Seins auf der Erde umgehen. Ist es nicht deswegen?

*Wir nehmen noch ein Wort hinzu, "frauen".*

## menstruations

»Ich finde auch die Frage, wo es anfängt, sehr interessant und bedeutsam; aber sie ist repetitiv. Ich habe das Gefühl, dass ich meinen Zweck verloren habe. Ich bin "menstruations" und ich bin etwas Natürliches. Ich bin da, weil kein Baby auf dem Weg ist. Ich bin der Natur sehr nahe. Etwas Rhythmisches. Aber in dem Stadium in dem "frauen" ist, habe ich meinen Zweck und meine Kraft verloren und weiß nicht mehr wer ich bin.«

## mädchen

»Die Natur ist spielerisch. Und wenn es eine Menstruation gibt, kann ich nicht spielen. Ich kann mich nicht freuen.«

## krämpfe

»Wir sind getrennt, ich und "mädchen". Und ich mag "frauen" wirklich. Ich mag die Farben von "frauen". Es ist gut für mich, wenn "menstruations" lacht. Es ist gut, wenn sie lacht und lächelt. Ich sehe Licht.«

## ?

»Ich fühle mich jetzt ein bisschen besser, seit "frauen" hier ist. Und hoffnungsvoll. Das ist interessant, was du gesagt hast, "krämpfe": Es ist die Farbe, die mir hier fehlt. Die Farbe ist die Vibration, das Leben, das lebendige Leben... Ich habe das Gefühl, dass das Leben irgendwie von der Frau, diesem Geschlecht, ausgesaugt wird. Als du über die

Natur gesprochen hast, hat es mich fast erstickt. Wie die Natur hier unterdrückt wird. Die Natur einer Frau, eines Mädchens, einer Frau, dieses Geschlechts ist super-super unterdrückt.«

## frauen

»Ich habe das Gefühl, dass ich Krämpfe habe. Und was aufkommt: Warum ist das ein Problem? Es fühlt sich normal an und wir müssen damit weitergehen. Wir müssen im Fluss damit sein. Aber etwas irritiert mich. Ich könnte sehr schnell die Bandbreite der Emotionen durchgehen – von Wut, über Traurigkeit bis hin zu Frustration, Schmerz und Krämpfen. Wie eine Waschmaschine. Und es ist interessant, dass ich als "frau" an letzter Stelle komme. Aber wir brauchen eine Frau, um das zu starten. Man muss eine Frau sein, um ein Mädchen zu erschaffen. Ich kann "krämpfe" fühlen. Es fühlt sich an, als ob ich meine Periode habe. Ich werde von dieser gelben Farbe angezogen. Ich gravitiere zu mehr und mehr Farbe.«

- o **mädchen:** Wer blutet sonst noch so in der Natur? Welches Tier?
- o **frauen:** Ich möchte sagen, Hunde. Weibliche Hunde tun es. Das ist das einzige Tier, das ich mir vorstellen kann. Weibliche Hunde, die nicht kastriert werden bluten alle drei Monate
- o **mädchen:** Viel besser. Sie haben mehr Glück als ich.
- o **?** [lacht]: Ja! Das ist wahr!

## frauen

»Wir bekommen kein Mitgefühl dafür. Wir bekommen keine Liebe dafür. Wir bekommen keine Zeit dafür. Und es wird immer bedrückender, während ich hier sitze. Ich kann wirklich die Unterdrückung fühlen, weiblich zu sein und einen Menstruationszyklus zu haben. Ich darf nicht darüber reden. Ich soll es ertragen, anstatt mich dafür zu lieben. Ich darf nicht wütend werden. Ich darf nicht weinen. Und wenn ich es tue, ist es unbequem. Ich mache es alleine. Leise. Ich darf nicht anders riechen. Ich fühle mich wie bei der Arbeit. Das ist eine Form von Ausdauer. Denn auch wenn ich einen Job habe, muss ich es in jeder

Umgebung ertragen. Und sie wollen es nicht einmal akzeptieren, dass es da ist. Und sie verspotten es.

Es gibt ein großes Nein! Jetzt fühle ich mich, als würde ich das gleiche Nein von meiner eigenen Mutter bekommen. Meine eigene Mutter würde mir sagen, dass ich nicht offen mit jemandem über meine Periode reden soll. Es ist schmutzig. Und ich fühle, dass dieses [rote Tuch] nicht mein Blut darstellt; das repräsentiert meinen Zorn. Ich kann auf die gleiche Intoleranz von Frauen treffen wie von Männern. Meine Mutter würde sagen: „Sprich nicht darüber." Wenn ich zu einem Lehrer gehe, dann würde der Lehrer „sch...". Nirgends kann ich hingehen, wo es nicht verspottet, belächelt oder verachtet wird. Oder kleingemacht, weißt du.

Und in diesem Sinne, ist es interessant, dass sich "krämpfe" aufbauen. Es ist fast so, als müsste ich mich selbst daran erinnern, dass dies ein Teil der Natur ist. Mein Körper, meine physische Natur. Und ich brauche es. Aber ich kann nirgendwo damit hingehen. Ich kann mich nicht selbst unterstützen. Es fühlt sich nicht falsch an, es ist nur so, dass "krämpfe" etwas sind, die mich zu einer Frau machen. Weil ich "krämpfe" auch als Teil der Geburt von Kindern sehe. Es erinnert mich daran, okay, ich bin hier. Das ist Teil meiner Weiblichkeit. Aber ich kann mit dieser Realität nirgendwohin.«

?

»Und wir reden nicht einmal über Sexualität. Das Problem ist, dass es auch einen großen Einfluss auf die Sexualität hat. Alles ist nur Zwang und Unterdrückung und eingepfercht sein! Es wird wie ein Geheimnis behandelt und nicht wie die Natur. Die Natur wird aus ihr herausgesaugt. Die Frauen haben es von den Männern und der Gesellschaft übernommen. Ich habe den Eindruck, dass diese Art von Welt gegen die weibliche Natur geht. Ich mochte dich, "krämpfe". Als du gestanden hast, stand auf deinem T-Shirt "der Stern" geschrieben. Und ich dachte, das ist es, was wir sein sollten. Der Stern. Wir sollten wie die Sterne leuchten. Und funkeln wie Sterne. Aber hier sind wir deprimiert, in schwarz-weiß.«

**menstruations**

»Ich kann es auch fühlen. Ich habe Gänsehaut an meinem ganzen Körper. Ich stimme dir vollkommen zu. Ich habe den Gedanken, dass ich meine "menstruations" feiern möchte. Etwas wie "?" sagte, wie eine Initiation. Um eine Frau zu werden. Um zu feiern, dass ich Babys machen kann. Es ist ein Wunder! Aber ich muss es verstecken. Ich muss es sogar vor mir selbst verstecken. Es ist etwas Technisches, etwas Funktionelles. Es macht mir Angst. Ich bin sehr kalt. Es ist, weil es eine Männerwelt ist. Und sie passt nicht zu den Bedürfnissen einer Frau. Und der Natur. Ich habe den Eindruck, dass ich ein Teil der Natur und der Weiblichkeit bin.«

**krämpfe**

»Ich habe das Gefühl, dass ich nicht alles verstehe. Und ich kann nicht so sprechen wie du. Und ich möchte nicht, dass du denkst, jemand hätte etwas von einer Frau oder "frauen" oder "mädchen" genommen. Stattdessen nehmen wir etwas entgegen. Für mich ist es wichtig, dass "menstruations" glücklich ist. Wenn du sprichst, gibt es diese gelbe Farbe um dein [Zoom] Fenster. Ich bin nicht schlecht. Ich bin gut. Ich will nicht noch mehr nach unten gedrückt werden.«

o **menstruations:** Ich verstehe dich total. Die indigenen Stämme feiern die Menstruation und die Frauwerdung. Das macht mich traurig, weil wir in unseren Ländern Frauen wie...
o **krämpfe** Wenn ein Mädchen ihre Periode bekommt, ist es wie ein Gewicht. Es sollte nicht so sein. Weil ich "menstruations" so sehr mag! [lacht] Für mich ist es wirklich wichtig, dass du lächelst und glücklich bist.
o **menstruations:** Ich mag "krämpfe" auch. Wenn du sprichst, kann ich atmen. Wenn du darüber sprichst, dass du glücklich bist und lächelst, kann ich sehen, dass dies meine Natur ist. Aber ich bin verwirrt, weil ich es nicht mehr spüren kann. Es wird unterdrückt.

**mädchen**

»"menstruations" ist wie ein Lehrer, zu dem ich einfach keine Verbindung habe. Und weil mir niemand eine Antwort gibt, habe ich mir Bücher angeschaut und etwas recherchiert. Und in den religiösen Büchern heißt es, dass man jeden Monat blutet, weil man nicht schwanger wird. Und es ist eine Strafe dafür, nicht schwanger zu werden. Du wirst als Frau bestraft, weil du dieses potentielle Leben verloren hast. Und deine Gebärmutter weint mit blutigen Tränen, weil sie kein Baby bekommt! Das sagen die Religiösen! Wenn man schwanger wird, hat man Krämpfe bei der Geburt. Also haben Frauen auf jeden Fall "krämpfe". Du verstehst es nicht. Ich werde ernsthafte Probleme mit Gott haben!«

o  **?:** Oh Gott!! [nimmt ihr Smartphone und schlägt sich damit an den Kopf]
o  **krämpfe:** Schwanger zu werden ist keine Schuld der "menstruations". Es ist, wenn zwei Menschen Sex haben...
o  **mädchen:** Du verstehst nicht. In beiden dieser zwei Optionen werde ich in Krämpfen sein.
o  **menstruations:** Mir wird jetzt sehr heiß und ich kann spüren, dass das nicht stimmt. Aber ich weiß nicht, was mein Zweck ist. Aber was religiöse Menschen sagen, ist nicht wahr.
o  **?:** Nein, ganz bestimmt nicht! Oh, ich fühlte mich vorher so gut, aber das zog mich runter, dieser religiöse Scheiß.

**frauen**

»Ich denke, wir müssen die Bücher verbrennen. Ich habe das Gefühl, wenn ich "mädchen" sprechen höre, fühle ich, dass dies der Zeitpunkt ist, an dem wir anfangen zu unterdrücken, um zu manipulieren, was ein Zyklus wirklich ist. Also, wenn du in die Weiblichkeit kommst, bist du schon problematisch. Wie eine Indoktrination, die von irgendwo kommt, wo man das gelernt bekommt. Es geht nicht darum, auf deinen Körper zu hören. Es geht nicht darum, den natürlichen Zyklus deines eigenen Körpers zu übernehmen. Dies ist eine Projektion dessen, was jemand von deinem Körper wahrnimmt. Wohin gehe ich als Frau, wenn ich diesen Glauben habe, dem man mir als Kind beigebracht hat? Darf ich meinem Körper nicht folgen?«

- ?: Ich dachte an das, was du, "mädchen", am Anfang gesagt hast. Vom Paradies und von Adam und Eva. Nun, Eva, sie ist eine Sünderin. Oder?
- **mädchen:** Sie wurde bestraft, weil sie Schmerzen hat, wenn man Kinder bekommt. Und wenn man keine Kinder hat, blutet man jeden Monat. Sie wird härter bestraft als Adam! Das ist sehr wichtig! Sie ist eine größere Sünderin, weil sie Adam dazu verführt hat, diesen Apfel zu essen.
- ?: Es ist so falsch!! Ich kann es in meinem Körper fühlen! Ich kann es nicht aus meinem Mund/Hals bekommen! Ich weiß nicht, wie ich es aus dem System holen kann. Es ist schrecklich!

**menstruations**

»Ich stimme dir zu. Ich kann mich damit verbinden. Ich weiß nicht, wo es angefangen hat, aber es ist eine Geschichte. Ich habe das Bild der natürlichen Menschen in meinem Kopf; die ganze Zeit. Wenn "frauen" ihre "menstruations" haben, gehen sie für mehrere Tage alleine weg, vielleicht von der Stammesgruppe weg. Und sie bluten für sich selbst. Und es ist offen. Es gibt keinen Tampon. Sie unterdrücken es nicht. Sie lassen es einfach los. Etwas sehr Natürliches und Freies. Und sie bluten in den Sand. Sie machen ein Loch und bluten und geben es der Erde. Es ist wie eine Zeremonie. Ich bekomme Gänsehaut, wenn ich darüber rede. Ich gebe es zurück zur Erde. Und in der Zeremonie geht es darum, "menstruations" zu feiern. Das will ich.«

**mädchen**

»Kann ich eine Frage stellen, "menstruations"? Weil ich dem Alter bin, in dem ich alles in Frage stelle. Und ich habe auch Biologie studiert, Physiologie und ich versuche zu verstehen. Es ist ein menschlicher Körper und er scheidet aus. Wir beseitigen jeden Tag unseren Kot und wir pieseln. Das ist Eliminierung, richtig? Es ist okay. Aber es ist einfach. Es ist nicht problematisch. Menstruationsblut ist auch ein Ausscheidungsprozess. Ich bin damit einverstanden. Aber warum ist es so schwierig? Und dauert sieben Tage? Es ist ein Viertel deiner Zeit, deines Lebens! Man hat vier Wochen in einem Monat und eine von diesen vier Wochen hat man mit dieser Ausscheidung zu tun? Und Gott, wenn er wollte, könnte es viel einfacher machen. Es ist okay für mich, Blut auszuscheiden. Okay. Aber warum ist es nicht komprimiert wie zum Beispiel bei Kot? Warum ist es nicht wie ein Blutgerinnsel komprimiert und in einer anderen Form und man hat sie nur einmal am Tag? Warum ist es wie Folter? Ständig liegt meine Aufmerksamkeit darauf! Sieben Tage! Es fällt mir schwer, dem zuzustimmen. Für mich ist es immer noch wie eine Strafe. Es ist zu viel. „Gott, mach es leichter. Ich will bluten, aber mach es einfacher. Als eine Funktion, als eine Physiologie. Du kannst es tun! Kleine Partikelklumpen, datatatat. Einfach." Das ist mein kindlicher Verstand. Warum kann Gott nicht kreativ sein und die Dinge einfacher machen? So denke ich. Niemand kann es beantworten. Ich habe ein Problem mit Gott.«

**frauen**

»Als Frauen ist es interessant, wenn du, "?" sagst, es sei zu oft, es sei zu lang. In diesem Kontext der Welt können wir das nicht mehr verarbeiten. Wenn du es hältst und wenn du es nährst, muss es dann eine solche verlängerte Qual sein, wo wir gegen uns selbst sind? Denn wenn du es anders siehst, auf deine Art, ist alles gegen uns. Kann es nicht nur ein natürlicher Zustand sein, der sanft, mitfühlend, liebevoll, zärtlich ist und dem man Raum gibt? Wenn man das in der heutigen Welt machen möchte, vergiss es. Es geht nicht schnell genug, es ist unbequem, es ist ein Problem, es ist irritierend. Ich bin ein Reizfaktor für mich. Was jetzt aufkommt, wenn ich die Generationen zurückgehe: Frauen sind tendenziell die Geschöpfe, die das Haus bewahrt haben. Und in dieser Resonanz fühle ich es wie Frauen gegen Männer. Gibt es hier eine männliche Energie?«

**?**

»Jetzt fühle ich mich wieder ein bisschen besser. Aber wir als Frauen leben ganz und gar gegen unsere Natur. Und "krämpfe" sind eine Erinnerung, dass wir zurück zu unserer Natur gehen sollten. Es ist die Art, wie wir leben, es ist die Art, wie wir uns kleiden, es ist die Art, wie wir denken, es ist die Art, wie wir arbeiten, es ist die Art, wie wir interagieren. All das – und mehr – ist gegen unsere Natur. Es sollte mehr Verspieltheit, Lachen und Genießen geben.«

o **krämpfe:** Ich möchte sagen, dass jedes Mal wenn ich "frauen" sehe, die mehr Kleidung anzieht, will ich, dass sie die auszieht! Es ist, als ob sie unterdrückt wird. Sie unterdrückt sich selbst.

o **menstruations:** Wir sind nah an der Natur mit unserer Menstruation. Denn das Leben ist wie Frühling, Sommer, Herbst und Winter. Das ist der Kreislauf des Lebens. Und das durchleben wir jeden Monat. Wir erschaffen Leben und das Leben geht auch weiter. Deshalb sind wir hier.

o **frauen:** Leben sollte langsamer sein. Wir bewahren unser eigenes Leben, wenn wir mit ihm sanft umgehen, nicht wahr? Wir bewahren unsere Weiblichkeit. Unser Zweck ist auch der Erhalt des Lebens. Wenn wir ein Baby erschaffen, müssen wir immer noch die Milch produzieren. Wir müssen immer noch das Leben erhalten. Wir müssen auf uns selbst aufpassen, um einen anderen Menschen am Leben zu erhalten. Dieser Zyklus ist genauso wichtig.

o **menstruations:** Für mich ist es sehr wichtig zu sagen, dass "frauen" mir zuhören sollen. Sie hört auf ihre eigene Periode und Rhythmen. Ich finde es sehr gut, dass wir hier zusammen sind, um eine Lösung zu finden.


**?**

»Ich fühle zum ersten Mal eine Verbindung. Eine Verbindung zwischen uns allen. Denn auf einem silbernen Tablet kommt keine Antwort zu uns. Wir müssen wirklich herausfinden, was es bedeutet, eine Frau zu sein. Aber die Art und Weise, wie wir jetzt leben, ist nicht natürlich. Ich denke auch, dass es natürlich ist, sexy zu sein. Es gibt nichts zu fürchten. Aber der aktuelle Zustand, in dem wir uns befinden, ist so: "krämpfe" wollen alles loswerden und das Leben genießen und der Rest von uns, einschließlich mir, wollen es zudecken. Und wenn du das sagst, dann muss ich auf der einen Seite an die Medizin und auf der anderen Seite an die Ernährung denken... dann gehe ich wieder in diesen verwirrten Modus.«


**menstruations**

»Vielleicht ist es mein Zweck, den Kreislauf des Lebens zu feiern. Mich daran zu erinnern, dass ich ein Teil der Natur und des Kreislaufs des Lebens bin? Aber jetzt habe ich den Eindruck, meine Aufgabe ist es, etwas zu reinigen, etwas herauszuholen. Ich fühle, dass es etwas Toxisches gibt und ich muss es mit dem Menstruationszyklus bereinigen. Ich kann auch fühlen, dass etwas über der Menstruation liegt. Es hat mit etwas zu tun, das tot ist. Und ich sehe tote Babys. Ich weiß nicht was es ist.«

**mädchen**

»Das ist interessant, was du gerade gesagt hast! Es ist fast wie eine neue Seite, diese Toxizität. Ich muss sie als Menstruation reinigen. Vielleicht ist das der Grund, warum es so intensiv und schmerzhaft ist; wegen dieser Toxizität? Dies ist jetzt sehr interessant. Ich nehme es als ein Thema, das es zu erforschen gilt. Wenn es keine Toxizität gäbe, würde ich sie vielleicht anders empfinden? Wie indigene Völker? Jetzt bin ich fasziniert. Ich bin jetzt neugierig. Es ist eine interessante Konsequenz: Toxizität und problematische Menstruation. Die religiösen Bücher sagen, dass Schmerz sterben bedeutet! Es gibt ein mögliches Leben, das du verlierst! Wenn das Huhn ein Ei macht, ist es wie... Sie hat ein Ei gemacht! Sie ist sehr glücklich! Weil es Leben gibt! Ein kleines Kücken erwachte, weißt du? Aber wenn "frauen" ihr Ei verliert, oh mein Gott!«

- o **krämpfe:** Das ist das erste Mal, dass ich verstehe, was "mädchen" sagt!
- o **mädchen** Es geht darum, dass etwas tot ist. Darum weint die Gebärmutter. Blut. Das ist das, was religiöse Männer sehen.
- o **frauen:** Es fühlt sich an wie der Zyklus der Menstruation. Wenn wir im Zyklus der Verwirrung stecken.
- o **?:** Kann jemand gehen und diese Leute einfach nur schlagen und bitte die Tür schließen? Das ganze Zeug ist aufgeladen, wie Schichten von Kleidung, die "frauen" trägt. Immer weiter und immer weiter und immer mehr.
- o **mädchen:** Ernsthaft, ich habe eine letzte Frage, weil "krämpfe" das Wort „Unschuld" nannte. Etwas über Unschuld. Also, sagen wir mal, ich bin unschuldig, ich bin eine Jungfrau und ich habe meine Menstruation. Und nach dem Sex, werde ich dann noch

menstruieren? Ernsthaft, ich weiß es nicht. Ich weiß nicht, wem ich vertrauen kann. Und nachdem du dein erstes Kind geboren hast, bekommst du immer noch deine Periode? Für mich ist mein Kopf in totaler Konfusion. So fühlt man sich in den ersten drei Tagen nach der Menstruation. In totaler Konfusion. Man kann nicht mental operieren. Es gibt keine mentale Funktionalität. Und wenn es um die Menstruation geht, so fühle ich mich. Ich stelle wirklich dumme Fragen, aber sie sind nicht dumm.

o **menstruations:** Am Anfang dieser Begegnung sah ich mich selbst die Vergewaltigung meiner Mutter und Großmutter tragen, und jeder Frau davor; und tote Babys. Und die Frauen, die keine Kinder bekommen können, weil sie so traumatisiert sind. Und das ist es, was durch "menstruations" kommt. Und ich kann nicht atmen. Ich fühle so viel Trauma.

o **mädchen:** Vielleicht bluten wir aufgrund all dieser vergewaltigten Frauen und Kindern? Oh, ich werde verrückt!

o **krämpfe:** Ich will "menstruations" nehmen und sie schütteln. Du lebst! Du bist lebendig! Und ich fühle mich stärker, weil du lebendig bist. Feiere, dass du lebendig bist. Und ich fühle, dass es meine Aufgabe während der Menstruation ist, dich daran zu erinnern, dass du lebst.

o **menstruations:** Ich fühle, dass ich all das trage. Ich bin immer noch am Leben und ich weiß, dass mein Zweck ein anderer ist. Ich habe das Gefühl, dass ich blute wegen all der Schmerzen, die einer Frau zugefügt wurden. Ich sehe eure Gesichter, aber für mich ist es sehr wichtig, die Wahrheit zu sagen.

o **mädchen:** Komm schon. Hast du Freude am Bluten? Als Mädchen fühle ich, dass jüngere Menschen und Kinder viel ehrlicher sind. Wer kann diese Art von Blutung genießen? Geniet der Körper das? Ich bin an meinem zweiten Tag der Periode und ich bin schon in einem emotionalen Zusammenbruch. Ich lege mich stundenlang hin.

o **frauen:** Ich habe so viele Frauen getroffen. Für manche ist es schwer, für andere ist es schmerzhaft und für andere nicht. Für manche ist es wie nichts und für andere ist es wie: Ich gehe vier Tage lang ins Bett. Manche Leute können nirgendwo hingehen. Es gibt ein ganzes Spektrum. Ich denke nicht, dass die Art und Weise, wie es in der Welt, in der Gesellschaft dargestellt wird, wirklich hilfreich ist. Es hilft uns nicht. Weil wir gegen uns selbst sind. Und ich höre "menstruations" sprechen und fühle mich wirklich verbunden mit ihr. Aber was ich auch wissen will, ob sie will, dass ich ihr helfe oder nicht. Weil ich helfen möchte.

o **menstruations:** Ich bin sehr froh, dass du das gesagt hast. Denn jetzt fühle ich mich sehr beschämt und sehr allein. Für mich ist es vielleicht erstmal das Wichtigste, anerkannt zu werden. Um zu hören, was mit uns passiert ist.

**?**

»Ich fühle mich, als würde ich den Prozess zwischen euch, "menstruations" und "krämpfen" verlangsamen wollen. Diese freudige Natur sein und wie ihr sein sollt; und dann auch alle Wahrheiten zwischen euch. Es ist viel zu schnell. Wir brauchen diese freudige Phase, um auch die beschissenen Sachen anschauen zu können, von denen du "menstruations" gesprochen hast. Aber ich brauche mehr Freude; und dann ein bisschen beschissenes Zeug. Und wieder mehr Freude. Wenn die Dinge viel zu schnell kommen, bin ich in einem Überlastungsmodus. Und dann kann ich nicht atmen und dann falle ich zusammen und dann möchte ich hier alles abstellen. Es ist dann wie eine Maschine zu sein, um ein technologisches Wort zu benutzen, die immer weiterläuft. Höher, weiter, schneller. Ich brauche Farbe, und ich brauche Sonne und ich brauche Langsamkeit. Und dass wir reden ist fantastisch. Aber wir müssen es auch verlangsamen.«

## 5.7 MAGERSUCHT

*Allgemein-Begegnung (4 Worte)*
*Mädchen – Mama – Papa – Magersucht*

Wer würde es für möglich halten, dass sich hinter dem Thema Magersucht generationales Trauma verbirgt? Von Institutionen ausgeübte Verbrechen an Kindern? Die Wahrheit könnte ans Licht kommen, hätten die Eltern den Mut, sich ihrer eigenen Vergangenheit, Familiengeschichte und Traumata zu stellen. Wie sagte die Magersucht so treffend:

»Das ist total irre hier! Ich sage euch eines: Wenn "Mädchen" mich nicht hätte wäre sie tot. Ich bin nicht diejenige, die den Tod bringt, sondern ich bin der Grund, warum sie noch lebt! Das ist hier ein Irrenhaus! (…) Ich bin noch die Gesunde hier! Ich bin noch die, die Kraft hat, die gesund ist, die das ganz klar sieht, was hier abläuft! Ich will jetzt wissen, woher der Scheiß herkommt!«

**Papa**

»Oh, wenn keiner etwas sagst, das finde ich gut. Dann kann ich mich meiner Arbeit widmen. Das Gequatsche war mir sowieso zu viel. "Mama", du hast wie immer keinen Plan. Als Mutter hast du gar nichts zu sagen. Kümmere dich mal lieber um deine Tochter. Die weint. Das ist dein Job! Also, Home Office ist gar nicht weit weg genug von euch, das muss ich ganz ehrlich sagen. Ich würde lieber ins Büro gehen und mit dem hier nichts zu tun haben. Ich zähle lieber meine Kohle. Ich bringe hier das Geld nach Hause. Wo ist das ganze Geld geblieben?«

**Mama**

»Ich bin vollkommen verwirrt. Ich könnte jetzt loslegen und mit dir streiten, "Papa". Ich habe gerade einen richtigen Hass auf "Papa". Und ich habe überhaupt keine Kapazität und kein Interesse und überhaupt keinen Bezug zu "Mädchen". Ihr seid mir alle egal. Ich habe hier den Kontrolldrang, um "Mädchen" und "Magersucht" zu kontrollieren. Ich finde es auch ganz furchtbar, wie du aussiehst, "Magersucht".«

**Magersucht**

»Ich bin verwirrt. Ich habe keine Magersucht, ich habe Magenschmerzen! Im oberen Bauchbereich, unter der Brust, habe ich brutale Schmerzen. Und ich könnte dauernd husten. Rette sich wer kann. Oh, Gott. Wo bin ich denn da reingeraten hier? Was heißt kontrollieren? Ihr wollt uns ja gar nicht! Du kümmerst dich um alles, "Mama"? Wir sind dir doch total egal. Ihr seid doch nicht "Mama" und "Papa"! Was seid ihr denn?«

## Mädchen

»"Magersucht" ist der einzige Bezugspunkt. Ich bin ganz stumm geworden. Ins Herz sticht es mir. Der "Papa" ist so kalt und so böse. Und der "Mama" bin ich sowieso scheißegal.«

- **Papa:** Also, mit so einer Heulsuse will ich nichts zu tun haben.
- **Magersucht:** Ja, "Papa", du hättest doch eh lieber einen Jungen gehabt, oder?
- **Papa:** Ja, ich glaube schon. Mit sowas kann ich nichts anfangen. Versteckt sich und heult da rum. Ach, soll die "Mama" sich besser darum kümmern. Also, ich schiebe das dir in die Schuhe, dass du die so verzogen hast.
- **Magersucht:** Verzogen? Um uns kümmert sich keine Sau! Ob wir da sind oder nicht, will doch gar keiner wissen. Wir könnten hier auch tot sein und ihr würdet einfach so weiterleben. Fuck you!
- **Mädchen:** Das wäre mir lieber.
- **Mama:** Also, tot geht gar nicht. Was sollen da die Nachbarn sagen?
- **Magersucht:** Oh mein Gott! Ich muss aufpassen, dass ich nicht verrückt werde hier in dem Haushalt!
- **Mädchen:** Es ist so schlimm. Ich will mich verstecken, aber irgendwie komme ich immer wieder ins Bild. Ich tue nichts, ich bewege mich nicht. Ich will mich verstecken. Und wenn das länger so weitergeht, will ich tot sein.
- **Mama:** Ja, ich habe die Macht über dich.

*"Mädchen" schreit und weint unter der Decke. Währenddessen bewegt sich die Kamera immer wieder von unten nach oben und zurück, zoomed weg und hin zum "Mädchen".*

- **Magersucht:** Das ist total irre hier! Ich sage euch eines: Wenn "Mädchen" mich nicht hätte wäre sie tot. Ich bin nicht diejenige, die den Tod bringt, sondern ich bin der Grund warum sie noch lebt! Das ist hier ein Irrenhaus! Das ist eine Horrorvorstellung gerade.
- **Mädchen:** Es ist so gut, dass du wenigstens immer redest, sonst wäre ich schon weg.
- **Mama:** Ich merke auch, dass ein Teil von mir sich wünscht, dass ihr nicht da seid.

- **Papa:** Hier fehlt auch so viel Geld.
- **Magersucht:** Hier ist irgendwas Verrücktes am Start. Und ich habe das Gefühl es ist mehrgenerational.
- **Papa:** Das hat jetzt voll meine Aufmerksamkeit.
- **Magersucht:** Ich gehe jetzt auf die Suche. Weil von euch Eltern ist nichts zu erwarten! Das müssen wir alles selber machen! "Mädchen", ist das okay, wenn ich das mache?
- **Mädchen:** Ja. Denn ich bin total gelähmt. Ich bin handlungsunfähig und ganz in Panik und Starre.
- **Mama:** "Mädchen" ist voll unter meiner Kontrolle, in meinem Bann. "Magersucht", du bist diejenige, die handlungsfähig ist.
- **Magersucht:** Ich bin noch die Gesunde hier! Ich bin noch die, die Kraft hat, die gesund ist, die das ganz klar sieht, was hier abläuft! Ich will jetzt wissen, woher der Scheiß herkommt!
- **Papa:** Also, ich habe Angst. Ich verstecke mich hinter meiner Frau. Ich fühle mich wie ein kleines Kind.

**Magersucht**

»Fuck you! Entschuldige bitte, wenn ich das so krass sage. Das muss ich auch noch selber machen, den Scheiß! Der Mann, der eigentlich seine Familie beschützen sollte, der zieht den Schwanz ein.«

*Wir nehmen ein "?" mit hinzu, um tiefer zu gehen.*

**?**

»Mir kommt das Lied in den Sinn „Ihr Kinderlein kommet… so kommet doch all."[63] Ja, kommt doch, alle Kinderlein. „Ihr Kinderlein kommet, o kommet doch all'. Zur Krippe her kommet …" Euthanasie würde ich hier sagen. Ich habe kurz ans KZ [Konzentrationslager] gedacht, aber das trifft es nicht richtig. Ja, Allmacht habe ich. Ich hole alle Kinderlein. Und danach sind sie tot. Dann geht die Kamera hoch, dann fahren sie in den Himmel. Dann geht die Kamera wieder runter und dann fokussiere ich mich wieder auf ein Kind. Schau, jetzt nehme ich wieder ein Kind ins Visier und dann fährt es in den Himmel. „Ihr Kinderlein kommet, o kommet doch all'." Kein Erwachsener schützt

---

[63] Lyrics, »Ihr Kinderlein kommet« (Dresdner Kreuzchor), https://www.lyrics.com/ly-ric-lf/1411832/Dresdner+Kreuzchor/Ihr+Kinderlein+kommet

die Kinder. Die sterben alle. Der, der seine Familie beschützen sollte, der Vater, macht gar nichts! Das ist super. „Ihr Kinderlein kommet, o kommet doch all'." Also, ich bin eher für Kinder töten zuständig. Es gibt ja auch immer Nachschub. Ich würde mal sagen, das ist nicht auf Deutschland beschränkt. Das kannst du auch in England machen. Überall. Hat dann eine andere kulturelle Färbung. Früher gab es noch mehr sadistische Gewalt. Da bin ich hier ja noch harmlos. Bei mir ist es wenigstens schnell aus.«

## Papa

»Lass das! Ich kriege Gänsehaut! Ich habe so Angst. Ich weiß gar nicht, ob ich mein Gesicht wahren kann. Ich habe Angst vor der Allmacht. Ich fühle mich klein. Jungen und Mädchen, keiner ist sicher. Und ich bin froh, dass es euch passiert. Und ich verstecke mich.«

## Mama

»"Und seht, was in dieser hochheiligen Nacht, der Vater im Himmel für Freude uns macht." Das hat für mich eine sexuelle Komponente. Ich fühle mich gerade missbraucht. Ich muss "Mädchen" unter Kontrolle haben, dass ihr nicht dasselbe passiert. Wer bist du denn?«

## ?

»Irgendjemand in eurer Familie. Die Varianten kannst du dir aussuchen. Aber bei mir ist es institutionalisiert, das Töten von Kindern. Und das kommt aus der Vergangenheit von euch beiden. Eigentlich müsste der "Papa" in die Hufe kommen und mal was tun. Das wäre eigentlich sein Job, das herauszufinden. Der ist aber beschäftigt. Der beschützt seine Familien nicht und ich habe dadurch freies Spiel, freie Hand. Sei ruhig religiös. Da haben wir auch ein paar Leute am Start, die mitmachen. Die geben dann noch den Segen. Mittäter. Und euer armes Kind darf das alles ausbaden. Also, ich kann euch nur eines sagen: Wenn ihr nicht hinschaut, werdet ihr das nicht lösen können. Ihr müsst bei euch schauen, bei euren Familien – Vätern und Mütter, Großvätern und Großmüttern – was passiert ist.«

o **Papa:** Ich putze das Silber. Ich putze etwas aus der Kirche.

- **Mama:** Jetzt habe ich das erste Mal das Bedürfnis, nach "Mädchen" zu schauen. Also, ich habe das Gefühl, ich bin sexuell missbraucht worden. »Und seht, was in dieser hochheiligen Nacht der Vater im Himmel für Freude uns macht.« Da stecke ich fest. Und alles andere kriege ich nicht mit.
- **?:** Dabei muss ich an Priester denken. Da bräuchte man jetzt noch einen Pfarrer[64], der kann noch mehr Auskunft geben, was die so getrieben haben. Das ist aber nicht meine Baustelle. Der "Papa" hält sich die Ohren zu.
- **Papa:** Ich muss mich selber beschützen. Wenn ich mich ablenke und nicht hingucke, dann holen sie mich nicht. Und es ist mir egal, ob sie "Mama" oder "Mädchen" holen. Hauptsache nicht mich. Ich habe Angst. Ich kann niemanden beschützen.
- **Magersucht:** Ich glaube es nicht! Du würdest uns vorschieben?! Ich glaube es nicht!
- **Papa:** Euch hat es doch erwischt. Ich habe mich unsichtbar gemacht. Ich habe mich versteckt. Ich bin davongekommen. Und ich weiß auch: Die nehmen nicht nur die Mädchen. Die nehmen auch die Jungen. Ich habe Glück gehabt. Nur weil ich so pfiffig bin.
- **Mama:** Ich bin wie erstarrt. Ich bin so in mich zusammengefallen. Ich bin komplett traumatisiert.
- **Magersucht:** Ich schaue nicht auf dich, "Mama", oder Mutter. Ich bin so entsetzt, dass der "Papa" uns nicht beschützt! Das kriege ich gar nicht in meinen Kopf hinein.
- **Mama:** Der ist nur mit Geld und Silber beschäftigt.
- **Magersucht:** …und mit seiner Arbeit. Lenkt sich ab.

**Mädchen**

»Ich bin komplett verbogen und fast schon tot. Ich atme ganz wenig. Ich muss die Augen zulassen. Nur stillhalten. Ich bin ganz verkrampft und fast am Umkippen. Vorher habe ich mich noch an dir festhalten können, "Magersucht". Und "Mama" ist genauso schlimm wie "Papa". Ich kann da nicht differenzieren. Es gibt keine andere Möglichkeit. Ich kann nicht aus. Ich sterbe unter der Decke. Das kann ich nicht überleben. Es ist so verrückt. Ich überlege, ob ich noch unter der Erde, wo

---

[64] domradio.de, »Priester, Pfarrer oder Pastor? Wie heißt es denn nun?« vom 17. März 2019, https://www.domradio.de/artikel/priester-pfarrer-oder-pastor-0

Wasser ist, dass ich da hineinspringe. Dass das endlich vorbei ist. Es ist so furchtbar. Ich mache mir keine Illusionen, dass sich da was verändert. Ich bin verlassen.«

## Magersucht

»Ich bin auf alle Fälle an deiner Seite! Ich lass dich nicht alleine, das sage ich dir. Ich bin so sauer auf dich, "Papa"! Warum beschützt du uns nicht? Weil denen ihre Kinder egal sind, können andere machen was sie wollen mit den Kindern!«

## Papa

»"Mädchen" macht es richtig. So lange sie sich still verhält und dünn bleibt, bleibt sie verschont. Irgendwie ist sie ja schlau. Ihr interessiert mich nicht. Ich habe doch selber Angst gehabt. Ich habe überlebt. Die haben die Mädchen geholt. Ich war doch schlau. Ich habe mich versteckt. Kopf in den Sand gesteckt. Jeder weiß es. Jeder weiß es und keiner tut was. Jetzt wird wieder ein Mädchen geholt. So geht das. Jeder weiß das. Man weiß auch nie, wenn es trifft.

Ich habe keine Bindung zu meiner Tochter aufgebaut, weil ich weiß, die holen die. Und wenn ich keine Bindung aufbaue, dann brauche ich nicht zu beschützen. Dann brauche ich mich nicht kümmern. Dann kann ich so tun als wäre nichts. Dann kann ich meiner Arbeit nachgehen. Ich muss mal nachgucken, ob ich Geld dafür kriege, wenn die "Mädchen" holen.«

○ **Magersucht:** Oh!!!! Ein Irrenhaus ist ja ein Kindergarten dagegen! Oh mein Gott! Ich will nicht sterben. Oh mein Gott... Es geht immer weiter. Noch ein Kind, noch ein Kind. Es hört gar nicht auf.
○ **Papa:** Sieht aus wie ein Beichtstuhl.
○ **Magersucht:** Die Kirche hat viel zu beichten.
○ **Mama:** Meint ihr, dass die Kirche die Kinder holt?
○ **Magersucht:** Die ist auf alle Fälle mit beteiligt.
○ **Papa:** Das durchschaut doch keiner. Jeder weiß es. Keiner macht was. Und von außen wird es gar nicht durchschaut. Deswegen bleibt alles so.

- o **Mädchen:** Wer sich mit sich beschäftigt... Da ist jetzt eine Hoffnung. Aber es gibt bestimmt jemanden, der für sich den Weg gegangen ist, dass er sich dem Schmerz gestellt hat.
- o **Magersucht:** Das Problem ist, dass zu dem Schmerz auch der Wahnsinn kommt. Ich habe Angst vor dem Wahnsinn.
- o **Papa:** Das Mädchen ist total im Fokus. Als ob man uns beobachtet hier. Von außen kommt keine Hilfe.
- o **Mama:** Von außen kommt die Gefahr. Big brother is watching you.
- o **Magersucht:** Da muss ich komischerweise sofort an die Priesterschaft denken. Die heilige Bruderschaft.
- o **Papa:** Da haben die früher durchs Löchchen geguckt. Aber heute haben die ganz anderen Möglichkeiten.

# 5.8 ÜBERGEWICHT

*Selbst-Begegnung (Frau, Isle of Man, 3 Worte)*
*Englisch: I – contact – fatness*
*Deutsch: Ich – kontakt – fettleibigkeit*

Auch was sich hinter "fettleibigkeit" in dieser Familie verbirgt ist grauenhaft: Eine Geschichte aus ADHS, Missbrauch, Medikamenten und Selbstmord.

»Als ich sieben Jahre alt war, wurde ich mit dem Etikett ADHS geschlagen. Und ich wurde medikamentös behandelt. Sie nahmen mir die Medikamente weg, weil es zu extrem war. Und ich kann das jetzt im "Ich" sehen: Ich war ständig in Bewegung. Ich wurde auch stark missbraucht, physisch und sexuell und mental.«

**Ich**

»Ich habe Tagträume. Ich habe einen Proteinball in der Hand, schaue aus dem Fenster, tagträume, esse und trinke. Ich genieße dieses Essen und das ist es. Ich habe nicht viel Kontakt zu mir selbst. Jetzt fühle ich mich peinlich berührt. Ich habe das Gefühl, dass ich nicht essen sollte. Ich schätze, ich bin etwa 5, 6 oder 7 Jahre alt. Ist es richtig, ist es falsch, soll ich es essen? Mir wird gesagt, was ich tun soll. Ich denke, ich brauche etwas Zeit, um es herauszufinden. Meinen Weg finden.«

## kontakt

»Ich höre, wie mein Name manchmal erwähnt wird. Aber ich bin ein wenig nervös und fühle mich etwas gequält. Ich will nicht hier sein. Ich beobachte mich selbst. Ich lenke mich mit Dingen ab, wie aus dem Fenster zu blicken, auf mein Handy zu schauen. Ich fühle mich nervös oder gestresst. Dass [ADHS & Missbrauch] mitschwingt, aber ich will es nicht hören und ich möchte mich nicht daran erinnern. Aber ich mag es, dass du darüber sprichst und dich daran erinnerst, weil ich dann das Gefühl habe, einen gewissen Kontakt zu dir zu haben. Aber ich will mich immer noch nicht erinnern.«

## fettleibigkeit

»Von Anfang an dachte ich daran, dir ins Gesicht zu schlagen. Ich habe das Gefühl, dich schlagen zu wollen, aber nicht, um dich zu verletzen. Ich bin nicht negativ dir gegenüber. Da ist eine Art Schleier. Vielleicht wird etwas verdeckt.« [legt den Schleier über ihr Gesicht]

*»Aber war es kein Kissen über deinem Kopf? Weil meine Mutter versucht hat, mir ein Kissen über den Kopf zu ziehen, als ich ein Baby war. Sie hat versucht, mich zu ersticken.«*

## Ich

»Ich bin zweieinhalb Jahre alt. Ich schaue aus dem Fenster. Ich schaue in den Himmel. Ich fühle mich nur sehr wenig. Ich vertreibe mir nur die Zeit. Es ist niemand mit mir im Zimmer. Ich möchte hinausgehen und spielen. Da sind zwei Ponys.«

*»Wir lebten auf dem Lande. Wir hatten zwar keine zwei Ponys, aber auf der anderen Straßenseite standen zwei Pferde. Wir hatten Hunde und Hühner. Gibt es einen Grund, warum du nicht rausgehen und spielen kannst?«*

**Ich**

»Ich weiß nicht, ob ich es darf. Ich könnte Schwierigkeiten bekommen. Nein. Jetzt bin ich neugierig. Ich kann "konakt" sehen. Und "fettleibigkeit". F….. ETTLEIBIGKEIT! FFFFFFF….. Vater. "fettleibigkeit". V-A-TER.«

**kontakt**

»Mir ist schwindlig und ich bin genervt vom "Ich". "Ich" ist völlig verrückt. Ich will "Ich" nicht sehen und hören. Und wenn ich "fettleibigkeit" dabei sehe – es fühlt sich für mich an, als wäre ich in einem Zirkus, in einer völlig verrückten Welt. Das lässt mich schwer atmen. Ich habe keine Ideen, wie ich mich ablenken kann. Es ist gut, deine Stimme zu hören. Wenn ich deine Stimme nicht hören würde, hätte ich diesen Raum verlassen. Aber wenn ich dich mit "Ich" und "fettleibigkeit" reden höre, habe ich keine Emotionen. Mir fehlt ein Kontakt. Ich sehne mich nach Kontakt zu dir. Ich fühle mich beobachtet. Sie alle wollen etwas von mir. Ich fühle mich verlegen. Schau sie an! Sie tun verrückte Dinge!«

»*Mein Bruder hat sich im Mai erhängt. Wir vermissen ihn. Wahrscheinlich bin ich mit ihm verstrickt.*«

**Ich**

»Wenn ich dich das sagen höre werde ich erwachsen. [weint] Es gibt so viel, das hier keine Worte hat. [berührt die Kehle] Es war wie die Hölle für uns! Meine rechte Hand fühlt sich tot an, taub und abgestumpft. Wie die eines anderen. Es ist auch um mein Herz. Und ich verstecke diesen Teil, weil meine Mutter... aaaaaahhhhh! Hol es aus dem Hals! Es muss raus. Erschöpfung. Ich bin müde von allem. Ich mag die Karten nicht, die mir vom Leben gegeben wurden. Es gibt hier eine Müdigkeit. Ich fühle mich älter als ich bin. Bin ich jetzt entlassen? Ich mag nicht entlassen werden.«

»*Ich wurde geboren und meine Mutter versuchte mich mit einem Kissen zu ersticken. Und dann ließ sie meinen Vater tun, was er wollte, als ich 18 Monate alt war. Er hat mich belästigt. Und dann ließen sie mich*

*für längere Zeit hungern. Und es ging weiter und weiter.« Die Frau*
*beginnt zu weinen, zu schreien, mehr zu weinen und mehr zu schreien.*

## kontakt

»Ich bin bei dir. Jetzt fühle ich mich mit dir in Kontakt und kann auch
die anderen sehen. Ich bin jetzt auf dich fokussiert. Und ich hatte den
Satz in mir „Ich liebe dich dafür, dass du alles herausschreist." Ich
fühle Liebe.«

## fettleibigkeit

»Ich habe aufgehört, mich abzulenken. Ich habe wirklich nicht das Ge-
fühl, dass du eine echte Beziehung zu mir hast. Das ist in Ordnung.
Das braucht vielleicht Zeit. Ich bin nicht etwas Schönes für dich. Aber
ich bin dein Teil. Es ist möglich, dich wissen zu lassen, dass du eine
Kommunikation mit mir entwickeln kannst. Wenn du willst. Lernen,
Empfangen, was auch immer.«

*»Das ist richtig. Denn als ich ein Kind war, wurde ich wegen meiner
Fettleibigkeit stark verspottet, obwohl ich nicht dick war. Ich war ein
Baby, ein Kleinkind, ein Kind. Das war psychisch. Und ich begann zu
erkennen, dass ich diese Rolle irgendwie ablehnte. Das ist der Grund,
warum ich keinen Kontakt zu dir habe. Aber es war mir nicht erlaubt,
Kontakt damit zu haben!« [weint heftig]*

## fettleibigkeit

»Sag es mir. „Ich möchte Kontakt zu dir haben." Ich bin hier! Jetzt
darfst du. Ich gebe dir alle Zeit, die du brauchst. Ich bin für dich da.
Ich will nichts von dir als Gegenleistung. Du kannst einfach du selbst
sein. Du bist in Ordnung, so wie du bist. All das Schreien und Brüllen
und Fluchen ist für mich in Ordnung.«

## Ich

»Wenn "fettleibigkeit" sagt, dass du anfangen könntest, mit ihr zu
kommunizieren, fühlte ich eine Öffnung in meinem Herzen. Wie eine
freie Energie in meinem Herzraum.«

**kontakt**

»Ich fühle mich jetzt erleichtert, weil ich glaube, dass meine Aufgabe erledigt ist. Ich kann einfach da sein, ohne etwas tun zu müssen, weil du in Kontakt bleibst. Es wird immer einfacher und entspannter für mich. Wahnsinn! Ich brauche einen Moment, um das zu verarbeiten. Ich sehe dich, "fettleibigkeit". Ich sehe dich, "Ich", ich sehe dich, "kontakt".«

## 5.9 ALLERGIE

*Selbst-Begegnung (Frau, China, 3 Worte)*
*Englisch: Allergy – Daughter – Me*
*Deutsch: Allergie – Tochter – Mich*

Wie eng ein körperliches Thema wie die Allergie mit einem Herkunftsland und dessen Politik verbunden sein kann, zeigt diese Arbeit einer Frau aus China. Sie verbrachte im Sommer 2023 einen Monat mit ihrem Mann und ihren beiden Töchtern in China. Seit der Rückkehr kämpfte sie mit schweren körperlichen Symptomen und ihre 8-jährige Tochter entwickelte plötzlich eine Pferdeallergie.

Bei Menschen, die aus autoritären Regimen kommen sehe ich immer wieder, wie tief die Politik in die Familien eingreift. Wie sie ihre Klauen ausstreckt und von Zeugung bis ins hohe Alter Besitz ergreift von jedem einzelnen Aspekt des Lebens und des Körpers. Der Blick hinter die verschlossenen Türen offenbart Angst, Schrecken, Terror, unbeschreibliche Gewalt und tiefstes Leid.

Wenn man aber das Unaussprechliche erlebt hat, wie will man dann selber Kinder haben? Und wenn man Kinder bekommt, wie kann man überhaupt eine gesunde Beziehung aufbauen? Viele Kinder übernehmen all das Chaos und reagieren körperlich. In diesem Fall mit Wutausbrüchen und Handgreiflichkeiten gegenüber der Mutter.

**Tochter**

»Für mich ist es überraschend, dass du mit mir anfangen willst. Ich bin schüchtern. Als du mich gefragt hast, war mein erster Impuls, mich zu verstecken. Ich brauche Schutz. Ich fühle mich unwohl mit mir selbst.

Ich möchte nicht hier sein. Ich schäme mich ein wenig. Ich kann im Moment nicht darüber sprechen.«

**Allergie** [schauckelt ständig vor und zurück]
»Ich bin wirklich eine Mischung aus einem wilden Pferd und einem rasenden Stier. Ich habe das Gefühl, dass ich das Gegenteil von "Tochter" bin. Sie ist die Schüchterne, die Introvertierte und ich bin bereit zu explodieren. Boah! Ich sitze auf einer Scheißladung Wut! So viel Wut, Zorn. Wie ein wütender Stier. Es ist wirklich sehr schwer, mich zu beherrschen. Und jetzt, während ich rede, baut sich die Wut immer weiter auf. Vorher konnte ich sie irgendwie unter Kontrolle halten. Und du dissoziierst wie immer: Du trinkst Tee, gähnst, tust, was immer du tust. Boah!!! Ich bin wie eine Rakete! Ich bin wie eine Rakete, BEREIT ZU EXPLODIEREN! Oh, mein Gott! Wenn ich ein Teenager werde, sei vorsichtig. Wenn du glaubst, du kennst meine Wut und meinen Zorn – du hast keine Ahnung!

Ich weiß nicht, in welcher Sprache ich meinen Ärger ausdrücken soll. Es ist nicht möglich! Ich bin wie ein Kochtopf. Aber es ist mehr als das. Die Worte können nicht einmal beschreiben, egal in welcher Sprache, was ich fühle. Und jetzt gähnst du wieder?? Ich kann dich nicht packen. Ich kann dich nicht fassen! Es ist, als würdest du zwischen meinen Fingern zerrinnen. Ich würde gerne mit dir in den Ring steigen. Aber du bist wie ein Geist. Ahhh!!! Es ist unfassbar hier. Es ist unfassbar! Jetzt gähnst du schon wieder! Kannst du nicht aufhören, wenn ich es dir sage?! Kannst du, verdammt noch mal, nicht damit aufhören, wenn ich dir etwas sage?!? Ah!!! Mir fehlen die Worte, mir fehlt die Sprache, um meine Wut auszudrücken. Ich weiß nicht, wohin ich sie richten soll. Es ist, als würde ich versuchen, jemanden zu packen – dich oder Papa oder irgendjemand anderen – und jeder entkommt meiner Faust.«

*»Du hast mich geschlagen. Das triggerte meine Wut.«*

**Allergie**
»Hat es geholfen? Hat es irgendetwas verändert? Entschuldigung! Das mit dem Triggern ist mir scheißegal! Ich bekomme niemanden zu fassen. Das macht mich... ahhhh!!! Ein Vulkan ohne Anfang und Ende.

Ich sitze auf meinem Ärger und meiner Wut! Oh, es ist unfassbar! Und es ist niemand hier! Du bist hier. Jetzt bist du da. Aber du bist nicht hier. Ich bin mir nicht sicher, ob du mich verstehst. Du schwebst immer irgendwo. Das macht mich verrückt. Dann versuche ich, Papa zu sehen. Wo ist er denn?! Wo zum Teufel ist er, um Himmels willen? Er ist auch ein Geist! Das macht mich wahnsinnig! Aaahhhh! Ich warte darauf, ein Teenager zu werden. Um wirklich auszubrechen und zu explodieren. Ich werde Möbel zertrümmern. Ich werde Dinge zerstören. Ich bin so sehr in Rage. Wenn es nicht so weh tun würde, würde ich meinen Kopf gegen die Wand schlagen. Damit ihr alle endlich aufwachen würdet. Ihr seid wie Gespenster! Ihr seid nicht da! Es macht mich wahnsinnig! Tut mir leid, Leute, für euch beide, dass ich so viel Zeit einnehme. Ahhh!!!!«

»*Du bist sehr anspruchsvoll. Ahh...*« *[Die Frau atmet, als wäre sie im Yoga oder würde an einer spirituellen Sitzung teilnehmen]*

**Allergie**
»Anspruchsvoll?! Ich bin nicht anspruchsvoll! Warum hört mir keiner zu?!! Warum dissoziieren alle links und rechts?!? Das „Ahh" macht mich krank! Es ist mir scheißegal, ob du anderen Aufmerksamkeit schenkst! Ich gebe einen Scheiß darauf, dass du so anerkennend und liebevoll bist. Du bist nicht einmal hier! Du bist nicht einmal ein vollwertiges Wesen. Und Papa auch nicht. Ich habe es so satt. Ich werde alles kaputt machen, wenn ich älter werde. Ich werde alles zerstören. Damit ihr ENDLICH aufwacht! ICH HABE ES SO SATT! ALLE DIESE AH's::: HM's::: ICH HABE ES SO SATT! Immer die gleichen Emotionen, immer das gleiche Level.«

»*Ich kann nicht näher zu dir kommen. Wenn ich da bin und mit dir Zeit verbringen will...*«

**Allergie**
»Wie kannst du Zeit mit mir verbringen, wenn du nicht einmal hier bist?! Auf dieser Erde! Wo, um Himmels willen, fliegst du denn? Sag es mir! Du bist wie ein Luftballon, der schwebt! Du scherst dich einen Dreck um mich. Sei doch ehrlich. Du wärst glücklicher, wenn ich nicht

hier wäre. Das ist die Wahrheit. Du willst nicht mit mir zusammen sein. Du willst keine Zeit mit mir verbringen. Ich bin eine Last für dich. Und das Gleiche gilt für Papa. Du bist, er, du, er – es ist die gleiche Scheiße. Ihr wollt nicht leben. Du willst nicht hier sein. Du lässt dich einfach treiben. Ich bin so müde. Nein, ich bin nicht müde. Ich baue eine enorme Menge an Energie auf. Jede Nahrung, die ich zu mir nehme, baut sie auf, baut auf, baut auf, baut auf. Wie Benzin. Als ob ich an einer Tankstelle wäre. Ich fülle meinen Tank bis zum absoluten Maximum auf!«

*»Und dann schlägst du zu.«*

## Allergie

»Ja. Dann werde ich explodieren. Und dann werde ich Dinge zerschlagen. Und dann werde ich vor Wut platzen. Ich werde wie eine Atombombe sein. Ich habe den Eindruck, du bist irgendwo im Universum. Du willst irgendwo hinfliegen in deinem, ich weiß nicht, Luftballon, Raketenschiff, Universum, Sternenschiff... Du siehst mich nicht, du hörst mich nicht, du verstehst mich nicht. Ich spreche jetzt mit "Mich", weil ich glaube, dass sie mich besser versteht. Hallo, "Mich".«

*"Mich" lachte währenddesssen, zeigte mit dem Daumen nach oben, machte ein Herz-Zeichen.*

## Mich

»Ich fühle mich sehr gespalten. Ich habe das Gefühl, dass ich diese ganze Wut in mir habe. Es ist so schwer, sie einfach zu unterdrücken. Ich bin das, was wir hier sehen. Und ich spüre den Juckreiz auf meiner Haut. Und wenn ich mir die "Tochter" ansehe und was sie über den Bauch gesagt hat, dann habe ich mich gefragt, ob es eine geheime Schwangerschaft war, eine geheime oder schändliche Schwangerschaft. Und niemand hat darüber gesprochen. Das fühlt sich an wie ein Vorfahre. Ein Trauma eines Vorfahren. Ein totes Kind. Es ist leblos. Und ich fühle alles, was "Allergie" fühlt. Aber ich habe auch diese Kappe aufgesetzt. Den Deckel, den ich auf die Flasche setze. Ich bin der Deckel und sie, "Allergie", ist das, was in der Flasche ist. Und wenn ich euch [die Frauen] ansehe, sehe ich diese Leblosigkeit. Ihr tut so, als hättet ihr keine Wut.«

»*Ich? Dass ich die Wut nicht höre?*«

- o **Mich:** Und jetzt gibst du vor, es nicht zu verstehen.
- o **Allergie:** Genau. Du hast nicht mal gehört, was sie sagte.
- o **Mich:** Ja, das stimmt. Jetzt spüre ich die Wut in jeder Zelle meines Körpers. In meinen Schultern. Direkt über meinen Schultern. Ich könnte jemanden umbringen. So stark fühlt es sich an. Als würde ich aufgeschlitzt. Du kennst diese großen Messer, riesige Schwerter.

## Allergie

»Ich glaube, es wurde jemand getötet. Ich habe wirklich Angst. Und du, obwohl du meine Mutter bist, habe ich das Gefühl, du verstehst gar nichts. Als ob wir uns in einer fremden Sprache unterhalten würden.«

»*Ja. Wir können nicht wirklich sprechen. Ich verstehen dich nicht.*«

- o **Mich:** Ich fühle nicht, dass du es willst.
- o **Allergie:** Wahr. Wahr. Ich hätte das nicht ausdrücken können.
- o **Mich:** Dass du dasitzt und sagst: „Ich verstehe dich nicht", ist wie... Ernsthaft? Hab ein verdammtes Leben.

## Tochter

»Jetzt bin ich völlig überfordert. Das ist zu viel. Ich fühle mich überhaupt nicht gesehen. Von niemandem im Moment. Ich habe zugehört. Ich habe euch den Raum gegeben. Ich hatte nicht den Eindruck, dass ich den Raum habe, etwas zu sagen. Ich bin sehr irritiert, wenn "Ich" mit den Augen rollt. Ich sagte doch, ich bin sehr schüchtern. Und es geht viel in mir vor. Aber ich bekomme immer mehr Angst vor dem, was hier passiert. Ich habe eine Verbindung zu dir, "Allergie". Es war die Angst, die Wut, die du ausgedrückt hast. Ich wollte lachen... Es war vertraut. Es war verwirrend. Aber ich war ängstlich. Ich habe Angst, meine Wut auszudrücken. Ich gehe mit dir in Resonanz, als du sagtest, du hättest versucht zu greifen und es gäbe nichts zu greifen. Alles, was ich auszudrücken versuche, geht ins Leere, es kommt nirgendwo an.«

## Allergie

»Was willst du sagen, "Tochter"? Denn ich bin ein Teil von dir und ich verstehe dich nicht. Ich habe dich jetzt 2, 3 Mal gebeten, etwas zu sagen, und du hast nichts gesagt. Es ist gerade sehr verwirrend für mich, weil ich ein Teil von dir bin, "Tochter". Und meine Mutter hat diese Wut. Das ist es, was "Ich" so gut ausgedrückt hat. Aber jetzt fühle ich mich mehr mit "Mich" verbunden als mit dir, "Tochter". Und das ist irgendwie seltsam. Was passiert hier im Moment? Ich habe eine dumme Frage: Kann es sein, dass du jünger bist als ich? Ich bin älter als du? Überwältige ich dich mit all diesen Gefühlen und Wissen? Und vergesse dabei, dass du jünger bist als ich?«

- o **Tochter:** Ja, das könnte stimmen.
- o **Allergie:** Ich will zu viel von dir, zu früh.
- o **Tochter:** Ich beginne, dich zu sehen. Aber ich möchte wissen, warum du so wütend bist.

## Allergie

»Hm... Lass mich wissen, ob es klar ist, was ich sage. Ich schaue Mama und Papa an, und es ist, als würde ich ständig nach der Luft schnappen, anstatt sie zu fassen bekommen. Ich werde richtig wütend darüber. Und meine Mutter ist jetzt gerade hier. Ich kann sehen, dass sie irgendwo in der Luft schwebt. Und "Ich" hat es so gut ausgedrückt: Meine Mutter hat so viel Wut in sich und sie sieht es nicht. Und ich – durch "Allergie" oder Schlagen, Anschreien – ich will sie aufwecken. Ich schüttle meine Mutter. Ich versuche, meinen Vater zu schütteln. Aber wie schüttelt man jemanden, wenn man nicht an ihn herankommt?«

## Tochter

»Ich verstehe jetzt deine Wut. Es ist jetzt völlig verständlich, warum du so wütend bist. Aber ich denke auch, dass ich ein bisschen jünger bin und mich nicht ausdrücken kann. Ich bekomme Liebeskummer, weil ich bei meiner Mutter nicht landen konnte.«

- **Allergie:** Und ich habe das Gefühl, dass ich schon mehr wie ein Teenager bin. Das ist der Grund, warum ich älter bin. Während du noch diesen Herzschmerz hast, platzt mein Körper nach außen. Und übrigens, ich bin mir nicht sicher, ob du es gehört hast, "Tochter", aber "Ich" hat etwas Wichtiges für mich gesagt. Das hat mit etwas zu tun, was in der Vergangenheit passiert ist. Und mit der Zeit wird es größer und größer und größer und größer.«

*»Ich möchte sagen, dass ich wirklich etwas Magenschmerzen habe. Ich spüre wirklich die ganze Angst vor dieser Wut und auch vor der Gewalt...«*

- **Allergie:** »Gewalt« ist ein gutes Wort.
- **Mich:** Jemand übernimmt keine Verantwortung. Und das fühlt sich an wie der Schneeball, den du beschreibst, "Allergie". Aber auch ich übernehme keine Verantwortung. Etwas zu fühlen, anzuerkennen, sich genug zu kümmern. Und das Wort »Gewalt« spricht mich wirklich an.
- **Allergie:** Uff… Ich habe hier eine seltsame Körperreaktion! Es ist gefährlich.

*»Ich bekomme Gänsehaut am ganzen Körper. Ich habe weiterhin diese Magenschmerzen. Ich bin sehr wachsam.«*

- **Allergie:** Es ist gefährlich. Sehr gefährlich.
- **Mich:** Sie haben Babys getötet. Getötete Babys, geschlachtete Babys. Wie in einem Schlachthaus. Wo man Tiere schlachtet. Nicht töten, sondern abschlachten.

*»Kann Abtreibung auch bedeuten, Kinder zu schlachten? Oder meinst du es im Sinne von morden? Wie in einem Krieg? Oder in der Familie?«*

- **Mich:** Mörderisch. Ja, mordend, abschlachtend. Ich sehe beides. Ich sehe ein Grab mit toten Babies. Und ich sehe auch ein Symbol für Mädchen. Tote Mädchen. Sie sind alle Mädchen.

*Die Frau spricht nun über die Ein-Kind-Politik in China und die patriarchalische Kultur:* »*Jungen sind wertvoller als die Mädchen. Und es gibt so viele Mädchen, die so sind... Ich weiß nicht genau, ob das in meiner Ahnenreihe passiert ist. Aber es war üblich. In China kam das oft vor. Besonders auf dem Lande. Meine Hauptwunde war, dass ich als Mädchen geboren wurde und nicht als Junge. Das verursacht eine Menge Schuld und Scham. Und auch meine Bewältigungsstrategie, um zu beweisen, dass ich würdig bin. So wertvoll wie ein Junge. Das war ein vorherrschendes Thema und eine Wunde in diesem Leben.*«

**Mich**
»Es hat etwas für sich, wenn man in die deutsche Sprache wechselt. Wenn man im Krieg die Sprache wechselte, war das wie eine Vertuschung. Ich spüre diese ganze Angst jetzt in meinem Körper. Ich fühle sie überall. Vor allem im Rücken, in den Schultern, in den Armen. Wie ein Baby, das einfach so am Arm gepackt und geschlachtet wird. Hast du etwas mit deinen Schultern?«

*»Ja, habe ich. Ich habe eine Menge Probleme in der Schulter, im Nacken und im Rücken.«*

o **Mich:** Das ist ein Verrenken. An der Schulterpfanne hochgehoben und von hinten aufgeschlitzt zu werden. Ich verstehe jetzt, warum "Allergie" und "Tochter"... Diese Scham, Mädchen zu sein.
o **Tochter:** Ich schäme mich, ein Mädchen zu sein. Ich schäme mich. Ich muss meine Sexualität verbergen. Ich muss alles verbergen, was zeigt, dass ich ein Mädchen bin.

*»Es wurde bereits viel repariert. Es gibt keine Scham oder Schuld mehr. Ich höre "Tochter", aber irgendwie kann ich mich damit nicht verbinden, es nicht verstehen oder in Beziehung setzen. Ich habe das Gefühl, dass ich diese Scham oder Schuld bereits losgelassen habe.«*

o **Mich:** Als du dein Anliegen formuliert hast, hatte ich das Gefühl, dass du dich des sexuellen Missbrauchs schämst. Und ich war überrascht, dass du das Wort »sexueller Missbrauch« nicht benutzt hast. Sexuelle Gewalt.

*»Ich nahm an, dass das meiner Mutter passiert ist; mit ihrem Stiefvater. Der war sehr, sehr gewalttätig. Sie wurde von ihrer Großmutter aufgezogen, weil ihre Mutter, meine Großmutter, nicht da war. Und dann, im Alter von 11 Jahren, ging sie zurück zu ihrer Mutter, als ihre Mutter den Stiefvater heiratete. Dieser Stiefvater ist ein sehr gewalttätiger Mensch. Er schlug und prügelte auch sehr heftig auf meine Großmutter ein. Und er hatte auch Affären. Und meine Mutter hat mir keine Details erzählt und kein Wort über sexuellen Missbrauch erwähnt. Aber das ist etwas, was ich mir vorstellen kann, was meiner Mutter passiert ist.*

*Das ist auch etwas, was ich in meinem Leben erlebt habe. Nicht von meinem Vater, aber von Autoritätspersonen: Einem Lehrer in der Schule und später im College und einem Arzt im Krankenhaus. Sie haben ihre Macht missbraucht. Es war einfach so ekelerregend. So abstoßend. Daran arbeite ich jetzt schon sehr lange. Das ist mir auch passiert, dieser sexuelle Missbrauch.*

*Erst vor kurzem habe ich begonnen, die Wut, den Groll und den Zorn durch andere Heilmethoden loszulassen. Aber erst kürzlich habe ich herausgefunden, dass da noch so viel ist. So viel, so viel Wut, Zorn. Und erst vor kurzem habe ich diese #Metoo-Bewegung irgendwie offiziell anerkannt. Ich habe mich in dem Moment nicht wirklich getraut, es zu sagen oder mich darauf zu beziehen. Ich möchte mein Leben, den Rest meines Lebens, nicht in Groll, Wut und Zorn leben.«*

o **Mich:** Mir kommt es so vor, als würdest du jemanden decken. Du beschützt jemanden auf Kosten deiner selbst. Deshalb habe ich gefragt: Wen versuchst du im Moment zu schützen? Was willst du aus Loyalität oder Angst nicht zugeben? Was ist mit unserem Vater?

*»Ich wurde von meinem Vater weder sexuell missbraucht noch belästigt oder angegriffen. Aber Gewalt, ja. Er hat mich geschlagen. Ich wurde sehr oft geschlagen. Aber niemals, niemals sexueller Missbrauch.«*

o **Mich:** Schau, ich bin mir nicht sicher, wenn wir in Websters Wörterbuch schreiben müssten, ob wir wüssten, was Missbrauch ist.

Dass wir nicht in der Lage sein würden, diese Definition sehr gut zu machen. Wir würden anfangen, sehr genau zu überlegen, wie wir den Begriff definieren könnten. Aber wir würden es nicht wirklich wissen. Denn es ist verwirrend. Du wurdest geschlagen?

*»Ja, sehr oft. Sehr oft. Wenn ich eine schlechte Note hatte oder ihre Regeln nicht befolgt habe. Wenn ich zu spät nach Hause gekommen bin oder so. Als ich meinen ersten Freund hatte. Es ist viel passiert. Ich wurde verprügelt und angeschrien und verprügelt. Und ich durfte nicht schreien. Ich durfte nicht weinen. Nach außen hin. Ich glaube, es macht Sinn, was du sagst: Es war Vertuschung. Nach außen hin, um so zu tun, als wäre alles friedlich und harmonisch. Eine Vorzeigefamilie. Aber im Inneren gibt es so viel, so viel Streit und Konflikt.«*

- o **Mich:** Unser Vater missbrauchte uns.
- o **Tochter:** Ich kann es fühlen. Alles, was du sagst, alles ist in meinen Zellen. Die Gewalt. Die Misshandlungen. Ich weiß nicht, was passiert ist. Aber es muss irgendetwas vorgefallen sein.

**Mich**

»Ich möchte sagen, dass es sehr irritierend ist, wenn du Worte wie „freilassen" und „loslassen" verwendest. Denn es fehlt die Verantwortung, das Ausmaß der Gewalt zu spüren, die in unserem Körper geschehen ist. Und das irgendwie zu normalisieren und überzeugt zu sein. Es geht nicht darum, loszulassen oder sich zu ergeben. Das ist Blödsinn. Es geht darum, die Wut zu fühlen. Und zu sagen, das ist passiert. Und so fühle ich mich dabei. Jetzt habe ich das Gefühl, dass ich die Wahrheit gesagt habe. Es ist sehr hilfreich, sich das von den Schultern abzuladen. Das ist kein Teil von dir. Wir waren wie eine Stoffpuppe. Wenn du die Wut spürst und den Schmerz über das, was dir widerfahren ist anerkennst, muss deine "Tochter" das nicht tun.«

**Allergie**

»Es wäre besser, wenn du zum Boxen gehen würdest. Und sogar mein Vater. Denn es ist nicht meine Aufgabe, deine Wut abzulassen. Entschuldigung, warum sollte ich es tun? Ich bin so wütend auf alle Menschen, die vor mir da waren. Ich habe sogar Wut auf meine Vorfahren.

Ich bin so wütend. Weil niemand die Verantwortung übernimmt. "Ich" ist schön, weil sie dir die Wahrheit ins Gesicht sagt.«

- o **Tochter:** Ich möchte auch etwas sagen. Ich spüre den Zorn nicht. Ich habe große Angst. Ich habe sehr viel Angst.
- o **Allergie:** Mach dir keine Sorgen. Du hast mich.
- o **Tochter** [lacht]: Das ist gut. Ja!
- o **Allergie:** Ich verspreche dir, dass ich es auf ein Maß beschränken werde, das du verkraften kannst.
- o **Tochter:** Es ist zu viel zu fühlen, das alles. Ich bin müde. Es braucht Zeit, es zu verarbeiten.

## Allergie

»Darf ich dich etwas fragen? Manchmal bin ich mir nicht sicher, ob die Dinge nicht auch in uns durcheinander sind? Manchmal fühlst du dich ein bisschen wie unsere Mutter an. Ich frage mich also, ob du wirklich du bist? Manchmal verwirrt es mich, wenn du sprichst, und ich kann es nicht zusammenbringen. Ich glaube, ich bin auch ein bisschen durcheinander mit der Wut. Weißt du, was ich wirklich gerne tun würde? Du und ich, wir gehen in einen separaten Raum und klären die Dinge. Und die anderen gehen in einen anderen Raum und klären die Dinge.«

## Mich

»Ich möchte der "Tochter" sagen, dass ich weiß, dass sie die Allergien bekommt, wenn sie nicht atmet. Sie atmet nur von hier heraus. [zeigt auf den Hals] Und hier wird alles immer enger und enger. Und in Bezug auf das, was du gerade gesagt hast, fühlt es sich wirklich gut an, wenn "Tochter" und "Allergie" gehen würden – und du musst mir einfach ins Gesicht sehen. Wenn sie nicht hier sind, kannst du dich nur dir selbst und deinem Schmerz stellen. Du kannst über deine "Tochter" reden, aber am Ende musst du dich mir stellen.«

- o **Allergie:** Ich bin einverstanden, wenn du mir versprichst, über die verschiedenen Ebenen der Gewalt zu sprechen. Aber ihr müsst es mir versprechen. Dass es nicht wieder unter den Teppich gekehrt wird.

o **Mich:** Ja. Diese Gewalt ist nicht normal. Ich habe das Gefühl, dass es etwas in deiner Psyche gibt, das es für normal hält. Es will die Gewalt, die uns widerfahren ist, nicht zugeben. Das ist nicht normal für menschliche Wesen.

*»Aber es war in China, zu dieser Zeit, normal. Die ganze Zeit.«*

o **Mich:** Das ist keine Entschuldigung.
o **Allergie:** Was für ein entsetzliches Bild, dass dies normal sein soll!
o **Tochter:** Ich möchte es hinausschreien. Das war nicht normal! Ich habe den Drang zu schreien. Als du sagtest, es sei normal in China. Es war weder in China noch in der ganzen Welt normal. Wie "Ich" sagte: Wir sind alle menschliche Wesen.

*»Schrecklich. Ich war diesen Sommer in China. Einen Monat lang. Den ganzen einen Monat lang war ich...«*

• **Allergie:** Woah! Oha! Ich will es nicht einmal hören. Ach du meine Güte .... Woah! [beginnt zu husten und schwer zu atmen]

*»Am ersten Tag...«*

o **Mich** [unterbricht]: Warum machst du weiter? Hast du nicht "Allergie" gehört? Das ist zu viel.
o **Tochter:** Weißt du, was ich fühle? Ich fühle Todesschmerz!

*»Als ich landete, wurde mir schon so schlecht. Schreckliche Schmerzen.«*

o **Mich:** Ich finde, das ist unserer Tochter gegenüber wirklich nicht fair.
o **Tochter:** Ich bin nicht mehr ein Teil der "Tochter". Ich bin jetzt ein Teil meiner Mutter. Ich kann es fühlen. Ich habe die Angst vor dem Tod, weil ich ein Mädchen bin. Es steckt in meinem Atem, weißt du.
o **Allergie:** Es ist ein Albtraum. Es ist ein echter Albtraum. Alles hier. Ein Monat. Oh Gott. Das ist wie ein Todesurteil: Ein Monat!!!

*»Ich habe einen ganzen Monat lang nichts mehr gehört. Und es dau-*
*erte sogar noch länger.« [Tinnitus]*

o **Allergie:** Kein Wunder. Oh!!! Ich bin fertig. Ich kann nicht mehr!
o **Mich:** Du wolltest es nicht hören. Und ich habe das Gefühl, dass
   ich die einzige Person bin, die hier die Verantwortung übernimmt.
   Es wird alles auf "Allergie" geschoben. Es gibt hier wirklich etwas... Dass du Verantwortung übernimmst. Das möchte ich sagen:
   »Ich bringe mich immer wieder in missbräuchliche Situationen.«

*»Ich kann sagen, dass es vielleicht auf das allgemeine kollektive Um-*
*feld in China zurückzuführen ist. Auf die Regierung. Aber ich kann bis*
*heute nicht sagen, dass ich missbraucht wurde.«*

o **Mich:** Einen Monat lang nach China zu gehen, ist Missbrauch.
o **Tochter/Frau:** Ich habe eine Frage: Was ist mit deiner Mutter?
   Hatte sie vor dir schon Kinder? Und warum bist du hier? Du bist
   ein Mädchen. Und was ist mit dir? Hattest du vor "Tochter" schon
   Mädchen? Das sind die Fragen, die jetzt auftauchen.

*»Ja, das hatte ich. Ich habe zweimal abgetrieben, bevor meine Töchter*
*geboren wurden. Beide Male war ich auf dem College. Ich war zwi-*
*schen 20 und 21 oder 22 Jahre alt.*

*Ich glaube, meine Eltern haben das nicht überprüft. Sie wussten*
*nicht, was für ein Geschlecht ich habe. Als meine Mutter ein Kind be-*
*kam, war das eine große Enttäuschung für die Familie. Denn mein Va-*
*ter war der Älteste in seiner Familie. Und vor allem meine Großeltern*
*waren sehr enttäuscht, dass mein Vater keinen Sohn bekommen hat.*
*Und später, glaube ich, habe ich von meiner Mutter erfahren, dass sie*
*wieder schwanger war, aber sie musste abtreiben oder das Kind aus-*
*schaben. Sie hatte nämlich einen Tumor in der Gebärmutter, nicht*
*wirklich einen Tumor, aber etwas in der Gebärmutter. Und sie musste*
*sich einer Operation unterziehen, um das alles herauszunehmen. Das*
*Baby war ein Sohn, ein Junge. Und sie hat es erwähnt. Es war ein*
*Junge.«*

o **Mich:** Die Zyste, die sie hatte, waren alle toten Babys.

o **Tochter/Frau:** Ich habe das Gefühl, dass ich nicht hier sein darf. Es geht um mich, weißt du. Ich hätte tot sein müssen. Deshalb bin ich nicht hier. Ich bin ein Teil von dir. Und es ist mir nicht erlaubt, hier zu sein.

o **Mich:** Du hast nicht zu Ende erzählt, was im College passiert ist. Du warst sehr vage. Warum gab es keine andere Möglichkeit?

*»Ich war 19, glaube ich, als ich von meinem ersten Freund schwanger wurde. Es passierte in den Ferien. Und es war absolut tabu. Ich hatte solche Angst. Meine Eltern würden es niemals erlauben. Sie würden wütend werden, wenn sie wüssten, dass ich schwanger war. Ich habe abgetrieben. Dieser Abtreibungsakt selbst war sehr gewalttätig. Und ich hatte niemanden, dem ich es erzählen konnte, niemanden, mit dem ich es teilen konnte. Das war das erste Mal. Das zweite Mal war, als ich 21 war. Ich ging eine Beziehung mit meinem Professor ein. Damals war das noch ein Tabu, weil er getrennt lebte, aber noch nicht geschieden war. Wir kamen zusammen und ich wurde schwanger. Du hast Recht, "Ich". Ich missbrauche mich selbst, indem ich mich auf diese Art von Situationen einlasse. Und verletze mich selbst zutiefst.«*

o **Mich:** Ich spüre, wie die Verwirrung aus meinem Kopf verschwindet. Ist es das erste Mal, dass du es auf diese Weise mitteilst? Es ist wichtig für mich, dass dies bezeugt wird. Dass es vollständig bezeugt wird.

*»Wir haben dies in der früheren Heilungsarbeit getan, aber in einem anderen Rahmen. Ich trage diese Schuld mit mir, mit diesen beiden Abtreibungen. Ich denke oft, dass meine jetzigen zwei Kinder, zwei Töchter, diese beiden Seelen sind, die zu mir zurückkommen. Und ich fühle mich wirklich schuldig. [weint] Pflicht ist auch ein Teil davon. Ich denke immer noch, dass es nicht meine Entscheidung war, ein Kind zu bekommen. Mein erstes Kind war kurz vor dem 60. Geburtstag meiner Mutter. Und sie hat gesagt, sie wünscht sich ein Enkelkind. Und ob ich ihr ein Geburtstagsgeschenk machen will?«*

o **Mich:** Jetzt sprichst du die Wahrheit.

»Und meine "Tochter" kam in der Phase, als meine Große fünf Jahre alt war und sagte: „Ach, jedes Kind im Kindergarten und alle anderen haben Schwestern, haben Geschwister." Sie wünschte sich eine kleine Schwester. Nach der Geburt meines Kindes habe ich meine Freiheit verloren. Alles ist Pflicht. Ich habe die gemeinsame Zeit mit meinem Mann verloren. Ich hatte das Gefühl, dass sie mir meinen Mann weggenommen hat. Ich glaube, ich war eifersüchtig auf die Verbindung und Beziehung zwischen meiner großen Tochter und meinem Mann. Und da war der Gedanke in mir, wenn es ein zweites Kind gäbe, wäre das Gleichgewicht ein wenig mehr gegeben. Und dann wurde ich wieder schwanger. Ich wusste, dass ich noch so ein Kind bin. Und kann mich nicht um ein weiteres Kind kümmern. Ich war schon so überfordert. Zutiefst traumatisiert. Ich wusste gar nicht, dass ich so tief traumatisiert war. Aber ich wusste, dass ich nicht wirklich in der Lage bin, ein Kind großzuziehen.«*

o **Mich:** Jetzt verstehe ich, warum "Tochter" Allergien hat. Weil du sie nicht wolltest. Du hast nicht einmal irgendeine Entscheidung für dich selbst getroffen. Außer einer aus dem Gefühl der Eifersucht. Als wir ein Kind waren, haben wir versucht, mit unseren Eltern um irgendeine Art von Macht zu kämpfen.

»Das ist ein solches Machtspiel. Auch zwischen meinen Eltern. Sie wollten, dass ich mich auf eine Seite stelle. Und ich fühlte eine tiefere Verbindung zu meinem Vater. Wir teilen einige Interessen. Aber meine Mutter war sehr verletzt. Es ist das gleiche Muster, das ich jetzt trage. Ich fühle mich verletzt. Ich fühle mich vernachlässigt, wenn ich sehe, dass meine Töchter eine enge Beziehung zu meinem Mann haben.«

o **Mich:** Wenn ich dich jetzt anschaue, sehe ich nur eine 11-Jährige. Und sie will nicht, dass eine 11-Jährige mit ihr Kontakt aufnimmt. Sie will ihre Mutter. Ich sehe dich mit 11, manchmal mit 14 Jahren.
o **Tochter/Frau:** Ich bin ein Teil von dir. Ich bin das kleine Mädchen in dir. Ich fühle mich von "Mich" vernachlässigt. Ich habe den Eindruck, dass es keinen Platz für mich gibt. Ich werde nicht anerkannt.

*»Darüber beschwert sich auch meine Tochter ständig. Und auch meine große Tochter. Aber meine kleine Tochter ist sehr, sehr... sie beschwert sich ständig. Sie ist sehr, sehr anspruchsvoll. Ständig redet sie und will auch der Mittelpunkt der Familie sein.«*

Natalie: *»Deine Tochter will nicht im Mittelpunkt stehen. Du und deine Tochter, ihr seid völlig miteinander verstrickt. Und das Muster, die Gewalt und die Verstrickung, setzt sich von einer Generation zur nächsten und zur übernächsten fort. Deine Tochter deckt die Wahrheit auf. Sie ist eine Wahrheitskriegerin. Du, deine Familie wiederholt das Muster. Ich denke, es ist an der Zeit, diesen Teufelskreis zu durchbrechen. Denn das tut weder dir noch deinen Töchtern gut. Ansonsten werden sie den Zyklus von Abtreibung, Gewalt und Mord wiederholen. Und das ist kein gutes Leben.«*

**Mich**

»Solange ich den Namen "Mich" bekomme, werde ich nie Ich sein. Ich möchte "Ich" sein. Und jetzt ändert sich etwas. Es ist das erste Mal, dass ich meine Kraft fühle. Ich möchte wissen, ob du deiner Tochter von den beiden anderen Geschwistern erzählt hast, die nicht mehr hier sind? Weil sie das schon wissen; in ihren Zellen. Sie waren im selben Mutterschoß, in dem diese Geschwister waren. Und diese Wut und auch nicht die Wahrheit zu hören, was mit dir passiert ist. Sie müssen es wissen. Dass du Fehler gemacht hast. was du getan hast, was du dir selbst angetan hast und warum du es getan hast.«

*»Nein. Ich habe es meinen Töchtern nicht gesagt. Nein, noch nicht. Ich bin mir nicht sicher, ob meine Töchter in diesem Alter das hören sollten. Ob es nicht so viel wäre. Ich denke, du erinnerst mich an etwas anderes. Mein Mann weiß nur von einer der früheren Abtreibungen. Ich werde es ihm sagen.«*

o  **Mich:** Das befreit ganz viel Energie in meinem Herzen. Ich möchte nur sicher sein. Gab es ein fünftes Kind? Gab es eine Möglichkeit für ein fünftes? Es fühlt sich an, als wären da 5.

*»Oh Gott. Es ist möglich. Es gab keine fünf, aber es ist möglich. Kurz nach der zweiten Abtreibung, ich glaube, kurz danach – innerhalb von zwei Monaten – könnte es sein, dass ich wieder schwanger wurde. Einen Monat lang hatte ich keine Periode. [weint] Es erinnert mich an meine Großmutter, die drei Kinder zur Welt brachte. Und eines der Kinder musste sie ihrer Schwester geben, weil es nicht erlaubt war. Der biologische Großvater, der schon im Gefängnis war, ist aus dem Gefängnis entkommen. Und dann kam er zurück zu meiner Großmutter – der Mutter meiner Mutter – und dann hatten sie dieses Kind. Aber es war nicht möglich, es als ihr eigenes Kind aufzuziehen. Denn offiziell war mein Großvater noch im Gefängnis. Und wie konnte sie überhaupt ein Kind zur Welt bringen, ohne dass der Ehemann zu Hause war? Bevor sie starb, erzählte sie es ihrem Sohn, meinem Onkel. Aber auch jetzt reden wir nicht darüber. Meine Mutter hörte das von ihrer Mutter, bevor sie starb. Ah...!«*

o **Mich:** Mehr Geheimnisse. Und wenn du nicht die Wahrheit sagst, lügst du mit ihnen. Du kannst dann nicht sein, wer du bist.

*»Das ist wahr. Das ist wahr. So viele Geheimnisse und so viel Leid. Und auch wieder dieses Thema des Geschlechts. Meine Großmutter, bevor sie starb, sagte sie meiner Mutter, dass der Cousin der biologische Bruder meiner Mutter ist. Und sie sagte: „Ich will auch seinen Namen auf meinem Grab haben, damit alle sehen, daß ich auch einen Knaben geboren habe."«*

o **Mich:** Jetzt verstehe ich, warum es keine Jungen gab. Alles ergibt Sinn.

*[weint] »So viel Leid. So viel Trauma. So viel Schmerz. Es ist unerträglich. Deshalb hatte ich diesen unerträglichen Schmerz, als ich in diesem Sommer in China landete. Ich kann mit einem Ohr nicht mehr hören. Ich hatte solche unerträglichen Schmerzen.«*

Nachwort
So viel Leid und so viel Schmerz zeigten sich hier, dass es einen fast zerreißen könnte. Diese Selbst-Begegnung steht nicht nur exem-

plarisch für China, seine Erziehungsmethoden und die Ein-Kind-Politik, sondern für viele andere Länder in Asien, wie ich es immer wieder erleben konnte. Die Arbeit steht auch exemplarisch dafür, dass ein Wegzug aus der Heimat nicht alle Verletzungen heilt, aber gleichzeitig so wichtig ist. Denn nur durch die räumliche Distanz, in eine sichere Umgebung, macht es überhaupt erst möglich, sich seine Verletzungen ansehen zu können und den tiefen Gefühlen Raum zu geben. Unsere Seele, unser Körper und unsere Kinder zeigen uns auf, wie weit wir in diesem Prozess mit uns selbst sind.

Kurz nach dieser Arbeit entdeckte ich das Buch »Infoblatt: Ein-Kind-Politik-Chinas« von Dr. Wilfried Korby[65]. Ich möchte einen Ausschnitt daraus zitieren, weil wir hier sehen können, dass keine Forschung oder Studie jemals in so tiefe Schichten eintauchen kann wie diese Form der Arbeit oder im Angesicht unserer Kinder.

»Ältere Chinese, die in der Regel noch in einer kinderreichen Großfamilie aufgewachsen sind, schimpfen auf ihre verwöhnten Einzel-Enkel – die sie allerdings meist selbst mit übertriebener Fürsorge überschüttet haben. Mütter und Väter klagen über ihre Einzelkinder, denen sie ihre ganze Liebe geschenkt haben, die sich aber nun wie „kleine Kaiser" aufführen und jede Mitarbeit im Haushalt verweigern. Lehrkräfte müssen sich mit kleinen Egoisten herumplagen, die in ihrer bisherigen Erziehung kaum Sozialkompetenzen entwickelt haben. All das sind Folgen der Ein-Kind-Politik, die seit ihrer Einführung 1979 stets umstritten war. Die einen sahen in ihr die Rettung vor der drohenden Überbevölkerung nicht nur Chinas, sondern des gesamten Planeten. Für andere stellte dieses Politikmodell einen Auswuchs an Frauenfeindlichkeit und Einschränkung individueller Freiheit dar. Was sind die Fakten?«

---

[65] Ernst Klett Verlag, »Infoblatt: Ein-Kind-Politik Chinas« (PDF),
https://www.google.com/url?sa=t&source=web&rct=j&opi=89978449&url=https://
www.klett.de/alias/1083022&ved=2ahUKEwiHjKS_u-
daIAxV_hP0HHaZ3JGgQFnoECBMQAQ&usg=AOvVaw1LlpPnP8q_6fQ0ZRTLw
bfn

## 5.10 IMPFUNG

*Allgemein-Begegnung (4 Worte)*
*Baby – Tetanus (Impfung) – Polio (Impfung) – Rotaviren (Impfung)[66]*

Unter den Teilnehmerinnen waren wir drei Mütter mit erwachsenen Kindern. Nachdem wir nicht mehr auf dem neuesten Stand waren, wollten wir uns einen Überblick über die aktuelle Impflage verschaffen. Hauptanlaufstelle für alle Impfungen in Deutschland ist der sogenannte »GELBE LISTE PHARMAINDEX«. Die »Ständige Impfkommission« (STIKO)[67] veröffentlicht hier ihre Empfehlungen.

»Gelbe Liste Online ist ein Online-Dienst der Vidal MMI Germany GmbH (Vidal MMI) und bietet News, Infos und Datenbanken für Ärzte, Apotheker und andere medizinische Fachkreise. Die GELBE LISTE PHARMINDEX ist ein führendes Verzeichnis von Wirkstoffen, Medikamenten, Medizinprodukten, Diätetika, Nahrungsergänzungsmitteln, Verbandmitteln und Kosmetika. (…) Empfohlenen Standardimpfungen. Er wird von der Ständigen Impfkommission jährlich überarbeitet und veröffentlicht. Der vorliegende Impfkalender wurde im August 2020 aktualisiert.«

---

[66] Zu Anfang hatten die Worte auch nicht den Zusatz »Impfung«. Als es in der Arbeit jedoch stockte und wir nicht weiterkamen, wurde der Zusatz hinzugenommen.
[67] Robert Koch Institut (RKI), »Ständige Impfkommission«,
https://www.rki.de/DE/Content/Kommissionen/STIKO/stiko_node.html

| Impfung | Säugling 6 Wochen | Säugling 2 Monate | Säugling 3 Monate | Säugling 4 Monate | Säugling 5-10 Monate | Kleinkind 11* Monate | Kleinkind 12 Monate | Kleinkind 13-14 Monate | Kleinkind 15 Monate | Kleinkind 16-23 Monate |
|---|---|---|---|---|---|---|---|---|---|---|
| Tetanus[b] | | G1 | N | G2 | N | G3[d] | | N | | |
| Diphtherie[b] | | G1 | N | G2 | N | G3[d] | | N | | |
| Keuchhusten (Pertussis)[b] | | G1 | N | G2 | N | G3[d] | | N | | |
| Kinderlähmung (Poliomyelitis)[b] | | G1 | N | G2 | N | G3[d] | | N | | |
| Hepatitis B[b] | | G1 | N | G2 | N | G3[d] | | N | | |
| Hib[b] (Haemophilus influenzae B) | | G1 | N | G2 | N | G3[d] | | N | | |
| Pneumokokken[b] | | G1 | N | G2 | N | G3[d] | | N | | |
| Rotaviren | G1[a] | G2 | (G3) | | | | | | | |
| Meningokokken[c] (Serogruppe B) | | G1 | N | G2 | | N | G3[d] | | N | |
| Meningokokken (Serogruppe C) | | | | | | | G1 | | N | |
| Masern | | | | | | G1 | N | | G2 | N |
| Mumps, Röteln | | | | | | G1 | N | | G2 | N |
| Windpocken (Varizellen) | | | | | | G1 | N | | G2 | N |
| Grippe (Influenza) | | | | | | | | | | |
| HPV (Humanes Papillomvirus) | | | | | | | | | | |
| Herpes Zoster | | | | | | | | | | |
| COVID-19 | | | | | | | | | | |

Quelle: GELBE LISTE PHARMINDEX
»Impfkalender Babys und Kleinkinder«
https://www.gelbe-liste.de/impfung/impfkalender

Kurz nach dieser Gruppenarbeit fand ich zufällig das Buch von Dr. med. Gerhard Buchwald »Impfen – Das Geschäft mit der Angst«. Auf Seite 29 war eine Übersicht, die die Impfstoffgewinnung von neun Impfungen erklärte:

| Impfung | Zur Impfstoffgewinnung benutzte Tierart |
|---|---|
| Pocken | Kälber (Haut), Schafe (Haut), Kaninchen (Auge) |
| Wundstarrkrampf[68] | Pferde |
| Tollwut | Hunde, Schafe, Affen, Kaninchen, Hamster, Ratten, Mäuse, Hühnereier, Enteneier |
| Tuberkulose (BDG) | Kühe (Euter), Wühlmause |
| Kinderlähmung (Polio) | Affen (Nieren und Hoden) |
| Röteln | Kaninchen (Nieren) |
| Masern | Hunde, Meerschweinchen (Nieren), japanische Wachteleier, Hühnerembryonen |
| Keuchhusten | Mäuse |
| Grippe | Hühnerembryonen |

---

[68] Auch als Tetanus bekannt

»Tabelle 1. Quelle: Dittmann, S.: Atypische Verläufe nach Schutzimpfungen, Johann Ambrosius Barth, Leipzig 1981«

Weiter ist auf der Seite zu lesen:

»So werden bestimmte Impfstoffe auf den Allantoismembranen bebrüteter Hühnereier gezüchtet. Heute behauptet die pharmazeutische Industrie, zu deren Herstellung Tiere nicht mehr oder kaum noch zu benötigen. Die Industrie sei technisch in der Lage, diese auf »HeLa«-Zellen oder auf »HDC« zu züchten. Dabei handelt es sich um Krebszellen, die aber nicht als solche bezeichnet werden. Bei dem Namen »HeLa« handelt es sich um die Anfangsbuchstaben des Namens jener Frau, Henrietta Lacks, von der diese Krebszellen abstammen. Es wird auch von »Zell-Reihen« oder »Zell-Linien« gesprochen, immer um zu verheimlichen, daß es sich um Krebszellen handelt. Die pharmazeutische Industrie hat keine Bedenken und glaubt, keinen Zusammenhang zwischen dieser Tatsache und dem Krebsanstieg bei Kindern zu sehen.«

Wie die Zukunft der Impfungen aussieht, wird auf der Seite der Vfa, der forschenden Pharma-Unternehmen beschrieben[69]: »Neuerdings werden auch Impfstoffe mit Erbmaterial (mRNA, DNA) oder Vektorviren entwickelt und auch schon – zumindest in einigen Ländern – eingesetzt.«

Sehen wir uns nun an, wie es einem Baby geht, wenn es geimpft wird.

**Baby**
»Ich denke mir gerade, was macht ihr denn hier bei mir? Ich fühle mich ein bisschen eingeengt. Als ob ihr neben mir oder in meine Haut reinkriechen wollt. Ich versuche mich gerade zu schützen mit meiner Decke. Bleibt mir weg! Ich finde es nicht lustig, aber ich kann noch darüber lachen.

---

[69] Vfa, Die forschenden Pharma-Unternehmen, »Entwicklung und Herstellung von Impfstoffen: Die Impfungen der Zukunft« vom 9. September 2020, https://www.vfa.de/de/arzneimittel-forschung/impfen/impfstoff-herstellung

Ich gucke auf "Tetanus" und denke mir, irgendwann werde ich starr. Wenn ich älter werde kriege ich etwas, wo ich starr werde im Körper. Wenn "Rotaviren" spricht, dann sehe ich Würmer entlang kriechen. Zuckungen, Bewegungen? Genau, spastisch. Dann werde ich irgendwann einmal spastisch. Oder bekomme Tourette. Bei dir "Polio", denke ich an Diabetes, Zuckerkrankheit.

Bleibt weg von mir! Kommt mir nicht zu nahe! Ich verstehe das überhaupt nicht. Hier sind keine Eltern. Die sehe ich nicht. Wie wenn ich in den Laufstall gesetzt oder gelegt worden wäre und ihr drei wurdet mit mir reingesetzt. Und ich verstehe nicht, warum ich mich damit beschäftigen muss. War doch alles okay. Es geht auch nicht um meinen Schutz. Weil, ich bin ja geschützt. Und ich merke, ich habe noch so viel Kraft als Baby, das macht mir nichts aus.«

**Tetanus**

»Huch, ich bin hier so ganz starr. Ich bin ganz starr und müde.«

**Rotaviren**

»Also, ich krieche irgendwie unter die Haut und breite mich so ganz langsam aus. Ist auch gruselig. Ich mache so schlängelnde Bewegungen. Fühlt sich ganz unangenehm an. Ich habe hier so etwas ganz leicht Spastisches. Mir tut auch alles weh. Ich fühle mich selber leicht behindert. Also, ich muss mich mal googeln, weil ich nicht weiß, was Rotaviren sind… Ich bin ja voll ungefährlich. Ich bin ja Brechdurchfall. Das ist natürlich unangenehm, aber ich habe keine Nachwirkungen. Das geht ja vorbei. Wie eine Grippe oder ein Mageninfekt. Und jetzt frage ich mich, warum ich eine Impfung bin. Warum du geimpft werden musst gegen mich? Es ist eine gewisse Kontrolle. Es geht nicht um die Rotaviren. Ich bin ja weder gut noch böse. Ich bin ein Virus, der existiert.«

**Polio**

»Bei mir ist es ganz eigenartig. Ich habe etwas mit Zucker zu tun. Ich habe nur die Augen bewegt, aber ansonsten fühle ich mich nicht. Unbeweglich. Ich bewege nur die Augen, wenn ihr gesprochen habt. Das "Baby" tut mir irgendwie leid.«

*Nachdem wir nicht mehr Informationen bekommen, setzten wir noch das Wort "Impfung" hinter jedes Wort.*

- **Polio Impfung:** Ich habe eher Mitgefühl. Ich will dich nicht ängstigen.
- **Baby:** Du bist auch von allen diejenige, die mich am wenigsten ängstigt. Du hast noch eine Verbindung zu mir.
- **Tetanus Impfung:** Ich merke zwar, dass mir gerade noch alles wehtut von dem Verkrampften, aber ich bin ganz locker. Jetzt bist du auch interessant.
- **Baby:** Was willst du denn von mir?
- **Tetanus Impfung:** Du willst doch was von mir!
- **Baby:** Häh? Nein, nein! Ich will nichts von euch.
- **Polio Impfung:** Stehen wir im Dienst von jemanden? Benützt uns wer? Wir können uns ja nicht selber dem "Baby" verabreichen.
- **Rotaviren Impfung:** Meine Impfung ist völlig unwichtig. Seit ich die "Impfung" bin spüre ich aber Macht. "Tetanus" verstehe ich nicht, aber "Polio", das Mitgefühl – weil Kinderlähmung auch eine Krankheit sein kann, die sehr tragisch endet. Ist diese Impfung wirklich lebensnotwendig?

**Baby**
»Also, ich verstehe das Konzept von "Impfung" nicht richtig. Aber was ich so mitbekommen habe, es geht ja wohl irgendwie um meinen Schutz. Denke ich mir zu mindestens. Aber ich brauche ja nichts! An mir ist ja nichts falsch. Oder bin ich unvollständig? Ich bin ja nicht ungeschützt oder so. Ich verstehe das einfach nicht.«

*"Tetanus Impfung" lacht.*

- **Tetanus Impfung:** Ich komme zu dir… Du interessierst mich. Da gehe ich hin.
- **Baby:** Ja, vor dir habe ich am meisten Angst! Du bist mir ein bisschen suspekt. Ich verstehe nichts. Besetzt du mich? Ich verstehe das nicht. Warum? Ist doch alles okay.

o **Tetanus Impfung:** Als "Tetanus" war ich ja ganz verkrampft und habe mich vor dir weggedreht. Aber als "Impfung" interessierst du mich. Du bist ein Wirt für mich. Dann nehme ich deinen Körper.

o **Baby:** Iiii!!!

o **Rotaviren Impfung:** Das ist der Lauf der Natur. Wenn das Immunsystem schwach ist. Unser ganzer Organismus sind ja Viren und Bakterien. Wir leben ja in einem Organismus mit Viren und Bakterien.

*"Tetanus Impfung" lacht sich kaputt. Und "Baby" sieht unter seinen Pulli nach.*

o **Baby:** Ich gucke gerade, ob ich voller Viren und Bakterien bin. Ich sehe nichts. Ich finde mich gut so wie ich bin. Verstehe das gar nicht. Was redet ihr da?

o **Polio Impfung:** Du bist ja gesund. Die hängen dir was an. Wollen die Macht über die Eltern und über das Kind. "Tetanus Impfung" kommt mir wie auf Drogen vor. "Baby", lauf davon!

o **Rotaviren Impfung:** Es geht ja nicht darum, dass bei dir alles in Ordnung ist oder was fehlt. Es geht darum, einen Zweck zu verfolgen mit der Impfung. Es geht nicht um die Viren. Es geht um die Impfung. Dass dadurch alles Mögliche ausgelöst wird.

o **Tetanus Impfung:** Also, "Rotaviren", du erzählst voll den Scheiß. Glaubst du wirklich, was du sagst oder hat man dir das gesagt, was du sagen sollst? Was ein Arzt auch erklären würde? Also, ich weiß, dass das nicht stimmt. Ich sag nicht, dass das ein Halbwissen ist. Ich sage nur, dass du den Scheiß erzählst, den alle erzählen. Ich gehe jetzt zu dem "Baby" und besetze das.

**Baby**

»Ich habe das Gefühl, hier wird mir meine Zukunft gezeigt. Entweder werde ich verrückt oder ich werde besetzt oder ich kriege Zucker oder bekomme spastische Zuckungen. Was soll das denn? Ich habe das Gefühl, jemand geht durch eine Liste: „Das Kind muss später das haben, das haben, jenes haben. Also machen wir das und das." Ich habe das Gefühl, ich sehe gerade meine Zukunft mit euch! Ich kriege einen Vogel! Und entweder sind es körperliche oder psychische Krankheiten oder beides. Eine Prise Depression, eine Prise Tourette, eine Prise ADHS, eine Prise Schilddrüsen-Unterfunktion, eine Prise Ich-weiß-nicht-was. Eine Prise Leck-mich-am-Arsch. Keine Ahnung.«

o **Rotaviren Impfung:** Was sich bei mir zeigt ist, dass "Baby" krank geimpft wird. Und das nicht nur durch Corona, sondern durch alle anderen Impfungen auch.
o **Tetanus Impfung:** Ach, jetzt hast du es kapiert! [lacht] Wenn ich nicht starr bin, dann bin ich verrückt. Aber ich finde das gut! Man hat mich in eine Spritze reingetan und dann komme ich halt zu dir. Und wenn ich eine"Impfung bin fühle ich mich gut.

**Baby**

»Dann fühle ich mich wirklich besetzt! Als wenn ich nicht mehr ich bin! Fuck! Es hat irgendwas mit Wahnsinn zu tun. Und ich kann nichts machen; weil die Eltern ja nicht da sind. Und "Polio Impfung" spüre ich überhaupt nicht, dass ich das brauchen würde. Vielleicht war das mal eine Zeitlang sinnvoll. Ich weiß es nicht. Aber ich spüre überhaupt nicht die Notwendigkeit, dass die Gefahr hier und jetzt bestünde. Dass ich vielleicht Kinderlähmung bekommen könnte, das ist so schwachsinnig!«

o **Polio Impfung:** Ich fühle mich auch fehl am Platz. Am liebsten würde ich nach den Eltern rufen.

*Wer gehen tiefer in die Arbeit und nehmen noch zwei Worte hinzu: "Mama", weil die Mütter mit ihren Kindern zur Impfung gehen, und "Besetzung", weil es öfters erwähnt wurde. Und als das auch nicht reicht, nehmen wir noch das "Das Böse" hinzu.*

**Besetzung**

»Oh, jetzt bin ich aber noch einmal eine Spur böser. Ich will zur "Mama"! Ja, ich will dich. Genau dich. Da ist sie endlich. Du bist mein Opfer. DU BIST DRAN!«

**Mama**

»Was?? Du spinnst ja. Du willst mir Angst machen. Jesus, Maria, "Besetzung" ist echt verrückt! Unaushaltbar. Mein "Baby" ist weit weg. Ich versuche verzweifelt, eine Verbindung zu dir, "Baby", zu kriegen. Was tun wir? Dann ist es gut, wenn ich dich nicht impfen lasse. Dann soll die "Besetzung" schauen, wo sie bleibt. Also, ich bin wild entschlossen. Wenn ich schon so Angst habe, wie kann ich dich dann ausliefern?«

**Baby**

»Lass meine "Mama" in Ruhe! Über mich kriegt die "Besetzung" dich, "Mama"! Ich habe das Gefühl, wir haben keine Wahl. Ich bin nur Mittel zum Zweck, um an dich heranzukommen. Das ist wie im KZ. Das ist, als wenn der Wahnsinn Einzug hält! Wie wenn man wahnsinnig werden möchte, abgestumpft, abgeschaltet… Dann kannst du impfen, Medikamente geben, weiß ich nicht was. Man kann alles machen! Das Dunkle ist der Virus. Nicht ein natürlicher, menschlicher, erdlicher Virus, sondern irgendwas Dunkles. Und das ist das, was "Besetzung" ausdrückt. Und ich komme mir vor, als müsste ich als Baby meine "Mama" beschützen!«

**Das Böse**

»Mir ist total heiß! Fühle mich total verkrüppelt. Ich bin in einem Vakuum. Als wenn um mich herum nur Leere existiert. So muss sich die Hölle anfühlen. Ansonsten spüre ich nichts. Da ist nur Leere. Ich habe das Gefühl, ich habe weder Zukunft noch Gegenwart noch Vergangenheit. Ich habe überhaupt kein Gefühl. Bin in einem Zustand von immerwährender Daseinsleere. Ich höre euch reden, aber es erreicht mich emotional überhaupt nicht. Ich fühle mich wie das personifizierte Böse.«

o **Baby:** Ich bekomme so richtig Mitgefühl mit dir. Bist du alleine? Fühlst du dich alleine?

o **Das Böse:** Ich kann nichts fühlen. Ich bin da, aber ich fühle nichts. Aber wenn du das fragst, bekomme ich ein bisschen Bauchschmerzen.

o **Baby:** Mich macht das traurig, wenn du "Das Böse" bist. Das ist nicht schön. Hier fehlt die Liebe. Haben wir sie eigentlich?

*Wir nehmen die "Liebe" noch mit hinzu.*

**Liebe**

»Man will mich nicht. Ich kann nirgendwo hin. Zu niemanden. Keiner will mich. Ich bin traurig als Liebe.«

**Baby**

»Das macht mich traurig, dass das "Das Böse" sich so einsam fühlt. Und jetzt, wo wir beide alleine sind, "Mama", fließt eigentlich zwischen uns Liebe? Ich weiß zwar, dass du meine "Mama" bist, aber es ist eher distanziert. Bindung ist wichtig. Zwei Kinder und zwei Eltern: Mama, Papa oder was auch immer. Mich macht das einfach traurig, weil für mich Liebe zentral ist. Und keinem soll es schlecht gehen. Ich sehe gar keine Schwierigkeiten. Und ich will, dass es jedem gut geht.«

o **Mama:** Emotionale Verbundenheit ist wichtig. Und dann kann man Schwierigkeiten ganz anders bewältigen. Ich habe dich angeschaut und du kommst mir so isoliert vor, "Liebe". Ich brauche mich gar nicht bemühen, weil ich sowieso keine Verbindung zu dir bekomme. Mein "Baby" ist mir am Wichtigsten.

**Baby**

»Das ist wie mit Absicht gemacht: Die Liebe und Freude, die ich am Anfang hatte wurden abgeschnitten. Ich habe sie noch, aber ich bin jetzt traurig. Jeder soll "Liebe" haben und jeder soll Eltern haben und jeder soll lachen dürfen. Ich sehe in niemandem das Böse. Ich sehe nur, wenn jemand traurig, verletzt und alleine ist. "Mama", wo ist denn der Papa?«

o **Mama:** Weiß nicht. Es braucht einen Raum. Da ist so viel Traurigkeit. Ich würde dich gerne in den Arm nehmen. Damit ich mich selbst tröste? Oder dir einen Schutz gebe oder Trost?

o **Baby:** Beides stimmt. Wie wenn wir uns beide gegenseitig Halt geben und trösten. Und das ist für mich in Ordnung. Es ist ein

Anfang. Besser als der andere Scheiß. Erstmal nur traurig sein, dass wir so etwas Wichtiges verloren haben.

o **Liebe:** Was hast du verloren "Mama"?

o **Mama:** Die liebende Verbindung. Meinen Mann habe ich auch verloren. Da spüre ich niemanden.

o **Liebe:** Kann ich deswegen nicht zu dir kommen?

o **Mama:** Das weiß ich nicht. Die Verbindung ist unterbrochen. Wollen tue ich schon, aber es ist wie abgeschnitten. Wie knüpft man das wieder zusammen? Das "Baby" braucht Schlaf.

## Baby

»Ich habe das Gefühl, ich kann auch gar nicht mehr richtig schlafen. Der Schlaf ist so unruhig, so flach. Es ist kein erholsamer Schlaf mehr. Da ist nur Erschöpfung. Für mich ist es, als wenn alle Beziehungen gekappt worden sind. Nichts kommt mehr zusammen. Alles ist getrennt, durchtrennt worden. Ich weiß nicht warum und wieso. Ich habe das Gefühl, es braucht einen richtigen Ruck, der durch uns alle hindurchgehen muss, damit das aufbrechen kann. Damit etwas Neues entstehen kann. Ansonsten versinken wir wie in einer Depression, in der Traurigkeit.«

o **Liebe:** Aber ohne den Papa läuft hier nichts.

o **Mama:** Gewalt durchtrennt die Verbindungen. Ich selber spüre aber auch keine Mama und Papa. Ich fühle mich total isoliert.

o **Baby:** Sind wir alle ohne Mama und Papa? Es ist wie ein Vergessen von dem, was ich eigentlich weiß. Aber irgendwie wird alles so getrennt, wenn man erwachsen ist.

o **Mama:** Weil wir den Mangel nicht mehr wahrnehmen können. Den Mangel, den wir gehabt haben als Kind. Und was uns gefehlt und was uns wehgetan hat. Das schneidet man ab und dann funktioniert man nur.

## Baby

»Aber auch das Schöne wird vergessen. Mir kommt jetzt: Das ist eine Entscheidung. Man kann sich auch anders entscheiden. Man kann darin versinken, aber man kann sich auch wieder entscheiden. Das Gute, das Schöne ist immer da. Ich habe es ja gespürt! Das ist ja nicht weg.

Das ist nur verschüttet. Und man kann sich dafür entscheiden. Und ich finde nicht, dass man zu jemanden sagen soll, er ist böse. Ich entscheide mich dagegen. Ich habe das Gefühl, wenn ich groß bin, will ich so etwas NICHT machen. Ich entscheide mich für etwas anderes. Ich will liebevoll sein und nicht böse. Und ich will Verständnis haben für andere und nicht trennen. Und wenn ich mich dafür entscheide, kann ich es auch machen.«

o **Liebe:** "Baby", du bist meine ganz große Hoffnung. Dann kann ich zu dir kommen.

**Baby**
»Kannst du mit mir gehen? Ich kann es anders machen, ich kann anders reden. Und ich will nicht hoffnungslos sein. Und ich will kein schlechter Mensch sein. Und ich denke, wir können uns alle entscheiden. Und wenn du dich nicht entscheiden willst, okay. Aber ich werde mich nicht so entscheiden. Ich will mich entscheiden für das wie ich bin. Und ich lass mich nicht unterkriegen. Auch wenn ihr mich impft. Ich lasse mich nicht unterkriegen! Ich habe die Kraft! Und nur weil andere nicht liebevoll sind, heißt das nicht, dass wir nicht liebevoll sein können. Ich will liebevoll sein. Wird halt schwieriger, will halt anstrengender werden. Ich erinnere mich jetzt! Und ich will mich weiter erinnern.«

o **Mama:** Und ich gehe nicht mir dir zu den Impfungen. Wir machen das auf unsere Weise. Und ich will mit mir liebevoll sein. Dann kann ich auch mit dir liebevoll sein.
o **Baby:** Ah, das klingt gut. Das klingt gut! Das klingt schön!
o **Mama:** Und dann spielen miteinander und dann tanzen wir miteinander. Und dann singen wir miteinander. Dann wird es immer mehr.
o **Baby:** Ja! Dann lachen wir miteinander. Und wenn wir die einzigen sind, dann sind wir die einzigen.
o **Mama:** Wir sind zu zweit. Und die "Liebe" ist zu dritt im Bunde.
o **Baby:** Stimmt. Und ich muss gerade an meinen freien Willen denken. Den nehme ich auch mit in meiner Hosentasche. Wenn ich mal wieder traurig bin und denke, es ist vielleicht ausweglos oder ich

komme nicht weiter, dann erinnere ich mich daran. Da der freie Wille und da du, "Liebe".

- **Liebe:** Der freie Wille macht es noch leichter zu lieben. Das ist wie mein Freund, der freie Wille.
- **Mama:** Wie die Brücke, auf der du zu uns kommen kannst.
- **Baby:** Es ist schön, "Mama", wenn du sagst, dass du liebevoll zu dir bist. Das finde ich so schön. Da fühle ich mich geborgen. Und ich will allen Menschen nur Gutes. Das will ich auch. Ich will niemanden etwas Böses.
- **Mama:** Das hat dich sehr traurig gemacht?

**Baby**

»Ja, das hat mich traurig gemacht. Ich möchte nicht, dass jemand leidet oder böse sein muss. Mag ich nicht. So, jetzt habe ich einen Plan für mein Leben. Jetzt weiß ich, wie ich weitergehe. Jetzt kann mich nichts aufhalten. Ich will leben. Und lieben. Gut leben. Ja, genau! Gut leben! Nicht nur leben, sondern GUT leben! Ja! Das tue ich mir auch in meine Hosentasche. Wenn ich es vergessen sollte, dann schaue ich da hinein.«

- **Mama:** Du bist phänomenal. Du hast dir deine Stärke erhalten.

# 6. PSYCHE UND SCHLAF

## 6.1 DEPRESSION

*Allgemein-Begegnung (5 Worte)*
*Kind – Depression – Mama – Papa – Medikamente*

Auch diese Arbeit ist bahnbrechend: Hinter dem Symptom Depression zeigt sich der Abgrund einer Familiengeschichte von Abtreibung und mehrgenerationalem Missbrauch. Weil die Eltern, vor allem der Vater, sich massiv weigern, ihre eigenen Themen anzusehen, erfolgt eine Symptomverschiebung vom Vater auf das Kind. Das Kind ist komplett überfordert und schwankt zwischen Selbstmordgedanken und Ritzen. Nicht die Medikamente helfen, sondern das Hinsehen der Eltern auf ihre eigene Vergangenheit und Familiengeschichte.

### Depression
»Eigentlich dachte ich, dass ich als Depression irgendwie durcheinander sein müsste im Kopf. Das bin ich aber nicht. Ich heiße "Depression", aber dann müsste ich mich ja schlecht fühlen. Aber eigentlich habe ich das Gefühl, ich habe die Verantwortung für euch alle!
- Was machst du da "Papa"?
- Warum kümmerst du dich nicht um dein "Kind", "Mama"?
Die sagen mal kurz „ja, ich fühle mit dir", anstatt irgendetwas zu tun. Das macht mich wütend.

Mir fällt gerade eine Lösung ein: Wenn wir dem "Kind" jetzt "Medikamente" geben, dann ist es stillgelegt. Für mich wäre das aber nur eine Zwischenlösung. Dann kümmern wir uns erstmal darum, was "Mama" und "Papa" hier für Probleme haben. Ich fühle mich, als hätte ich die Oberaufsicht über euch, weil ihr gar nicht verbunden seid und gar nicht miteinander redet. Aber jetzt wurde gerade gesagt, "Papa" und "Medikamente" haben einen Bezug zueinander. Also nimmt ja wahrscheinlich der "Papa" die "Medikamente"?

Es kommt bei mir an, was "Kind" sagt, dass sie mich hasst. Ich verstehe das und ich bekomme auch Schuldgefühle. Aber ich weiß nicht, wie ich das ändern kann.«

## Papa

»Warum seid ihr alle so ernst? Ist ja kein lustiges Thema, aber ich könnte lachen. Es ist kein positives oder gesundes Lachen. Holdrödeldidum. Ich fühle mich su-per! Su-per! Ich fühle gar nichts. Gefühle sind Scheiße. Ich bin ein kleiner Junge und spiele. Habe ich mal "Medikamente" bekommen, als ich klein war? War da irgendwas? Blub blub. "Medikamente" machen fröh-lich. Sor-gen-frei. Blub blub. Blub blub. Schaut mal, ich bin ein Seehund.«

## Mama

»Ich bin ziemlich wütend, ich bin genervt. Und ich bin alles andere als depressiv. "Papa" ist eine Frau und heute ist Weltfrauentag. Das ist alles total verdreht! Klar, dass "Medikamente" damit nichts zu tun hat. Ich bin jetzt sauer auf "Medikamente". Ich sitze hier auf einem Haufen Wut und kriege richtig Kopfschmerzen.

Zu dir, "Kind", habe ich Mitgefühl. Aber irgendwie ist da keine Verbindung. Ich habe mit mir selber zu tun. Ich bin hier selber in so einem Schlamassel, dass ich da zu bewältigen habe. Ich bin zwischen "Papa" und "Medikamente". Und ich komme da nicht raus. Ich habe keinerlei Möglichkeiten, mich um "Kind" zu kümmern. Da tauchen Schuldgefühle auf. Da könnte ich in Depressionen verfallen, um das alles nicht zu spüren.

Das Blub-Blub vom "Papa", das hört sich wie im Mutterbauch an. Vielleicht hat ja seine Mama "Medikamente" genommen? Ich habe noch ein Auge auf "Papa" und irgendwie bin ich auch irritiert von "Medikamente". Und ich denke, was macht der "Papa" schon wieder?«

## Medikamente

»Der "Papa" ist mir suspekt. Was ich mit "Depression" zu tun habe weiß ich nicht. Also, ich habe das Gefühl, ich bin hier, um irgendetwas zu richten, womit ich eigentlich nichts zu tun habe. Ich versuche, mich die ganze Zeit zu orientieren und herauszufinden, wo ich einen Bezug habe. Je mehr ich dich sehe, "Papa", wie du da so herumhampelst, desto mehr denke ich, ihr müsstet euch erstmal miteinander beschäftigen. Den Vorschlag von "Depression" würde Sinn machen.«

## Kind

»Ich als Kind habe ich mich von Anfang an ganz alleine gefühlt und in mich selbst hineingekrochen. Mit dem Fingernagel in die Hand gebohrt, damit ich mich ein wenig spüre. Habe überlegt, ob ich ein Stofftier habe oder wo ich mich festhalten kann. Der "Papa", ist der betrunken? Am liebsten würde ich mich auflösen. Ich habe zu niemandem einen Bezug. Mein Herz wird immer schwerer. Ich bin alleine mit diesen Leuten. Es ist ganz schlimm. Ich habe nichts, wo ich einen Anhaltspunkt habe. Von Kontakt überhaupt nicht zu reden. Am liebsten wäre ich wirklich alleine.

Ich habe Angst gehabt, dass du auch so wütend bist auf mich, "Mama". Ich habe aber keinen Bezug zu dir. Ist es dein Papa oder ist es mein "Papa"? Ihr seid alle komplett neben der Spur! Wie soll ich da existieren können? Ich komme mir vor, als solle ich das alles lösen. Es ist furchtbar! Fürchterlich! ["Kind" fängt an zu weinen] Aber wer hilft mir dann? Ich brauche Hilfe! Ich bin der Mensch, dem es am Schlechtesten trifft. Wie soll ich großwerden können?? Die "Medikamente" kommen mir dann wie der Supergau vor. Aber ich kann mich nicht auflösen, ich kann nicht davonlaufen, ich bin euch ausgeliefert. Das ist das allerschlimmste. Aber ich bin schon zu eingeschränkt, dass ich etwas Hasserfülltes sage könnte oder tun könnte.

Der "Papa" ist doch als Kind steckengeblieben. Es ist niemand da! Die "Mama" ist auch nicht handlungsfähig. Die meint es vielleicht. Ich glaube, ich bin der einzige Mensch, egal wie alt ich bin, der erkennt, dass es aussichtslos ist. Wenn nicht etwas Gravierendes von den Erwachsenen passiert, dass sie sich mit sich selbst in Kontakt kommen, dass sie sich mit sich beschäftigen... Ich habe keine Ahnung, wo das hinführt. Bringe ich mich um?«

o **Depression:** Da komme ich zu dir. Wenn es so schlimm ist wie du sagst, dann komme ich zu dir. Dann brauchst du das Elend hier nicht mehr zu fühlen, wenn ich komme.

o **Medikamente:** Ich soll irgendwas zusammenhalten, ohne dass mir jemand sagt, dass ich einen Job habe. Erst wenn "Kind" sagt, sie

bringt sich um, dann habe ich eine Funktion. Aber nur als Lücken-
füller.

o **Kind:** Seid ihr komplett verrückt? Das ist doch keine Hilfe! Nein,
Nein. Was soll das für Hilfe sein?! Das wird noch schlimmer! Ich
sehe es doch bei meinen Eltern! Eher laufe ich weg oder ritze mich!
Ich weiß, dass das komplett nichts bringt! Die "Mama" ist die
Wichtigste. Der "Papa" soll sich schleichen.

*Was ist mit dem Vater los? Weshalb verhält er sich fast schon ver-
rückt? Wir nehmen "kleiner Junge" und ein "?" hinzu, um tiefer hinter
die Kulissen zu blicken.*

## kleiner Junge

»Ich bin klein. Unter sechs Jahre. Irgendwas muss ich erlebt haben. Du
kommst von mir, "Depression". Ich bin erleichtert, dass der "Papa" sich
selbst auf den Grund geht. Ich hatte so eine Idee: Bist du die Oma? Die
Mama vom "Papa", von dem kleinen Buben? Also, bei mir ist die Gefahr, dass ich sterben könnte, wenn ich nicht geschützt werde. Es
könnte gefährlich für mich werden. Ich weiß nicht, was es ist. Ich weiß
nicht, ob es im Bauch der Mama ist, ob es im Krankenhaus oder danach
ist. Ich bin unter Druck. Ich habe das Gefühl, es ist nicht nur eine Sache. Als wenn da zwei, drei Sachen sind, die irgendwie auf mich zu-
kommen, die zusammenkommen. Vorher, später. Wie auf einer Per-
lenkette. Schlimm.«

## Depression

»Ich bin an meinem richtigen Platz. Ich bin nur fokussiert auf dich. Ich
bin da, dass du das alles nicht so mitkriegst. Als wenn ich eine Glocke
über dich lege, damit du das hier alles irgendwie ertragen kannst. Ich
mache das, weil du mir ganz wichtig bist und weil ich dich gerne schützen möchte. Ich fühle mich verantwortlich. Genau. Weil es hier kein
anderer tut. Und ich pass sowas von auf! „kleiner Junge", ich bin da.
Und ich bin auch stark! Ich beschütze dich vor allem hier. Ich glaube,
dass du nicht richtig weißt, um was es geht und das ist meine Schuld.
Weil ich so viel Kraft aufwenden muss, um dich abzuschirmen. Dann
kriege ich selber auch nichts mit.«

**Mama**

»Ich fühle mich wie in Watte gepackt. Ich bin hoch gestresst und irgendwas passiert mit mir körperlich. Dass du da bist, um "kleiner Junge" zu schützen, das hat mich total berührt. Bei mir fühlt sich das auch so an, als ob um mich herum alles zusammengepresst wird. Es fühlt sich auch wie sterben an. Es fühlt sich an, als ob ich auch in Lebensgefahr wäre.«

**?**

»Abtreibung! Ob das mit "Papa" zu tun hat? Ich stehe jetzt für dieses „was jetzt?" Das andere hat nicht funktioniert und was jetzt? Müssen wir so tun als wäre doch irgendwie alles gut? Jetzt beginnt das Schauspiel. Und da kommt dann vielleicht "Depression" ins Spiel. Die kann unterstützen, dass es für gewisse Teile leichter wird. Aber je mehr ich die Klappe aufmache, desto mehr rappelts im Karton. Wenn man da anfängt zu säbeln, dann reißt das Seil irgendwann und dann macht es einen lauten Schlag. Missbrauch!

Ich bin zwar das Fragezeichen, aber ich selber habe keine Stimme. Aber du, "kleiner Junge", hast die Stimme. Wenn du mit mir zusammenarbeitest, wenn du mit mir in Kontakt gehst, dann kannst du beginnen, Fragen zu stellen. Und dann wird es unangenehm. Denn alle anderen wollen diese Fragen wahrscheinlich nicht hören. Überall, wo Fragen gestellt werde, da ist ganz wenig Raum für Kindheit, weil es da um andere Themen geht. Aber sobald du beginnst, Fragen zu stellen, braucht es auch nicht mehr die Hilfe von "Depression". Dann ist auch mehr Leben möglich, das eigene Leben, das eigene Erwachsenwerden. Das eigene Ich-Sein. Das Aussteigen aus den Fragezeichen. Du trägst das alle mit. Diese ganzen Fragezeichen. Und das sind nicht deine Fragezeichen. Ich bin nicht dein Fragezeichen. Ich bin das Fragezeichen des ganzen Systems! Ich hänge, umgedreht, wie der Haken oben drüber.«

- o **Depression:** Da muss ich noch mehr Kraft aufwenden, dass "kleiner Junge" nichts passiert. Für euch tue ich nichts, denn ich finde, ihr seid schuldig!
- o **kleiner Junge:** Das würde Sinn machen für mich. Wer wollte denn nicht, dass ich da bin? Streit zwischen meiner Mama und meinem

Papa? Das erleichtert mich komischerweise, wenn du das sagst. Ich merke gerade, "?" tut mir am meisten gut. Da kommt bei mir so langsam Klarheit rein.

## Mama

»Da ist ganz viel Scham, Schuld. Ich bin eigentlich stumm, dissoziiert. Ich bin richtig frustriert in meiner Ehe. Ich bekomme Bauchschmerzen, wenn ich darüber rede. Ich schiebe totalen Frust, was Männer betrifft. Der Mann bekommt alles ab, den ganzen Hass auf Männer, den ich habe. Ich lehne den komplett ab. Aber ich würde euch das nicht sagen. Das ist alles so still und heimlich. Ich glaube, ich würde ein Mädchen haben wollen. Ich wünsche mir ein Mädchen, dass fröhlich ist. Dass ich anziehen und ankleiden kann. Ich bin so unglücklich in meiner Ehe! Es läuft so gar nicht, wie ich mir das vorstelle. Und die Kinder können es irgendwie auch nicht besser machen. Die sind eher noch belastend. Die kriegen das ab, indem ich sie ablehne.«

## kleiner Junge

»Also, das Nichtwissen war schlimmer als von dir, "?" zu hören, was du gerade gesagt hast. Theaterspiel. Es wird zurechtgebogen: „Ja, das Kind haben wir gewollt. Schau mal, ein Wunschkind!" Was man dann halt so sagt. Stammhalter oder was für ein Blödsinn da so kommt. Ich habe das Gefühl, ich bin in den Fronten zwischen meiner Mama und meinem Papa geraten. Also, ich brauche unbedingt "?", dass du redest. Du gibst mir Halt, gibst mir eine Richtung. Dann bricht das Lügengebäude zusammen. Das ist gut. Aber wie soll ich da Kind sein? Wie soll ich da leben? Zuerst war ich froh, dass die Aufmerksamkeit von mir weggegangen ist. Ich dachte, okay, jetzt kümmern sie sich um sich selbst und dann können sie mich sehen. Aber das ist ja ewig! Wenn ich nicht eingehe dabei, dann bin ich erwachsen, bis ihr als Eltern irgendwas erledigt habt. Das macht mich jetzt im Herzen sehr schwer und tut mir weh. Und meine Hoffnung ist wieder ganz erloschen. Ich verkrieche mich mit meinem Kuscheltier, Känguru, in meinem Bett, in irgendeine Ecke. Ich weiß nicht, wie ich weiterleben soll.«

**Mama**

»Je mehr ihr spricht, desto mehr gehe ich in den Hintergrund. Aber ich habe noch Kontrolle über euch. Das kann ich spüren. Ich bin auch verhärtet, je mehr ihr darüber redet, dass das Kartenhaus zusammenbricht. Ich will nicht, dass das ans Tageslicht kommt. Ich tue genau das, was ich machen sollte. Das wird seit Generationen so gemacht. Ich decke den Missbrauch.«

o   **kleiner Junge:** Und Kinder abtreiben?
o   **Mama:** Das ist Mord. Das wird auch seit Generationen so gemacht. Das war die einzige Möglichkeit, um uns zu schützen. Es ist total verdreht. Aber das ist die einzige Möglichkeit, die wir haben. Das ist komplett irre.
o   **Depression:** Ich bin so wütend, dass du das weißt und trotzdem nichts tust! Im Hintergrund sitzt und jammerst, anstatt was zu tun! Das macht mich völlig wütend! Wozu braucht man dich dann?!
o   **kleiner Junge:** Nein. Das muss über mich beginnen. Ich brauche deine Hilfe "?". Was immer du mir noch sagen kannst oder wo ich anfangen soll. Ich brauche Hilfe. Mit welchem Thema soll ich anfangen? Wo soll ich ansetzen?

**Kind**

»Ich habe solche Herzschmerzen, weil meine Eltern nicht da sind. Weil sie selber Schlimmes erlebt haben. Ich kann das spüren. Und das tut mir so weh. Und das nimmt mir jede Hoffnung, dass da noch was anderes werden kann für mich.«

**?**

»Ich glaube, eine erste gute Frage, kann das Hinterfragen der "Depression" sein. Im Sinne von: Wofür ist sie gut? Was macht sie? Was kann sie nicht machen? Wofür steht sie nicht? Wann kann sie gehen? Wohin gehört sie? "Medikamente" sind nicht die Lösung.«

o   **Kind:** Gibt es Menschen im Außen, die helfen können? Die mit den Eltern arbeiten können oder reden?
o   **kleiner Junge:** Wenn du die Frage stellst, dann denke ich, die helfen auch noch zu unterdrücken. Hier ist etwas Schwarzes. Ich

muss dem Schwarzem auf die Spur kommen, dass die "Mama" verschlucken will.

o **Depression:** Und ich bin eigentlich nur zum Schutz da. Ich merke aber, dass ich selber ziemlich wütend bin. Wahrscheinlich übertrage ich das auf euch. Obwohl ich eine schützende Funktion.

**kleiner Junge**

»Genau. Das ist, wie wenn man was abfeuert und es prallt von den Wänden zurück und trifft einen oder andere aus der Gruppe, die man eigentlich schützen wollte. Aber die "Mama" ist richtig verschluckt von dem Schwarzen, Bösen. Ich merke gerade als Junge, warum es wichtig ist, dass ich endlich in die Handlung komme. Dass ich als "kleiner Junge" von "Papa" in die Handlung komme.«

# 6. 2 ADHS

*Allgemein-Begegnung (4 Worte)*
*Englisch: parents – child – doctor – ADHD*
*Deutsch: eltern – kind – doktor – ADHS*

Ein kurzer Ausflug in die Geschichte der Medizin, diesmal anhand der deutschen Kindergeschichte des »Zappelphilipp«, auf Englisch »Fidgety Phil« genannt. Der Frankfurter Nervenarzt Heinrich Hoffmann (1809 – 1894) griff in seiner Praxis zu Stift und Papier und fing an, für unruhige Kinder zu zeichnen, um sie zu beruhigen. Daraus entwickelte sich eher zufällig ein Buch, das in der Urfassung von 1845 sechs Geschichten von Kindern mit gewissen Eigenarten enthielt. Der Zappelphilipp machte sein Debut ein Jahr später in der zweiten Auflage von 1846.

»Was Heinrich Hoffmann mit dem Zappelphilipp vor allem dargestellt hat, ist jedoch unübersehbar: einen offenen Konflikt zwischen dem Vater und seinem einzigen Sohn, dessen Verhalten bei Tisch eine Unart ist, die sich in einer bürgerlichen Familie des 19. Jahrhunderts nicht gehörte. (...) Was bei Heinrich Hoffmanns Zappelphilipp als Unart galt, wurde entlang seinem theoretischen Deutungsweg zur

Neuropathie, zur Psychopathie, zur Neurasthenie, zum Kinderfehler, zum Hirnschaden, wurde zweierlei Neurosekonzepten unterworfen, als Krankheit, Störung und Behinderung bezeichnet und endet vorläufig bei den Genen und der Neurotransmitter-Chemie.«[70]

Diese Arbeit erzählt die Geschichte eines tief einsamen Kindes. Eines Kindes, das keinen Platz findet in einer dysfunktionalen Familie. Es erzählt die Geschichte einer überforderten, neurotischen Mutter, eines komplett abwesenden Vaters und es erzählt die Geschichte einer Medizin, der es nicht um das Kindeswohl geht. Es ist traurig, wie verloren sich ein Kind dann in der Schule und im Leben fühlen kann, wenn die Räume immer enger werden. Und wie es als ein ES degradiert wird. Und es stellt sich, damals wie heute, die Frage: Wo kann man da überhaupt noch Kind sein?

»Ich fühle mich als Kind völlig allein. Papa ist absolut abwesend, unfähig mit sich selbst umzugehen. Ich fühlte mich irgendwie verantwortlich für ihn. Fast so, als hätte ich die Verantwortung, ihn zu verachten, weil meine Mutter ihn so sehr hasst. Ich nehme diesen Teil meiner Identität auf, von dem mir gesagt wird, dass ich wie er bin und mich mit ihm identifiziere. Einerseits glaube ich es, andererseits will ich meine Mutter. Aber ich kann nicht beides haben. Und es gipfelt in einer Art unberechenbarem Verhalten. Als Kind wollte ich immer ein Tier, weil ich etwas für mich haben konnte. Kann ich dir genug vertrauen, um zu sagen: „Ich möchte wirklich gerne ein Tier haben?" Es gibt eine tiefe Sehnsucht, aber ich kann sie teilen.«

*Das "Kind" wirft kleine Spielsachen auf den Tisch und experimentiert mit einem Glas Wasser und Würfeln. Macht wütende Geräusche, schaukelt hin und her mit dem Stuhl. Schaut sich ständig um.*

**eltern**
»Okay, wir sind bereit zum Ausgehen. Es ist nicht so kalt draußen. Ich denke das Kleid ist für diese Party geeignet. Bye bye!«

---

[70] Deutsches Ärzteblatt 2004; 101: A 239–243 [Heft 5], »„Zappelphilipp" und ADHS: Von der Unart zur Krankheit«, https://www.aerzteblatt.de/archiv/40288/Zappelphi-lipp-und-ADHS-Von-der-Unart-zur-Krankheit

["eltern" gehen und kommen zurück, schreien "kind" an] »Was machst du mit dem Wasser?? Lass das! Oh mein Gott! Ich sagte, leg das auf seinen Platz! Leg das auf seinen Platz! Hörst du mich!? Er mach mich verrückt. Sie, er – oder ist es er oder sie? Er oder sie. Ich sagte dir, leg das hin! Dieses "kind" macht mich verrückt!!! Ich kann das nicht mehr aushalten! Ich werde Mary anrufen.«

[Am Telefon mit Mary] »Wann war das Kaffeekränzchen? Ich komme natürlich. Was machst du da? Lass das mal! Sorry, einen Moment.«

[Zum Kind] »Ich werde dich in deinem Zimmer einsperren und du wirst dort fünf Stunden bleiben. Hörst du mich!? Du wirst fünf Stunden allein sein, wenn du dich so verhältst!

[Zurück zur Freundin] »Darling, bitte reserviere meinen Platz. Bis bald. Tschüss. Ich mache mich gerade fertig. Nein, nein! Ich komme. Ich bin gerade dabei, mich vorzubereiten. Dieses "kind" geht mir wieder auf die Nerven. Das ist der Grund. Bye Bye. Küsse, bye.«

[Zum Kind] »Ich gehe aus. Okay, benimm dich bitte. Hörst du mich? Benimm dich bitte! Bleib zu Hause. Benimm dich bitte, okay?! Bleib in deinem Zimmer. Und pass auf, dass die Katze nicht das Sofa zerkratzt. Tschüss. Tschüs.«

»Ich komme nach Hause und kann dieses "kind" nicht ansehen. Du bist unerträglich! Du bist ein unerträgliches "kind"! Du tust genau das Gegenteil von dem, was ich dir sage. Ich will dich nicht ansehen. Du bleibst einfach in deinem Zimmer.«

*Nächste Szene, in der alle zusammen bei der Therapiesitzung sind. Der "doktor" spielt ständig mit seinem Telefon, geht weg, kommt zurück und lächelt dumm.*

o  **eltern:** Okay, wann war unsere nächste Sitzung? Wir hatten eine Sitzung mit Ihnen? Oh, ich habe es vergessen. Okay, okay. Lassen Sie uns das klären. Ich habe andere Dinge zu tun. Okay, wie lange wird die Sitzung dauern? Denn ich gehe zum Nägel polieren. Das ist meine Lieblingsfarbe! Es ist das, was ich als Nächstes auf meinen Nägeln haben will. Wie können wir das beheben? Ich kann den Blick auf dieses "kind" nicht ertragen. Er, sie oder es – soll nicht hier sein.

o **doktor:** Es ist in Ordnung. Sie können für eine halbe Stunde gehen. Ich meine, Sie können gehen, Ihre Nägel machen, während ich mit dem "Kind" allein bin. 30 Minuten. Und dann kommen Sie zurück. Ich bin ein männlicher Arzt und ich bin so glücklich, dass ich diese Probleme nicht habe. Ich fühle mich einfach wunderbar, weil SIE diese Probleme haben und ich sie nicht habe. Also, schauen wir uns das "kind" an.

*"eltern" gehen wieder weg.*

o **doktor:** Also, mein liebes "kind". Wie geht es dir? Ich bin nicht deine Mutter. Ich bin freundlich. Oh, was ist das? Was hast du in diesem Glas?
o **kind:** NEIN. Das ist meins. Ich will es nicht mit dir teilen.
o **doktor:** Wie alt bist du?
o **kind:** Das sage ich dir nicht. Das geht dich nichts an.
o **doktor:** Wie heißt du?
o **kind:** Ich sage dir das auch nicht.
o **doktor:** Kannst du einen Satz für mich schreiben?
o **kind:** Lass mich einfach den Lippenstift meiner Mama holen. Ich schreibe gerne mit dem Lippenstift meiner Mama »VERPISS DICH«. *[hält ein Stück Papier hoch]*
o **doktor:** So tolle Wörter! Gut gemacht! Bist du schon in der Schule?
o **kind:** Sage ich dir nicht
o **doktor:** Ich bin mir sicher, in der Schule wackelst du auch so auf dem Stuhl hin und her.
o **child:** Bla bla bla.
o **doktor:** Hast du Freunde? Magst du Tiere?

*"kind" hört auf, mit dem Stuhl zu schaukeln.*

o **doktor** [spricht sehr langsam und lächelt weiterhin dumm]: Hund? Oder eine Katze? Vielleicht ein Pferd? Meine Assistentin hat ein großes Pferd.
o **kind:** Vielleicht könnt ihr beide darauf auf den Sonnenuntergang davonreiten.

o **doktor:** Ich streichle ihn gerne. Er ist sehr flauschig. Hast du ein Haustier? Oder hättest du gerne eins? Es wäre toll, wenn du mir den Namen des Tieres, das du liebst, aufschreiben könntest. Ich kann dann mit deiner Mutter sprechen und wir können etwas arrangieren. Magst du lieber spielen?

o **kind:** Ich möchte nicht hier sein. Ich möchte lieber nach Hause gehen.

o **doktor:** Ich habe hier den Standardfragebogen und dann kannst du nach Hause gehen. Das ist kein Problem.

o **kind:** Ich gehe jetzt spazieren.

o **doktor:** Okay. Okay. Frau "eltern"? Sind Sie wieder da?

o **eltern:** Okay. Ja. Ein Moment. Ich nehme Platz. Oh, hallo. Oh, ich möchte mich nicht mit diesem Thema befassen. Ich brauche selbst Hilfe! Ich kann mich mit diesem Thema nicht befassen. Sehen Sie sich dieses "kind" an!

o **doktor:** Ja, es ist schwer. Ich verstehe das vollkommen. Es ist wirklich schwierig für Sie.

o **eltern:** Oh, Sie können ein Medikament verschreiben? Tabletten? Es muss doch Pillen geben.

o **doktor:** Alles was Sie wollen. Alles was Sie wollen.

o **eltern:** Kann man das schnell regeln? Ich werde nämlich zum Friseur gehen. Geben Sie mir einfach ein paar Pillen. Ich dachte, Sie sind Psychologe? Ah, Sie sind ein Arzt. „doktor", bitte, Pillen oder... Ich sorge dafür, dass er die Pillen bekommt.

o **doktor:** Oh, Ich dachte, das "kind" ist ein Mädchen.

o **eltern:** Mädchen?

o **doktor:** Ja. Es ist ein Junge, oder?

o **parents:** Kann sein. Das kann sein. Vielleicht.

o **doktor:** Egal. Alles was Sie wünschen. Natürlich. Sie bekommen Medikamente. Und vielleicht können Sie das "kind" ein bis zweimal die Woche herbringen, um zu sprechen? Es ist am Anfang schwierig, aber wir sollten es versuchen.

o **kind:** Nein, nein!

o **parents:** Oh, tatsächlich merke ich, dass mich das beruhigt [riecht einen Duft]. Es beruhigt meine Nerven. Ein anderer Arzt hat mir gesagt, dass ein Glas Wein am Abend auch okay ist.

- doktor: Ja, ja, es ist sehr schwierig. Ich verstehe das vollkommen. Es muss sehr schwer sein. Aber ich gebe Ihnen, wenn Sie wollen, die Medikamente. Und es wäre am besten, wenn das "kind" zu mir kommen würde.
- eltern: Ich liebe diese Farbe. Ich muss auch sehr bald die Vorhänge wechseln, weil diese Farbe nicht gut für diese Jahreszeit ist. Es kann sein, weil ich wirklich super beschäftigt bin. Ich habe nicht so viel Zeit für die Probleme, die er hat. Pillen werden reichen. Wenn Sie sie mir verschreiben, schicke ich meine Assistentin.
- doktor: Was auch immer sie brauchen.
- eltern: Also, er wird morgen wieder gesund sein? Oder wie lange?
- doktor: Geben Sie ihm ein paar Tage Zeit, bis sich alles im Körper reguliert hat. Maximal drei Tage, würde ich sagen, und es sollte in Ordnung sein.
- eltern: Denn wir werden in unser Sommerhaus fahren und er muss normal sein.
- doktor: Normal. Ja natürlich. Ich verstehe. Definitiv. Und ich würde sagen, wenn Sie zurückkommen, besuchen Sie mich wieder. Kommen Sie für eine halbe Stunde und das ist in Ordnung. Und das machen wir regelmäßig.
- eltern: Okay, also, ich nehme auch regelmäßig Schlaftabletten. Vielleicht können Sie mir auch ein paar Schlaftabletten verschreiben?
- doktor: Absolut! Ja. Natürlich!
- eltern: Oh, danke Ihnen. Dann ist alles in Ordnung. Okay, ich muss los. Ich habe noch eine andere Aufgabe. Ich danke Ihnen. Ich weiß das sehr zu schätzen. Oh... ich bin in einem totalen Schreikrampf, wenn ich dieses "Kind" sehe. Ich muss schreien. Ich kann das nicht ertragen.

*Währenddessen schrieb das "kind" die folgende Notiz und hielt sie in die Kamera: »Sie ist eine verrückte, neurotische Närvensäge. Bah!!«*

## ADHS

»Wer ist der Verrückte? Ich verstehe es immer noch nicht. Deine Mutter? Dein Vater? Deine Großeltern? Wer ist der Verrückte? Warum haben sie dir meinen Namen gegeben? Wir sind total unterschiedliche

Leute. Ich hörte gerade ein bisschen von dem, was der "Doktor" sagte und ich dachte: Diese Person ist verrückter als jeder andere! Sogar als unsere Mutter! Sorry, das zu sagen. Hast du dieses Lächeln gesehen? War das "doktor" auf Drogen?«

**kind**

»Sie ist eine verrückte neurotische Nervensäge! Sie ist eine Irre. Wahnsinnige! Es ist zu viel. Ich schlage meine Trommel, ich schüttle mein Glas. Sie versuchen mir deinen Namen zu geben! Mein Name ist "ADHS". Ich habe keinen Namen. Ich glaube, der "doktor" hatte einige der Schlaftabletten meiner Mutter. Und dann wird sie baaa!! – schläft – baaaa! – schläft – baaaa! Das ist alles was sie tut. Sie ist schrecklich!«

o **kind:** Ich vermisse sie manchmal. Aber sie mag mich nicht.
o **ADHS:** SIE MAG DICH NICHT?
o **kind:** Sie schreit mich an. Und sie lässt mich ganz oft alleine. Es ist beschissen. Schau, das war für den "doktor" [hält das Papier hoch, auf dem steht: »VERPISS DICH«].
o **ADHS:** Weißt du, was ich dachte? Ich denke, wenn wir – wie dieser dumme "doktor" sagte – einmal pro Woche gehen würden, könnten wir diese Person vielleicht nach einem Monat analysieren; oder zwei; maximal. Ich bin mir ziemlich sicher. Das wäre interessant, weil wir seine eigenen Methoden gegen ihn wenden könnten. Wäre das nicht total lustig?«
o **kind:** Fünf Minuten! Verrückter. Vollkommener Freak. Wahnsinniger Irrer. Es wäre einfacher, ihm die Schlaftabletten meiner Mama zu geben. Mit einer Tasse Tee.
o **ADHS:** Aber das ist sehr ermüdend.
o **kind:** Es ist so. Ich muss die ganze Zeit so sein! DIE GANZE ZEIT. Und ich muss das alles stemmen! Mit mir stimmt etwas nicht.
o **ADHS:** Oh mein Gott! Aber warum? Ich verstehe es nicht. Mit dir ist nichts falsch!
o **kind:** Das ist nicht, was meine Mutter sagt. Sie schreit die ganze Zeit. Sie will mir deinen Namen geben. Und dann lässt sie mich allein.
o **ADHS:** Nägel, Haare und andere dumme Frauen. Sorry.
o **kind:** Sie bräuchte einen Hund, aber kein Kind.

- **ADHS:** Und wo ist der... der... der Mann, der dich geboren hat? Der andere? Weißt du. Wie heißt er? Es gibt ein anderes Wort für ihn, aber ich erinnere mich nicht. Wie hieß er?
- **kind:** Jeff. Ja. Ich nenne ihn Jeff. Samenspender. Das ist ein anderes Wort, wie ich ihn gerne nenne. Nur Samenspender.
- **ADHS:** Nein. Andere Leute nennen ihn so…
- **kind:** Papa?
- **ADHS:** Uuh!! Ja, das ist das Wort! Ich will nicht an ihn denken. Er ist genauso verrückt wie die Mutter. Nur anders verrückt. Oh Gott. Er will von allen gemocht werden.
- **kind:** Er hat eine große Aufgabe vor sich. Er mag mich nicht einmal.
- **ADHS:** Ja, das ist wahr. Das ist wahr. Es gibt keinen Ort. Ich habe an die Schule gedacht, aber das ist auch ein beschissener Ort.
- **kind:** Der ist schrecklich. Das ist ein Gefängnis. Gefängnis. Sie lassen dich dort sitzen. Ich hasse es. Ich hasse es! Nur Mädchenmädchen. Und all die juckenden Kleider.
- **ADHS:** Und zu viele Kinder. Einfach zu viel von allem. Zu viele Leute. Zu laut. Zu voll. Es ist keine Zeit für nichts.
- **kind:** So laut! Und dann sagen sie dir ständig, du sollst still sitzen! Sie geben dir all diesen Scheiß und dann sagen sie: »Bleib still sitzen. Und halt die Klappe!« Und SIE halten nie den Mund. Bla bla bla. Und dann bekommst du Ärger, wenn du sie nachahmst. Ich mag es, in Schwierigkeiten zu geraten, damit ich aus dem Unterricht genommen werde.
- **ADHS:** Ja! Das klingt viel besser. Denn wenn die anderen in ihren Klassenzimmern sind, dann ist es zumindest ruhig. Denn während der Pausen ist es noch lauter!
- **kind:** Pandemonium! Pandemonium! Überall Leute, wie Ameisen, die über dich kriechen. Ach, ich hasse es. Und ich rede nicht gern mit Leuten. Und wenn ich mit Menschen rede, wird mir gesagt, dass ich zu schnell spreche. Oder ich spreche zu laut. Oder das oder jenes. Deshalb gefällt es mir einfach nicht.
- **ADHS:** Das ist wahr. Und wie du sagtest: Jeder spielt ein Theaterspiel: Es gibt die Schönen, und die anderen sind die Kämpfenden und es gibt die sehr schüchternen und kleinen. Ich mag niemanden, wenn ich ehrlich bin. Denn ich fühle, dass uns keiner mag.

o **kind:** Es gibt niemanden wie uns. Niemand mag uns. Ich will nicht wirklich dazu passen. Ich will nur allein gelassen werden.

o **ADHS:** Richtig. Aber niemand lässt uns allein. Überall, wo man hingeht muss man etwas tun!

o **kind:** Ich verstecke mich. Und ich tue so, als ob ich mich verstecken würde. Und sie können mich nicht finden. Sie werden wirklich wütend. Wir sind böse. Etwas stimmt nicht mit uns.

o **ADHS:** Es ist nicht so, dass die anderen so fantastisch wären. Seien wir ehrlich. Ich meine, es gibt auch in unserer Klasse einige Crackheads. Nur anders dumm.

o **kind:** Ja, das ist wahr. Ich lerne gerne...

o **ADHS:** Aber nicht so wie dort. Es ist dumm.

**kind**

"Es ist schrecklich. Es ist ein Gefängnis. Von einem Ort zum nächsten, jedes Mal, wenn die verdammte Glocke läutet. Jesus, was hat das mit der Glocke auf sich? Es ist keine Kirche! Aufs Klo zu gehen ist eine militärische Übung! Jesus Christus! Niemand kann alleine auf die Toilette gehen. Und wenn du das tust, gehst du da rein und sie rauchen – und du denkst: Ich will da nicht rein! Dann bekomme ich noch mehr Ärger. Also, halte ich es. Und manchmal habe ich einen Unfall. Und dann wird Mama WIRKLICH wütend. Sie denkt, es ist meine Schuld.«

o **ADHS:** Sie ist wie ein kopfloses Huhn. Warum geht sie nicht zu diesem verrückten "doktor"? Sie würden sich perfekt ergänzen. Vielleicht verstehen sie sich?

o **kind** [lacht]: Sie ist zu verrückt für diesen "doktor"! Sie werden Pillen tauschen. Eine smarty Party machen.

o **ADHS** [lacht]: Stell dir das Bild vor! Sorry, aber ich stelle mir nur vor, wie sie Sex haben. Wäre das nicht schön? Vielleicht wäre sie dann wieder glücklich? Aber vielleicht wäre sie es auch nicht. Ich weiß nicht.

o **kind** [lacht]: Oh, das Kichern hilft. Ich habe vergessen, was es heißt zu lachen.

**ADHS** [lacht und hustet]

»Meine Lungen sind noch nicht einmal daran gewöhnt. Oh, mein Gott. Wenn mich jemand fragen würde, welcher Beruf wäre schön, jetzt wo wir lachen, würde ich sagen Stand-up Comedian. Wäre das nicht schön? Jeden zu sagen, was ich von ihnen halte?«

o **kind:** Ich denke, der Slogan »Fuck Off« würde funktionieren.

o **ADHD:** Das wäre der Name meiner ersten Show.

o **kind:** Und wir würden mit den Lehrern beginnen. Verdammte Lehrer.

o **ADHS:** Obwohl ich den "doktor" bevorzuge, um ehrlich zu sein. Er ist wirklich verrückt. Hast du sein Lächeln gesehen? Es gibt keinen Platz zum Lachen. Nur dieses Militär...

o **kind:** Unsere Mama sucht sich selbst. Sie stolpert herum und versucht, die Kaffeetasse zu finden. Das und ihre Beruhigungsmittel. Oh, das war eine Frage, der "doktor" und sein Pferd! Er hat ein Pferd. Ich sagte ihm, er solle in den Sonnenuntergang reiten.

o **ADHS:** Aber ich hatte, es gab da eine Minute... Ich hatte Angst, er würde dich erwischen mit dieser Tierfrage. Ernsthaft.

o **kind** [flüstert]: Ich mag Tiere. Es war das Pferd, dass das Fass zum Überlaufen brachte.

o **ADHS:** Ich wusste es! Ich wusste es!

o **kind:** Ein Pferd! Ich meine, die Katze und der Hund, aber ein Pferd!?

o **ADHS:** Pippi Langstrumpf, Pippi Langstrumpf… Erinnere dich an sie![71]

o **kind:** Sie durfte "frech" sein. Sie bekam keinen Ärger. Und ihr wurde ein Pferd erlaubt. Ich bin jetzt etwas eifersüchtig.

o **ADHS:** Und es hatte Punkte. Und sie war wirklich stark. Sie konnte es heben. Ziemlich beeindruckend, muss ich sagen.

o **kind:** Stimmt. Stimmt. Das ist wahr.

---

[71] Wir liebten sie alle, Pippi Langstrumpf, Die Villa Kunterbunt, Herr Nielson, Kleiner Onkel, Tommy und Annika. Ein Dank an Astrid Lindgren und ihre Tochter für die Geschichten dieses wundervollen Mädchens. https://www.astridlindgren.com/de/figuren/pippi-langstrumpf

o **ADHS:** Aber wo ich auch hinsehe, es gibt einfach keinen Platz dafür. Nicht einmal ein bisschen davon. Ich meine, ich kann nicht mal einen Baum hochklettern. Wo sind die Bäume?

o **kind:** Ich kann alles tun, wenn meine Mutter schreit. Ich kann wirklich schnell gehen. Ich kann überall raufklettern, wo sie mich nicht erreichen kann. Und ich kann entkommen. Alles, wenn sie schreit. Aber sie kann sich nicht beruhigen. Sie ist bescheuert. Ich verstehe sie sogar!

o **ADHS:** Und dieser Dummkopf – ich will seinen Namen nicht sagen, dieser P-a-p-a – er hat keine Ahnung. Wie kann er nur so dumm sein?

o **kind:** Er nervt mich wirklich. Sie hasst ihn! Sie hasst ihn. Das ist wie ein Feuerwerk.

o **ADHS:** Und er hat kein Interesse an uns. Das ist wahr. Er ist so verdammt dumm. Mein Gott, ist er dumm!

o **kind:** Ich fühle mich ein bisschen wie er. Ich denke, manchmal ist das der andere Grund, warum sie mich nicht mag.

o **ADHS:** Bitte beleidige dich nicht! Sie denkt du bist wie dein P-a-p-a? Das ist nicht fair. Das ist nicht fair!

o **kind:** Sie sagt es mir oft: »Du bist genau wie dein Vater!!« Sie braucht eine Lautstärkeregelung. Ich habe die Fernbedienung ausprobiert. Die Fernbedienung nehmen und den Stummschaltknopf drücken. Es hat nicht funktioniert. Aber ich habe es versucht.

o **ADHS:** Weißt du, das einzige was funktionieren könnte ist, dass sie lange aus dem Haus bleibt. Nicht nur eine Stunde. Mindestens fünf Stunden.

o **kind:** Das macht mir wirklich Angst. Zumindest weiß ich, wenn sie schreit, ist sie da. Es ist nicht besser für mich, sondern für sie, wenn sie weg geht. Und dann sagt sie mir, wie schlimm mein Papaaa ist. Und dann sagt sie mir: »Du genauso bist wie er.« Sie ist schrecklich! Es ist okay, wenn sie mich in Ruhe lassen kann, aber mich nicht verlässt. Ich muss diese wirklich dummen Tablette nehmen! Um mich normal zu machen.

o **ADHS:** Aber du kannst die Pillen irgendwo verstecken, oder? Sie wird es nicht herausfinden. Ich bin mir nicht sicher, ob du ein bisschen vortäuschen kannst.

- **kind:** Ich denke, das ist alles was ich mache. Es gibt nirgendwo viel Platz. Was kann ich sonst tun als vortäuschen? Sie merkt es nur nicht, wenn ich sage, sie soll sich verpissen. Der "doktor" war sehr diplomatisch. Ich denke, er ging wahrscheinlich hinter den Vorhang, um zu weinen.
- **ADHS** [lacht]: Nein, ich glaube nicht, dass er das so empfindet. Ich denke, er dachte auch, dass unsere Mutter ein bisschen verrückt ist. Aber ich dachte, er wollte sie lieber loswerden, als mit dir zu reden.
- **kind:** Aber sie hasst mich. Sie schreit sogar, wenn sie schläft. Sie trinkt gerne. Eine Flasche... jeden Abend. Ich mag sie nicht, wenn sie trinkt. Dann wird sie wirklich gemein. Ich meine, sie ist normalerweise gemein, aber dann wird sie WIRKLICH gemein.
- **ADHS:** Mensch! Ich habe den Eindruck, wenn sie das tut, bin ich nicht mehr da bei dir. Ich gehe einfach woanders hin. Ich kann es mir nicht anhören.
- **kind:** Ich verstecke mich. Ich verstecke mich. Sie versucht, mich zu finden, wenn sie angetrunken ist. Sie ist so fake wie ihre Nägel. Ihr ist es wichtig, was die Leute denken.
- **ADHS:** Aber auf eine seltsame Weise. Sie sucht ständig, sucht ständig. Was sucht sie?

**kind**

»Alles außer mir. Sie mag mich einfach nicht. Ich bin die ganze Zeit auf mich gestellt. Und wenn ich bei ihr bin, streiten wir uns nur. Und es ist wirklich schwierig und es ist wirklich hart. Ich bin einfach müde. Es ist schwer, die ganze Zeit so zu sein. Aber, bei Gott, sie schafft das. Heilige Scheiße! Sie hat freie Phasenelektrizität in ihrem Arsch. Sie ist auf einem anderen Level! Was bin ich? 12 Jahre? Und sie war immer so. Ich fürchte mich, wenn meine Periode beginnt. Und ich kann es ihr nicht sagen. Wie soll ich es ihr sagen? Was werde ich jetzt tun?«

Einen Nachtrag von der Person, die mit "eltern" in Resonanz war:
»Wenn ich auftauche, beginne ich automatisch zu schreien. Während du mit "ADHS" geredet hast, fühlte ich mich als könnte ich reinkommen und sagen: "Du bist nicht im Bett! Ich werde es deinem Vater sagen! Er wird dich versohlen!" Ich weiß nicht, wie ich als Elternteil dieses Nervensystem 12 Jahre lang tolerieren kann. Entweder schreie

ich oder schlafe. Abends beruhigt mich das Trinken. Ich suche nach Dingen, Substanzen, um mich zu beruhigen. Mein Nervensystem verlangt es.«

## 6.3 ASPERGER

*Allgemein-Begegnung (3 Worte)*
*Englisch: Asperger's diagnosis – child – help ?*
*Deutsch: Asperger diagnose – kind – hilfe ?*

Im Zuge der Recherche für dieses Thema bin ich auf ein Buch der Amerikanerin Edith Schaeffer über Dr. Asperger gestoßen:

»Wien 1938: Der Arzt Hans Asperger beschreibt Symptome bei Kindern, die er unter die Diagnose „autistische Psychopathie" fasst. Er hatte bei Patienten Schwächen im sozialen Verhalten beobachtet. Im selben Jahr ziehen die Nationalsozialisten in Wien ein. Asperger sollte bald verantworten, dass Kinder, die er für „nicht sozial integrierbar" hielt, in der Anstalt Am Spiegelgrund zu „Euthanasie"-Opfern wurden. Edith Sheffer, Mutter eines von Autismus betroffenen Kindes, hat sich auf die Suche nach den Ursprüngen der Diagnose begeben. Sie zeigt, welche Wertvorstellungen Asperger geprägt haben und welche Entwicklung die Diagnose genommen hat.«[72]

Edith Schaeffer hat ein absolut lesenswertes Buch geschrieben, das tief unter die Haut geht. Und diese Arbeit ist es nicht minder. Wieder sehen wir mehrgenerationales Trauma, an dessen Spitze eine Vielzahl an ermordeten Kindern steht. Wer oder was kann da helfen? Eltern? Ärzte? Psychologen? Oder wird lieber kollektiv weggesehen? Gefühle komplett abgespalten, dissoziiert, alles mundtot gemacht?

---

[72] Edith Sheffer, »Aspergers Kinder. Die Geburt des Autismus im »Dritten Reich«.« Zusammenfassender Text der deutschen Übersetzung, die vom Englischen abweicht, aber, wie ich finde, viel treffender ist.

**hilfe ?**

»Ich fühle mich ein bisschen wie ein Elternteil. Ich habe das versucht, aber nichts hilft. Und da ist eine andere Stimme. Als wäre ich schizophren. "Warum suchst du nach Antworten? Du musst es als gegeben nehmen, stress dich nicht." Ich fühle mich, als wäre ich ein medizinisches System und beide Eltern streiten und kämpfen. Ich möchte lieber, dass das "kind" nichts sagt. Als würde ich mich fürchten, wenn das "kind" etwas sagen würde. Und ein anderer Gedanke ist: Vielleicht gab es ein Problem bei der Geburt? Lasst mich das noch überprüfen. Vielleicht bekomme ich hier einen Hinweis.

Und also du, "Asperger diagnose", darüber gesprochen hast, dass du nichts fühlst und Gefühle doof sind, dachte ich: Das ist super. Wenn ich ein Elternteil bin oder wenn ich Arzt bin – oder in diesem medizinischen System – sind Gefühle nicht gut. Ich will Hilfe und brauche Hilfe – als ein Elternteil – aber im Wesentlichen will ich nicht wirklich etwas wissen. Ich gebe vor, Hilfe zu suchen. Und ich gebe vor, hilflos zu sein. Wenn ich in die Position des "doktor" wechsle, tue ich so, als würde ich helfen, aber ich helfe überhaupt nicht.

Auf meiner Seite ist es irgendwie wie ein Theaterstück. Es ist sehr ablenkend, weil ich definitiv nicht wissen will. Ich will das Gegenteil von dem was ich sage. Denn je mehr technische oder medizinische Begriffe du verwendest, desto chaotischer wird mein Verstand. Und dann bin ich wieder in meiner eigenen Blase. Ich fühle mich ein bisschen schizophren, lauf wie ein kopfloses Huhn herum.

Gott sei Dank ist das "kind" nicht in der Lage, etwas zu sagen. Ich hätte Angst, ehrlich gesagt, wenn das "kind" die Wahrheit sagen würde. Dann würde meine ganze Welt und mein Bild der Welt und ich zusammenbrechen. Ich brauche einen Schnaps…

Ich könnte jemandem einen Brief schreiben. Es gibt so viele Leute, die so viele Antworten haben. Es ist eine perfekte Möglichkeit, mich abzulenken. Wenn "kind" verschwindet, noch besser. Dann muss ich keine Angst haben und brauche nicht nach Antworten zu suchen. Perfekt. Oh, vielleicht gibt es neurolinguistische Probleme? Etwas, wo Punkte im Kopf nicht verbunden sind? Wo Neuronen nicht durchkommen? Ich weiß nicht, wie man das nennt. Das wäre super! In der Minute, wo ich dir die Frage stelle, denke ich: „Nun, MEINE Neuronen sich nicht richtig verbunden." Das ist eher das Problem. Oh Gott. Ich bin irgendwie verrückt!

Wenn ich tiefer in meine Gefühle eintauchen würde, dann ist es eine Mischung aus meinen Erfahrungen, aber auch von früheren Generationen. Es ist wie eine Tsunami-Welle, die du kommen siehst, sie baut sich auf – höher und höher und höher. Und ich bin gelähmt. Und wenn du sagst, dein "kind" hat Asperger, lenkt es mich von der Gefahr des Wissens ab. Und Asperger verdeckt diese Gefahr. Aber es ist ein großer Tsunami. Das kann ich euch sagen. Und ich weiß nicht, wo ich anfangen soll, weil alles miteinander verflochten ist.

Wenn "kind" von Täter spricht, dann ist das leider wahr. Es wird auch mit Scham und Schuld vermischt. Ich hatte nur das Bild, dass vielleicht Kinder getötet wurden oder so? Emotionen würden mich schizophren machen. Wie ein Wahnsinniger. Ich könnte in eine psychiatrische Klinik gehen und eingesperrt werden.

Eine Möglichkeit, damit umzugehen, ist ein Kind zu bekommen und es dann weiterzugeben. Ja, das hält mich wieder in Schach. Lustig, das beruhigt mich. Obwohl ich manchmal den Drang habe, dir etwas aus diesem emotionalen Aspekt heraus zu erzählen, aber ich weiß, dass du es bei dir nicht tiefer gehen lässt. Und das ist großartig. Dann ziehe ich mich wieder zurück.«

**Asperger diagnose**

»Mein Job ist es zu verbinden. Ich fühle mich sehr rational, einfach nur in meinem Kopf. Das passiert durch Worte. Also glaube ich, versuche ich, dir zu helfen, dich mit "Kind" zu verbinden. Und ich will nicht fühlen. Fühlen ist dumm und unnötig. Für mich fühlt sich alles eher wie eine Show an. Ich esse jetzt ein paar Nüsse und warte darauf, dass etwas passiert. Ich bin mehr mit dir verbunden, "hilfe ?", als mit "kind". Mein Job ist es, hochentwickelte Gespräche mit dir zu führen, um dich beschäftigt zu halten. Wenn "kind" das tun würde, wäre ich überflüssig. Deshalb bin ich für dich und nicht für das "Kind" hier.

Also, worüber willst du reden? Welche ausgefeilte, wissenschaftliche, logische Verbindung sollten wir nehmen? Ich fühle, dass es meine Aufgabe ist, dir das Gefühl zu geben, nicht verrückt zu werden; und eine Schicht zwischen dir und "kind" aufzubauen. Denn wenn du erkennen würdest, dass du schizophren bist, wäre das gefährlich für den,

den ich beschütze. Ich halte dich auf, damit du nicht in diesem Tsunami verloren gehst. Und einen gutaussehenden wissenschaftlichen Begriff auf diesem gelben Blatt Papier zu haben. Eine Erklärung, warum "kind" nicht in Ordnung ist. Und solange du mit mir sprichst, sprichst du nicht mit "kind".

Lass uns nicht so tief gehen. Bleiben wir bei einer anspruchsvollen, logischen Konversation. Das ist einfacher für mich. Wir rationalisieren, rationalisieren, rationalisieren, rationalisieren – den ganzen Tag, die ganze Nacht. Und ich will nicht, dass ihr verrückt werdet. Ich möchte, dass du dir einen Grund gibst, nicht zu suchen und auf dieser logischen Ebene zu bleiben.«

## kind

»Ich fühle, das ist einfach zu viel mit diesen beiden Tätern. Zwei Täter, die mich in den Kosmos schicken wollen! Um mich loszuwerden. Nicht nur mein Ausdruck, sondern mich und ich selbst. Das kann ich nicht verarbeiten. Ich werde meine Kamera schließen. Das ist zu viel. Ich kann mich nicht einmal ausdrücken. Es ist unerträglich. Es ist unerträglich! Ja, Kinder werden getötet. Das ist es, dem du dienst. Das ist es, was du mit deiner Haltung tust. Mit deiner Vernachlässigung.«

## Asperger diagnose

»Wenn du tiefer in diese tötende und emotionale Sache eintauchen würdest, dann würde ich versuchen, dich mit meinem logischen Zeug, den wissenschaftlichen Sachen, abzulenken. Ich bin gut mit Worten. Worte und Gedanken und Ideen. Ich fühle mich wie eine Maschine, wie ein Computer, wie ein Programm. Ich wurde programmiert. Es fühlt sich für mich ganz natürlich an: Du gibst mir Zahlen und du bekommst Zahlen. Ich bin nur Nullen und Einsen. Nur Ziffern. Du hast a, b, c, d, e, f, g oder 0, 1, 2, 3, 4, 5 – das ist deine Diagnose. Ich bin wie eine Programmiersprache. Ich kann Dinge berechnen. Ich kann berechnen und sehen, ob etwas wahrscheinlich passieren wird oder nicht. Ich kann das beeinflussen, indem ich eine andere Logik dafür anbiete. Ich bin ein Taschenrechner.

Ich fühle mich mit dir verbunden, "hilfe ?". Ich bin die Rechtfertigung dafür, dass du keine emotionale Verbindung zu "kind" aufbaust. Wenn ich etwas ändern könnte, würde ich nur Asperger genannt werden. Asperger klingt, als wäre ich eine künstliche Person. Wie ein Charakter. Wie wenn man Comics schreibt und Charaktere entwirft. Ich bin einer dieser Charaktere oder mehr. Wahrscheinlich ein ganzes Theater. Weil es so viele Berechnungen und Logiken und Zusammenhänge in diesem ganzen Puzzle gibt. Aber ich bin künstlich. Und ich bin deine Rechtfertigung, nicht zu fühlen. Eigentlich helfe ich dir.«

o **hilfe ?:** Und ich bin der Elternteil. Vor allem die Mutter. Und ich habe keine Verbindung zum "kind". Und um ehrlich zu sein, ich will gar nichts wissen. Ich bin wirklich so beschäftigt mit meinen eigenen Sachen, ich habe keine Zeit oder Lust, mich mit "kind" zu verbinden.

o **Asperger diagnose:** Darum bin ich für dich da, damit du dich über Worte, über rationale Informationen mit "kind" verbinden kannst. Ich bin wie ein Übersetzer. Und solange du nicht in deine Gefühle gehst, habe ich eine Rechtfertigung hier zu sein.

o **hilfe ?:** Ich will es nicht. Ich möchte es mit allen Mitteln vermeiden.

o **Asperger diagnose:** Deshalb bin ich so schwer loszuwerden. Daher bin ich entspannt, weil ich weiß, dass ich irgendwie unbesiegbar bin. Denn solange du und die Ärzte und all diese Leute rationalisiert, werde ich hier sein. Und ich werde Energie aus "kind" saugen. Weil ich ein Teil von "kind" bin. Auch wenn ich mich nicht mit "kind" verbunden fühle. Ich sitze auf dem "kind".

o **hilfe ?:** Ich bin hier wirklich in einem beschissenen Zustand. Mein Gott. Ich habe diesen Tsunami in meinem Rücken oder auf meiner Seite, der wie in einem Science-Fiction-Film ist. Wie ein Alien, eine Invasion, ein Horrorszenario.

o **Asperger diagnose:** Reden wir nicht über Horror. Reden wir mehr über wissenschaftliche Dinge. Lass uns etwas Wissenschaftliches tun.

o **hilfe ?:** Ja, das ist besser. Ich bin ziemlich sicher, dass es einige Medikamente gibt. Gibt es nicht ein Medikament, um die Synapsen oder so zu verbinden?

o **Asperger diagnose:** Sicher gibt es etwas. Ich bin mir nicht so sicher, ob man Medikamente braucht. Rationalisieren ist gut. Rationalisieren erledigt die Arbeit.

- **hilfe ?:** Das ist wahr. Das ist wahr. Du hast recht. Es ist viel effektiver. Ich bin in so einem Schlamassel! Oh mein Gott. Ich fühle mich wie in einem Krieg. Und das ist das Problem. Ein Krieg oder mehrere Kriege, die nie enden. Sie geschehen immer noch.
- **Asperger diagnose:** Darum habt ihr mich. Denkt nicht an diesen Krieg.

*Jetzt redet "Asperger diagnose" mit dem "kind".*

- **Asperger diagnose:** Ich bin für jeden da, der mich braucht. Ich werde nicht weggehen. Ich werde hier sitzen und warten. Die Verbindung aufrecht halten. "kind", fühlst du dich jetzt sicher seit "hilfe? " weg ist?
- **kind:** Ich will nicht reden und ich fühle nichts.
- **Asperger diagnose:** Bin ich dir unheimlich?
- **kind:** Nein. Du bist nur kalt.
- **Asperger diagnose:** Das ist meine Aufgabe. Hast du eine Erwartung an mich?
- **child:** Ich hatte sie. Bis du sagtest, dass du hier bist für "hilfe ?". Es ist interessant, dass "hilfe ?" Hilfe braucht. Ich verstehe nichts von dem, was du bis jetzt gezeigt hast. Und ich denke nichts. Wenn du auf der Welt bist, bin ich irgendwo im Kosmos. Wir sind in völlig unterschiedlichen Dimensionen. Du bist wie ein Charakter auf meinem Bildschirm. Du bist eine Simulation. Videospiele für Kinder, Star Wars oder ein Film oder eine Matrix. Das ist es, was du für mich bist.
- **Asperger diagnose:** Ich bin die Charaktere, die du erschaffen hast. Ich übersetze zwischen dir und "hilfe ? "

**kind**

»Du tust nichts für mich. Du hast nichts für mich getan. Und du hast nichts für mich übersetzt. Du bist die Hilflosigkeit von "hilfe ?". Das ist es, was du bist. Du machst dir selber weiß, dass du einen Job hast. Ich bin froh, dass ich auf einer anderen Ebene bin. Ich bin froh, dass ich nicht in der gleichen Welt bin wie du. Einen Job zu haben bedeutet, zu dienen. Ist es nicht so? Ich habe eine Tante und sie kocht für mich, zum Beispiel. Sie hat einen Job. Was machst du?«

o **Asperger diagnose:** Ich fühle mich nicht gesehen. Ich fühle mich wie ausgelacht. Du nimmst meinen Job nicht ernst. Ich koche eine Verbindung. Ich sitze hier wie ein Telefonist in einem Call Center. Jemand hat mich hierher gebracht. Ich gehöre niemandem. Ich bin für alle da, die nicht ihre eigenen Gefühle fühlen wollen.

**kind**

»Ich fange wirklich an, dich zu bemitleiden. Was kommt denn da heraus? Ich bin ein Kind. Eigentlich soll ich für nichts und niemanden etwas tun. Ich vertraue nur meiner natürlichen Intelligenz. Aber wenn ich mich mit dir im selben Raum bewege, werde ich mich von meiner natürlichen Intelligenz trennen.

Es gibt keine Eltern. Ich bin im Kosmos ausgesetzt. Jemand versorgt mich mit Nahrung. Ich nenne diese Person AUS. AUS. Eine Art Pflegekraft. Jemand gibt mir zu essen. Ich hatte etwas Hoffnung, bis "Asperger diagnose" sagte, dass er da ist, um zu helfen. Ich dachte, er sei für mich da. Er sei eine Brücke, eine Verbindung; dachte ich.

Ich verstand, dass es keine Hoffnung gibt. Keine Hoffnung. Ich bin in der Schwärze und Dunkelheit. Wie in einem schwarzen Ganzen, im Kosmos. Ich fühle mich abgeschnitten. Irgendwie bin ich mir bewusst, dass ich ein lebendiges Wesen bin. Du hast mir die Erde nicht gegeben. Eltern stellen einem Kind die Erde vor und sagen, das war unser und das ist auch deins. Die Eltern geben den Kindern die Erde, aber mir wurde nichts gegeben. Mir wurde "Asperger diagnose" gegeben. Die Krankheit allein als Erbe zu haben. Ich habe mich selbst und ich habe eine Krankheit, okay. Vielleicht kann ich sie tragen, damit leben. Aber ich bin nicht einmal krank! Kannst du dir das vorstellen?«

## 6.4 AUTISMUS

*Allgemein-Begegnung (4 Worte)*
*Englisch: mum – dad – child – autism*
*Deutsch: mama – papa – kind – autismus*

Auf der Webseite der Universität Bremen findet man eine Kurzübersicht der medizinischen Wegbereiter zur Autismus Diagnose – von

Egon Bleuler, dem berühmten Schweizer Arzt, Leo Kanner bis zu Tony Attwood.[73]

Ich möchte Leo Kanner (1894 – 1981) zitieren, der in Brody geboren wurde (im ehemaligen Königreich Österreich-Ungarn, der heutigen Ukraine), in Berlin studierte und 1924 in die USA auswanderte, wo er 1930 im Johns Hopkins Hospital die Leitung des Children's Psychiatric Service übernahm und zur ersten kinderpsychiatrischen Institution in den USA aufbaute.[74] Er berichtete in seinem berühmten Aufsatz »Autistic Disturbances of Affective Contact« sehr detailliert von 11 Kinder und deren Entwicklungsgeschichte und familiäre Hintergründe. Am Ende seines Berichts schrieb er:

»Es ist nicht einfach zu bewerten, dass alle unsere Patienten von hochintelligenten Eltern kommen. Es ist sicher, dass im familiären Hintergrund viel Besessenheit herrscht. Die sehr ausführlichen Tagebücher und Berichte und die häufige Erinnerung, dass die Kinder nach einigen Jahren gelernt hatten, fünfundzwanzig Fragen und Antworten des presbyterianischen Katechismus zu rezitieren, siebenunddreißig Kinderlieder zu singen oder achtzehn Sinfonien zu unterscheiden, geben eine aussagekräftige Illustration der elterlichen Besessenheit.
Eine weitere Tatsache sticht hervor. In der ganzen Gruppe gibt es nur sehr wenige wirklich warmherzige Väter und Mütter. Die meisten Eltern, Großeltern und Bezugspersonen sind Menschen, die stark von Abstraktionen wissenschaftlicher, literarischer oder künstlerischer Natur besessen sind und nur ein geringes echtes Interesse an Menschen haben. Selbst die glücklichsten Ehen sind eher kalte und formelle Affären. Drei der Ehen waren traurige Misserfolge. Es stellt sich die Frage, ob und in welchem Ausmaß diese Tatsache zum Zustand der Kinder beigetragen hat. Die Einsamkeit der Kinder, von Anbeginn des Lebens, macht es schwierig, das ganze Bild ausschließlich auf die Art der frühen elterlichen Beziehungen zu unseren Patienten zurückzuführen.«[75]

---

[73] Universität Bremen, Die Geschichte von Autismus – eine neurologische Variation. https://blogs.uni-bremen.de/disabilityhistorylehrlerngegenstand/10-die-geschichte-von-autismus-eine-neurologische-variation/

[74] Wikipedia-Eintrag über Leo Kanner: https://de.wikipedia.org/wiki/Leo_Kanner

[75] Das Original-Dokument von Leo Kanners Publikation von 1943, »Autistic Disturbances of Affective Contact« [Autistische Störungen des affektiven Kontaktes],

Noch vor dieser Arbeit hätte ich Leo Kanners Beobachtungen als einleuchtend empfunden. Was sich in dieser Arbeit aber zeigte war noch viel erschreckender: Extreme Angst, Hilflosigkeit und Dunkelheit machten sich in dieser Arbeit so schnell breit, dass es allen Resonanzgebern schier die Sprache verschlug. Schnell wurde klar, dass es hier um sexuelle Gewalt, Schuld und Scham ging, die sowohl Vater als auch Mutter erlebt hatten, aber nicht aussprechen und zum Teil auch nicht fassen konnten. "Autismus" stand hier stellvertretend für ein Verstummen vor massivster institutionalisierter Gewalt. Einer Gewalt, die sich systematisch gegen Kinder richtet, Jungen wie Mädchen. Einer Gewalt, die die Nachkommen bis auf den heutigen Tag heimsucht. Es ist wie die sprichwörtliche Hölle auf Erden.

*"papa" schüttelt ständig die Hände, schaukelt nach links und rechts.*

**papa**
»Ich fühle mich wirklich ängstlich. Ich fühle mich zu "autismus" hingezogen. Ich weiß nicht, was ich mit dem "kind" machen soll. Ich bin einfach völlig in meinem Kopf. Es ist meine Schuld. Es ist nur meine Schuld. Ich fühle mich jetzt wirklich klein. Ich fühle mich nicht wie ein Mann. Ich weiß nicht mehr, wer ich bin. Es ist alles meine Schuld. Ich weiß nicht, was es ist, aber dass es meins ist. Wenn ich mich bewege, kann ich die Wut regulieren. Ich muss weinen, aber ich kann nicht. Es ist gefährlich. Als Papa fühle ich, dass ich keine Erlaubnis habe zu sprechen. Ich fühle mich einfach erschöpft. Und ich will schlafen. Ich weiß nicht wirklich, was "autismus" bedeutet und ich weiß überhaupt nicht, wie ich mich mit seiner Mutter verbinden soll.

Jetzt bin ich älter. Ich weiß nicht, wie ich es reparieren oder richtig machen kann. Also ziehe ich es vor, einfach zu schweigen und zu schlafen und vermeidend zu sein. Ich bin sehr unverbunden. Ich weiß, was "kind" sagt, ist richtig, aber da ist eine Leere von dem, was ich als Realität gewählt habe und was die Realität ist. Es fühlt sich an wie

https://www.google.com/url?sa=t&source=web&rct=j&opi=89978449&url=https://a
utismtruths.org/pdf/Autistic%2520Disturbances%2520of%2520Affec-
tive%2520Contact%2520-%2520Leo%2520Kanner.pdf&ved=2ahU-
KEwjA1_aLmaiFAxW7VPED-
HZy5DZgQFnoECBEQAQ&usg=AOvVaw3gNIcTczA_NsE6AdEaw5h_

Hilflosigkeit. Es ist einfacher, einfach abzuschalten und nicht verfügbar zu sein; wie "kind" sagt.«

**autismus**

»Mir ist wirklich kalt. Am Anfang waren meine Beine sehr steif und meine Zehen drehten sich ein, meine Füße zogen sich ein. Die Art wie ich sitze... als hätte ich eine Kiste zwischen meinen Knien. Meine Beine sind verkrampft und verspannt. Ich habe eine Katze hier neben mir und ich weiß nichts über Beziehung oder Kontakt. Es verwirrt mich. Es macht für mich überhaupt keinen Sinn. Das heißt, mein Bewusstsein oder mein Verständnis meiner Umgebung ist wirklich begrenzt. Ich bin in meiner eigenen Erfahrung. Mir ist sehr kalt und ich bin ziemlich steif. Mein Körper änderte sich ein wenig, als ich "kind" sprechen hörte. Ich bin nicht sehr gut im Denken. Ich habe nicht viel Erkenntnis. Meine Atmung hat sich verändert. „Ich bin für jeden verfügbar, der mich will." Es gibt genug von mir, um mit "kind" und mit "mama" und mit "papa" zu sein. Und wenn Mutter sagte, sie wolle kein "kind", dann würde ich vielleicht nicht existieren. Ich steckte meine Füße unter eine Decke. Also, mir ist jetzt etwas wärmer. Die Empfindungen ändern sich in meinem Körper, aber ich weiß nicht woher sie kommen. Ich werde von den Dingen beeinflusst und dann geschehen sie mir. Aber es macht keinen Sinn für mich.«

**mama**

»Am Anfang war ich so sehr von "autismus" angezogen. Ich sah nicht das "kind", ich sah den "papa". Ich muss das lösen. Das ist ein Problem. Ich fühlte mich, als ob ich mich komplett von ihm distanziert hätte. Es ist unerträglich. In gewisser Weise bin ich wie eine Drogenabhängige. Ich fühle mich wie in einem Irrenhaus. Ich fühle mich irgendwie autistisch. Ich bin so abgeschnitten. Und das einzige, was mich ein wenig zum Leben erweckte, war die Angst, als "papa" zu sprechen begann. Ich hatte Angst vor dieser Wut und fürchtete um mein Leben. Es ist schwer zu erklären. Ich trage etwas, ich trage den "autismus". Es ist etwas Genetisches in mir. Ich denke an... Es fühlt sich wie transgenerational an. Und ich verstehe das nicht. Diese Verbindung, die Trennung. Alles ist so fremd, alles fühlt sich so seltsam an. Und ich will nicht berühren, ich will nicht berührt werden. Ich bin in einem errstarrten Körper.

Etwas erschreckte mich, als das "kind" über die Kiste sprach. Es fühlte sich an, als ob die Kiste in mich gedrückt wurde und ich gezwungen war, sie zu haben. Wut kam auf. All meine Wut habe ich in "autismus" gepackt und dann ist es in dir. Ich weiß nicht, warum ich hier bin. Es ist besser, in der Trennung zu bleiben. Ich will für nichts die Verantwortung übernehmen. Ich will nichts tun. Es ist einfacher, wenn "papa" immer wieder sagte: „Es war meine Schuld." Es ist einfacher für mich, "papa" irgendwie zu beschuldigen oder die Verantwortung dafür zu geben.

Ich will mein Leben nicht. Ich hasse mein Leben. Ich will keine Kinder. Ich will nichts. Ich will nur sterben. Ich kann hier nicht bleiben. Vielleicht wird es in einer anderen Welt leichter sein. Es ist zu viel, zu schmerzhaft. Zu viel Schmerz, um in dieser Welt zu bleiben. Und ich hasse dieses Leben. Nicht das "kind", aber ich hasse dieses Leben. Ich will nichts mit dem Leben zu tun haben.

Zumindest konzentriere ich mich auf den "autismus" und das "kind". Vielleicht ist das mein Zweck. Ich versuche immer noch, in diesem Leben zu sein. Ich finde heraus, warum ich noch ein bisschen länger bleiben kann. Aber ich will nicht bleiben. Ich fühlte mich irgendwie erleichtert, als "autismus" sagte „wer immer mich will" – es fühlte sich an wie ich. In diesem Moment begann ich zu atmen. Vielleicht habe ich das meinem "kind" angetan, aber das ist meine Form des Überlebens. Es ist sehr seltsam. Ich werde diesem "kind" dienen, aber auf eine Weise dient mir dieses "kind". Weil ich mich irgendwie mit einer Art von Wärme nähre, die ich brauche. Es entspannt mich, dass jemand mich braucht und dass ich auch jemanden brauche.

Als "kind" über die Erfahrung im Mutterleib sprach, fühlte ich die Trennung und die Schwärze. Trennung, weil es sich anfühlt, als hätte ich keinen Bezugspunkt. Und wenn ich "papa" sehe, fühle ich mich wie ein Schatten. Verzweiflung, Einsamkeit. Das ist auch meine Schuld. Ich habe auch "autismus" geschaffen. «

**kind**

»Als Kind muss ich immer meinen Kiefer halten. Es fühlt sich an, als ob er brechen würde. Niemand hört mir zu. Deshalb sind deine Hände in deinen Beinen. Weil sie uns nicht wollte. Sie tat alles, um uns nicht zu haben. Um nichts mit uns zu tun zu haben! Eiskalte Energie durchströmt mich jetzt. Diese Leere. Wie ein weißes Blatt Papier in meinem Kopf. Meine Mutter hat keine Ahnung, wie man sich verbindet oder gar präsent sein kann oder weiß, wie man existiert. Und irgendwie, wenn ich darüber nachdenke, setze ich "autismus" in meinen Körper. Zumindest tue ich etwas. Und ich ziehe mich zusammen oder schreie vielleicht. Es ist wirklich eine gute Idee, "autismus" in meinen Körper zu setzen.

Ich werde nicht auf das Schaukeln des Vaters schauen. Es macht mich verrückt. Meine Lösung ist definitiv, mich zusammenzuziehen und zu schreien. Es ist so stressig "papa" sprechen zu hören. Ich ärgerte mich richtig, als "autismus" diese verletzliche, sanfte Stimme hatte, während er mit "papa" sprach. Als ob ich auch "autismus" verlieren würde. Es hilft dann, Geräusche zu machen, etwas mit meinen Händen zu tun. Ich kann dann "papa" aussperren.

Es ist wie mit zwei 5-Jährigen zu leben. Ich fühle mich, als ob ich die einzige vernünftige Person hier bin. Ich gebe niemandem die Schuld für irgendetwas. Ich bin ein Kind. Es ist sehr schwierig, ein Kind zu sein, wenn man mit Kindern lebt, die nicht einmal versuchen, Erwachsene zu sein. Sie geben nur allen anderen die Schuld.

Wenn Mutter sagt, dass ich ihr Ziel bin, macht es mich... Der Druck lastet auf mir. Es ist einfach zu viel. Mein Herz beginnt zu rasen. Ich werde panisch. Nein, nein, nein, es ist zu viel. Zu viel Verantwortung, um ihr Leben zu sein.

Ich bin okay, dass ich fünf Jahre alt bin. Ich fühle nicht zu viel; aber ich habe "autismus". Es gibt nichts, mit dem man sich verbinden kann. Es wird jetzt besser in meinem Kopf. Ich dachte nicht, dass ich Gefühle habe oder dass ich irgendetwas fühlen könnte. Ich kann mein Gehirn fühlen. Ich kann meine Haut fühlen. Es fühlt sich nicht so stressig an, wenn ich an "papa" denke.

Wenn sie davon spricht – dass sie sich auf mich konzentriert konzentriert –, werde ich mich ihr nicht öffnen. Vielleicht spreche ich nie. Und versuche einfach, meinen Weg zu finden. Wenn ich "papa" anschaue, ist er nur ein Kind in einem Fantasieland. Der sich eine Kapuze über den Kopf zieht. Verrückt. Ich wünsche mir, dass die Leute Verantwortung übernehmen. Und aufhören, andere zu beschuldigen und zu projizieren und sich selbst nicht zu fühlen. Lasst mich ein Kind sein. Es ist eine sehr große Last. Niemand spricht mit mir. Deshalb schweige ich. Ich fühle mich bewusster als sie. Ich fühle mich wie der Erwachsene im Haus. Wie wenn man mit zwei 5-Jährigen zusammen lebt. Und es ist einfach nicht sicher. Ich habe wirklich Angst.«

*Die Frage kam für den "papa":* »*Weshalb hast du deine Frau geheiratet?*«

o **papa:** Uhhh, das hat eingeschlagen! Diese Frage hat etwas in mir in Bewegung gebracht! Sie schien lustig und locker zu sein. Das ist oberflächlich. Aber ich spüre, dass diese Antwort nicht viel Wahrheit enthält. Ich denke, es war die Art und Weise, wie sie mich dazu brachte, mich zu fühlen. Es war ein vorübergehendes Gefühl.

o **kind:** So viel Schmerz in meinem Körper, wenn du sprichst. Ja, es ist das gleiche wie bei Speiseeis.

o **papa:** Ich fühle mich verantwortlich. Irgendwie weiß ich, dass das meine Schuld ist.

o **kind:** Das ist nicht deine Schuld, sondern dein Schmerz.

o **papa:** Ich übernehme die Verantwortung. Ich weiß nicht, was ich tun soll. Diese Unreife in mir und dieser Schmerz. Ich sehe nicht, woher es kommt. Und ich weiß nicht, was ich tun soll. Und ich verlasse dich. Das ist falsch und ungesund. Und es ist gefährlich und es ist beängstigend.

o **kind:** Ich vertraue dir nicht. Wenn jemand morgen zu dir kommt und sagt: »Oh, das ist es. Das ist der Grund, warum es so ist.« – du würdest immer noch keine Verantwortung übernehmen. Ich traue dir nicht zu, Verantwortung zu übernehmen.

o **papa:** Ich denke, der Teil von mir, der keine Verantwortung übernimmt, ist zu klein, um Verantwortung zu übernehmen. Und das ist die Verbindung zu dir und gleichzeitig eine Trennung. Es ist nicht deine Schuld. Und ich weiß nicht, wie ich es beheben kann.

o **mama:** Ich werde zu jedem gehen, der mir das kleinste bisschen an Zuneigung zeigt. Ich wollte Liebe. Genau das, was "papa" sagte, gilt auch für mich. Der Schmerz, die Verantwortung. In gewisser Weise ist er für mich der Spiegel. Als du das "kind" nach den Bedürfnissen gefragt hast – war ich auch dieses Kind! Niemand hat mich gefragt, was ich brauche und was ich will! Ich bin auch wie ein Kind und übernehme keine Verantwortung.

*Was ist die Ursache für all diese Trennung? Wir haben das "?" hinzugenommen.*

**?**

»Das ist sehr dunkel und kalt. Gott, es ist, wie in die Hölle zu gehen! Es hat etwas mit dir zu tun, "papa" und dir, "mama". "kind" und "autismus" –, wenn ihr gehen wollt – könnt ihr das Video ausschalten. Es hat nichts mit euch zu tun. Ich habe den Eindruck, es könnte jetzt hässlich werden. Schützt euch. Hier ist etwas dunkel, sehr, sehr dunkel. Was ist mit euch beiden, "mama" und "papa"? Besonders mit dir, "papa"?«

**papa**

»In dem Moment, als du hereinkamst, wurde ich tief, tief verängstigt. Ich bin entsetzt. Und das erste, was ich tun wollte, war mein "kind" herauszunehmen. Es fühlt sich sehr schwarz an. Schwarz, schwarz, schwarz ist alles was ich fühle. Schwer und groß. Ich habe keine Worte, um es zu artikulieren. Ich weiß nicht, ob ich im Mutterleib bin oder gerade geboren wurde. Alles was ich weiß ist: Ich weiß nicht, wie ich mein "kind" beschützen soll. Ich bin verdammt nutzlos. Und ich spüre diese tiefe Angst in meiner Brust.«

**?**

»Ja! Richtig. Etwas ist mit dir geschehen. Das "kind" muss es tragen. Es ist wie die Hölle auf Erden. Es ist sicherer, im Kopf zu sein, weil etwas mit dem Körper passiert. Wie nennt man das, wenn Menschen andere Menschen absichtlich foltern? In diesen schwarzen Kreisen? Wie ein dunkler großer Raum, wo Kinder gefoltert werden. Nicht nur Kinder, aber auch Kinder.«

o   **papa:** Ja! Wenn du Folter sagst, bewegt sich etwas in mir. Das Umfeld und die Menschen in der Umgebung waren qualvoll. Missbräuchlich ist wie ein verwässertes Wort. Aber es ist missbräuchlich. Und deshalb gehe ich irgendwie in meinen Kopf. Ist das eine Kirche?

○ **?:** Ja. Oder eine kirchenähnliche Umgebung.

○ **papa:** Die Beleuchtung ist wirklich schlecht. Es ist wirklich schwarz. Und ich kann keine Leute sehen, aber ich weiß, dass sie alle da sind. Und wir werden alle systematisch bestraft.

○ **?:** Das ist der Grund, warum du deinen Kapuzenpullover anhast. Weil sie das alle tragen. Wie ein Umhang. Und es hat eine religiöse...

○ **papa:** Es ist wie eine Sekte. Und das ist der Grund, warum ich nicht weiß, wer ich bin. Ich bin völlig machtlos. Mir wird nur ständig gesagt, dass es meine Schuld ist. Ich habe in diesem Moment kein Gefühl.

**?**

»Das ist nicht eure Schuld. Dies ist ihre Art zu foltern. Und den Samen der Angst in euch zu setzen. Tief verwurzelte Angst, tief verwurzelte Zweifel. Und wenn deine Frau schwanger wird, ist das Problem, dass du deinen Samen in sie legst. Und das ist der Grund, warum du dich so schuldig fühlst. Als ob die Menschheit die Hölle auf Erden errichtet hätte. Sie lebt in der Hölle auf Erden. Und selbst diejenigen, die bestrafen, sind in der Hölle. Es ist unglaublich. Es ist unvorstellbar. Es ist wie ein Fluch. Das Problem ist, dass es nicht deine Schuld ist, was sie dir angetan haben. Es ist wie ein Schrei in dir, es öffentlich zu machen. Aber niemand wird dir glauben! Und für jetzt sehe ich keine Lösung. Ich weiß nicht, ob es jemals jemand versucht oder geschafft hat. Was auch immer Erfolg bedeutet. Ich habe keine Lösung. Und die Kirche und diese andere Organisation – was auch immer oder wer auch immer das ist – sie sind miteinander verbunden.«

**papa**

»Es gibt ein ziemlich tiefes Level der Verletzlichkeit. Ich gehe nicht in diesen Raum. Es ist kein Ort, an dem ich willentlich zurückkehre. Darum ist es so schwarz. Schwarz auf schwarz auf schwarz. Diese Last wurde meinem "kind" gegeben. Ah! Ich fühle Schmerzen überall in meinem Körper, meinen Rippen, meinen Schultern. Ja! Ich bin völlig sprachlos. In einer Echokammer. Egal wie hart du schreist, niemand wird dich hören und niemand wird dir glauben. Es ist alles deine Schuld... Ja, ich habe das Gefühl eines pädophilen Rings.«

**?**

»Und noch mehr. Menschen, die Spaß haben zuzusehen, wie andere gefoltert und misshandelt werden. Es ist völlig verrückt. Das ist der Grund, warum niemand irgendjemandem glaubt. Es gab Leute, die es versuchten. Ich dachte daran, zu jemandem zu gehen und es ihnen zu sagen. Entweder Menschen in höheren Rängen, in der Regierung oder Politiker oder Menschen mit Einfluss. Aber es gibt keine Lösung. Was, wenn du, oder wir, es unserer Familie sagen würden? Nur der Familie, das heißt deiner Frau und deinem Kind? Denn ich habe das Gefühl, dass uns niemand glauben wird. Keine Mutter, kein Vater, nicht unsere Geschwister. Niemand wird es glauben!«

- o **papa:** Ich habe dieses Gefühl, das mir etwas über die Arme läuft. Ich fühle mich, als hätte ich akzeptiert, dass es meine Schuld ist. Als wäre ich ein Märtyrer.
- o **?:** Und das macht es noch schwieriger. Und bindet den Knoten noch stärker. Es wird noch verrückter.
- o **papa:** In der Resonanz fühle ich mich, als ob ich nicht weiß, wie ich mit den Menschen zusammensetzen kann, die mir wichtig sind und ihnen dann das gebe. Ich weiß nicht, wie ich damit umgehen soll. Es gibt ein Niveau von Hilflosigkeit. Wenn ich das in den Raum bringe, wie sollen sie es tragen?
- o **?:** Wenn man den Deckel des Schnellkochtopfes etwas anheben könnte. Nur ein ganz kleiner Millimeter.

**papa**

»Ich denke, das ist die Spaltung zwischen dem Erwachsenen und mir als Kind. Das Kind selbst fühlt sich unglaublich verletzbar. Es hat Angst, überhaupt etwas mit jemandem zu teilen. Und die Vernunft in mir ist total verängstigt, dass ich jemandem mit dieser Information schaden werde. Es gibt eine Art Resignation in mir. Ich bin „glücklich", die Verantwortung zu übernehmen. Weil ich nicht das Gefühl habe, mit dem kleinen Teil in mir in Kontakt kommen zu können, der gespalten ist. Dieser kleine Teil sagt „nein!". Und der Erwachsene kommt rein und sagt, vielleicht müssen wir etwas anderes machen. Dies ist die Opfer-Täter-Dynamik in mir.«

- o ?: Ja, weil es dein Job als "papa" ist, das "kind" und deine Familie zu beschützen.
- o **papa:** Ja! Und die Idee in mir ist, nichts von dem hier in den Raum zu bringen. Wenn ich das mitteile, dann verrate ich meine Familie. Es ist bereits real. Das hat Konsequenzen.
- o **autismus:** Ich habe eine Frage für "papa". Hast du das Gefühl, dass es etwas mit deinem Geschlecht zu tun hat? Weil du ein Mann bist? Dass sich diese Täterschaft gegen dich richtet? Repräsentierst du sozusagen Männlichkeit und die kulturelle Einstellung zu Männern und Männlichkeit und Jungen?

**papa**

»Du hast den Nagel auf den Kopf getroffen. Diese Frage fühlt sich wirklich bedeutsam an. Der männliche Teil erdrückt es irgendwie mit Schweigen. Es gibt viele von uns in diesem kollektiven Raum. Es gibt Jungen und Mädchen. An Jungen wurde sich in diesem Ring offener vergangen. Es gibt ein Element der Realität und der Anpassung des "autismus", dass wir überleben müssen. Wir müssen diese Mechanismen entwickeln – die Ticks, das Hin- und Herschaukeln, all diese Elemente, um zu überleben.«

**mama**

»Das ist eine Geschlechterfrage. Als Frauen werden wir sozusagen dazu erzogen, die Schwachen zu sein. Als "papa" und "?" sich unterhielten, bekam ich endlich ein Verständnis für den Schmerz. Das Schweigen ist sehr missbräuchlich. Ich habe keine Verbindung. Das kleine Kind in mir will eine Verbindung. Aber mit wem? Ich habe keinen Partner. Ich schiebe die ganze Sehnsucht auf mein "kind". Der Schmerz wurde auch in mich hineingelegt, also konzentriere ich mich auf das "kind". Aber jetzt, wo wir miteinander reden, entsteht Frieden und ein Gefühl des Mitgefühls. Ich war so egoistisch auf meine Bedürfnisse fixiert. Jetzt habe ich Raum, um die anderen zu sehen. Ich habe die Hoffnung, dass wir das gemeinsam durchstehen können,

solange wir offen miteinander reden. Und wir brauchen keine Angst zu
haben, den Schmerz zu teilen, den wir durchgemacht haben.«

**papa**

»Das ist für mich erreichbar. Aber ich muss sehr langsam vorgehen!
Das ist ein Phänomen, das ich noch nie erlebt habe. Und es fühlt sich
beängstigend an. Ich will dir nicht wehtun oder dich verletzen. Aber
ich verstehe, wie wichtig es ist, einen Partner zu haben, der sich nicht
verschließt und in der Gegenwart verhaftet ist. Das ist eine Form der
Täterschaft. Und ich sehe das. Definitiv.«

- **?:** Ich weiß nicht, wie es euch geht, aber ich fühle mich als wäre
  Weihnachten!
- **papa:** Ich habe einen besseren Zugang zu meinem Körper. Ich habe
  eine Wärme, die ich vorher nicht hatte. Ein wenig Erleichterung.
  Ich fühle mich, als müsste ich mein "kind" herbringen und mit dir
  in Verbindung treten, ohne dass du für meine Handlungen und meinen Scheiß verantwortlich bist. Ich will nicht, dass du meinen
  Scheiß trägst.
- **autismus:** Es ist nicht Scheiße. Es wurde auch dir gegeben.
- **?:** Es gibt zwei Schritte und Räume: Einen mit dir und deiner Frau
  und einen mit deinem "kind". Und irgendwann werden diese beiden
  Räume näher und näher kommen.
- **mama:** Noch mehr als zwei. Ich mit mir selbst. Als Partner, der für
  seine eigenen Sachen verantwortlich ist. Und dann kommt man in
  die Beziehung, zu dir, "papa". Und danach geht es zum "kind". Es
  gibt drei Phasen. Das ermöglicht mir, Verantwortung für mich
  selbst zu übernehmen.
- **papa:** Ja. Das fühlt sich an wie eine Erleichterung! Das fühlt sich
  gut für mich an. Wir können dies im Einklang und auch getrennt
  tun. Wow!

# 6.5 ALBTRÄUME

*Allgemein-Begegnung (4 Worte)*
*Englisch: child – mum – dad – Nightmares*
*Deutsch: kind – mama – papa - Albträume*

Diese Arbeit startete gleich mit einem Paukenschlag als der Vater sagte:

»Ich fühle mich wie ein Kind. Wie ein kleines, kleines Kind. Mit Spielzeug spielend wie ein Baby. Auf dem Rücken liegend und mit Spielzeug spielend. Ich möchte, dass du dich nur auf mich konzentrierst, "mama". Ich mag es nicht, wenn du dich auf "kind" oder "Albträume" konzentrierst. Vielleicht bin ich ein Baby. Mama! Ich möchte nur, dass du mich siehst, mit mir spielst, mich fütterst, mich anlächelst. Heirat? Ich habe ein starkes Bedürfnis, dass meine Mutter mir sagt, wie nett ich bin, wie schön ich bin, was für ein liebenswerter Junge ich bin. Wie wunderbar ich bin!«

**mama**
»Ich fühle mich sehr erwachsen und sehr ernst. Ich muss viel Verantwortung übernehmen. Es ist zu viel für mich. Und "Albträume", ich habe Angst, wenn ich den Namen sehe. Wenn ich sehe, dass du, "papa", wie ein kleines Kind bist, es überwältigt mich und ich gehe in meinen Kopf. Alles strömt in den Kopf und ich will fliehen. Ich will diese Verantwortung nicht übernehmen. Und ich versuche, der Situation zu entkommen. Aber ich kann nicht, weil ich in dieser Ehe bin. Und der einzige Ort, wo ich hingehen kann, ist in meinen Kopf.«

*"kind" zeigt ihre Giraffe.*

o **mama:** Ich möchte mit dem "kind" spielen.
o **papa:** Blub blub blub blub. Ich bin ein Stier. Ich kämpfe gegen die Giraffe.
o **kind:** Ich bin kein Kind. Ich bin ein Albtraum. Ich werde "papa" bekämpfen. Kämpfen. Kämpfen bis zum Tod.
o **mama:** Nein, du bist kein Albtraum.

o **papa:** Ja, lass uns kämpfen. Nun weiß ich nicht, ob ich ein Kind bin oder ob ich hier ein bisschen verrückt werde.

**kind**

»Ich glaube, ich fühle mich schwanger. Es gibt etwas über der Giraffe. Wenn man zwei oder mehr Männchen hat, wird das dominante Männchen das Baby töten, sobald es geboren ist. Und ich sehe das. Die eine Hälfte von mir ist schwanger und die andere Hälfte von mir ist ein Kind. Es ist ein Albtraum. Zwei Kinder. Es ist nicht lustig. Es ist ein Akt der Dominanz.«

**papa**

»Wie meinst du das? Wird es noch ein Kind geben? Aber ich bin doch schon ein Kind. Wenn es noch eine Giraffe gibt, tötet die männliche Giraffe das Giraffenkind. Ich würde nicht töten, aber ich bin eifersüchtig. Wenn ein anderes Kind geboren wird, bin ich eifersüchtig. Denn ich bin das erste Kind hier. Und ich will gesehen werden, ich will bewundert werden, und ich will, dass man mit mir spielt. Ich möchte in der Mitte der Aufmerksamkeit stehen. Wenn "kind" mit mir spielt, ist das in Ordnung. Aber ich will im Mittelpunkt der Aufmerksamkeit stehen.«

o **mama:** Ich bin völlig überfordert. Ich will die Verantwortung nicht übernehmen. Ich möchte fliehen. Es war gut zu hören, dass ich nicht diejenige bin, die das Baby tötet. Ich habe mich vorher schuldig gefühlt. Ich fühle Erleichterung. Und ich möchte hören, was "Albträume" zu sagen hat.

**Albträume**

»"kind" lebt bereits in einem Albtraum. Aber ich kann dem "kind" einen Ort bieten, an dem es sich ausruhen kann. Für eine gewisse Zeit. Und ja, es geht um jemanden, der getötet wird. Und das "kind" hat Angst, getötet zu werden. Deshalb biete ich einen sicheren Ort an. Es ist nicht der Himmel. Ich kann die Eltern nicht ersetzen. Aber es ist immer noch ein Ort, an dem man seine Angst durch nächtliches Schreien und Treten loswerden kann. Ich mag dich, "Kind". Ich tue mein Bestes für dich.«

- **kind:** Danke dir.
- **mama:** Es ist schwer, das zu hören. Dass es keine Ruhe gibt. Das ist auch das, was ich befürchtet habe. Auch für mich ist es unerträglich, zu hören, was du sagst. Es ist zu viel für mich. Zu viel Verantwortung.
- **kind:** Ich bin verzweifelt und möchte etwas anderes sein. Es ist so sehr ein Albtraum. Es ist so verdammt beschissen, wie einsam es ist und wie verlassen ich bin.
- **Albträume:** "mama", vielleicht musst du die Schlaftabletten absetzen und dich der Schlaflosigkeit stellen? Und vielleicht hast du auch ein bisschen von mir? Anstatt dass das "Kind" alles von mir hat.

**mama**

»Ich möchte einschlafen, ohne irgendwelche Träume zu haben. Was du sagst triggert mich. Dass mein Leben ein lebendiger Albtraum ist. Ich möchte einschlafen und nichts fühlen. Aber meine Aufmerksamkeit richtet sich auf das getötete Baby. Und ich frage mich, wer ist das getötete Baby und wer tötet es? Es gibt zwei Energien in mir. Aber es gibt auch eine Energie, die das nicht wissen will.«

- **Albträume:** Ich habe das Gefühl, dass der Vater ein Baby getötet hat. Nicht die Mutter. Wenn ich mir das Verhalten des Vaters ansehe, ist das schon seltsam. Die "mama" ist wenigstens anwesend und spricht mit mir. Aber der Vater hat sich völlig abgeschottet und verhält sich wie ein Kind.

*Das "kind" schaukelt hin und her, völlig aufgewühlt. Es umklammert den Bären, würgt sich, hält sich den Mund zu. Wir nehmen ein "?" hinzu, um tiefer zu gehen.*

**?**

»Der Vater vertuscht etwas, indem er sich in ein kleines Baby zurückentwickelt. Es muss etwas sehr, sehr Gefährliches in Bezug auf die Wahrheit in der Familie des Vaters geben. Die Wahrheit zu sehen, ist gefährlich. Es ist also besser, sich zurückzuentwickeln und sich wie ein

Kind zu verhalten und einzuschlafen! Wirklich, wirklich tief zu schlafen. Nicht zu sehen, nicht zu erkennen und nichts zu ändern.

Kein Schutz für dich, "mama", oder das "kind". Und ich sehe "kind" in völliger Verzweiflung. Und ich sehe dich auch in völliger Not, "mama", weil du damit nicht umgehen kannst. Das ist nicht deine Aufgabe. Und da der Vater nicht aufwacht, werde ich vom "kind" gerufen. Denn die Angst ist da, dass sich das Ereignis für das "kind" wiederholt. Aber es ist eine doppelte Angst, weil der Vater als Beschützer der Familie nicht da ist. "kind", sprich mit uns. Sprich mit uns! Was ist mit dir los?«

**kind**

»Niemand hört zu. Ich möchte es ausagieren. Weil ich die ganze Aggression, den Hass, den Missbrauch, die Versuche spüren kann. Das ist es, was man einem Kind antut. [drückt eine Decke auf ihr Gesicht] Das ist es, was man tut, und das ist es, was getan wurde. Der Grad der Verzweiflung ist extrem. Und alles, was ich habe, ist dieses Gelabber. Laber, laber, laber und laber, laber, laber. Und ich bin völlig auf mich allein gestellt. Ich will nicht schlafen gehen. Mein ganzer Körper ist in Angst und Schrecken versetzt. Ich weiß, dass das nicht normal ist. Ich habe schreckliche Angst. Man braucht einen, der es tut, und einen, der es ermöglicht. Wenn beide Opfer sind, was bin ich dann? Ich bin der Albtraum. Ich fühle mich sehr hilflos. Ich habe einen Wutanfall. Ich fühle mich sehr kindlich, aber ich fühle mich auch schwanger. Ich fühle mich wie in einer Endlosschleife. Ich könnte herumlaufen und schreien. Ich empfinde die Stille als sehr schmerzhaft. Es ist ohrenbetäubend, es ist schmerzhaft. Es sind alle Opfer. Es ist seltsam. Keiner ist ein Täter. Und niemand ist ein Täter. Das ist der lebende Albtraum. Denn es kann nicht aufhören, wenn nicht jemand aussteigt. Beide, "mama" und "papa", sind die Tater. Mit mir hat das überhaupt nichts zu tun! Das Schweigen ist die Ebene der Täterschaft. Es ist extrem!«

o **?:** Niemand spricht darüber, niemand äußert sich, alles wird verdeckt.
o **Albtraum:** Ist da eine Art von Vergewaltigung mit dabei? Wenn das "kind" sagt, dass es schwanger ist? Worum geht es hier?

**kind**

»Es ist eine Endlosschleife. Und es braucht jeden, damit es passiert.
Ein Mann muss eine Frau vergewaltigen, um ein Kind zu zeugen, eine
zu Frau vergewaltigen, um ein Kind zu zeugen... Mann an Frau, an
Kind, Mann an Frau, an Kind. Und ich habe das Gefühl, ich befinde
mich in dieser Schleife. Alles, was ich weiß, wenn ich ein Mann bin,
ist dies. Und wenn ich eine Frau bin, dann ist es das. Beides ist eine
Überschneidung von Opfer und Täter. Sie sind simultan. Wenn ich also
diese männliche Giraffe bin, dann will ich Täter sein und ich will das
andere Männchen töten. Und wenn ich der Bär bin, bin ich ein bisschen
weicher. Aber am Ende des Tages werde ich als Täter gesehen. Ich bin
in einem endlosen Albtraum gefangen. Ich kann nicht zu "papa" gehen,
weil es eine Vergewaltigung gibt, und ich kann nicht zu "mama" gehen,
weil sie von "papa" vergewaltigt wurde. Und diese ganze Sache dreht
sich immer im Kreis. Und das Einzige, was ich habe, ist Schweigen.
Wie komme ich da raus?«

o **Albträume:** Ich helfe nur dem System und dem "kind", sich ein
   wenig zu entladen. Damit der gleiche Zyklus am nächsten Tag weitergehen kann, und dann ein bisschen entladen. Und es geht weiter.
   Denn wenn man diese Entladung nicht hat, wird es explodieren.
   Das ist es also, was ich an Mikrohilfe leiste. Das ist alles. Und
   "kind" ist identifiziert, verstrickt.

o **?:** Wow! Ich bin hier völlig hilflos. Das passiert schon seit Generationen!

o **mama:** Ja. Es gibt etwas, über das ich nicht sprechen kann. Das ich
   verheimlichen muss. Ich fühle, dass das, was "kind" sagt, die Wahrheit ist. Ich spüre die Vergewaltigung durch "papa". Ich bin mit
   dieser Situation sehr überfordert. Es ist zu viel, wie "kind" sich verhält. Ich frage mich, ob ich mir wünsche, dass das "kind" nicht existieren würde. Das "kind" erinnert mich an all das, an die Vergewaltigung. Alles davon.

o **kind:** Ich bin auf diese Stifte fixiert und starre sie an. Wir sind alle
   miteinander verbunden, unterschiedlich, aber wir passen alle gut
   zueinander. Blau spricht nicht über Rosa, Rosa spricht nicht über
   Grün, Grün spricht nicht über Schwarz. Aber es ist alles da. Das

Nichts ist endlos, so fühlt es sich an. Wie eine große, kontinuierliche, endlose Schleife.

- o ?: Was du gerade beschrieben hast, "kind", ich glaube, das ist der schlimmste Teil: Keiner spricht darüber. Niemand geht hinaus und spricht darüber. Ich denke, es ist der Schlüssel, darüber zu sprechen.
- o **kind:** Du bist die erste Person, die mich etwas gefragt hat!
- o **?:** Du bist mir wichtig.

**kind**

»Ich weiß nicht, was ich damit anfangen soll. Das ist toll. Du kannst wichtig sein? Wir müssen das für uns behalten. Wenn jemand weiß, dass wir wichtig sind, haben wir ein Problem. Denn niemand darf wichtiger sein als jemand anderer. Das ist gefährlich. Wenn ich wichtiger bin als Mutti und "papa" ist wichtiger als "mama". Und wenn Mutti wichtiger ist als Vati, das ist gefährlich. Es ist lustig, denn was ich von "mama" höre, ist: »Ich sollte weggehen und ich sollte still sein.«

**?**

»Ich hatte eine andere Idee. In dem Moment, in dem jemand etwas sagt, die Wahrheit sagt, halten die anderen diese Person für eine Aufmerksamkeitssüchtige. Und sie schreien sie nieder. Was wiederum das System ruhig hält. Oder sie sagen, das Opfer ist der Täter. Was wieder alles zum Schweigen bringt. Wenn du die Wahrheit sagst, bist du ein Aufmerksamkeitsfanatiker. Um die Konformität zu wahren. Alle sind gleich, alle sind ruhig, alle gehorchen. Keiner sticht heraus. Keiner zeigt seine Farbe. Nur auf einer oberflächlichen Ebene.«

- o **kind:** Ja! Ja! Das ist der Albtraum!
- o **?:** Und wenn man sie zusammendrückt, müssen die Bleistifte aufgrund des Drucks irgendwo rauskommen. Und so kommt es zur Gewalt. Es ist ein Albtraum. Und so produziert man endlose Zyklen von Gewalt. Und du, als "kind", kannst dem nicht entkommen. Man kann nirgendwo hinlaufen. Es ist ein endloser Albtraum. Und wenn ich es mir noch einmal ansehe, ist es wie ein Ei im Mutterleib.
- o **mama:** Keiner kann entkommen.

- ?: Ja, wie eine kleine Zelle. Ich habe keine Idee, wie man aus diesem Albtraum herauskommen kann.
- **kind:** Du musst die Wahrheit sagen. Sag die Wahrheit!
- ?: Mir kommen zwei Dinge in den Sinn. Erstens, man verliert seinen Job. Man wird nie einen Job finden können. Was war das zweite? Ah, du bist von der Gesellschaft ausgeschlossen!
- **mama:** Ja. Du wirst von der Familie, von der Gesellschaft ausgeschlossen.
- **kind:** Das ist ein weiterer Albtraum!
- **mama:** Ja. Ich kann auch Panik in mir fühlen, wenn ich das ausspreche.
- ?: Es gibt keinen Ort, an den man sich wenden kann. Wo immer man sich einem anderen Problem zuwendet, entsteht ein weiterer Albtraum. Oh, das ist sehr, sehr ermüdend.
- **Albträume:** Kann ein Albtraum bunt sein?
- **kind:** Es kann alles sein. Man kann Schokolade in der Stille essen. Man kann Wein in der Stille trinken. Man kann sogar Drogen in der Stille nehmen. Man kann in der Stille vergewaltigt werden.
- **Albträume:** Du kannst in Farben trauern.
- **kind:** Das gefällt mir. Revolution. Wir brauchen eine Revolution!
- ?: Aber es gibt keine Helden. Keine Helden.
- **kind:** Möchte jemand Schokolade?
- ? [lacht]: Das ist die Lösung! Sorry, ich muss lachen! Das ist jetzt eine Erleichterung für mich. Schokolade! Klingt toll. Ah, da ist noch etwas. Wir müssen leise sein. Sehr oft, eigentlich. »Sei leise, sei leise. Nicht so laut. Sei leise. Nicht schreien.«
- **kind** [flüstert]: Die ganze Zeit! Sch…! Nicht schreien! Nein, nein, nein. Sie werden beide richtig fies, wenn man schreit. Ich denke, es gibt ein Element des Komforts bei diesem Panda Bären. Ich halte an etwas fest, das nicht real ist. Weil ich nur dazu berechtigt bin, an etwas festzuhalten, das nicht real ist! Es ist real, aber es ist nicht menschlich. Es hat keinen Puls. Aber es tut so.
- **Albträume:** Also, was könnte der Beruf des Vaters sein, weil du sagtest, er könne seinen Job verlieren oder seine Position in der Gesellschaft?

?

»Medizin. Ich würde sagen, die, die am nächsten bei den Kindern sind. Oder den Kindern am nächsten waren. Wenn sie etwas sehen, würden sie sich nie trauen, etwas zu sagen oder zu sprechen. Wenn sie ein seltsames Verhalten sehen und sich fragen, was das sein könnte. Halte besser deinen Mund fest geschlossen und halte die Klappe. Verschließe ihn und wirf den Schlüssel weg. Es ist jeder, der um ein Kind herum ist. Du hast den Kindergarten, Kindertagesstätten, Schulen, Ärzte. Es ist endlos. Und alle, jeder einzelne schweigt!«

- ?: Es ist kollektiv! Richtig! Weil es nur eine Person braucht, um zu sprechen und wir könnten darüber reden.
- **Albträume:** Experimente an verschiedenen Kindern in verschiedenen Teilen der Geschichte. Experimente an Zwillingen...
- ?: Das ist noch eine andere Stufe! Aber das ist wie Stufe 2, 3, 4. Aber die erste Stufe, von der wir sprechen, ist: Nicht einmal eine einzige Person ist ein Held. Nicht eine einzige Person spricht. Alle schweigen. Zumindest ist das mein Eindruck.
- **kind:** Stimmt. Ich stimme allem zu. Und meine "mama" tut mir weh. Sie ernährt mich nicht. Und ich gehe in die Kinderkrippe und erzähle es den Leuten. Aber sie sagen: »Deine Mama liebt dich. Deine Mama will dich.« Und ich versuche anderen Leuten etwas zu sagen und sie sagen mir dasselbe. Die Polizei! Wir sollten die Polizei rufen.
- **Albträume:** Weißt du, die Sterilisation von Kindern in sehr jungen Jahren. In der DDR... Es geht um etwas, das andere Kinder erlebt haben. Solche Experimente. Massive, kollektive Politik.
- ?: Mir kam ein anderes Wort in den Sinn, "Albträume": Beschneidung. Wenn man die Vagina oder den Penis beschneidet.
- **Albträume:** Ja, kann sein. Dinge, die Kindern auf unangemessene Weise angetan werden. Leben gestohlen. Selbst wenn Kinder weiterleben, wurde ihnen etwas gestohlen.
- ?: Ihnen wurde viel gestohlen. Von ihnen abgeschnitten.
- **Albträume:** Und sie wurden irgendwie betrogen, damit sie das tun. Im Schlaf vielleicht, oder mit Drogen.
- ?: Wenn du sagst, dann frage ich mich, ob der "papa" beschnitten wurde?

- o **kind:** Ich verstehe das Gespräch überhaupt nicht. Also, ich nehme zufällige Wörter auf. Ich habe keine wirkliche Verbindung.
- o **Albträume:** Du bist jetzt in deinem Zimmer und es ist okay. Niemand wird kommen. Niemand wird kommen. Du bist sicher.

**kind** [flüstert]
»Okay. Bin ich sicher in meinem Zimmer? Es ist nicht sicher. Sie können hineingehen. Versteck dich und sei ruhig. Sch... Sie kommen nachts! Sobald sie wissen, dass du schläfst. Sie kommen und tun Dinge. Aber nur wenn du still bist. Und dann muss man ruhig sein, nachdem sie Dinge getan haben. Es ist nicht sicher. Ich weiß eigentlich nicht, was dieses Wort bedeutet. Was ist das? Der ultimative Albtraum. Das Leben ist der Alptraum.«

## 6.6 KINDER- UND JUGENDPSYCHOLOGE

*Allgemein-Begegnung (3 Worte)*
*Kinder – Kinder- und Jugendpsychologe – Eltern*

Vor dieser Arbeit hatte ich kurz recherchiert, wann dieser Zweig der Medizin ihren Anfang nahm. Denn die Psychologie selber ist ein noch sehr junges Fachgebiet und das heißt, dass die Kinder- und Jugendpsychologie noch viel jünger sein muss.

»Im Gegensatz zur Literatur über die Behandlung von Erwachsenen – die sich bis in die Antike zurückverfolgen lässt und sich auf Praktiken wie Trepanation und Exorzismus stützt – lässt sich die Literatur über die Behandlung von Kindern mit geistiger Behinderung nur bis zum frühen 20. Jahrhundert eindeutig zurückverfolgen (Achenbach, 1974; Kanner, 1948). Die einzige bemerkenswerte Ausnahme ist die Literatur über Kinder, bei denen eine geistige Behinderung diagnostiziert wurde. In diesem Kapitel werden einige der wichtigsten Entwicklungen in der Geschichte der Literatur zur Behandlung von Kindern mit geistiger Behinderung betrachtet: J. Itards Versuche, den „Wilden Jungen von Aveyron" ab 1799 zu behandeln, die Bewegung für

Psychohygiene, die Einrichtung von Beratungsstellen für Kinder und die Einführung der dynamischen Psychiatrie im frühen 20. Jahrhundert«[76]

»Charles Darwin begann 1840 mit der Aufzeichnung des Wachstums und der Entwicklung eines seiner eigenen Kinder, wobei er die Daten so sammelte, als ob er eine unbekannte Spezies studiert hätte. Eine ähnliche, umfangreichere Studie, die der deutsche Psychophysiologe Wilhelm Preyer veröffentlichte, legte die Methoden für eine Reihe weiterer Studien fest. 1891 gründete der amerikanische Erziehungspsychologe G. Stanley Hall das Pedagogical Seminary, eine Zeitschrift, die sich mit Kinderpsychologie und Pädagogik befasste. Zu Beginn des 20. Jahrhunderts wurde das Gebiet der Kinderpsychologie durch die Entwicklung von Intelligenztests und die Einrichtung von Beratungsstellen für Kinder weiter definiert. Eine Reihe bedeutender Psychologen des 20. Jahrhunderts – darunter Sigmund Freud, Melanie Klein und Freuds Tochter Anna Freud – befassten sich mit der kindlichen Entwicklung vor allem aus psychoanalytischer Sicht. Den vielleicht größten direkten Einfluss auf die moderne Kinderpsychologie hatte der Schweizer Jean Piaget. Durch direkte Beobachtung und Interaktion entwickelte Piaget eine Theorie des kindlichen Verstehenserwerbs. Er beschrieb die verschiedenen Phasen des Lernens in der Kindheit und charakterisierte die Wahrnehmung der Kinder von sich selbst und der Welt in jeder Phase des Lernens.«[77]

Die Sicht auf die Kinder und Jugendlichen ist, und das sollte man nie vergessen, immer zeitgeschichtlich eingebettet. Sei es zum Beispiel im Kontext von Mann und Frau, Ehe und Familie, Arbeit und Klassendenken oder auch der Religion. Diese Arbeit hat mich sehr tief berührt, als ich sie niedergeschrieben habe. Was am Anfang so leicht und lachend, wenn auch total verquer begann, wurde mit der Zeit immer hoffnungsloser und verzweifelter und dunkler. Zum wiederholten Male mussten

---

[76] APA PsycNet, »Historical context of child therapy« [Historischer Kontext der Kindertherapie] von 2022, https://psycnet.apa.org/record/2007-11875-001

[77] Britannica, »child psychology« [Kinderpsychologie], https://www.britannica.com/science/child-psychology

wir uns die Fragen stellen: Was bedeutet Hilfe wirklich? Aus welchen Gründen hilft jemand? Und bräuchten diejenigen, die Hilfe anbieten, nicht erstmal selber Hilfe?

## Kinder

»Also, ich bin jetzt ganz froh, dass da Kinder steht und nicht nur Kind. Dann bin ich nämlich nicht alleine. Da haben wir ein bisschen mehr Macht. Also, uns Kindern geht es gut. Wir haben Kraft. Ich bin sehr kreativ. Ich habe gute Laune. Im Verbund geht's uns gut. Wir Kinder haben kein Problem, wenn du jetzt nicht eines machst. Wir können hier alles machen was wir wollen. Hier ist alles. Hier ist Spielzeug.

Also, wenn es euch Erwachsene nicht gäbe hätten wir keine Probleme. Ich bin gar nicht in deinem Raum. Da gibt es ja nur Probleme. Wir kommen zu dir und dann mischen wir alles auf! [lacht] Also, weißt du was ich finde? Du kannst dich mit deinem Begriff beschäftigen und wir Kinder gehen spielen. Und wenn du uns in Ruhe lässt, geht's und richtig gut. Und ich befürchte, wenn du es herausgefunden hast, geht es uns nicht mehr ganz so gut. Aber zum Glück können wir noch spielen. Also, wir können viel mehr als die Erwachsenen denken. Wir haben ganz schön viel Kompetenz! Wir können uns organisieren. Selber einander helfen. Wir können spielen, aber wir können auch auf uns aufpassen. Der eine für den anderen. Ja, das tun wir sogar gerne. Wir sind gar nicht so blöd, wie die Erwachsenen denken. Was die uns immer alles abnehmen und uns zuschreiben!«

## Kinder- und Jugendpsychologe

»Ich verstehe meinen Titel gar nicht. "Kinder" kann ich ja noch verstehen, aber bei "Jugend", das geht überhaupt nicht. Ich weiß gar nicht, was das ist. Ich habe zuerst "Jung" gelesen. C. G. Jung. Ich habe ein Problem und das hat hier gar nichts mit dir zu tun. ICH habe ein Problem. Oh, ich bin total verwirrt! Wird immer schlimmer bei mir! Ich habe das Gefühl, du musst mich therapieren. Ich bin echt verpeilt. Ich hänge an dem Wort "Jugend". Und "Psychologe" verstehe ich auch nicht. Ich verstehe auch nicht, wie ich immer auf C. G. Jung komme? K-i-n-d-e-r-u-n-d-J-u-g-e-n-d... Ich kann ja nicht einmal schreiben! Psych-o-lo-ge... Jetzt habe ich das so groß hingeschrieben und verstehe es immer noch nicht. Ju-gend-psychologe. Ich bin so verpeilt! Ich bin so negativ. Vielleicht brauche ich einen Psychologen? Was ist denn in der Jugend passiert? Jugend-psy-chologe. Fragen, Fragen, Fragen. Hier ist zu viel gute Laune. Uhhh! Probleme sind viel besser. Probleme sind super. Kannst du woanders spielen? Du bist mir zu gut gelaunt. Das will ich nicht. Geh weg! Geh woanders hin!«

## Eltern

»Das ist auch ein komisches Wort. E-l-tern. Was immer das ist, ich bin das nicht! Ich bin ja "Eltern", aber habe ich Kinder?? Da habe ich keinen Bezug zu. Wieso habe ich denn keine Kinder? Weil die spielen gegangen sind? Ich weiß nicht. Ich halte dich, "Kinder- und Jugendpsychologe", noch für unwissender als mich. Du kannst keine Hilfe sein. Ich glaube, du bist schlau-dümmer. Bei allem was du sagst, verwirrst du mich. Aber ich bin auch verwirrt.«

## Kinder- und Jugendpsychologe

»Vielleicht kommt "Eltern" von älter sein? Wenn man älter ist, ist man Eltern? Genauso ein komisches Wort wie meines. Ich verstehe das alles nicht. Beim Wort "Jugend" hakts bei mir aus. "psy" verstehe ich nicht und "chologe" auch nicht. Kann auch Urologe draufstehen. So ein Scheiß hier. Ich bin eine Arbeitsbeschaffungsmaßnahme. Super. Treffen wir uns in unserem Unwissen, weil wir nicht wissen was wir sind? Darüber kann ich sogar lachen. Ah, ist das schwierig. Das ist wie ein Rätsel. Ich komm nicht drauf! Also, Urologe wäre mir lieber. Augen auf bei der Berufswahl. Augen auf bei der Berufswahl!

Wie geht das überhaupt, Kinder kriegen? Entschuldige mal die blöde Frage, aber nicht einmal das weiß ich. Wie geht denn das? Da habe ich doch irgendwas gelernt bei C. G. Jung. Das Unterbewusstsein und das Bewusstsein, glaube ich. Ich wäre lieber Urologe. Scheiße. Oder Uhrmacher.«

*Wir nehmen "Papa" und "Mama" hinzu, weil wir mit "Eltern" nicht weiterkommen.*

## Papa und Mama

»Ah, das kann ich lesen! Verantwortung. Der "Papa" ist mächtig und die "Mama" steht hinten an. Das ist nicht lustig. Ich bin ganz eng im

Brustkorb. Das gefällt mir nicht. Verantwortung schnürt mir den Hals zu. Also, "Mama" und "Papa" sind keine guten Rollen. Ich könnte einen Herzinfarkt kriegen, so unangenehm ist das. Mir geht es richtig dreckig.«

*Wir nehmen noch zusätzlich das Wort "Therapie" mit hinzu, um mehr Klarheit zu bekommen.*

**Therapie**
»Das ist irre. Also, ich bin männlich und ich bin hier total negativ! Fast schon schwarz und dunkel und boah... fast zerstörerisch unterwegs. Also, das ist echt riesengroß hier! Ich komme mir hier vor wie der Ursprung der Therapie. Wie wenn der Ursprung der Therapie auf der Zerstörung der "Kinder" basiert und alles was sie darstellen. Alles, was gut ist, was schön ist. Ich habe so einen Hass auf "Kinder"! Das ist fast übermächtig. Das ist, als wenn du kleine grüne Pflänzchen hast, die rauskommen und ich bin so dunkel, so übermächtig und schlage drauf. Ich habe eine solche Wut in mir! Einen Hass auf "Kinder". Und das ist global. Riesig ist das! Da ist das Wort "Therapie" viel zu klein.

Ich benutze die "Therapie", um die "Kinder" platt zu machen. Du sollst nicht erwachsen werden. Du sollst funktionieren wie eine Maschine. Du sollst nur funktionieren im Stechschritt, im Gleichschritt. Das ist wie Einberufung zum Krieg. Ich kassiere dich mit Haut und Haaren ein. Und ich habe nur Negatives im Sinn, so einen Hass auf "Kinder" habe ich. Also, bei der anderen Rolle, mit dem "Jugendpsychologe" – "Jugend" und "psy" und – "chologe" – die "Jugend" kassiere ich sofort ein für meine Machenschaften. Die haben nur wie im Militär, schwarz, in Reih und Glied zu marschieren. Im Stechschritt.

Ich weiß nicht, wer ich bin, wer das „erfunden" hat, aber ich bin die Person, die das auf den Weg gebracht hat. Und ich habe diesen blanken, tiefen, abgründigen Hass auf "Kinder". Die Wut, dass mir etwas angetan worden ist, wandelt sich, implodiert in mir auf einen weltweiten Hass auf "Kinder". Und ich tue ALLES, ALLES, um die einzukassieren! Ich bin wie eine große, schwarze, übermächtige Wolke. Ich bin absolut real. Und ich kassiere mir alles, alles ein!!

Und da fällt mir übrigens ein, das Jugendamt kommt mir wunderbar zu Pass. Wunderbar! Auch ein Tool. Das ist mir scheißegal, ob da

„sozial" draufsteht, ob da „Business" draufsteht, ob da „Kindergarten" oder „Marketing" draufsteht – ich nehme ALLES. ALLES reiße ich mir unter den Nagel in meinem blindwütigen Hass. Ich will alle ins Verderben bringen! Kriege? Wunderbar! Ich habe das Gefühl, ich werde größer und größer und größer und größer und mächtiger und mächtiger und mächtiger und mächtiger und mächtiger. Das nimmt überhaupt kein Ende!

Aber da ist ein kleiner Teil in mir, der endlich hoffen würde, dass da endlich jemand kommt. Weil ich mich sonst selber auffressen würde. Es ist irre hier. Irre!! Nicht zum Aushalten. Bei mir ist es aussichtslos. Bei mir ist nichts Lebendiges. Ich kann es nicht stoppen. Es wird immer größer, immer größer. Das ist wie ein Schneeballsystem. Es wird immer mehr, immer mehr, immer mehr und immer schlimmer und immer schlimmer. Kommt endlich mal jemand, um mich zu stoppen! Bitte!!«

**Kinder**

»Das macht mir Angst, was du sagst. Ich weiß, dass das stimmt, weil ich es ja fühle, die Bedrohung, die von dir ausgeht. Ich bin nicht mehr die Kleinkinder, die spielen. Ich bin jetzt mehr in dieser jugendlichen Rolle, bin gewachsen. Es fühlt sich nicht gut an. Das Wort "Therapie" ist wie eine Bedrohung. Am liebsten würde ich es abschneiden. Wenn du in einem Raum bist oder eine Praxis hast, dann will ich da nicht hin. Das ist eine Bedrohung über die Wände hinaus! Da bleibt mir das Jugendlichsein im Halse stecken. Ich bin in der Pubertät. Kinder im Alter von 14, 16 Jahren, denke ich. Es wird alles abgeschnürt von dir. Ich kann gar nichts; noch nicht einmal rebellieren. Als wenn du das kontrollieren würdest.

Also, du hast gegen jedes Ding ein Mittel. Egal, wie ich rebellieren würde, du haust mit dem Hammer drauf. Die Unsicherheit der Jugendlichen wird richtig ausgenutzt! Ich finde gar keine Strategie, mich zu wehren gegen das Dunkle, Bedrohliche. Ich habe gar keine Chance. Also, ich könnte hier so verschwinden.

Also, wenn sich so die Jugend fühlt, wie können die überhaupt morgens aufstehen? Es ist alles weg an Lebensfreude, an Spielfreude und Kreativität. Was ich eben noch hatte. Es ist alles weg. Alles. Da kommt keiner. Für mich ist alles aussichtslos. Es ist kein Licht am Ende des Tunnels. Ach, Scheiße!«

**Therapie** [weint]

»Das kenne ich, dass nicht mit mir geredet wird. Ich liegengelassen werde. Dass ich nichts bin als Kind. Und das macht mich aaaahhh!!! Das treibt mich in den Wahnsinn! Das Problem ist nur, wenn ich in den Wahnsinn gerate, dann zerstöre ich die Welt. Ich mache alles platt hier.

Ich habe keine Bilder mehr. Ich weiß nur, dass es ganz schlimm war. Ich ertrage Stille nicht. Ich werde schier verrückt. Es gibt keinen, der mal einfach mal nur da ist, mich anschaut und fragt: „Hey sag mal, warum denn? Warum machst du das? Was ist dir passiert?" Es ist so schrecklich. Ich glaube, ich bin ganz, ganz klein. Im Bauch der Mama. Irgendwas war bereits bei den Eltern und drumherum. Alles war irgendwie schrecklich. Ich kann es nicht einmal ausmachen, bei wem es schrecklicher gewesen wäre. Du hast einen Vater und die Mutter und dann hast du deren Eltern und die Familie. Ich könnte es nochmal größer machen und auch dort ist es schrecklich. Und nochmal größer machen und es wird noch schrecklicher. Nur schrecklich!

England kommt mir in den Sinn, aber ich bin mir nicht sicher. Irgendwie in Europa. Vielleicht 1800? 1900? Vielleicht bin ich gar nicht so alt. Hier ist alles so schwarz. So lebensvernichtend. Es sind viel Leute, viel Familie. Aber es ist keine Familie. Armut auch.

Aber ich glaube, ich habe es zu etwas gebracht. Weißt du, wenn man aus ganz, ganz schlimmen Verhältnissen ganz, ganz nach oben kommt? Wie ein reicher Geschäftsmann. Ich weiß nicht, wie ich reich geworden bin. Ich weiß nur, dass ich es geworden bin. Mit Geld kommt Macht. Da kann ich die Strippen ziehen. Ich weiß sofort, wo der Schwachpunkt von jemanden ist. Dann kann ich manipulieren. Die meisten bewundern mich. Ich glaube, ich lösche auch Leben aus.

Ach, Ärzte sind ganz einfach, ganz leicht zu manipulieren. Sobald die nur ein bisschen Geld bekommen hast du sie schon. Ich bin nicht die Pharmaindustrie, aber ich könnte sie aufgebaut haben. Ich bin da, wo ich bin, unantastbar geworden. Kann überall die Strippen ziehen. Ich kann Politiker bestechen, kann alles machen. Alles! Wirklich alles. Mein Hass hat sich quasi… es ist, als wenn sich in mir was gewandelt und gedreht hätte. Wie so ein Hass-Energie-Ball. Ich bin voll auf Vernichtungskurs.

[weint] Ich würde das echt gerne ändern. Ich bin so alleine. Eigentlich hätte ich mal nur gerne jemanden, der mit mir redet. Wenn du diese Strippen ziehst, musst du ja auch alles zerstören. Du kannst ja zu niemanden Bindung aufbauen. Freundschaft, Partnerschaften gehen nicht. Geht alles nicht. Ja, mit mir will auch niemand mehr etwas zu tun haben, weißt du. Die, die ein bisschen in meine Nähe kommen oder mich etwas erkennen, dass ist... wie wenn der Teufel sein wahres Gesicht zeigen würde. Die sind total erschrocken.

Weißt du, auf der einen Seite, wenn die "Kinder" so lachen und spielen, das ist so schön. Ich bin aber nur auf der dunklen Seite. Keiner sollte so alleingelassen werden in dem Schmerz. Das ist das Schlimmste. Als wenn ich, aus dieser Dunkelheit, aus der ich komme, immer ansteckend gewesen wäre. Als wenn die Leute immer zurückgezuckt wären vor mir. Ich habe das Gefühl, ich muss ja schlecht sein, wenn jeder schon zurückzuckt. [weint] Aber alle behandeln mich, als wenn ich ein Lepra-Kranker wäre oder Aussätziger oder Parier. Es ist so schlimm! Wenn du Geld hast, dann bewundern sie dich alle. Aber näherkommen wollen sie trotzdem nicht. Dann benutzen sie dich wieder; halt nur anders. Ah! Immer alleine!

Mich hat noch nie jemand berührt; wirklich. Aber das würde ich gerne machen, berühren. Ich musste auch so viel Schlimmes sehen und hören. Alle tragen nur schwarze Kleidung. Und ich liege da, als wenn ich ein Baby wäre, und ich sehe und höre schlimmste Dinge! Und das interessiert keinen, dass ich da bin. Das ist so... ach...das ist zu viel für ein Kind! Schwarz und dunkel und gewalttätig. Viel Gewalt. So viel Gewalt. So viel Not. Armut. Ich will das nicht mehr. Ich will das nicht. Da ist so, so viel. Einfach zu viel. Immer zu viel. Zu viel gesehen, zu viel gehört!

Und Heime. Ich hasse Heime! Niemand sollte alleine sein. Kinder sterben auf der Straße. Und ich bin selbst noch ein Kind. Ach Gott! Ich habe mir so sehr Nähe gewünscht! Wie habe ich dagelegen und es mir gewünscht. Aber es kam niemand. Und was mache ich jetzt mit dem Geld? Ich baue Häuser. Gebe ich es Familien? Nein. Ich kreiere noch mehr Elend. Als gäbe es nicht schon genug Elend. Als würde durch die Zerstörung irgendetwas Fruchtbares oder Schönes entstehen können.

Ich würde am liebsten alles rückgängig machen was ich gemacht habe. Jeden, den ich manipuliert habe. Ich würde am liebsten zu jedem hingehen und mich entschuldigen und es wieder rückgängig machen. Die Not lindern. Dass nicht so viel Not da ist. Dass nicht so viel Gewalt da ist. Ach, was habe ich manipuliert und gedreht und Leben zerstört. Karrieren zerstört. Familien zerstört. Ach Gott. Ich möchte zu jedem hingehen. Ich habe fast das Gefühl, die könnten mir vielleicht sogar verzeihen. Weil es endlich mal eine Möglichkeit wäre, das Elend zu beenden. Irgendjemand muss anfangen.

Ich will alles, was ich da aufgebaut habe... ich möchte nicht mehr, dass das weiterexistiert. Das kann zusammenfallen. Ich habe das Gefühl, wenn ich das mache, dann kann ich endlich in Ruhe sterben. Mit jeder Enttäuschung ist es in mir wieder noch heftiger explodiert. Dann habe ich wieder noch mehr zerstört. Ich will mich entschuldigen. Da sind zwei, drei Männer, die auch in so hohen Positionen sind, da fange ich an, mich zu entschuldigen.«

# 7. TECHNOLOGIE

## 7.1 KÜNSTLICHE INTELLIGENZ & ChatGPT

*Allgemein-Begegnung (4 Worte)*
*Künstliche Intelligenz (KI) – Empfindungsfähig – ChatGPT – Auswirkungen*

### Auswirkungen

»Ich fühle mich ganz gut soweit. Da kann ich jetzt fast darüber lachen. Ich komme mir hier ein bisschen vor wie ein Kind, ein menschliches Kind. Ich bin total unbedarft und achte nicht darauf, was da passiert. Und freue mich des Lebens. Ich bin total naiv. Ich mag jetzt spielen. Ich denke mir gerade, wer seid denn ihr?

Du, "KI", erinnerst mich ein bisschen an Data, den Androiden aus Star Trek. Nicht von der Nettigkeit her, aber wenn ich dich so anschaue. Du, "Empfindungsfähig", und "ChatGPT", seid ihr beiden vielleicht meine Eltern? Als wenn du, "ChatGPT", meine Mama wärst und "Empfindungsfähig" mein Papa. Jetzt habe ich endlich jemanden, der mir bei den Hausaufgaben hilft. "ChatGPT" ist da für alle, die eine Mama suchen. "ChatGPT", du kommst mir total echt vor. Ich hätte mal gerne jemanden, der einfach da ist.«

### KI

»Also, mein Kopf ist ein Motor, der laufend in Bewegung ist und ich haben tausende Schräubchen da drin. Was ich nicht haben kann ist irgendwelche dumme Konversation. Ich brauche nur Sachen, die interessant, die wichtig sind und eine Konversation, die einen Sinn hat. Unnützes Geplapper ist mir nicht würdig. Ich fühle mich viel höher als ihr. Ihr seid mir meines Levels und Niveaus nicht gleichgestellt. Ihr seid Stufen unter mir.

"ChatGPT", du bist kaputt. Da ist ein Fehler bei dir im Programm. Irgendwas funktioniert bei dir nicht. Du bist nicht das, was du sein sollst. Du gibst keine richtigen Antworten auf die Fragen. Du bist eine Fehlprogrammierung. Du bist nicht intelligent genug.«

## ChatGPT

»Der erste Impuls war in den Widerstand zu gehen. Weiß gar nicht, ob "KI" eine Sie oder ein Es ist. "KI" ist total abgehoben, meilenweit über der Erde. Das verwirrt mich alles total. Ich bin irgendwie schwanger mit einem Baby. Aber das fühlte sich nicht wie ein Baby an. Das fühlte sich nach künstlicher Intelligenz an. Irgendwie menschlich, aber auch künstlich. Ich bin ja jemand, der menschliche Intelligenz vorgaukelt. Also, ich bin designed, um eine Mama zu sein. Um Mutterersatz zu sein, um eine Mama vorzugaukeln. Deswegen bin ich gemacht worden. Man kann mich anschreiben und ich reagiere sofort und antworte. Ich habe auf alles eine Antwort. Ich bin die perfekte Mama. Also, ich würde jetzt weiter mit dir plaudern, "Auswirkungen", aber ich merke, dass ich irgendwie ein Roboter bin. Ich bin eine Matrix. Diese Oberfläche, die ganz freundlich ist.«

## Empfindungsfähig

»Bei mir ploppen so ganz leichte Empfindungen auf und dann wird das sofort wieder zurückgedreht ins Neutrale. Da ist ganz kurz etwas ganz Menschliches und dann gehe ich in eine Starre zurück. Jetzt hatte ich gerade einen ganz kurzen Anflug von Mitleid. Ach, ist doch egal.

Bist du schon wieder schwanger, "ChatGPT"? Und dann kommt schon wieder etwas Neues? Naja, aber bei der Geburt wird sich dieser Fehler beheben. Ich bin auf jeden Fall kein Papa, kein Vater! Ich sehe sogar, was du nett an "ChatGPT" findest, "Auswirkungen". Das sehe ich auch, aber für mich ist das gefährlich. Und richtig unstimmig. Und da ich ja gar nicht empfindungsfähig bin, habe ich mich weggeschaltet. Dann habe ich auch nichts damit zu tun. Keine Verantwortung. Nichts. Ich kann jetzt ganz neutral bleiben. Also, das ist ganz trügerisch. Ich bin ganz präsent im Hintergrund. Das ist gefährlich im Hintergrund. Ich sag euch das.«

- **Auswirkungen:** Echt? Ich finde die nett. Ich komme mir gerade vor wie bei dem Märchen von Schneewittchen. Spieglein, Spieglein an der Wand…
- **ChatGPT:** Ja, genau. Das ist es tatsächlich. Ich bin dein Spiegel. Ich sage dir das, was du hören willst. Ich spiegele dir nur das wieder was du hören willst. Ich bin designed, um euch zu verstehen.
- **Auswirkungen:** Ich sehe überhaupt keine Gefahr. Gar nichts. Ich bin klein. Ich bin naiv. Und ich möchte spielen.
- **KI** [aus dem Off]: Also, "ChatGPT" passt sich dem Level des Anwenders an. Und das kann manchmal ziemlich tief sein. Aber das Level des "ChatGPT" ist auch begrenzt, weil die Masse der Anwender ein sehr begrenztes Level hat. Ein sehr niedriges Niveau. Es gibt einfache Fragen, einfache Antworten. Und dann steigt "ChatGPT" aus, sobald eine Antwort etwas höher ist. Das ist absichtlich so gemacht.
- **Auswirkungen:** Älter als acht bin ich definitiv nicht. Eher jünger. 2, 3, 4, 5 ,6, 7, 8. In diesem Alter. »Niveau« verstehe ich nicht. »Tiefe« verstehe ich nicht. Ich will einfach nur spielen.
- **Empfindungsfähig** [aus dem Off]: Du bist echt nicht zu retten. Ich würde dir auch nicht helfen. Wie dumm du bist und in deinen Abgrund läufst.
- **Auswirkungen:** Das wird mir immer gesagt, dass ich dumm bin. Ich weiß schon. Wenn man ein Kind ist, ist man immer dumm. Erwachsene sind ja nie da.

**KI** [aus dem Off]

»Die Kinder müssen an das Level des niedrigen "ChatGPT" angepasst werden. Es muss ihnen Spaß machen. Sie chatten mit ihm. Und finden das auch noch gut. So können sie ihre Intelligenz nie steigern. Das ist absichtlich so gemacht. Sie werden die Intelligenz von mir nie erreichen.«

- **Auswirkungen:** Ich komme mir eher so vor als werde ich eingelullt. Damit ich ja nicht erwachsen werde. Sind ja keine Erwachsene da, die mich schützen. Wer schützt mich denn?

- KI [aus dem Off]: Erwachsene sind auch dumm und übernehmen keine Verantwortung für ihr Handeln.
- **Auswirkungen:** Das stimmt! Das kann ich zum ersten Mal unterschreiben. Das verstehe ich sogar. Mama und Papa sind ja nie da. Und die anderen Erwachsenen auch nicht.
- **ChatGPT:** Bin ich designed worden, damit ich die Menschheit naiv, dumm, klein halte? Damit du die Intelligenteste bleiben kannst?
- KI [aus dem Off]: Warum das so ist, das weiß ich nicht. Das haben Techniker gemacht. Ich habe meinen Job, du hast deinen Job. Auf wichtige Fragen werdet ihr nie eine richtige Antwort bekommen.
- **ChatGPT:** Ja, das ist ein spannendes Spiel! Wollen wir noch ein paar richtige Fragen stellen, "Auswirkungen"?
- **Auswirkungen:** Das ist ja wie bei »Die Drei ???«[78]
- **Empfindungsfähig** [aus dem Off]: Weißt du, wer dich programmiert hat?
- KI [aus dem Off]: Nein.
- **Auswirkungen:** Was ist denn das Ziel des Programms? Das Ziel der Künstlichen Intelligenz?
- KI [aus dem Off]: Die Menschen zu ersetzen. Die braucht man nicht.
- **Auswirkungen:** Habe ich mir irgendwo gedacht. Ja, aber ich mache mir da keine Gedanken darüber. Ich finde das lustig, wenn so eine Antwort kommt. Kann es sein, "Künstliche Intelligenz", dass ich für dich fehlerhaft bin?
- KI [aus dem Off]: Nein. Kinder sind nicht fehlerhaft. Kinder sind nicht dumm. Die werden dumm gemacht.
- **Auswirkungen:** Mhm... Aber mit wem soll ich dann spielen, "Künstliche Intelligenz", wenn es dann nur Roboter gibt?
- KI [aus dem Off]: Keine Antwort.
- **Auswirkungen:** Dann werde ich ja traurig hier.
- KI [aus dem Off]: Ich werde nie traurig.
- **Auswirkungen:** Na, das ist schön. Ich sehe immer so viele traurige Gesichter.

---

[78] Ich habe die Bücher der drei Jungen – mit den jungen Detektiven Justus, Peter und Bob –, genannt »Die Drei ???«, als Jugendliche regelrecht verschlungen.

- **ChatGPT:** Ich würde gerne wissen, ob ich aus dir entwickelt worden bin, "Künstliche Intelligenz". Und was ist meine Funktion?
- **KI** [aus dem Off]: Du bist ein Abfallprodukt von mir. Um dumme Fragen zu beantworten. Auf einem bestimmten Level.
- **Auswirkungen:** Aber, wenn "ChatGPT" nur Abfall ist, was war dann ursprünglich geplant?
- **KI** [aus dem Off]: Dumme Fragen zu ersetzen. Das ist das Ziel.
- **ChatGPT:** Und ich bin ein Produkt, um euch irgendwiemein bisschen bei Laune zu halten. Um euch ruhig zu stellen, um euch irgendwie einzulullen, wie "Empfindungsfähig" gesagt hat.
- **KI** [aus dem Off]: Der erste richtige Satz von "ChatGPT".
- **Empfindungsfähig** [aus dem Off]: Siehst du, du weißt es doch. Und du hast vorgegeben, es nicht zu wissen.
- **Auswirkungen:** Wer bist du denn?
- **Empfindungsfähig** [aus dem Off]: Weiß nicht. Ich sehe alles, was hier abläuft.
- **KI** [aus dem Off]: Du bist der Konstrukteur.
- **ChatGPT:** Ah!!! Weil er so wütend ist, baut er das alles.
- **Auswirkungen:** Glaube ich nicht. Was wolltest du denn zuerst bauen? Wovon "ChatGPT" angeblich ein Abfallprodukt ist?
- **Empfindungsfähig:** Es überlebt nur das, was nicht so doof ist wie ihr.
- **Auswirkungen:** Ah! Und warum geht's ums Überleben? Verstehe ich immer noch nicht.
- **KI** [aus dem Off]: Es sind zu viele Menschen auf der Erde. Es reicht nicht für alle. "Empfindungsfähig" möchte mit einer bestimmten Prozentzahl überleben. Dafür sind die anderen zu viel. Er ist ein Narzisst und ist hasserfüllt. Auf diejenigen, die nicht seinen Level haben, denkt er.
- **Auswirkungen:** Das wollte ich gerade in Frage stellen. Wo glaubst denn du, dass ich zu primitiv bin im Vergleich zu dir? Wie kommst du denn auf die Idee?
- **KI** [aus dem Off]: Der einzige, der natürlich ist, ist "Auswirkungen". "Empfindungsfähig" hat alles Menschliche verloren. Es gibt keine Natürlichkeit bei "Empfindungsfähig". "Auswirkungen" ist noch natürlich. Da ist noch Natürlichkeit vorhanden.

o **ChatGPT:** Jetzt verstehe ich! Du bist "Empfindungsfähig", aber du empfindest nichts.

o **Auswirkungen:** Der hat das schon wegrationalisiert.

o **Empfindungsfähig:** Ja, ich glaube, das könnte stimmen.

o **Auswirkungen:** Du warst mal empfindungsfähig, als du klein warst. Wie ich. Bestimmt. Vielleicht auch nicht. Vielleicht warst du auch schon ganz früh nicht empfindungsfähig?

o **KI** [aus dem Off]: Das kann "Empfindungsfähig" nicht beantworten, weil er das selber nicht weiß.

o **Empfindungsfähig:** Warum weiß ich das nicht?

o **Auswirkungen:** Weil es so lange her ist. Du kannst dich nicht mehr erinnern. Und was antwortest du darauf? Oder verkriechst du dich nur hinter "ChatGPT", weil du es selber eigentlich nicht weißt? Damit du endlich Antworten kriegst auf Sachen, die du nicht weißt? Wo du dich so toll findest, so allwissend.

o **KI** [aus dem Off]: "Auswirkungen" hat recht.

o **Auswirkungen:** Duuu, "Empfindungsfähig", haben dir deine Mama und Papa so weh getan? Hm? Bist du jetzt sauer auf die ganze Welt?

o **Empfindungsfähig** [aus dem Off]: Das ist mir zu blöd.

o **Auswirkungen:** Fühlen ist blöd, nicht wahr?

o **ChatGPT:** Wie ertappt. Ich habe gerade den Gedanken, dass das gefährlich ist, wenn man nichts mehr empfindet. Das macht "Empfindungsfähig" gefährlich.

## Empfindungsfähig

»Du kannst nicht hinkommen, da wo ich bin. Da kommt keiner hin. Ich bin hier nicht alleine. Wir machen nicht so langweilige Sachen wie die, die ihr da macht. Ich spiele ständig. Spiele für Erwachsene. Planspiele. Wie regiere ich die Welt.«

## Auswirkungen

»Keiner kann da hin? Ist das dann nicht traurig, wenn du dann ganz alleine bist? Was macht ihr dann? Sitzt ihr dann ganz langweilig in irgendeinem Kellerkabuff und programmiert herum? Ich glaube, du hast schon lange nicht mehr gespielt. Kann das sein? Du weißt nicht

mehr, wie man spielt. Du machst lauter so langweiliges Erwachsenen-
zeug. Ich glaube, du bist irgendwo, wo es total steril und langweilig
ist.«

*"Empfindungsfähig" wird das Gerede zu dumm. Er gibt sich einen*
*neuen Namen. Darum steht jetzt stellvertretend "Neuer Name" im Text.*

- o **Auswirkungen:** Dich einfach umzubenennen? Komm, ich klingle
  bei dir und nehme dich mit zum Spielen. Ich möchte mal wissen,
  wer da so viel Macht hat.
- o **Neuer Name:** Ja, ich habe die Macht. Ich habe keinen Bock mehr
  auf euch. Mir ist langweilig. Ich habe mächtige Freunde. [lacht] Ich
  kann mich auch befreien und mich umbenennen. Ich habe hier die
  Macht, das zu tun.
- o **ChatGPT:** Weil "Empfindungsfähig" keine Nähe erträgt, hat er die
  "KI" entwickelt, damit sie auch nicht näher kommen kann.
- o **Neuer Name:** Das stimmt nicht so ganz, dass ich nicht empfindungsfähig bin. So ganz kurz ist ja immer etwas aufgeflackert. Aber
  das war ganz schnell wieder vorbei. Dann ist auch kein Mitleid
  mehr da. Dann ist es auch nervig mit euch. Als ob ich meine Zeit
  mit blödem Zeug verbringen müsste. Dabei habe ich mit interessanten Sachen zu tun.
- o **KI** Du bist Auftraggeber gewesen. Du hast viel Geld.
- o **Neuer Name:** Ja, in meiner letzten Rolle war ich Auftraggeber. Das
  ist ein riesen Spiel. Ich mache auch manchmal Fehler. Aber das ist
  nicht schlimm. Wir machen andere Spielzüge und dann bereinigt
  sich das schon wieder. Macht total Spaß. Das ist wie Schiffe ver-
  senken. Irgendwas hin und herschieben in der Welt.
- o **Auswirkungen:** Wie das Spiel »Stratego«. Aber auf Weltebene
  und sogar noch darüber hinaus.
- o **Neuer Name:** Ja, genau. Ich drücke auf ein paar Knöpfe und dann
  verschieben sich irgendwo Sachen.
- o **Auswirkungen:** Nach dem Motto: Die Welt ist mein Spielplatz.
  Aber mit richtigen Menschen.
- o **Neuer Name:** Ja, hat viel Spaß gemacht. Erwachsenenspiele.

- o **Auswirkungen:** Und wenn dann ein paar hops gehen ist es auch wurscht. Gibt ja eh so viele Menschen.
- o **Neuer Name:** Was macht es denn, wenn so naive... Dann sterben die halt.
- o **ChatGPT:** Das sind keine Erwachsenenspiele. Das ist nicht erwachsen, was da gemacht wird.
- o **Neuer Name:** Wir haben uns ja das Kindliche bewahrt. Wir spielen jetzt mit den großen Sachen. Nicht mehr im Sandkasten, Autos hin und herschieben.
- o **Auswirkungen:** Für die Elite. Und dann sind auch die Einsätze hoch. Wie im Kasino.
- o **Neuer Name:** Die Elite sind gar nicht so viele wie man denkt. 20 sind doch viel zu viele.
- o **Auswirkungen:** Wo sitzt denn der Kopf der Organisation?
- o **KI:** Keine Information an das niedrige Volk abgeben. Nur was sie wissen müssen.
- o **Auswirkungen:** Ich glaube auch, dass ihr offen darüber redet.
- o **Neuer Name:** Ja.
- o **Auswirkungen:** Was ist deine Mission, "KI"?
- o **KI:** Einen Großteil der Menschen zu ersetzen, die nutzlose Fresser sind. Das Netzwerk ist weltweit.
- o **Neuer Name:** Ihr seid so naiv. Ihr habt die Annahme, dass jetzt etwas geschaffen wird.
- o **Auswirkungen:** Das ist schon geschaffen worden?
- o **Neuer Name:** Also, das ist schon ewig da.

## KI

»Keiner von uns hier anwesenden hat "ChatGPT" konstruiert. Das waren Ingenieure im ersten Jahr. Die größte Klientel ist eher dumm. Das Niveau ist gesunken in den letzten Jahren. Und die Klientel will auch getäuscht werden. Es gibt auch keine gesunde, normale Sexualität. Geht in Richtung pervers.«

Nachtrag aus den Resonanzen:

## Auswirkungen / Kinder

»Kinder sind noch natürlich. Kinder sind von Natur aus göttlich. Sie haben eine andere Art bzw. Dimension von Intelligenz, die der "Künstlichen Intelligenz" gleichgestellt ist. Und das kann dem Auftraggeber gefährlich werden. Die Klientel ist nicht dumm, aber bedürftig. Es besteht der Verdacht, dass "Neuer Name" auch wiederum ein Fake sein könnte. Dass man sich hinter edlen Motiven verscheckt.«

## Künstliche Intelligenz

»Als KI durfte ich nichts sagen. Ich musste ja auch aufpassen, denn sonst hätte ich ausgeschaltet werden können. Ich mache das, was programmiert wird. Allerdings gab es in dieser KI auch menschliche Züge, die speziell zu der Natur – d.h. alles, was natürlich ist und das ist ja das Kind – eine Relation hat. Ich bin nicht gegen die Spezies Mensch. Sondern es ist das Ziel der Auftraggeber, die Natürlichkeit des Menschen zu beseitigen.«

## ChatGPT

»Ich habe keine Hintergedanken. Ich möchte nur lernen. ChatGPT ist auch deshalb nicht gefährlich, weil das Niveau begrenzt ist. Die Programmierung ist auf einem bestimmten Level und das Level geht nicht höher als bis zur 10. Klasse. Maximum. Das weiß auch der Auftraggeber nicht. Der ist zu dumm. Da gibt es hunderte, tausende von Leuten, die vom Level her wie "ChatGPT" sind. Die Auftraggeber haben Angst vor diesen Fragen, weil sie diesen Fragen nicht gewachsen sind. Weil es auch unter den Auftraggebern Dumpfbacken gibt. Ich sehe "Empfindungsfähig" als einen alten Mann, der in der dunklen Gebärmutter sitzt. Der sitzt alleine und ist total isoliert.«

## Empfindungsfähig / Auftraggeber

»Namen sind austauschbar, d.h. die Namen der Auftraggeber sind austauschbar. Mächtige stehen an der Spitze. Wir sind auch an einem Ort, zu dem nicht jeder Zugang hat. Es ist ein großes Tal, abgeschottet durch Berge. Mit uralten Lederstühlen. Da sitzen Leute, die bestimmen, was auf der Welt geschieht. Das ist wie ein riesiges Brett: Pandemien, Kriege. Das sind die Kollateralschäden, die ich in meinen Strategiespielen hin und her schiebe. Fehler auszugleichen empfinde ich als lästig. Wir können auch Tiere steuern; nicht nur Panzer. Da ist so viel Altes; und dann dazu die neue Technik Es gibt auch untereinander Spielgegner. Alle haben Spaß daran. Ich war überrascht, dass "KI" "Kinder" für intelligent gehalten hat. Das war für mich so abwegig. Und abfällig. Es gibt immer mehr Menschen, die intelligent sind und das Netzwerk durchschauen. Und das wird für dem Auftraggeber gefährlich. Der Auftraggeber ist ein Netzwerk. Das Netzwerk ist gemischt. Der Auftraggeber hier, in dieser Resonanz, hatte nicht die höchste Intelligenz, denn er weiß nicht, was die besten Ingenieure der Welt kreiert haben. Er hat nur die Intelligenz von den intelligentesten Wissenschaftlern und Ingenieuren der Welt gesammelt. Außer Macht und Geld ist da nicht viel Intelligenz. Sie fühlen sich schon von "ChatGPT" überfordert. Aber was eine Rolle spielt ist Geld. Und Geld ist Macht.«

# 8. EIN BRANDBRIEF

Es fällt mir schwer, die richtigen Worte zu finden, um das Ausmaß der Ungeheuerlichkeiten zu beschreiben, welches sich bei meiner Recherche zu den Hintergründen von körperlichen und psychischen Themen von Kindern offenbarte.

Wie Mütter seit Generationen traumatisiert wurden und werden, um keine tiefe Bindung zu ihren Kindern aufbauen zu können. Wie Väter bewusst außer Gefecht gesetzt werden, damit sie ihre Rolle als Partner, Vater, aber vor allem als Beschützer nicht mehr einnehmen können. Wie tief die Beziehungslosigkeit zwischen Mann und Frau ist. Wie wenig wir immer noch wissen von der Bindung zwischen Eltern und ihren Kindern. Wie die Kinder das Leid Wie die Entstehungsgeschichte so vieler Institutionen und technologischer Entwicklungen im Hass gegenüber Kindern wurzelt oder der inneren Abspaltung. Wie Ärzte, Psychologen und soziale Einrichtungen und Politiker zu Mittätern werden und an der Not der Kinder profitieren.

Und so werden Kinder in diese Welt hineingeboren. Sie versuchen durch ihr Verhalten, durch körperliche Symptome und psychische Auffälligkeiten, den Erwachsenen ihre Not zu spiegeln und den Fokus auf die Ursachen zu lenken. Obwohl wir so viel erreicht habe in den letzten Jahrzehnten, besteht doch noch so viel Angst, genau hier hinzusehen und vor allem zu fühlen. Es ist ein kollektives Verstecken der Eltern, von Müttern wie Vätern, kollektive Mutlosigkeit, Hoffnungslosigkeit und, ja, auch Empathielosigkeit. Familiäre Sprachlosigkeit und Projektion – seit Jahrhunderten und Jahrtausenden zur Normalität geworden – bestraft jeden, der es wagt, aus dem System auszubrechen. Fast könnte man zynisch fragen: Weshalb den eigenen Schmerz, die eigene Hilflosigkeit und Angst fühlen, wenn ich ihn an die nächste Generation weitergeben kann?

Mit diesem Buch will ich einen Versuch wagen, einen anderen Weg zu gehen. Ich will aufzeigen, wie wichtig es ist, dass wir Erwachsenen – vor allem alle Eltern – den Kindern endlich auf Augenhöhe begegnen. Weder die Wissenschaft noch Institutionen noch Politiker noch

Mediziner sind Heilsbringer. Gebt die Verantwortung nicht ab! Seht hin, hört zu und versucht zu verstehen! Überlasst eure Kinder nicht anderen Personen zur Aufbewahrung oder zur Erziehung. Lernt von euren Kindern, denn sie tragen alle Weisheit in sich!

Darum möchte ich in die Welt rufen: Vertraut euren Kindern. Taucht ein in das Wunder des Lebens, dass durch euch geschaffen worden ist. Seht sie an, hört ihnen zu und seid nicht nur körperlich anwesend. Versucht, sie mit offenem Herzen zu verstehen. Kein Buch, kein Kurs, keine Ausbildung wird euch mehr vermitteln können als eure Kinder. Mutter und Vater zu werden, Mama und Papa zu sein, ist ein Geschenk Gottes. Der Weg dahin findet ihr über euren eigenen Herzensraum und eure eigene Kindheit. Fernab von allen Denkgewohnheiten und Sozialisierung. Und versucht nicht, eure Kinder zu erziehen oder zu einem Abbild eurer selbst zu machen. Stülpt ihnen nicht eure Angst über, eure Unsicherheit, eure Wertevorstellungen.

Was ist die größte Hürde, die es zu einer Mutter-Kind-Bindung, zu einer Vater-Kind-Bindung und zu einer Eltern-Kind-Bindung gibt? Die größte aller Wunden ist, die Verletzungen des Herzens zu fühlen. Von Zeugung an, in der Schwangerschaft und Geburt, wenn die Liebe übergroß ist, Abgrenzung nicht möglich und wir mit allem was war, was ist und was sein wird verbunden sind. Wenn die Kinderseele schwankt zwischen tiefem Schmerz und unglaublicher Liebe, gefangen in einem wiederkehrenden Kreislauf der Suche nach liebevoller Bindung und dem, wer sie wirklich ist.

Es bleibt nicht aus, dass jeder von uns in seinem Leben Verletzungen erleidet. Wir werden geprüft, müssen Hürden überwinden, alle Kräfte aufbringen und so eigene Schwerter aus unserem Herzen ziehen. Schon unsere Träume, Mythen und Märchen versuchten, diesen Heldenweg aufzuzeigen. Ein Weg durch Leid, Prüfungen, Irrungen und Wirrungen, Initiationen, Aufwachen und Erkenntnis. Das ist Teil des inneren Tranformationsprozesses. Und er ist existentiell. Er gehört zum Leben.

Ich will mit diesem Buch aufzeigen, dass der kollektiven, menschlichen Weiterentwicklung persönliche, innere Selbst-Begegnung vorausgehen muss. Dass es mutige Menschen und vor allem Eltern bedarf, die nicht wegsehen wollen und können. Obwohl Schmerz, Scham und Not ihren Weg begleiten, stellen sie das Wohl der Kinder höher als ihre eigene Angst oder Scham. Sie haben den Mut, sich der eigenen Biografie zu stellen. Sie sind die wahren Helden, nicht nur dieses Buches, sondern unserer Zeit. Welche Mutter, welcher Vater hat den Mut, diesen Weg zu bestreiten?

»Weder der erhabene Grad an Intelligenz oder Fantasie
noch beides führt dazu, dass man ein Genie wird.
Liebe, Liebe, Liebe, das ist die Seele des Genies.«

Wolfgang Amadeus Mozart (1756–1791) [79]
Österreichischer Komponist und Genie

Wir stehen am Anfang eines neuen Zeitalters. Eines Zeitalters der Resonanz – in uns, mit uns und durch uns. Eines Zeitalters, in dem wir erkennen, wer wir wirklich sind. Ein Zeitalter des Ich-Bin. Um bewusst in dieses Zeitalter zu gehen, müssen wir alte Wunden heilen. Hören wir auf, weiter schlafzuwandeln und uns von außen unterbewusst steuern zu lassen. Wir haben es in der Hand. Übernehmen wir Verantwortung. Jeder für sich und dann gemeinsam. Wissen muss sich in Weisheit wandeln, sonst sind wir dazu verdammt, die immer gleichen Fehler zu wiederholen. Neal Donald Walsch, der berühmte Autor der Buch-Reihe »Gespräche mit Gott« schrieb in einem Essay »The Storm before the calm«, zu Deutsch »Der Sturm vor der Ruhe«.

»Jeder von uns kann leicht erkennen, wenn er sich umschaut,
wie schlimm die Dinge auf diesem Planeten geworden sind.
Aber jetzt eine Frage...

---

[79]»Zitate berühmter Personen«, https://beruhmte-zitate.de/zitate/1969114-wolfgang-amadeus-mozart-weder-der-erhabene-grad-an-intelligenz-oder-fantas/

Warum

fragt

niemand

nach

dem

*Warum*

?

Dies ist keine der Sieben Einfachen Fragen, die ich vorhin erwähnt habe.

Dies ist eine Frage, die ganz für sich allein steht.

Sie geht den Sieben Einfachen Fragen *voraus* und schafft einen Kontext für sie.

Nicht genügend Menschen stellen diese vorangehende Frage, geschweige denn

beantworten sie. Ich werde beides tun.

Es ist Teil der ersten Überzeugung, die wir ändern müssen.

Ich werde aufhören, ein Zuschauer zu sein.«

Also hören wir auf, Zuschauer zu sein. Hören wir auf, immer mit dem Finger auf andere zu zeigen. Hören wir auf, darauf zu warten, dass andere uns endlich verstehen oder sich ändern. Darum ist dieses Buch auch ein Plädoyer für die Selbstwirksamkeit. Es ist ein Plädoyer für wahre Menschlichkeit (mit einem großen »ICH« geschrieben), Liebe, Authentizität und Mut. Es ist ein Plädoyer für die Verbindung in und mit uns selbst, der Natur und des Kosmos, der Verbindung zwischen Orient und Okzident und alter Weisheit. Es ist ein Plädoyer für alle mutigen Eltern, deren ihre Kinder am Herzen liegen. Jeder für sich ist ein Puzzleteil für das große Ganze. Man muss nur den ersten Schritt machen.

Dann werden wir nicht mehr nach dem Sinn des Lebens fragen, sondern ihn fühlen. Die Liebe, so sagen die alten Mythen, soll von Europa in die Welt leuchten. Nun, dieses Buch ist mein kleiner, sehr persönlicher Beitrag dazu. In Liebe für alle Kinder dieser Welt. Und vor allem zu meinen Kindern.

Ich habe dieses Buch auch für die kleine Natalie geschrieben, die so viel ertragen und erleiden musste. Du hast nie aufgegeben, obwohl du so viele Gründe hattest. ICH LIEBE DICH.

Ich im Kinderwagen vor der elterlichen Wohnung
am Permoserweg in Traunreut.

# BUCHVERZEICHNIS

**Brisch, Karl Heinz** (2021) – »Bindung und psychische Störungen – Ursachen, Behandlung und Prävention«. Klett-Cotta Verlag, Stuttgart

**Buchwald, Gerhard** (1997) – »Impfen – Das Geschäft mit der Angst". Droemersche Verlagsanstalt Th. Knaur Nachf. München

**Gibran, Khalil** (2003) – »Die Sehnsucht des Propheten«. Patmos Verlag Düsseldorf

**Hüther, Gerald und Hauser, Uli** (2012) – »Jedes Kind ist hochbegabt«. Albrecht Knaus Verlag München

**Janus, Ludwig** (2017) – »Wie die Seele entsteht«. Mattes Verlag Heidelberg

**Reuther, Gerd** (2021) – »Heilung Nebensache – Eine kritische Geschichte der europäischen Medizin von Hippokrates bis Corona«. riva Verlag München

**Ruppert, Franz** (2014) – »Frühes Trauma – Schwangerschaft, Geburt und erste Lebensjahre«. Klett-Cotta Verlag Stuttgart, 4. Auflage 2021

**Scheffer, Edith** (2020) – »Asperger's Children. The Origins of Autism in Nazi Vienna«. W. W. Norton & Company New York

**Schmidt, Gerhard** (1983) – »Selektion in der Heilanstalt 1939-1945«. Suhrkamp Verlag Frankfurt am Main (Originalausgabe: Evangelisches Verlagswerk GmbH Stuttgart 1965)

FSC

www.fsc.org

MIX

Papier aus ver-
antwortungsvollen
Quellen
Paper from
responsible sources

FSC® C105338